# Cien años de identidad

# Cien años de identidad

## Introducción a la literatura latinoamericana del siglo XX

## KELLY COMFORT

Georgetown University Press | Washington, DC

The publisher is not responsible for third-party websites or their content. URL links were active at time of publication.

Library of Congress Cataloging-in-Publication Data
Names: Comfort, Kelly, 1975– author.
Title: Cien años de identidad: Introducción a la literatura latinoamericana del siglo XX/Kelly Comfort.
Description: Washington, DC : Georgetown University Press, 2018.
Identifiers: LCCN 2017034203 | ISBN 9781626165670 (pbk. : alk. paper)
Subjects: LCSH: Spanish language—Textbooks for foreign speakers—Latin American literature—20th century—History and criticism.
Classification: LCC PC4129.E5 C654 2018 | DDC 468.2/421—dc23
LC record available at https://lccn.loc.gov/2017034203

♾ This book is printed on acid-free paper meeting the requirements of the American National Standard for Permanence in Paper for Printed Library Materials.

19   18        9   8   7   6   5   4   3   2    First printing

Printed in the United States of America

Cover art "Rey y Reina" by Cundo Bermúdez, courtesy of Cernuda Arte (http://www.cernudaarte.com)
Text design by click! Publishing Services
Cover design by Martha Madrid

# ÍNDICE

# PREFACIO: INSTRUCCIONES PARA PROFESORES Y ALUMNOS

*Cien años de identidad: Introducción a la literatura latinoamericana del siglo XX* está diseñado para estudiantes de lengua española de nivel intermedio y avanzado y para alumnos de literatura latinoamericana. Los objetivos del libro son los siguientes: presentar una selección excelente de literatura del siglo XX; aumentar vocabulario; perfeccionar estrategias de lectura e interpretación; mejorar la comunicación oral y escrita; ampliar el conocimiento cultural de América Latina; y enseñar cómo entender lecturas múltiples y comparar textos de diferentes nacionalidades, épocas y géneros. Hay cuatro unidades temáticas, cada una de las cuales trata tres o cuatro textos e incluye todos los materiales didácticos necesarios para entender, analizar y comparar las obras comprendidas en la unidad. El libro incluye todo lo necesario para explicar el trasfondo y el contexto para cada obra, discutir y analizar en profundidad cada texto y hacer comparaciones complejas de las obras de cada unidad. *Cien años de identidad* es el material principal de una asignatura que se debería poder completar en un solo semestre. Además de los doce textos completos antologizados en este libro, los alumnos tienen que leer la novela *El beso de la mujer araña* de Manuel Puig y ver la película *Fresa y chocolate* de Tomás Gutiérrez Alea y Juan Carlos Tabío.

## ENFOQUE TEMÁTICO

*Cien años de identidad* examina catorce textos literarios y fílmicos publicados entre 1889 y 1995. Al adoptar un enfoque temático en el estudio de literatura latinoamericana del siglo XX, este libro explora diferentes modos de la formación de la identidad a lo largo de cuatro unidades y dieciocho capítulos. Los textos elegidos examinan el tema complejo y polifacético de la identidad, ya que los autores y sus protagonistas luchan para definirse a sí mismos, para determinar su relación con el mundo y con otros y para dar significado a su propia existencia. *Cien años de identidad* intenta enfatizar las cualidades y características propias de América Latina de estos viajes literarios y fílmicos para definir y determinar la identidad.

Es importante explicar que los textos para este volumen han sido seleccionados antes que nada por su relevancia temática con respecto a una de las cuatro unidades. Es por eso que se justifica la inclusión de dos textos de Jorge Luis Borges y dos textos de Julio Cortázar, por ejemplo, puesto que los cuentos cortos elegidos de estos autores ofrecen exploraciones significativas y conmovedoras de la identidad existencial(ista) (Unidad 2) y de la identidad temporal y espacial (Unidad 3). Asimismo, la extensión del texto y el género de la obra eran otros factores importantes. El cuento corto es el género más apropiado para un libro de este tamaño y nivel, dadas la profundidad y complejidad que se puede alcanzar en una obra relativamente breve, aunque hubo también un esfuerzo para incluir otros géneros como poesía, drama, ensayo, novela y cine. A pesar de que sería preferible tener un equilibrio más equitativo de escritores y escritoras y más inclusivo de autores de toda América Latina, las obras elegidas son las más aptas y relevantes según su temática y su género.

La Unidad 1 se centra en la identidad de raza, etnicidad, género y clase en dos cuentos cortos, una obra de teatro y un ensayo autobiográfico. Los autores seleccionados examinan las distinciones entre diferentes categorías raciales y étnicas, distintas expectativas y papeles de género y varias clases socioeconómicas. Muestran la maleabilidad de categorías normalmente concebidas como fijas, ya que examinan cómo la identidad racial, étnica, de género o de clase puede ser constituida por "actuaciones" y "representaciones" según el público o el interlocutor. Los textos seleccionados se diferencian en el grado y la extensión de su crítica del racismo, prejuicio étnico, sexismo o clasismo tratado en la obra y en las soluciones propuestas para las desigualdades e injusticias representadas. Los textos de la Unidad 1 buscan respuestas a las siguientes preguntas: ¿Cómo influyen la identidad racial o étnica, por un lado, y el estatus de género o de clase, por otro lado, en la manera en que uno se define a sí mismo y es definido por los demás? ¿Qué aspectos de raza, etnicidad, género y clase son fijos y cuáles son variables? ¿Cuál es la relación entre estas categorías? ¿Cómo es la identidad diferente para los de la mayoría y los de la minoría, para los hombres y las mujeres, para los ricos y los pobres, para los poderosos y los débiles? ¿Cómo se puede imaginar y alcanzar igualdad de raza, etnicidad, género o clase?

La Unidad 2 se enfoca en la identidad existencial(ista) en un poema y tres cuentos cortos. Las obras seleccionadas exploran varios problemas filosóficos relacionados con la existencia individual y colectiva. Esta unidad introduce algunas de las ideas principales del existencialismo y examina su relevancia a las obras seleccionadas de la literatura latinoamericana del siglo XX. Los autores escogidos reflexionan sobre estas cuestiones: ¿Quién soy yo? ¿De dónde vengo? ¿Cuál es mi propósito? ¿Tengo voluntad propia o están mis acciones predeterminadas? ¿Cuál es el significado de la vida? ¿Quién da significado a la vida? ¿Cuáles son los límites del conocimiento y de la consciencia? ¿Cuál es la función de la religión, la fe o Dios? ¿Qué ocurre después de la muerte?

La Unidad 3 considera la identidad temporal y espacial en dos cuentos cortos y una novelita. Los textos elegidos exploran muchos temas interrelacionados, como la conexión entre el pasado, presente y futuro; las nociones de memoria y nostalgia; el destino y la muerte; la relación entre realidad e ilusión; las cuestiones de percepción y experiencia sensorial; las transformaciones del ser; las dualidades del individuo; etc. De estos tres textos surgen las siguientes preguntas: ¿Avanza el tiempo de forma linear y/o circular? ¿Cómo se diferencia la experiencia individual de la experiencia colectiva del tiempo y del espacio? ¿Cómo coexisten diferentes tiempos y/o espacios en la misma realidad o experiencia? ¿Se debe entender el pasado como historia o mito? ¿Es posible determinar, intuir, influir o cambiar el futuro? ¿Cuál es la relación entre la muerte y los conceptos de tiempo y espacio? Dado el enfoque en cómo el tiempo y el espacio determinan la identidad, las obras en esta unidad examinan los aspectos propiamente latinoamericanos de la formación de identidad según diferentes realidades temporales y espaciales.

La Unidad 4 examina la identidad política y sexual en un poema, una novela y una película. Las obras escogidas exploran las relaciones complejas entre el poder y el placer, entre lo público y lo privado y entre el individuo y la sociedad en términos políticos y sexuales. Los textos en esta última unidad proponen las siguientes preguntas: ¿Cuál es la relación entre la orientación política y la orientación sexual? ¿Cómo estamos limitados o encarcelados por nuestra sexualidad y nuestra ideología política? ¿Cómo llegan a formar vínculos y amistades los individuos con diferentes orientaciones políticas y/o sexuales? ¿Cuál es la relación entre sexualidad y revolución? ¿Qué significa el hecho de ser o revolucionario o reaccionario, tanto política como sexualmente?

## Organización del libro

*Cien años de identidad* emplea una metodología pedagógica de indagación y de descubrimiento mutuo. Presenta preguntas de discusión y actividades orales y escritas de una profundidad y dificultad crecientes que permiten a los alumnos progresar desde un entendimiento básico de la trama de la obra a una interpretación sofisticada de su significado e importancia. Estas preguntas y actividades están organizadas en quince secciones para cada texto tratado.

## Secciones de pre-lectura

(1) Cada capítulo empieza con un resumen biográfico del autor o del director de cine.

(2) La sección "Antes de leer" en cada capítulo pide las opiniones de los estudiantes sobre temas generales relacionados al texto.

(3) La sección "Para orientar al lector" ofrece un resumen breve de la obra y menciona los temas principales en los que fijarse durante la lectura.

## Secciones de lectura

(4) El libro incluye el texto en versión completa para doce de las catorce obras tratadas.

(5) Un glosario, en los márgenes, contiene las definiciones en español de las palabras más difíciles del texto.

(6) Notas explican referencias o alusiones sociales, históricas, culturales o literarias en la obra.

(7) La sección "De relevancia para el texto" provee información adicional sobre el autor, la obra y el contexto social, histórico o político.

## Secciones de pos-lectura: Comprensión

(8) Hay una sección que solicita discusión sobre los detalles de la trama de la obra.

(9) Otra sección pide análisis sobre los personajes del texto y las interacciones entre ellos. Para obras poéticas, se combinan las secciones (8) y (9) en una sección llamada "Forma y estructura".

(10) Hay una sección sobre la narración que examina los aspectos narratológicos de la obra. Para obras poéticas, esta sección se llama "Voz poética"; para obras de teatro, esta sección se llama "Acotaciones escénicas".

## Secciones de pos-lectura: Interpretación

(11) La sección "Interpretación" incluye preguntas detalladas y cuidadosamente ordenadas para promover un análisis en profundidad del texto asignado.

(12) La sección "Análisis textual" pide a los alumnos reexaminar citas importantes de la obra y comentar su significado.

(13) La sección "Temas principales" invita a los estudiantes a considerar los temas y los comentarios principales de la obra a través de actividades orales y escritas.

(14) La sección "Crítica literaria" presenta interpretaciones incompatibles y provocativas de varios críticos literarios para promover un análisis activo y crítico y enseñar a los alumnos cómo analizar lecturas múltiples y llegar a un entendimiento sofisticado y propio de la obra. El hecho de presentar estudios contradictorios o discordes obliga a los alumnos a establecer y defender su propia lectura singular de cada texto.

## Sección de pos-lectura: Reflexión personal

(15) La sección final, "A nivel personal", requiere que los alumnos vayan más allá del texto para considerar cómo los temas y los

comentarios principales de la obra se relacionan con ellos personalmente.

## Capítulos comparativos de final de unidad

Además de las quince secciones ya mencionadas en cada uno de los catorce capítulos que tratan un texto asignado, *Cien años de identidad* también incluye cuatro capítulos comparativos de final de unidad. Estos capítulos comparativos están diseñados para instruir a los alumnos en la comparación de autores y textos según diferentes temas. También sirven para perfeccionar aún más las estrategias interpretativas y de pensamiento crítico, a través de discusiones, debates, actuaciones, ensayos comparativos, redacción creativa y proyectos creativos. Las ocho secciones en estos capítulos comparativos son las siguientes:

(1) "Repaso de los textos": Los alumnos repasan los elementos más importantes de los varios textos de la unidad para así facilitar su comparación.

(2) "Temas comparativos": Los alumnos consideran una lista de temas y deciden cuáles tienen que ver con los textos de la unidad; luego discuten los temas de forma comparativa.

(3) "Discusión": Los alumnos contestan varias preguntas de discusión para comparar y contrastar las obras de la unidad.

(4) "Debate": Se debate qué tema es más central e importante para todos los textos de la unidad.

(5) "Breves actuaciones": Se preparan actuaciones breves en grupos pequeños sobre temas asignados que luego se presentan y discuten con la clase.

(6) "Temas de ensayo literario": Se incluyen temas de ensayo comparativo para facilitar el análisis crítico por escrito de las obras de cada unidad.

(7) "Temas de redacción creativa": Se incluyen temas de redacción creativa para fomentar la escritura ficcional.

(8) "Proyectos creativos"—Hay opciones para proyectos creativos que se pueden hacer individualmente, en grupos o con toda la clase.

*Cien años de identidad* provee mucha materia didáctica diseñada para guiar a los alumnos en un proceso de descubrimiento en el que primeramente entienden el vocabulario y las referencias, el fondo y el contexto, la trama y los personajes de un texto, y luego llegan a entender los elementos estilísticos y las estructuras narrativas, los temas y los comentarios, los conflictos y las ambigüedades. Dado que sirve a la vez como una antología de literatura latinoamericana y como un libro de texto para una asignatura universitaria, *Cien años de identidad* tiene objetivos tanto literarios como lingüísticos. Desde un punto de vista de análisis literario, el libro presenta una selección excelente y diversa de literatura latinoamericana del siglo XX y desarrolla habilidades interpretativas y comparativas, de análisis textual y de pensamiento crítico. Desde una perspectiva lingüística, el libro intenta mejorar el nivel de vocabulario y de comprensión, perfeccionar las habilidades de comunicación oral y escrita y fomentar la competencia cultural.

## Estructura de la asignatura

*Cien años de identidad* hace numerosas preguntas para cada texto asignado y ofrece más actividades de las que se necesitan. Por eso, es recomendable que los profesores usen solamente una selección de preguntas y actividades en cada clase. En general, se debe hacer la sección "Antes de leer" en la clase anterior a la discusión de un texto. Luego, se asigna como tarea la lectura de la biografía, la sección "Para orientar al lector", el texto con el vocabulario y las notas, y la sección "De relevancia para el texto". Los profesores deben decidir si quieren usar las preguntas preparadas de comprensión como una tarea escrita en casa o como una prueba hecha en clase (ver "Materiales complementarios" más abajo). En la(s) próxima(s) clases, los profesores deben seguir las ocho secciones de pos-lectura para la obra literaria o fílmica. Casi siempre será la decisión del profesor si hacer las preguntas y actividades individualmente o en grupos, por escrito o de forma oral, aunque a veces hay instrucciones explícitas sobre esto. Para los capítulos comparativos al final de cada unidad, los profesores pueden escoger entre ensayos de análisis literario o redacción creativa. También pueden decidir si la clase entera o solamente algunos alumnos seleccionados harán las actuaciones y los proyectos creativos para cada unidad.

## Planes de estudio

*Cien años de identidad* está diseñado para ser completado en un solo semestre. Para los que enseñan en un sistema semestral, incluyo aquí dos programas de estudio, uno para clases que se reúnen dos veces a la semana y otro para clases que se reúnen tres veces a la semana. Para los que enseñan una vez a la semana en un sistema semestral o los que enseñan en un sistema trimestral, se recomienda hacer solamente las primeras tres unidades.

*Plan de estudio para una asignatura de un semestre con clases tres veces a la semana (42 clases)*

| Unidad | Clase | Lectura |
|--------|-------|---------|
| 1 | 1<br>2 | Capítulo 1: "La muñeca negra" de José Martí (1889, Cuba) |
| | 3<br>4<br>5 | Capítulo 2: *El delantal blanco* de Sergio Vodanovic (1956, Chile) |
| | 6<br>7 | Capítulo 3: "Dos palabras" de Isabel Allende (1989, Chile) |
| | 8<br>9 | Capítulo 4: "La historia de mi cuerpo" de Judith Ortiz Cofer (1993, Puerto Rico y Estados Unidos) |
| | 10<br>11 | Capítulo 5: Comparaciones finales de la Unidad 1 |
| 2 | 12<br>13 | Capítulo 6: "Lo fatal" de Rubén Darío (1905, Nicaragua) |
| | 14<br>15 | Capítulo 7: "Las ruinas circulares" de Jorge Luis Borges (1940, Argentina) |
| | 16<br>17 | Capítulo 8: "Axolotl" de Julio Cortázar (1952, Argentina) |

*Plan de estudio para una asignatura de un semestre con clases dos veces a la semana (28 clases)*

| | | |
|---|---|---|
| | 5 | Capítulo 4: "La historia de mi cuerpo" de Judith Ortiz Cofer (1993, Puerto Rico y Estados Unidos) |
| | 6<br>7 | Capítulo 5: Comparaciones finales de la Unidad 1 |
| 2 | 8 | Capítulo 6: "Lo fatal" de Rubén Darío (1905, Nicaragua) |
| | 9 | Capítulo 7: "Las ruinas circulares" de Jorge Luis Borges (1940, Argentina) |
| | 10 | Capítulo 8: "Axolotl" de Julio Cortázar (1952, Argentina) |
| | 11 | Capítulo 9: "Un señor muy viejo con unas alas enormes" de Gabriel García Márquez (1968, Colombia) |
| | 12<br>13 | Capítulo 10: Comparaciones finales de la Unidad 2 |
| 3 | 14 | Capítulo 11: "El Sur" de Jorge Luis Borges (1953, Argentina) |
| | 15 | Capítulo 12: "La noche boca arriba" de Julio Cortázar (1956, Argentina) |
| | 16<br>17 | Capítulo 13: *Aura* de Carlos Fuentes (1962, México) |
| | 18<br>19 | Capítulo 14: Comparaciones finales de la Unidad 3 |
| 4 | 20 | Capítulo 15: "Kinsey Report" de Rosario Castellanos (1972, México) |
| | 21<br>22<br>23 | Capítulo 16: *El beso de la mujer araña* de Manuel Puig (1976, Argentina) |
| | 24<br>25 | Capítulo 17: *Fresa y chocolate* de Tomás Gutiérrez Alea y Juan Carlos Tabío (1993, Cuba) |
| | 26<br>27 | Capítulo 18: Comparaciones finales de la Unidad 4 |
| | 28 | Repaso para el examen final |
| | | Examen final |

## Materiales complementarios

Los profesores que adopten este libro para sus clases tendrán acceso a diecisiete tareas o pruebas y un examen final acumulativo que se puede acceder a través de la página web de Georgetown University Press (press.georgetown.edu). Son descargables en formato PDF para profesores autorizados.

# AGRADECIMIENTOS

Este libro no hubiera sido posible sin el interés y ánimo que me ha dado mi esposo, Diego Requena López. No solo me ha apoyado durante los muchos años que tardé en escribir este libro, sino que revisó y corrigió todo el manuscrito y me dio muchos consejos para su revisión y mejora. Dedico este libro a él.

Doy las gracias también a mis hijos, Adrián y Alicia, por preguntarme constantemente si por fin había terminado el libro para que pudiera jugar más con ellos y por darme muchos motivos para querer completar mi trabajo cuanto antes.

Además de mi familia, agradezco a muchísimas personas con las que he colaborado en el proceso de escribir *Cien años de identidad*.

A mis estudiantes de la asignatura "SPAN 3260: Identidad en la literatura latinoamericana" de Georgia Tech, en la que se basa este libro, y en especial a los estudiantes que hicieron "estudios independientes" conmigo para colaborar en la visión inicial del libro: Aureen Richardson, Rachel Zisek, Diana Tran, Martha Correa-Jamison, Amber Bachlani y Juliana Crim.

A mi colega y mentora, Ángela Labarca, por sus consejos generales, su ayuda en preparar la propuesta del libro y por su detallada revisión de la tercera unidad.

A Hope LeGro, Subdirectora de Georgetown University Press y Directora del Departamento de Idiomas, por contestar miles de preguntas y guiarme en cada parte del proceso. A Glenn Lisa Saltzman, Gerenta de Producción y Diseño de Georgetown University Press, por su ayuda en editar y diseñar el libro. A Juan Quintana, corrector profesional contratado por Georgetown University Press, por ser tan preciso, profesional y riguroso en su mejora de este libro. Ha sido un placer enorme colaborar con ellos. Este libro no habría sido posible sin su ayuda.

A Jacqueline Royster, Anna Westerstahl Stenport y David Shook de Georgia Tech por apoyar este proyecto con varias subvenciones y otros fondos de desarrollo profesional que me ayudaron a pagar por los derechos de autor necesarios para este libro. También recibí de ellos una reducción en las clases que enseño que me permitió dedicar más tiempo a escribir.

A los autores latinoamericanos antologizados en este libro les doy las gracias por inspirarme, estimularme y entretenerme.

A los profesores que decidan adoptar este libro, les doy las gracias de antemano y espero que disfruten enseñando con *Cien años de identidad*.

A los alumnos futuros que usen este libro, ojalá que aprendan mucho y que mejoren tanto su español como su conocimiento literario y cultural.

Kelly Comfort

# Unidad 1

Identidad de raza, etnicidad, género y clase

# Capítulo 1

# "La muñeca negra" (1889) de José Martí

### JOSÉ MARTÍ

José Julián Martí Pérez nació en La Habana, Cuba, el 28 de enero de 1853, de padres españoles de bajos recursos económicos. (Los datos biográficos que se presentan en estos primeros dos párrafos están tomados en gran parte del artículo "José Martí" en *Biografías y Vidas*.) El joven Martí se sintió atraído por las ideas revolucionarias de muchos cubanos y, a los diecisiete años, fue condenado a seis años de cárcel por su pertenencia a grupos independentistas y a algunas publicaciones consideradas "sediciosas". Realizó trabajos forzados en la cárcel hasta que su mal estado de salud le valió el indulto. Deportado a España, inició en Madrid estudios de derecho y se licenció en derecho y en filosofía y letras por la Universidad de Zaragoza. Martí viajó por Europa y América durante tres años.

Luego se mudó a México, donde se casó con la cubana Carmen Zayas-Bazán y, poco después, se trasladó de nuevo a Cuba. Deportado otra vez por las autoridades cubanas, temerosas ante su pasado revolucionario, se mudó a Nueva York, donde vivió durante quince años. Desde el exilio, José Martí se dedicó a la actividad política y a la producción literaria. Se afanó en la organización de un nuevo proceso revolucionario en Cuba, y en 1892 fundó el Partido Revolucionario Cubano y la revista *Patria*. Sus sentimientos nacionales le obligaron a regresar a Cuba para luchar para la independencia de su querida patria. Se embarcó hacia la isla, donde murió en combate a manos de las fuerzas españolas el 19 de mayo de 1895, en Dos Ríos, a la edad de cuarenta y dos años.

Poeta y prosista, cronista y crítico, ideólogo y político, Martí fue uno de los más grandes poetas latinoamericanos y la figura más destacada de la etapa de transición al Modernismo. Sus poemas más conocidos se agrupan en las antologías *Versos libres* (1878–1882, publicados póstumamente), *Ismaelillo* (1882) y *Versos sencillos* (1891). En general, la poesía de Martí se centra en una visión dualista de la humanidad y trata los temas de realidad e idealismo, espíritu y materia, verdad y falsedad, consciencia e inconsciencia, luz y oscuridad. Martí colaboró a lo largo de su vida en varias publicaciones—periódicos y revistas—de diferentes países en las Américas. La mayoría de sus obras sociales y políticas advierten contra gobiernos intolerantes de la libertad y condenan los regímenes que menosprecian los derechos humanos.

## ANTES DE LEER

Discute las siguientes preguntas con un compañero de clase:

1. ¿Recuerdas cuando cumpliste ocho años? ¿Qué regalos recibiste?
2. ¿Has recibido alguna vez un regalo que no te haya gustado? Habla de esto.
3. ¿Crees que las muñecas que se venden ahora reflejan bien una diversidad de razas y etnicidades? Explica. ¿Existen ciertos juguetes que muestren prejuicios raciales? Da ejemplos para apoyar tu respuesta.

## PARA ORIENTAR AL LECTOR

"La muñeca negra" cuenta la historia de una niña que se llama Piedad en el día de su octavo cumpleaños. Los padres de Piedad preparan una fiesta y le dan un regalo especial para su cumpleaños, pero Piedad no se siente muy contenta y vuelve a su cuarto antes de que termine la celebración.

Durante la lectura, debes fijarte en los siguientes temas y conceptos:

- Los comentarios sobre raza y racismo
- Los comentarios sobre clase y clasismo
- Los comentarios sobre el colonialismo y la independencia
- La belleza externa frente a la belleza interna

## "LA MUÑECA NEGRA"

**De puntillas**, de puntillas, para no despertar a Piedad, entran en el cuarto de dormir el padre y la madre. Vienen riéndose, como dos muchachones. Vienen de la mano, como dos muchachos. El padre viene detrás, como si fuera a **tropezar** con todo. La madre no tropieza; porque conoce el camino. ¡Trabaja mucho el padre, para comprar todo lo de la casa, y no puede ver a su hija cuando quiere! A veces, allá en el trabajo se ríe solo, o se pone de repente como triste, o se le ve en la cara como una luz; y es que está pensando en su hija; se le cae la pluma de la mano cuando piensa así, pero en seguida empieza a escribir, y escribe tan de prisa, tan de prisa, que es como si la pluma fuera volando. Y le hace muchos rasgos a la letra, y las oes le salen grandes como un sol y las ges largas como un **sable**, y las eles están debajo de la línea, como si se fueran a clavar en el papel, y las eses caen al fin de la palabra, como una hoja de palma; ¡tiene que ver lo que escribe el padre cuando ha pensado mucho en la niña! Él dice que siempre que le llega por la ventana el olor de las flores del jardín, piensa en ella. O a veces, cuando está trabajando cosas de números, o poniendo un libro sueco en español, la ve venir, venir despacio, como en una nube y se le sienta al lado, le quita la pluma, para que repose un poco, le da un beso en la frente, le tira de la barba rubia, le esconde el tintero: es sueño no más, no más que sueño, como esos que se tienen sin dormir, en que ve uno vestidos muy bonitos, o un caballo vivo de cola muy larga, o un cochecito, con cuatro **chivos** blancos, o una **sortija** con la piedra azul; sueño es no más, pero dice el padre que es como si lo hubiera visto, y que después tiene más fuerza y escribe mejor. Y la niña se va, se va despacio por el aire, que parece de luz todo; se va como una nube.

Hoy el padre no trabajó mucho, porque tuvo que ir a una tienda; ¿a que iría el padre a una tienda? Y dicen que por la puerta de atrás entró una caja grande; ¿que vendrá en la caja? ¡A saber lo que vendrá! Mañana hace ocho años que nació Piedad. La **criada** fué al jardín y se pinchó el dedo por cierto, por querer coger, para un ramo que hizo, una flor muy hermosa. La madre a todo dice que sí, y se puso el vestido nuevo, y le abrió la jaula al canario. El cocinero está haciendo un pastel, y recortando en figura de flores los **nabos** y las zanahorias, y le devolvió a la **lavandera** el gorro, porque tenía una mancha que no se veía apenas, pero, "¡hoy, hoy, señora lavandera, el gorro ha de estar sin mancha!" Piedad no sabía, no sabía. Ella sí vió que la casa estaba como el primer día de sol, cuando se va ya la nieve, y les salen las hojas a los árboles. Todos sus juguetes se los dieron aquella noche, todos. Y el padre llegó muy temprano del trabajo, a tiempo de ver a su hija dormida. La madre lo abrazó cuando lo vió entrar; ¡y lo abrazó de veras! Mañana cumple Piedad ocho años.

\* \* \*

**de puntillas** modo de andar pisando con la punta de los pies

**tropezar** dar con los pies en algún obstáculo, perdiendo el equilibrio

**sable** arma larga y curva; espada de un solo filo

**chivo** cría de cabra

**sortija** anillo

**criada** persona asalariada que trabaja en tareas domésticas; sirviente

**nabo** planta comestible de raíz blanca o amarillenta

**lavandera** persona que lava la ropa

El cuarto está a media luz, una luz como la de las estrellas, que viene de la lámpara de velar, con su bombilla de color de ópalo. Pero se ve, **hundida** en la almohada, la cabecita rubia. Por la ventana entra la brisa, y parece que juegan, las mariposas que no se ven, con el cabello dorado. Le da en el cabello la luz. Y la madre y el padre vienen andando, de puntillas. ¡Al suelo, el **tocador** de jugar! ¡Este padre ciego, que tropieza con todo! Pero la niña no se ha despertado. La luz le da en la mano ahora; parece una rosa la mano. A la cama no se puede llegar; porque están alrededor todos los juguetes, en mesas y sillas. En una silla está el **baúl** que le mandó en **Pascuas** la abuela, lleno de almendras y de mazapanes; boca abajo está el baúl, como si lo hubieran **sacudido**, a ver si caía alguna almendra de un rincón, o si andaban escondidas por la cerradura algunas **migajas** de mazapán; ¡eso es, de seguro, que las muñecas tenían hambre! En otra silla está la **loza**, mucha loza y muy fina, y en cada plato una fruta pintada; un plato tiene una cereza, y otro un higo, y otro una uva; da en el plato ahora la luz, en el plato del higo, y se ven como **chispas** de estrellas; ¿cómo habrá venido esta estrella a los platos? "¡Es azúcar!"—dijo el **pícaro** padre—. "¡Eso es seguro!" Dice la madre: "eso es que estuvieron las muñecas golosas comiéndose el azúcar". El **costurero** está en otra silla, y muy abierto, como de quien ha trabajado de verdad; el **dedal** está **machucado** ¡de tanto coser!; cortó la **modista** mucho, porque del calicó que le dió la madre no queda más que un **redondel** con el borde de picos, y el suelo está por allí lleno de recortes, que le salieron mal a la modista, y allí está la **chambra** empezada a coser, con la aguja clavada, junto a una gota de sangre. Pero la sala, y el gran juego, está en el **velador**, al lado de la cama. El rincón, allá contra la pared, es el cuarto de dormir de las muñequitas de loza, con su cama de la madre, de **colcha** de flores, y al lado una muñeca de traje rosado, en una silla roja; el tocador está entre la cama y la cuna, con su muñequita de trapo, tapada hasta la nariz, y el mosquitero encima; la mesa del tocador es una cajita de cartón castaño, y el espejo es de los buenos, de los que vende la señora pobre de la dulcería, a dos por un centavo. La sala está delante del velador, y tiene en medio una mesa, con el pie hecho de un **carretel** de hilo, y lo de arriba de una concha de **nácar**, con una jarra mejicana en medio, de las que traen los muñecos **aguadores** de Méjico; y alrededor unos papelitos doblados, que son los libros. El piano es de madera, con las teclas pintadas; y no tiene **banqueta** de tornillo, que eso es poco lujo, sino una de **espaldar**, hecha de la caja de una sortija, con lo de abajo forrado de azul; y la tapa cosida por un lado, para la espalda, y **forrada** de rosa; y encima un **encaje**. Hay visitas, por supuesto, y son de pelo de veras, con ropones de seda lila de cuartos blancos, y zapatos dorados; y se sientan sin doblarse, con los pies en el asiento; y la señora mayor, la que trae gorra color de oro, y está en el sofá, tiene su **levantapiés**, porque del sofá se resbala; y el levantapiés es una cajita de paja japonesa, puesta boca abajo; en un sillón blanco están sentadas

**hundida** sumergida

**tocador** mueble para peinado y aseo

**baúl** arca; cofre
**Pascuas** fiestas en celebración del nacimiento de Cristo
**sacudido** movido fuertemente
**migaja** porción pequeña y menuda
**loza** platos, tazas, etc.
**chispa** descarga luminosa; porción mínima de algo
**pícaro** astuto

**costurero** caja para guardar los útiles para la costura
**dedal** utensilio de costura que se usa para cubrir la punta del dedo
**machucado** aplastado
**modista** mujer que se especializa en hacer ropa femenina
**redondel** círculo
**chambra** vestidura corta que usan las mujeres sobre la camisa
**velador** mesilla de noche
**colcha** frazada; edredón

**carretel** carrete de hilo de coser
**nácar** sustancia dura, blanca, brillante y con reflejos irisados de varias conchas
**aguador** persona que lleva agua
**banqueta** asiento pequeño y sin respaldo
**espaldar** respaldo de asiento
**forrada** cubierta
**encaje** cierto tejido de mallas, lazadas o calados, con figuras y otra labores
**levantapiés** banqueta o taburete pequeño que se pone delante del asiento para apoyar los pies

juntas, con los brazos muy tiesos, dos hermanas de loza. Hay un cuadro en la

80 sala, que tiene detrás, para que no se caiga, un poco de olor; y es una niña de sombrero colorado, que trae en los brazos un **cordero**. En el pilar de la cama, del lado del velador, está una medalla de bronce, de una fiesta que hubo con las cintas francesas; en su gran **moña** de los tres colores está adornando la sala el medallón, con el retrato de un francés muy hermoso, que vino de Francia

85 a pelear porque los hombres fueran libres,[1] y otro retrato del que inventó el **pararrayos**, con la cara de abuelo que tenía cuando pasó el mar para pedir a los reyes de Europa que lo ayudaran a hacer libre su tierra;[2] esa es la sala, y el gran juego de Piedad. Y en la almohada, durmiendo en su brazo, y con la boca **desteñida** de los besos, está su muñeca negra.

* * *

90 Los pájaros del jardín la despertaron por la mañanita. Parece que se saludan los pájaros, y la **convidan** a volar. Un pájaro llama, y otro pájaro responde. En la casa hay algo, porque los pájaros se ponen así cuando el cocinero anda por la cocina saliendo y entrando, con el delantal volándole por las piernas, y la olla de plata en las dos manos, oliendo a leche quemada y a vino dulce. En la casa

95 hay algo; porque si no, para qué está ahí, al pie de la cama, su vestidito nuevo, el vestidito color de perla, y la cinta lila que compraron ayer, y las medias de encaje. "Yo te digo, Leonor, que aquí pasa algo. Dímelo tú, Leonor, tú que estuviste ayer en el cuarto de mamá, cuando yo fuí a paseo. ¡Mamá mala, que no te dejó ir conmigo, porque dice que te he puesto muy fea con tantos besos, y que

100 no tienes pelos, porque te he peinado mucho! La verdad, Leonor; tú no tienes mucho pelo; pero yo te quiero así, sin pelo, Leonor; tus ojos son los que quiero yo, porque con los ojos me dices que me quieres; te quiero mucho, porque no te quieren; ¡a ver! ¡Sentada aquí en mis rodillas, que te quiero peinar!; las niñas buenas se peinan en cuanto se levantan; ¡a ver, los zapatos, que ese lazo no está

105 bien hecho!; y los dientes, déjame ver los dientes; las uñas; ¡Leonor, esas uñas no están limpias! Vamos, Leonor, dime la verdad; oye, oye a los pájaros que parece que tienen baile; dime, Leonor, ¿qué pasa en esta casa?" Y a Piedad se le cayó el peine de la mano, cuando le tenía ya una **trenza** hecha a Leonor; y la otra estaba toda **alborotada**. Lo que pasaba, allí lo veía ella. Por la puerta venía la

110 procesión. La primera era la criada con el delantal de rizos de los días de fiesta, y la **cofia** de servir la mesa en los días de visita; traía el chocolate, el chocolate con crema, lo mismo que el día de Año Nuevo, y los panes dulces en una cesta de plata; luego venía la madre, con un ramo de flores blancas y azules; ¡ni una flor **colorada** en el ramo, ni una flor amarilla!; y luego venía la lavandera, con

115 el gorro blanco que el cocinero no se quiso poner, y un **estandarte** que el cocinero le hizo, con un diario y un bastón; y decía en el estandarte, debajo de una

**cordero** cría de la oveja que no pasa de un año

**moña** lazo con que las mujeres se adornan la cabeza

**pararrayos** objeto que atrae rayos

**desteñida** decolorada

**convidar** invitar

**trenza** peinado que se realiza entretejiendo mechones de cabello
**alborotada** revuelta, enredada
**cofia** gorro de uniforme

**colorada** roja

**estandarte** bandera; insignia

corona de **pensamientos**: "¡Hoy cumple Piedad ocho años!" Y la besaron, y la vistieron con el traje color de perla, y la llevaron, con el estandarte detrás, a la sala de los libros de su padre, que tenía muy peinada su barba rubia, como si se la hubieran peinado muy despacio, y redondeándole las puntas, y poniendo cada **hebra** en su lugar. A cada momento se asomaba a la puerta, a ver si Piedad venía; escribía, y se ponía a silbar; abría un libro, y se quedaba mirando a un retrato, a un retrato que tenía siempre en su mesa, y era como Piedad, una Piedad de vestido largo. Y cuando oyó ruido de pasos, y un **vocerrón** que venía tocando música en un **cucurucho** de papel ¿quién sabe lo que sacó de una caja grande?; y se fué a la puerta con una mano en la espalda; y con el otro brazo cargó a su hija. Luego dijo que sintió como que en el pecho se le abría una flor, y como que se le encendía en la cabeza un palacio, con **colgaduras** azules de flecos de oro, y mucha gente con alas; luego dijo todo eso, pero entonces, nada se le oyó decir. Hasta que Piedad dió un salto en sus brazos, y se le quiso subir por el hombro, porque en un espejo había visto lo que llevaba en la otra mano el padre. "¡Es como el sol el pelo, mamá, lo mismo que el sol! ¡Ya la vi, ya la vi, tiene el vestido rosado! ¡Dile que me la dé, mamá; si es de **peto** verde, de peto de **terciopelo**. ¡Como las mías son las medias, de encaje como las mías!" Y el padre se sentó con ella en el sillón, y le puso en los brazos la muñeca de seda y porcelana. Echó a correr Piedad, como si buscase a alguien. "¿Y yo me quedo hoy en casa por mi niña"—le dijo su padre—"y mi niña me deja solo?" Ella escondió la cabecita en el pecho de su padre bueno. Y en mucho, mucho tiempo, no la levantó, aunque ¡de veras!, le picaba la barba.

$$* * *$$

Hubo paseo por el jardín, y almuerzo con un vino de espuma debajo de la **parra**, y el padre estaba muy conversador, cogiéndole a cada momento la mano a su mamá, y la madre estaba como más alta, y hablaba poco, y era como música todo lo que hablaba. Piedad le llevó al cocinero una **dalia** roja, y se la **prendió** en el pecho del delantal; y a la lavandera le hizo una corona de **claveles**; y a la criada le llenó los bolsillos de flores de naranjo, y le puso en el pelo una flor, con sus dos hojas verdes. Y luego, con mucho cuidado, hizo un ramo de *no me olvides*. "¿Para quién es ese ramo, Piedad?" "No sé, no sé para quién es; ¡quién sabe si es para alguien!" Y lo puso a la orilla de la **acequia**, donde corría como un cristal el agua. Un secreto le dijo a su madre, y luego le dijo: "¡Déjame ir!" Pero le dijo caprichosa su madre: "¿y tu muñeca de seda, no te gusta? Mírale la cara, que es muy linda; y no le has visto los ojos azules". Piedad sí se los había visto; y la tuvo sentada en la mesa después de comer, mirándola sin reírse; y la estuvo enseñando a andar en el jardín. Los ojos era lo que miraba ella; y le tocaba en el lado del corazón: "¡Pero, muñeca, háblame, háblame!" Y la muñeca

---

**pensamientos** flores con cinco pétalos redondeados de tres colores

**hebra** hilo de cabello

**vocerrón** voz muy fuerte y gruesa
**cucurucho** lámina en forma cónica

**colgaduras** tapiz con que se cubre una pared con motivo de una celebración

**peto** parte superior de algunas prendas de vestir que cubren el pecho
**terciopelo** tela de seda muy tupida y con pelo

**parra** vid de tronco leñoso

**dalia** planta con flores de colores vistosos, con el botón central amarillo rodeado de una corola grande de abundantes pétalos
**prender** agarrar
**clavel** planta con flores terminales con cinco pétalos dentados de diversos colores
**no me olvides** planta con flores amarillentas, en racimo, que cambian a azul-violeta después de la polinización
**acequia** arroyo pequeño

155 de seda no le hablaba. "¿Con que no te ha gustado la muñeca que te compré, con sus medias de encaje y su cara de porcelana y su pelo fino?" "Sí, mi papá, sí me ha gustado mucho. Vamos, señora muñeca, vamos a pasear. Usted querrá coches, y lacayos, y querrá dulce de castañas, señora muñeca. Vamos, vamos a pasear". Pero en cuanto estuvo Piedad donde no la veían, dejó a la muñeca

160 en un tronco, de cara contra el árbol. Y se sentó sola, a pensar, sin levantar la cabeza, con la cara entre las dos manecitas. De pronto echó a correr, de miedo de que se hubiese llevado el agua el ramo de *no me olvides*.

—"¡Pero, criada, llévame pronto!"—"¿Piedad, qué es eso de criada? ¡Tú nunca le dices criada así, como para ofenderla!"—"No, mamá, no; es que

165 tengo mucho sueño; estoy muerta de sueño. Mira, me parece que es un monte la barba de papá; y el pastel de la mesa me da vueltas, vueltas alrededor, y se están riendo de mí las banderitas; y me parece que están bailando en el aire las flores de la zanahoria; estoy muerta de sueño; ¡adiós, mi madre!, mañana me levanto muy tempranito; tú, papá, me despiertas antes de salir; yo te quiero ver

170 siempre antes de que te vayas a trabajar; ¡oh, las zanahorias! ¡Estoy muerta de sueño! ¡Ay, mamá, no me mates el ramo! ¡Mira, ya me mataste mi flor!"—"¿Con qué se enoja mi hija porque le doy un abrazo?"—"¡Pégame, mi mamá! ¡Papá, pégame tú! Es que tengo mucho sueño". Y Piedad salió de la sala de los libros, con la criada que le llevaba la muñeca de seda. "¡Qué de prisa va la niña, que

175 se va a caer! ¿Quién espera a la niña?"—"¡Quién sabe quién me espera!" Y no habló con la criada; no le dijo que le contase el cuento de la niña **jorobadita** que se volvió una flor; un juguete no más le pidió, y lo puso a los pies de la cama; y le **acarició** a la criada la mano, y se quedó dormida. Encendió la criada la lámpara de velar, con su bombillo de ópalo; salió de puntillas; cerró la puerta

180 con mucho cuidado. Y en cuanto estuvo cerrada la puerta, relucieron dos ojitos en el borde de la sábana; se alzó de repente la cubierta rubia; de rodillas en la cama, le dió toda la luz a la lámpara de velar; y se echó sobre el juguete que puso a los pies, sobre la muñeca negra. La besó, la abrazó, se la apretó contra el corazón: "Ven, pobrecita, ven, que esos malos te dejaron aquí sola;

185 tú no estás fea, no, aunque no tengas más que una trenza; la fea es esa, la que han traído hoy, la de los ojos que no hablan; dime, Leonor, dime, ¿tú pensaste en mí?; mira el ramo que te traje, un ramo de *no me olvides*, de los más lindos del jardín; ¡así, en el pecho! ¡Esta es mi muñeca linda! ¿Y no has llorado? ¡Te dejaron tan sola! ¡No me mires así, porque voy a llorar yo! ¡No, tú no tienes

190 frío! ¡Aquí conmigo, en mi almohada, verás como te calientas! ¡Y me quitaron, para que no me hiciera daño, el dulce que te traía! ¡Así, así, bien **arropadita**! ¡A ver, mi beso, antes de dormirte! ¡Ahora, la lámpara baja! ¡Y a dormir, abrazadas las dos! ¡Te quiero, porque no te quieren!"

**jorobada** que tiene la columna vertebral anormalmente curvada

**acariciar** hacer caricias, rozar o tocar algo suavemente

**arropada** abrigada o cubierta con ropa para protegerse del frío; protegida, amparada

### DE RELEVANCIA PARA EL TEXTO

José Martí publicó "La muñeca negra" en *La edad de oro,* una revista literaria que él mismo fundó y editó desde el exilio en Nueva York. La revista era, según su subtítulo, una "publicación mensual de recreo e instrucción dedicada a los niños de América". En el prólogo, titulado "A los niños que lean *La edad de oro*", Martí explica el objetivo de su publicación: "Este periódico se publica para conversar una vez al mes, como buenos amigos, con los caballeros de mañana, y con las madres de mañana; para contarles a las niñas cuentos lindos con que entretener a sus visitas y jugar con sus muñecas; y para decirles a los niños lo que deben saber para ser de veras hombres" (7). Martí añade que se publica *La edad de oro* "para que los niños americanos sepan cómo se vivía antes, y se vive hoy, en América, y en las demás tierras" y "porque los niños son los que saben querer, porque los niños son la esperanza del mundo" (7-8).

"La muñeca negra" se publicó solamente tres años después de la abolición de la esclavitud en Cuba, que se declaró oficialmente el 7 de octubre de 1886. En 1889 Cuba todavía era colonia española y no ganaría su independencia hasta 1898. Martí escribió muchos ensayos sobre los problemas de racismo y colonialismo en su isla natal.

Es interesante notar también que la madre y la primera hermana de Martí se llamaban Leonor, igual que la muñeca negra en el cuento. Además, se debe mencionar la niña María Mantilla, hija de Carmen Miyares y Peoli—la viuda con quien Martí mantuvo su más larga y estable relación amorosa conocida—, ya que Martí jugó un papel fundamental en la crianza de esa niña, que cumplió ocho años en el mismo año en que Martí publicó su cuento sobre Piedad.

### TRAMA

1. La mayoría de los eventos contados en "La muñeca negra" ocurre en un solo día durante la fiesta de cumpleaños de Piedad. Escribe un resumen de los eventos en orden cronológico desde el punto de vista de Piedad. Usa un máximo de ocho oraciones.
2. Ahora, escribe un resumen de los eventos en orden cronológico desde el punto de vista del padre o de la madre de Piedad. Usa un máximo de ocho oraciones.
3. Explica las diferencias entre los dos resúmenes de la trama. ¿Cómo y por qué interpretan algunos eventos de forma distinta Piedad y su madre o su padre?

## PERSONAJES

1. ¿Qué sabemos de Piedad? ¿Cómo está descrita? Describe su relación con sus padres, sus muñecas y las personas que trabajan para su familia, como la criada, la lavandera y el cocinero.
2. ¿Qué sabemos del padre de Piedad? ¿Cómo está descrito? Describe su relación con su hija y su esposa.
3. ¿Qué sabemos de la madre de Piedad? ¿Cómo está descrita? Describe su relación con su hija y su esposo.
4. Compara y contrasta las dos muñecas. En la primera fila, contrasta las muñecas con respecto a sus aspectos físicos. En la segunda fila, contrasta la relación entre Piedad y cada muñeca. En la tercera fila, anota los elementos que tienen en común las dos muñecas.

|  | La muñeca negra | La muñeca nueva |
|---|---|---|
| Diferencias en apariencia física |  |  |
| Diferencias en relación entre Piedad y cada muñeca |  |  |
| Semejanzas |  |  |

## NARRACIÓN

1. ¿Qué tipo de narrador encontramos en "La muñeca negra" de Martí? Elige una de las dos alternativas de cada fila.
   a. primera persona                tercera persona
   b. homodiegético (sí forma parte del mundo del cuento)      heterodiegético (no forma parte del mundo de cuento)
   c. limitado                  omnisciente
   d. dudoso                  confiable
   e. su perspectiva es subjetiva      su perspectiva es objetiva
2. ¿Está la narración más vinculada a la perspectiva de Piedad o a la de sus padres? ¿Cambia la perspectiva de la narración? Explica con ejemplos textuales.
3. ¿Por qué incluye el narrador tantas preguntas retóricas en el cuento? ¿Por qué incluye frases exclamatorias también? ¿Cuál es el propósito y el efecto de esto?

## INTERPRETACIÓN

1. ¿Sabemos o no los siguientes detalles de la historia?
   - a qué se dedica el padre de Piedad
   - a qué se dedica la madre de Piedad
   - dónde se sitúa la historia (la región, el país, la ciudad)
   - el nivel socioeconómico de la familia de Piedad
   - el color de piel de Piedad y sus padres
   - el color de piel de la muñeca nueva
   - el color de piel de la muñeca negra
   - el color de piel de las personas que trabajan en la casa, como la criada, la lavandera y el cocinero
   - el origen de Leonor y cómo llegó Piedad a tenerla como muñeca

   Comenta la importancia de la información dada y no dada con respecto a las categorías nombradas en esta lista.

2. Hay muchas referencias a diferentes colores en el texto. Comenta el contraste entre el uso de colores oscuros, como negro, y el uso de colores claros, como ópalo, perla, rubio, amarillo y oro. Nota también las referencias a la luz y la oscuridad. ¿Qué significado pueden tener estas referencias y cómo se relacionan a los temas centrales de la obra?

3. ¿Por qué hay tantas descripciones y detalles del cuarto de Piedad? ¿Qué importancia tienen los objetos nombrados: los juguetes, los regalos, el medallón con el retrato de Lafayette y el retrato de Franklin? ¿Qué simboliza o representa el dormitorio de Piedad y cómo contrasta con los otros espacios y lugares narrados en el cuento? ¿Por qué es importante el hecho de que el texto comienza y termina en el cuarto de Piedad?

4. ¿Cuáles son las semejanzas visuales o materiales entre Piedad y su nueva muñeca? ¿Cómo refleja la nueva muñeca el estatus social de la familia? ¿Por qué no puede Piedad hablar con la muñeca nueva? ¿Qué le atrae a Piedad de su muñeca negra que no le atrae de su muñeca nueva?

5. ¿Por qué solamente dos personajes están nombrados en el texto: Piedad y Leonor? Piedad es un sustantivo que significa (1) virtud que inspira actos de amor y compasión; (2) amor íntimo que se consagra a los padres y a objetos venerables; (3) lástima, misericordia y conmiseración; (4) fe, devoción y fervor religioso. Como nombre femenino, Piedad puede significar "sentido de deber", "la que es observadora" o "devoción hacia los dioses o los parientes". Leonor es un nombre femenino que tiene varios significados: (1) "la poseedora de luz" o "aquella que resplandece"; (2) "aquella que es compasiva"; (3) "aquella que es audaz, impetuosa y valiente o que tiene honor". ¿Cuál es la importancia de estos dos nombres? ¿Cuál es el efecto de no nombrar a los demás

personajes? Recuerda que Leonor era el nombre de la madre y de una hermana de Martí. ¿Qué importancia puede tener este hecho?

6. La literatura infantil tiene diferentes metas. Por un lado, puede intentar distraer a los niños, provocar una evasión del mundo, desarrollar la imaginación o trasladar la imaginación a la esfera de lo irreal. Por otro lado, puede aspirar a estimular las capacidades intelectuales, transmitir ideas o enseñanzas éticas o reproducir los esquemas de adquisición de experiencias vitales o procesos cognoscitivos. ¿Qué aspectos de la "literatura infantil" encontramos en "La muñeca negra"? ¿Qué mensaje o moraleja tiene este cuento para los lectores jóvenes y los adultos? ¿Qué diferencias subraya Martí entre Piedad y sus padres, es decir, entre una generación y otra?

7. ¿Cómo puedes relacionar los siguientes extractos del famoso ensayo "Nuestra América" (1891) de Martí con el cuento "La muñeca negra"?
   • "Con los oprimidos había que hacer causa común". (14)
   • "Peca contra la humanidad el que fomente y propague la oposición y el odio de las razas". (17)
   • "El mestizo autóctono ha vencido al criollo exótico". (11)

8. ¿Cuáles son las conexiones entre el cuento y las siguientes citas de otro ensayo de Martí, "Mi raza", publicado en un periódico en 1893?
   • "El hombre no tiene ningún derecho especial porque pertenezca a una raza o a otra [. . .]. El negro, por negro, no es inferior ni superior a ningún otro hombre; peca por redundante el blanco que dice: 'Mi raza'; peca por redundante el negro que dice: 'Mi raza'. Todo lo que divide a los hombres, todo lo que especifica, aparta o acorrala es un pecado contra la humanidad".
   • "La afinidad de los caracteres es más poderosa entre los hombres que la afinidad del color. [. . .] Los hombres de pompa e interés se irán de un lado, blancos o negros; y los hombres generosos y desinteresados se irán de otro. Los hombres verdaderos, negros o blancos, se tratarán con lealtad y ternura, por el gusto del mérito y el orgullo de todo lo que honre la tierra en que nacimos, negro o blanco".

9. ¿Qué representa o simboliza la muñeca negra? ¿Qué representa o simboliza la muñeca nueva? ¿Qué comentario hace Martí a través de la fuerte amistad entre Piedad y Leonor y la falta de conexión entre Piedad y la muñeca nueva? ¿Qué comentario hace Martí a través de la preferencia de los padres por la muñeca nueva?

10. En "La muñeca negra" existen huellas de nacionalismo o patriotismo, ya que Martí desarrolla un enlace entre Piedad y la muñeca negra que simboliza la unión del blanco y el negro, de la clase alta y la clase baja, y que muestra el amor que uno debe tener hacia su propio país. ¿Qué

comentario hace Martí sobre la importancia de independencia y la necesidad de fomentar una fuerte identidad nacional, patriótica o regional?

11. Martí hace un comentario sobre lo importado/heredado (la muñeca nueva) frente a lo autóctono/propio (la muñeca negra y/o la relación entre Piedad y Leonor). ¿Qué dice Martí en este cuento sobre el estado colonial de Cuba y la importancia de una lucha unida para la independencia de la isla?

12. Martí está considerado la máxima figura de transición entre el Romanticismo y el Modernismo en la literatura latinoamericana. ¿Cuáles son algunos ejemplos de los siguientes rasgos romanticistas y modernistas en el texto?

  - Rasgos característicos del Romanticismo:
    a. El amor como tema central
    b. Énfasis en la libertad, el idealismo y lo ideal
    c. Énfasis en la emoción y el sentimentalismo
    d. Tendencia de evadir o escapar del mundo
    e. Rechazo del realismo y preferencia por temas sobrenaturales, mágicos o misteriosos
    f. Subjetivismo y la importancia de la intuición y la imaginación
  - Rasgos característicos del Modernismo:
    a. Importancia de la belleza y la estética
    b. Énfasis en lo imaginario y lo ideal
    c. Preferencia por lo nuevo, extraño y/o exótico
    d. Énfasis en los detalles y las superficies
    e. Renovación formal y búsqueda de armonía y perfección estilística

### ANÁLISIS TEXTUAL

Comenta la importancia de las siguientes citas del cuento. Presta atención especial a las partes subrayadas.

1. El padre viene detrás, como si fuera a tropezar con todo. La madre no tropieza; porque conoce el camino.
2. "¡Mamá mala, que no te dejó ir conmigo, porque dice que te he puesto muy fea con tantos besos, y que no tienes pelos, porque te he peinado mucho! La verdad, Leonor; tú no tienes mucho pelo; pero yo te quiero así, sin pelo, Leonor; tus ojos son los que quiero yo, porque con los ojos me dices que me quieres; te quiero mucho, porque no te quieren".
3. Luego venía la madre, con un ramo de flores blancas y azules; ¡ni una flor colorada en el ramo, ni una flor amarilla!

4. "¡Es como el sol el pelo, mamá, lo mismo que el sol! ¡Ya la vi, ya la vi, tiene el vestido rosado! ¡Dile que me la dé, mamá; si es de peto verde, de peto de terciopelo. ¡Como las mías son las medias, de encaje como las mías!"

5. Y el padre se sentó con ella en el sillón, y le puso en los brazos la muñeca de seda y porcelana. Echó a correr Piedad, como si buscase a alguien. "¿Y yo me quedo hoy en casa por mi niña"—le dijo su padre—"y mi niña me deja solo?" Ella escondió la cabecita en el pecho de su padre bueno. Y en mucho, mucho tiempo, no la levantó, aunque ¡de veras!, le picaba la barba.

6. Los ojos era lo que miraba ella; y le tocaba en el lado del corazón: "¡Pero, muñeca, háblame, háblame!" Y la muñeca de seda no le hablaba. "¿Con que no te ha gustado la muñeca que te compré, con sus medias de encaje y su cara de porcelana y su pelo fino?" "Sí, mi papá, sí me ha gustado mucho. Vamos, señora muñeca, vamos a pasear. Usted querrá coches, y lacayos, y querrá dulce de castañas, señora muñeca. Vamos, vamos a pasear".

7. —"¡Pero, criada, llévame pronto!"—"¿Piedad, qué es eso de criada? ¡Tú nunca le dices criada así, como para ofenderla!"—"No, mamá, no; es que tengo mucho sueño; estoy muerta de sueño. [. . .] "¡Pégame, mi mamá! ¡Papá, pégame tú! Es que tengo mucho sueño".

8. "Ven, pobrecita, ven, que esos malos te dejaron aquí sola; tú no estás fea, no, aunque no tengas más que una trenza; la fea es esa, la que han traído hoy, la de los ojos que no hablan; dime, Leonor, dime, ¿tú pensaste en mí?; mira el ramo que te traje, un ramo de *no me olvides*, de los más lindos del jardín; ¡así, en el pecho! ¡Esta es mi muñeca linda! ¿Y no has llorado? ¡Te dejaron tan sola! ¡No me mires así, porque voy a llorar yo! [. . .] ¡A ver, mi beso, antes de dormirte! ¡Ahora, la lámpara baja! ¡Y a dormir, abrazadas las dos! ¡Te quiero, porque no te quieren!"

## TEMAS PRINCIPALES

1. Escribe un ensayo en el que expliques la importancia de uno de los siguientes temas en el cuento "La muñeca negra". Como evidencia, cita partes del texto y da ejemplos específicos.
   a. La crítica del racismo
   b. La crítica del clasismo
   c. La crítica del colonialismo
   d. El comentario sobre los papeles o roles de género

e. El comentario sobre la belleza externa frente a la belleza interna o sobre el materialismo frente al espiritualismo

f. La preferencia por lo propio en vez de lo importado, por lo autóctono en vez de lo ajeno

2. Discute o debate cuál de los temas anteriores es más importante en el cuento y por qué.

## CRÍTICA LITERARIA

Lee las siguientes interpretaciones de varios críticos literarios sobre el cuento "La muñeca negra" de Martí. Decide si estás **de acuerdo** o **en desacuerdo** con cada interpretación dada. Cita un ejemplo textual o un pasaje directo de la obra para **apoyar** o **refutar** cada interpretación dada.

### Lo que representa el espacio del cuarto de Piedad

*Crítico A*

"Si interpretamos el espacio del cuarto de Piedad como una especie de isla que está separada o aislada del mundo adulto, es decir, como una isla natal y un microcosmos de una Cuba libre de prejuicio racial y clasista, tenemos que ver a los antagonistas del cuento: ambos padres, pero especialmente el padre ciego y torpe, como invasores extranjeros, cuyas ideas o ideologías están 'fuera de lugar' o 'inapropiadas' ['misplaced'] en el mundo transculturado de Piedad". (Comfort 55, traducción mía)

*Crítico B*

"[L]a incursión del lector, su intromisión en el mundo de la infancia, se da desde el punto de vista de los mayores; son ellos los que nos dan entrada en el cuarto de Piedad. [. . .] [E]se reino infantil, visto desde la perspectiva del adulto, [. . .] lo capta como retrato ampliado, pero que ignora el valor connotativo, la significación especial. [En la escena final, la] oposición entre la visión del niño y el adulto, vuelve a manifestarse. Ahora se realiza aún más ese contraste, porque lo que prima en la conclusión (desenlace) es el punto de vista de Piedad. Los mayores están vistos y valorados desde su óptica". (Poza Campos 126-127, 130)

*Crítico C*

"La dualidad de la escritura se manifiesta claramente en el dormitorio de Piedad, donde vemos un microcosmos de una ciudad moderna con toda la abundancia y con las posesiones materialistas que incluyen muñecas de porcelana adornadas con seda cara, medallones de oro, cuadros, muebles de lujo y un piano [. . .]. Martí ha creado un mundo de opuestos en el que las condiciones lujosas de las muñecas de porcelana contrastan con las de la muñeca de trapo". (Swier 52-53, traducción mía)

*Crítico D*
"Al presentar a los padres como intrusos [en el cuarto de Piedad], Martí puede proyectar una visión curiosamente mágica del mundo de jugar de la hija que, a través de los ojos de los padres, parece ser enteramente ficticio. Cuando enfoca en detalle su cuarto, sin embargo, la casa de muñeca y 'la muñeca negra' agarrada en los brazos de Piedad forman una réplica del mundo real de la niña, ya que contienen las desigualdades sociales y económicas y la lucha por la libertad que tanto preocuparon a Martí". (Fraser 227-228, traducción mía)

*Tu propia interpretación*
Escribe tu propia interpretación de "La muñeca negra" respecto al tema de lo que representa el espacio del cuarto de Piedad.

## La ubicación geográfica del cuento
*Crítico A*
"[L]a fábula de 'La muñeca negra' está ubicada en los EEUU, y específicamente en su zona norte (Nueva York, por ejemplo). Ello queda evidenciado por la presencia de sendos retratos de Lafayette y Franklin sobre las paredes del cuarto de Piedad (con la consiguiente carga doctrinaria libertadora republicana), y en la referencia a los inicios de la primavera en latitudes mucho más altas a las correspondientes a Hispanoamérica o las zonas sureñas de Norteamérica. Mas, a pesar de tal ubicación geográfica tan lejana de 'Nuestra América', queda claro que se trata de una familia hispana, con inequívocos elementos 'tropicalizadores'". (Lolo 14)

*Crítico B*
"Los diferentes análisis del cuento de Martí no han podido determinar todavía la ubicación en la que ocurre la acción. No hay ningún elemento que lo defina como latinoamericano y casi no se puede encontrar muestras de la cubanidad. Sí sugiere que la familia tratada es de origen hispano. [. . .] Yo diría que si Nueva Orleans fuera un lugar donde vivían familias cubanas durante la época de Martí, que tal vez Luisiana era el lugar en el que pensaba el autor mientras escribía el cuento. [. . .] Una de las ciudades más importantes de Luisiana fue renombrada 'Lafayette' cuatro años antes de que Martí escribió *La edad de oro*. Además, en una zona llena de marismas formadas por las aguas del río Mississippi, mosquiteras eran absolutamente

necesarias [. . . y] palmeras también abundaban". (Cabrera Peña 55-56, traducción mía)

*Tu propia interpretación*
Escribe tu propia interpretación de "La muñeca negra" respecto al tema de
la ubicación geográfica del cuento.

### El simbolismo de las dos muñecas
*Crítico A*
"[L]a muñeca nueva, de seda y porcelana, no tiene para ella [Piedad] ningún
valor significativo, representa lo suntuoso, lo aparente, la belleza exterior y
artificial" (Poza Campos 129)./"Si la muñeca nueva simbolizaba lo aparente
y lo artificial, Leonor, la muñeca negra, es lo sencillo, lo humilde, lo significativo. La actitud final de Piedad ante el intento adulto de quebrantar la
unidad de su mundo, sintetiza la esencia del mensaje martiano: amor por
lo sencillo, por lo supuestamente simple, amor ante todo hacia el hombre
sin distinción de clase o color". (Poza Campos 130)

*Crítico B*
"En 'La muñeca negra' contra el verso retórico, se alza el natural; frente al
mundo que simboliza la muñeca de seda y porcelana—el mundo artificial,
burgués, hecho de comportamientos estipulados—, el natural, el del amor.
Contra el mundo aburguesado, el de la revolución. Así se cumple fielmente
la misión de *La Edad de Oro* que no es otra [. . .] que ayudar a los niños americanos a ser felices en la tierra en que viven, a vivir conforme a ella, a no
divorciarse, a no buscar lo ajeno, el juguete importado, y a amar lo propio:
esa muñeca negra símbolo del mestizaje y de lo que Martí denominó 'Nuestra América'". (Serna Arnaiz 213)

*Crítico C*
"Los lazos maternos del patriotismo—un tema central en 'La muñeca
negra'—es evidente en el clímax del cuento cuando la niña abandona su
nueva muñeca de porcelana y vuelve febrilmente a su muñeca negra, Leonor, así simbolizando la síntesis de raza y clase en la cara renovada de la
identidad nacional latinoamericana. Por eso, la muñeca negra en el texto
no solo representa un aspecto de la composición racial heterogénea en las
naciones latinoamericanas que promocionaba Martí como componente
integral de una identidad nacional unida, sino que también va más allá de
esta referencia simbólica y funciona como una voz de resistencia al discurso
hegemónico de la modernidad que refleja más claramente los sentimientos
nacionalistas de Martí". (Swier 58, traducción mía)

*Crítico D*

"En 'La muñeca negra', la conexión entre la protagonista de ocho años y la muñeca negra [. . .] funciona como alegoría de las ideas del autor sobre la necesidad de superar las divisiones de raza y de clase y la importancia de promocionar lo local en vez de lo ajeno en Cuba. [. . .] En contraste con la meritoria imagen transculturada de la amistad entre Piedad y Leonor, los padres representan la continuación en Cuba de ideologías racistas, clasistas e importadas desde el extranjero. [. . .] Martí contrasta el lazo positivo y transculturado que comparte Piedad con su muñeca negra con las ideas negativas e inapropiadas representadas por los padres y su promoción de una muñeca extranjera e importada como la compañera correcta para su hija blanca y privilegiada". (Comfort 54, traducción mía)

*Crítico E*

"Cuando Piedad rechaza la esterilidad de la sociedad mercantilista de sus padres simbolizada por la muñeca de porcelana, seda y encaje, ella declara que hay otras formas de poder además de la riqueza material. [. . .] Piedad reniega a ser prisionera del estrecho dominio materialista de su familia que pide que ella rechace los valores del espíritu. Ella personifica la 'piedad' necesaria para su lucha de liberación de las doctrinas impuestas externamente". (Fraser 228-229, traducción mía)

*Tu propia interpretación*

Escribe tu propia interpretación de "La muñeca negra" respecto al tema del simbolismo de las dos muñecas.


### A NIVEL PERSONAL

Discute los siguientes temas con un compañero de clase. Prepárense para compartir sus ideas con los demás compañeros de clase.

1. En tu juventud, ¿tenías algún juguete, afición o interés que a tus padres no les gustaba? ¿Cuál era y por qué no les gustaba? ¿Cómo te sentías y que hacías?
2. ¿Cuándo y cómo te diste cuenta por primera vez de las diferencias de raza o de clase? ¿Cuándo presenciaste o experimentaste un acto de discriminación por primera vez? Describe estos momentos detalladamente.
3. ¿Cómo han influido tus padres en tus perspectivas, opiniones y valores sobre raza, etnicidad, género y clase? ¿Cuáles de tus perspectivas son semejantes a las de tus padres y cuáles son diferentes?

## NOTAS

1. Martí aquí hace referencia al Marqués de Lafayette, un oficial militar, aristócrata y político francés. Lafayette luchó con los Estados Unidos en la guerra de independencia contra el imperio británico. A raíz de esto fue un amigo cercano de George Washington, Alexander Hamilton y Thomas Jefferson. Además, Lafayette fue una figura clave como general del ejército revolucionario en la Revolución Francesa de 1789. Él ayudó a escribir la *Declaración de los Derechos del Hombre y del Ciudadano*, con la asistencia de Thomas Jefferson. Durante la Revolución de Julio de 1830 en Francia, Lafayette se negó a la oferta de convertirse en dictador. En cambio, apoyó a Luis Felipe como rey, pero se puso luego en su contra cuando el monarca se volvió autocrático. Lafayette murió el 20 de mayo de 1834. Por sus logros tanto en el servicio de Francia como de Estados Unidos, es conocido como "El Héroe de Dos Mundos". (Tomado de *Wikipedia:* "Marqués de La Fayette")

2. El que "inventó el pararrayos" y "pasó el mar para pedir a los reyes de Europa que lo ayudaran a hacer libre su tierra" es Benjamin Franklin. Político, científico e inventor estadounidense, Franklin está considerado como uno de los Padres Fundadores de los Estados Unidos por su participación activa en el proceso de independencia y su influencia en la redacción de la *Declaración de Independencia* (1776) y en la Constitución estadounidense (1787). Es importante notar también que en 1787 comenzó a destacar su carrera como abolicionista, siendo elegido presidente de la Sociedad para Promover la Abolición de la Esclavitud.

## Capítulo 2

# El *delantal blanco* (1956) de Sergio Vodanovic

### SERGIO VODANOVIC

Sergio Vodanovic nació en 1926 en Split, Croacia, de nacionalidad chilena y ascendencia croata. (Los datos biográficos que se presentan aquí están tomados de dos artículos en línea: "Sergio Vodanovic" y "Biografía de Sergio Vodanovic".) Vodanovic fue abogado, dramaturgo, guionista, profesor universitario y periodista. Estudió técnica teatral en las universidades estadounidenses de Columbia y Yale. Fue profesor de técnica dramática en la Universidad Católica y director del taller de escritores de la Universidad de Concepción, en Chile. Escribió su primera obra teatral, *El Príncipe Azul*, en 1947. Desde entonces Vodanovic ha escrito, producido y, ocasionalmente, dirigido una serie de obras de contenido social, caracterizadas por una gran preocupación ética y por un alto sentido crítico. A tra-vés de comedias, dramas y farsas, el teatro de Vodanovic está lleno de humor, sátira e ironía. Sus obras reflejan el contexto social, destacan los conflictos entre las clases sociales y las diferentes generaciones, subrayan la gran distancia que existe entre los sueños y la realidad, denuncian la corrupción y la hipocresía y cuestionan los valores tradicionales y las instituciones sociales. A partir de 1959, Vodanovic, al igual que la mayoría de los dramaturgos de su generación, comenzó a escribir para los Teatros Universitarios y adoptó un estilo neorrealista. Su primera obra realizada en el estilo neorrealista fue el drama social *Deja que los perros ladren* (1959), seguida por *Viña: Tres comedias en traje de baño* (1964). Estas dos obras examinan críticamente las relaciones entre las diversas clases sociales. *El delantal blanco* es la primera de las tres piezas breves de la trilogía *Viña,* que tiene lugar en Viña del Mar, uno de los balnearios más distinguidos de Chile. Vodanovic recibió el Premio Municipal de Teatro en Chile por estas dos últimas obras teatrales mencionadas. En 1984, al estrenar su primera telenovela "Los Títeres", se convirtió en un renombrado autor de guiones para la televisión. Vodanovic falleció en Croacia en el año 2001, a la edad de 75 años, de un infarto al corazón.

## ANTES DE LEER

Discute las siguientes preguntas con un compañero de clase:

1. ¿A qué clase social perteneces? ¿De qué depende la clase social?
2. ¿Ha tenido tu familia un sirviente o una criada en la casa? Si fue así, ¿qué hacía y por qué? Si no, ¿por qué no?
3. Imagínate que pudieras intercambiar tu vida con alguien. ¿A quién elegirías? ¿Por qué? ¿Cómo sería diferente tu vida si intercambiaras tu vida con la persona escogida? ¿Qué te gustaría más y menos de tu vida nueva?

## PARA ORIENTAR AL LECTOR

*El delantal blanco,* una comedia de un solo acto y la primera obra de la trilogía *Viña,* explora las interacciones entre una señora de clase alta y su empleada de clase baja durante un día en un balneario famoso de Chile. La obra comenta los papeles sociales de las dos mujeres y examina la relación de dominación y opresión entre ellas.

Durante la lectura, debes fijarte en los siguientes temas y conceptos:

- Las divisiones de clase y el clasismo
- El rol de género y el sistema de patriarcado
- La distinción entre realidad y apariencia, ser y aparecer
- El orden establecido y su subversión o inversión

## EL DELANTAL BLANCO

1   *Personajes*
   - *La Señora*
   - *La Empleada*
   - *Dos Jóvenes*
5   - *La Jovencita*
   - *El Caballero Distinguido*


*La playa.*

*Al fondo, una **carpa**.*

**carpa** toldo, cubierta de tela

*Frente a ella, sentadas a su sombra, la* SEÑORA *y la* EMPLEADA.

10   *La* SEÑORA *está en traje de baño y, sobre él, usa un blusón de toalla blanca que le cubre hasta las cade-ras. Su **tez** está tostada por un largo veraneo. La* EMPLEADA *viste su uniforme blanco. La* SEÑORA *es una mujer de treinta años, pelo claro, **rostro atrayente** aunque algo duro. La* EMPLEADA *tiene veinte años, tez blanca, pelo negro, rostro **plácido** y agradable.*

**tez** piel, cutis
**rostro** cara
**atrayente** atractivo
**plácido** tranquilo

LA SEÑORA: *(Gritando hacia su pequeño hijo, a quien no se ve y que se supone está*
15   *a la orilla del mar, justamente, al borde del escenario.)* ¡Alvarito! ¡Alvarito! ¡No le tire arena a la niñita! ¡Métase al agua! Está rica . . . ¡Alvarito, no! ¡No le deshaga el castillo a la niñita! Juegue con ella . . . Sí, mi hijito . . . juegue . . .

LA EMPLEADA: Es tan **peleador** . . .

**peleador** agresivo, luchador, que pelea

LA SEÑORA: Salió al padre . . . Es inútil corregirlo. Tiene una personalidad domi-
20   nante que le viene de su padre, de su abuelo, de su abuela . . . ¡sobre todo de su abuela!

LA EMPLEADA: ¿Vendrá el caballero mañana?

LA SEÑORA: *(Se encoge de hombros con **desgano**.)* ¡No sé! Ya estamos en marzo, todas mis amigas han regresado y Álvaro me tiene todavía aburriéndome en
25   la playa. Él dice que quiere que el niño **aproveche** las vacaciones, pero para mí que es él quien está **aprovechando**. *(Se saca el blusón y se tiende a tomar sol.)* ¡Sol! ¡Sol! Tres meses tomando sol. Estoy **intoxicada** de sol. *(Mirando **inspectivamente** a la* EMPLEADA.*)* ¿Qué haces tú para no quemarte?

**desgano** falta de ganas; falta de entusiasmo

**aprovechar** sacar utilidad de algo o alguien; propasarse sexualmente
**intoxicada** saturada; enviciada; drogada; envenenada
**inspectivamente** con intención de inspección o investigación
**veranear** pasar el verano en lugar distinto del que se reside

LA EMPLEADA: He salido tan poco de la casa . . .

30   LA SEÑORA: ¿Y qué querías? Viniste a trabajar, no a **veranear**. Estás recibiendo sueldo, ¿no?

LA EMPLEADA: Sí, señora. Yo sólo contestaba su pregunta . . .

*La* SEÑORA *permanece tendida recibiendo el sol. La* EMPLEADA *saca de una bolsa de género una revista de historietas fotografiadas y principia a leer.*

35   LA SEÑORA: ¿Qué haces?

LA EMPLEADA: Leo esta revista.

LA SEÑORA: ¿La compraste tú?

LA EMPLEADA: Sí, señora.

LA SEÑORA: No se te paga tan mal, entonces, si puedes comprarte tus revistas,
40      ¿eh?

*La EMPLEADA no contesta y vuelve a mirar la revista.*

LA SEÑORA: ¡Claro! Tú leyendo y que Alvarito **reviente**, que **se ahogue** . . .

LA EMPLEADA: Pero si está jugando con la niñita . . .

LA SEÑORA: Si te traje a la playa es para que **vigilaras** a Alvarito y no para que te
45      pusieras a leer.

*La EMPLEADA deja la revista y se incorpora para ir donde está Alvarito.*

LA SEÑORA: ¡No! Lo puedes vigilar desde aquí. Quédate a mi lado, pero observa
        al niño. ¿Sabes? Me gusta venir contigo a la playa.

LA EMPLEADA: ¿Por qué?

50  LA SEÑORA: Bueno . . . no sé . . . Será por lo mismo que me gusta venir en el
        auto, aunque la casa esté a dos cuadras. Me gusta que vean el auto. Todos
        los días, hay alguien que se para al lado de él y lo mira y comenta. No cual-
        quiera tiene un auto como el de nosotros . . . Claro, tú no te das cuenta
        de la diferencia. Estás demasiado acostumbrada a lo bueno . . . Dime . . .
55      ¿Cómo es tu casa?

LA EMPLEADA: Yo no tengo casa.

LA SEÑORA: No habrás nacido empleada, supongo. Tienes que haberte criado en
        alguna parte, debes haber tenido padres . . . ¿Eres del campo?

LA EMPLEADA: Sí.

60  LA SEÑORA: Y tuviste ganas de conocer la ciudad, ¿ah?

LA EMPLEADA: No. Me gustaba allá.

LA SEÑORA: ¿Por qué te viniste, entonces?

LA EMPLEADA: Tenía que trabajar.

LA SEÑORA: No me vengas con ese cuento. Conozco la vida de los **inquilinos** en
65      el campo. Lo pasan bien. Les regalan una cuadra para que cultiven. Tienen
        alimentos gratis y hasta les sobra para vender. Algunos tienen hasta sus
        vaquitas . . . ¿Tus padres tenían vacas?

LA EMPLEADA: Sí, señora. Una.

LA SEÑORA: ¿Ves? ¿Qué más quieren? ¡Alvarito! ¡No se meta tan allá que puede
70      venir una ola! ¿Qué edad tienes?

LA EMPLEADA: ¿Yo?

LA SEÑORA: A ti te estoy hablando. No estoy loca para hablar sola.

LA EMPLEADA: Ando en los veintiuno . . .

LA SEÑORA: ¡Veintiuno! A los veintiuno yo me casé. ¿No has pensado en casarte?

75  *La EMPLEADA baja la vista y no contesta.*

LA SEÑORA: ¡Las cosas que se me ocurre preguntar! ¿Para qué querrías casarte?
        En la casa tienes de todo: comida, una buena **pieza**, delantales limpios . . .

**reventar** fatigar; morir

**ahogarse** fallecer por falta de respiración; sentir sofocación o ahogo

**vigilar** observar a una persona o cosa; atenderla cuidadosamente

**inquilino** agricultor arrendatario, aparcero

**pieza** sala o habitación de una casa

Y si te casaras . . . ¿Qué es lo que tendrías? Te llenarías de chiquillos, no más.

80 LA EMPLEADA: *(Como para sí.)* Me gustaría casarme . . .

LA SEÑORA: ¡**Tonterías**! Cosas que se te ocurren por leer historias de amor en las revistas baratas . . . Acuérdate de esto: Los **príncipes azules** ya no existen. No es el color lo que importa, sino el **bolsillo**. Cuando mis padres no me aceptaban un **pololo** porque no tenía **plata**, yo me indignaba, pero llegó
85 Álvaro con sus industrias y sus **fundos** y no quedaron contentos hasta que lo casaron conmigo. A mí no me gustaba porque era gordo y tenía la costumbre de **sorberse** los mocos, pero después en el matrimonio, uno **se acostumbra** a todo. Y llega a la conclusión que todo da lo mismo, salvo la plata. Sin la plata no somos nada. Yo tengo plata, tú no tienes. Ésa es toda
90 la diferencia entre nosotras. ¿No te parece?

LA EMPLEADA: Sí, pero . . .

LA SEÑORA: ¡Ah! Lo crees ¿eh? Pero es mentira. Hay algo que es más importante que la plata: la clase. Eso no se compra. Se tiene o no se tiene. Álvaro no tiene clase. Yo sí la tengo. Y podría vivir en una **pocilga** y todos se darían cuenta
95 de que soy alguien. No una cualquiera. Alguien. Te das cuenta ¿verdad?

LA EMPLEADA: Sí, señora.

LA SEÑORA: A ver . . . Pásame esa revista. *(La EMPLEADA lo hace. La SEÑORA la hojea. Mira algo y lanza una **carcajada**.)* ¿Y esto lees tú?

LA EMPLEADA: **Me entretengo**, señora.

100 LA SEÑORA: ¡Qué ridículo! ¡Qué ridículo! Mira a este **roto** vestido de **smoking**. Cualquiera se da cuenta que está tan incómodo en él como un hipopótamo con **faja** . . . *(Vuelve a mirar en la revista.)* ¡Y es el conde de Lamarquina! ¡El conde de Lamarquina! A ver . . . ¿Qué es lo que dice el conde? *(Leyendo.)* "Hija mía, no permitiré jamás que te cases con Roberto. Él es un **plebeyo**.
105 Recuerda que por nuestras venas corre **sangre azul**". ¿Y ésta es la hija del conde?

LA EMPLEADA: Sí. Se llama María. Es una niña sencilla y buena. Está enamorada de Roberto, que es el jardinero del castillo. El conde no lo permite. Pero . . . ¿sabe? Yo creo que todo va a terminar bien. Porque en el número anterior
110 Roberto le dijo a María que no había conocido a sus padres y cuando no se conoce a los padres, es seguro que ellos son gente rica y aristócrata que perdieron al niño de chico o lo **secuestraron** . . .

LA SEÑORA: ¿Y tú crees todo eso?

LA EMPLEADA: Es bonito, señora.

115 LA SEÑORA: ¿Qué es tan bonito?

LA EMPLEADA: Que lleguen a pasar cosas así. Que un día cualquiera, uno sepa que es otra persona, que en vez de ser pobre, se es rica; que en vez de ser nadie se es alguien, así como dice Ud. . . .

**tontería** bobería, estupidez
**príncipe azul** el supuesto hombre ideal de una mujer
**bolsillo** caudal o riqueza de alguien; bolsa en que se guarda el dinero
**pololo** novio
**fundo** heredad, conjunto de fincas, haciendas y posesiones de alguien
**plata** dinero
**sorberse** chuparse, tragarse
**acostumbrarse** habituarse, adquirir un hábito o costumbre

**pocilga** establo para cerdos; lugar muy sucio

**carcajada** risa impetuosa y ruidosa
**entretenerse** hacer que una cosa sea más soportable o llevadera
**roto** persona pobre
**smoking** esmoquin, prenda masculina de etiqueta parecida al frac pero con la chaqueta sin faldones
**faja** tira de tela para la cintura
**plebeyo** persona no noble
**sangre azul** término que designa a personas descendientes o pertenecientes a familias nobles, reales o aristocráticas

**secuestrar** raptar a alguien; detener y retener por la fuerza a alguien para exigir dinero a cambio de su liberación

LA SEÑORA: Pero no te das cuenta que no puede ser . . . Mira a la hija . . . ¿Me has
visto a mí alguna vez usando unos **aros** así? ¿Has visto a alguna de mis
amigas con una cosa tan **espantosa**? ¿Y el **peinado**? Es detestable. ¿No te
das cuenta que una mujer así no puede ser aristócrata? . . . ¿A ver? Sale
fotografiado aquí el jardinero . . .

LA EMPLEADA: Sí. En los cuadros del final. *(Le muestra en la revista. La SEÑORA
ríe encantada.)*

LA SEÑORA: ¿Y éste crees tú que puede ser un hijo de aristócrata? ¿Con esa
nariz? ¿Con ese pelo? Mira . . . Imagínate que mañana me **rapten** a Alvarito.
¿Crees tú que va a dejar por eso de tener su aire de distinción?

LA EMPLEADA: ¡Mire, señora! Alvarito le botó el castillo de arena a la niñita de
una patada.

LA SEÑORA: ¿Ves? Tiene cuatro años y ya sabe lo que es mandar, lo que es no
importarle los demás. Eso no se aprende. Viene en la sangre.

LA EMPLEADA: *(Incorporándose.)* Voy a ir a buscarlo.

LA SEÑORA: Déjalo. Se está divirtiendo.

*La EMPLEADA **se desabrocha** el primer botón de su delantal y hace un gesto en el que muestra estar
**acalorada**.*

LA SEÑORA: ¿Tienes calor?

LA EMPLEADA: El sol está picando fuerte.

LA SEÑORA: ¿No tienes traje de baño?

LA EMPLEADA: No.

LA SEÑORA: ¿No te has puesto nunca traje de baño?

LA EMPLEADA: ¡Ah, sí!

LA SEÑORA: ¿Cuándo?

LA EMPLEADA: Antes de emplearme. A veces, los domingos, hacíamos excursio-
nes a la playa en el camión del tío de una amiga.

LA SEÑORA: ¿Y se bañaban?

LA EMPLEADA: En la playa grande de Cartagena. **Arrendábamos** trajes de baño y
pasábamos todo el día en la playa. Llevábamos de comer y . . .

LA SEÑORA: *(Divertida.)* ¿Arrendaban trajes de baño?

LA EMPLEADA: Sí. Hay una señora que arrienda en la misma playa.

LA SEÑORA: Una vez con Álvaro, nos detuvimos en Cartagena a echar **bencina**
al auto y miramos a la playa. ¡Era tan gracioso! ¡Y esos trajes de baño arren-
dados! Unos eran tan grandes que hacían bolsas por todos los lados y otros
quedaban tan chicos que las mujeres andaban con el **traste** afuera. ¿De cuáles arrendabas tú? ¿De los grandes o de los chicos?

*La EMPLEADA mira al suelo **taimada**.*

LA SEÑORA: Debe ser curioso . . . Mirar el mundo desde un traje de baño arrendado o envuelta en un vestido barato . . . o con uniforme de empleada
como el que usas tú . . . Algo parecido le debe suceder a esta gente que

---

**aro** arete, pendiente circular

**espantosa** fea, monstruosa

**peinado** forma de arreglarse el cabello

**raptar** secuestrar, llevarse a una persona por la fuerza o mediante engaño y retenerla contra su voluntad, generalmente con la intención de pedir un rescate

**desabrocharse** abrir los botones, broches o corchetes con que se ajuste la ropa

**acalorada** con calor; enardecida

**arrendar** alquilar

**bencina** gasolina

**traste** trasero, nalgas

**taimada** con la cabeza baja y guardando silencio

160   se fotografía para estas historietas: se ponen smoking o un traje de baile
y debe ser diferente la forma como miran a los demás, como se sienten
ellos mismos . . . Cuando yo me puse mi primer par de medias, el mundo
entero cambió para mí. Los demás eran diferentes; yo era diferente y el
único cambio efectivo era que tenía puesto un par de medias . . . Dime . . .

165   ¿Cómo se ve el mundo cuando se está vestida con un delantal blanco?

LA EMPLEADA: *(Tímidamente.)* Igual . . . La arena tiene el mismo color . . . las
nubes son iguales . . . Supongo.

LA SEÑORA: Pero no . . . Es diferente. Mira. Yo con este traje de baño, con este
blusón de toalla, tendida sobre la arena, sé que estoy en "mi lugar", que

170   esto me **pertenece** . . . En cambio tú, vestida como empleada sabes que
la playa no es tu lugar, que eres diferente . . . Y eso, eso te debe hacer ver
todo distinto.

LA EMPLEADA: No sé.

LA SEÑORA: Mira. Se me ha ocurrido algo. **Préstame** tu delantal.

175   LA EMPLEADA: ¿Cómo?

LA SEÑORA: Préstame tu delantal.

LA EMPLEADA: Pero . . . ¿Para qué?

LA SEÑORA: Quiero ver cómo se ve el mundo, qué apariencia tiene la playa
cuando se la ve **encerrada** en un delantal de empleada.

180   LA EMPLEADA: ¿Ahora?

LA SEÑORA: Sí, ahora.

LA EMPLEADA: Pero es que . . . No tengo un vestido debajo.

LA SEÑORA: *(Tirándole el blusón.)* Toma . . . Ponte esto.

LA EMPLEADA: Voy a quedar en **calzones** . . .

185   LA SEÑORA: Es lo suficientemente largo como para cubrirte. Y en todo caso vas a
mostrar menos que lo que mostrabas con los trajes de baño que arrendabas
en Cartagena. *(Se levanta y obliga a levantarse a la* EMPLEADA.*)* Ya. Métete en
la carpa y cámbiate. *(Prácticamente obliga a la* EMPLEADA *a entrar a la carpa
y luego lanza al interior de ella el blusón de toalla. Se dirige al primer plano y*

190   *le habla a su hijo.)*

LA SEÑORA: Alvarito, métase un poco al agua. Mójese las patitas siquiera . . .
No sea tan **de rulo** . . . ¡Eso es! ¿Ves que es rica el agüita? *(Se vuelve hacia la
carpa y habla hacia dentro de ella.)* ¿Estás lista? *(Entra a la carpa.)*

*Después de un instante sale la* EMPLEADA *vestida con el blusón de toalla. Se ha prendido el pelo*

195   *hacia atrás y su aspecto ya **difiere** algo de la tímida muchacha que conocemos. Con **delicadeza***
*se tiende **de bruces** sobre la arena. Sale la* SEÑORA ***abotonándose** aún su delantal blanco. Se va a*
*sentar delante de la* EMPLEADA, *pero vuelve un poco más atrás.*

LA SEÑORA: No. Adelante no. Una empleada en la playa se sienta siempre un
poco más atrás que su **patrona**. *(Se sienta sobre sus **pantorrillas** y mira, diver-*

200   *tida, en todas direcciones.)*

---

**pertenecer** ser propia de uno
una cosa, ser de su propiedad

**prestar** entregar algo a alguien,
a condición de que lo devuelva
luego

**encerrada** encarcelada,
aprisionada

**calzón** prenda interior femenina

**de rulo** seco, abstemio, no
divertido

**diferir** diferenciarse, distinguirse

**delicadeza** elegancia, exquisitez
de comportamiento, suavidad

**de bruces** boca abajo

**abotonarse** ajustar los botones

**patrona** mujer que es ama, jefa o
señora y que emplea a obreros y
manda a otros

**pantorrilla** parte carnosa y abul-
tada de la pierna, por debajo de
la corva

*La* EMPLEADA *cambia de postura con* **displicencia**. *La* SEÑORA *toma la revista de la* EMPLEADA *y principia a leerla. Al principio, hay una sonrisa irónica en sus labios que desaparece luego al interesarse por la lectura. Al leer mueve los labios. La* EMPLEADA, *con naturalidad, toma de la bolsa de playa de la* SEÑORA *un* **frasco** *de aceite bronceador y principia a extenderlo con lentitud por sus*

205 *piernas. La* SEÑORA *la ve. Intenta una reacción* **reprobatoria**, *pero queda* **desconcertada**.

LA SEÑORA: ¿Qué haces?

*La* EMPLEADA *no contesta. La* SEÑORA *opta por seguir la lectura. Vigilando de vez en vez con la vista lo que hace la* EMPLEADA. *Ésta ahora se ha sentado y se mira detenidamente las uñas.*

LA SEÑORA: ¿Por qué te miras las uñas?

210 LA EMPLEADA: Tengo que arreglármelas.

LA SEÑORA: Nunca te había visto antes mirarte las uñas.

LA EMPLEADA: No se me había ocurrido.

LA SEÑORA: Este delantal acalora.

LA EMPLEADA: Son los mejores y los más durables.

215 LA SEÑORA: Lo sé. Yo los compré.

LA EMPLEADA: Le queda bien.

LA SEÑORA: *(Divertida.)* Y tú no te ves nada de mal con esa **tenida** . . . *(Se ríe.)* Cualquiera se equivocaría. Más de un jovencito te podría **hacer la corte** . . . ¡Sería como para contarlo!

220 LA EMPLEADA: Alvarito se está metiendo muy adentro. Vaya a vigilarlo.

LA SEÑORA: *(Se levanta inmediatamente y se adelanta.)* ¡Alvarito! ¡Alvarito! No se vaya tan adentro . . . Puede venir una ola. *(****Recapacita*** *de pronto y se vuelve desconcertada hacia la* EMPLEADA.*)* ¿Por qué no fuiste tú?

LA EMPLEADA: ¿Adónde?

225 LA SEÑORA: ¿Por qué me dijiste que yo fuera a vigilar a Alvarito?

LA EMPLEADA: *(Con naturalidad.)* Ud. lleva el delantal blanco.

LA SEÑORA: Te gusta el juego, ¿ah?

*Una pelota de goma, impulsada por un niño que juega cerca, ha caído a los pies de la* EMPLEADA. *Ella la mira y no hace ningún movimiento. Luego mira a la* SEÑORA. *Ésta, instintivamente,*

230 *se dirige a la pelota y la tira en la dirección en que vino. La* EMPLEADA *busca en la bolsa de playa de la* SEÑORA *y se pone sus anteojos para el sol.*

LA SEÑORA: *(Molesta.)* ¿Quién te ha autorizado para que uses mis anteojos?

LA EMPLEADA: ¿Cómo se ve la playa vestida con un delantal blanco?

LA SEÑORA: Es gracioso. ¿Y tú? ¿Cómo ves la playa ahora?

235 LA EMPLEADA: Es gracioso.

LA SEÑORA: *(Molesta.)* ¿Dónde está la gracia?

LA EMPLEADA: En que no hay diferencia.

LA SEÑORA: ¿Cómo?

LA EMPLEADA: Ud. con el delantal blanco es la empleada; yo con este blusón y

240 los anteojos oscuros soy la señora.

LA SEÑORA: ¿Cómo? . . . ¿Cómo **te atreves** a decir eso?

---

**displicencia** desprecio; mal humor; apatía, indiferencia

**frasco** botellita, recipiente pequeño

**reprobatoria** que no aprueba, que censura a una persona o su conducta

**desconcertada** turbada, inquietada

**tenida** traje, uniforme

**hacer la corte** galantear, seducir

**recapacitar** reflexionar, reconsiderar

**atreverse** insolentarse, perder el respeto debido

LA EMPLEADA: ¿Se habría molestado en recoger la pelota si no estuviese vestida de empleada?

LA SEÑORA: Estamos jugando.

245 LA EMPLEADA: ¿Cuándo?

LA SEÑORA: Ahora.

LA EMPLEADA: ¿Y antes?

LA SEÑORA: ¿Antes?

LA EMPLEADA: Sí. Cuando yo estaba vestida de empleada . . .

250 LA SEÑORA: Eso no es juego. Es la realidad.

LA EMPLEADA: ¿Por qué?

LA SEÑORA: Porque sí.

LA EMPLEADA: Un juego . . . un juego más largo . . . como el "**paco-ladrón**". A unos les corresponde ser "pacos", a otros "ladrones".

255 LA SEÑORA: *(Indignada.)* ¡Ud. **se** está **insolentando**!

LA EMPLEADA: ¡No me grites! ¡La insolente eres tú!

LA SEÑORA: ¿Qué significa eso? ¿Ud. me está **tuteando**?

LA EMPLEADA: ¿Y acaso tú no me tratas de tú?

LA SEÑORA: ¿Yo?

260 LA EMPLEADA: Sí.

LA SEÑORA: ¡Basta ya! ¡Se acabó este juego!

LA EMPLEADA: ¡A mí me gusta!

LA SEÑORA: ¡**Se acabó**! *(Se acerca violentamente a la* EMPLEADA.*)*

LA EMPLEADA: *(Firme.)* ¡**Retírese**!

265 *La* SEÑORA *se detiene sorprendida.*

LA SEÑORA: ¿Te has vuelto loca?

LA EMPLEADA: Me he vuelto señora.

LA SEÑORA: Te puedo **despedir** en cualquier momento.

LA EMPLEADA: *(Explota en grandes carcajadas, como si lo que hubiera oído fuera el chiste más*
270 *gracioso que jamás ha escuchado.)*

LA SEÑORA: ¿Pero de qué te ríes?

LA EMPLEADA: *(Sin dejar de reír.)* ¡Es tan ridículo!

LA SEÑORA: ¿Qué? ¿Qué es tan ridículo?

LA EMPLEADA: Que me despida . . . ¡vestida así! ¿Dónde se ha visto a una
275 empleada despedir a su patrona?

LA SEÑORA: ¡Sácate esos anteojos! ¡Sácate el blusón! ¡Son míos!

LA EMPLEADA: ¡Vaya a ver al niño!

LA SEÑORA: Se acabó el juego, te he dicho. O me devuelves mis cosas o te las saco.

LA EMPLEADA: ¡Cuidado! No estamos solas en la playa.

280 LA SEÑORA: ¿Y qué hay con eso? ¿Crees que por estar vestida con un uniforme blanco no van a reconocer quién es la empleada y quién la señora?

LA EMPLEADA: *(Serena.)* No me levante la voz.

---

**paco-ladrón** juego infantil de persecución entre policías (pacos) y ladrones

**insolentarse** ser descarado e irrespetuoso

**tutear** hablar de "tú" a alguien, en lugar de "usted"

**acabarse** dar por finalizado un asunto o discusión, poner fin

**retirarse** apartarse

**despedir** echar a una persona de su trabajo

**serena** apacible, tranquila

*La* SEÑORA *exasperada se lanza sobre la* EMPLEADA *y trata de sacarle el blusón a viva fuerza.*

LA SEÑORA: *(Mientras forcejea)* ¡China![1] ¡Ya te voy a enseñar quién soy! ¿Qué te

285    has creído? ¡Te voy a meter **presa**!

*Un grupo de bañistas ha* **acudido** *a ver la* **riña**. *Dos* JÓVENES, *una* MUCHACHA *y un* SEÑOR *de edad madura y de apariencia muy distinguida. Antes que puedan intervenir la* EMPLEADA *ya ha dominado la situación manteniendo bien sujeta a la* SEÑORA *contra la arena. Ésta sigue gritando* **ad libitum** *expresiones como: "rota* **cochina**" . . . "ya te la vas a ver con mi marido" . . . "te voy a

290    mandar presa" . . . "esto es el colmo", etc., etc.*

UN JOVEN: ¿Qué sucede?

EL OTRO JOVEN: ¿Es un ataque?

LA JOVENCITA: Se volvió loca.

UN JOVEN: Puede que sea efecto de una **insolación**.

295    EL OTRO JOVEN: ¿Podemos ayudarla?

LA EMPLEADA: Sí. Por favor. Llévensela. Hay una **posta** por aquí cerca . . .

EL OTRO JOVEN: Yo soy estudiante de Medicina. Le pondremos una inyección

para que se duerma por un buen tiempo.

LA SEÑORA: ¡**Imbéciles**! ¡Yo soy la patrona! Me llamo Patricia Hurtado, mi marido

300    es Álvaro Jiménez, el político . . .

LA JOVENCITA: *(Riéndose.)* Cree ser la señora.

UN JOVEN: Está loca.

EL OTRO JOVEN: Un ataque de **histeria**.

UN JOVEN: Llevémosla.

305    LA EMPLEADA: Yo no los acompaño . . . Tengo que cuidar a mi hijito . . . Está

ahí, bañándose . . .

LA SEÑORA: ¡Es una mentirosa! ¡Nos cambiamos de vestido sólo por jugar!

¡Ni siquiera tiene traje de baño! ¡Debajo del blusón está en calzones!

¡Mírenla!

310    EL OTRO JOVEN: *(Haciéndole un gesto al* JOVEN.) ¡Vamos! Tú la tomas por los pies

y yo por los brazos.

LA JOVENCITA: ¡Qué risa! ¡Dice que está en calzones!

*Los dos* JÓVENES *toman a la* SEÑORA *y se la llevan, mientras ésta se resiste y sigue gritando.*

LA SEÑORA: ¡Suéltenme! ¡Yo no estoy loca! ¡Es ella! ¡Llamen a Alvarito! ¡Él me

315    reconocerá!

**Mutis** *de los dos* JÓVENES *llevando en peso a la* SEÑORA. *La* EMPLEADA *se tiende sobre la arena, como si nada hubiera sucedido, aprontándose para un prolongado baño del sol.*

EL CABALLERO DISTINGUIDO: ¿Está Ud. bien, señora? ¿Puedo serle útil en algo?

LA EMPLEADA: *(Mira inspectivamente al* CABALLERO DISTINGUIDO *y sonríe con ama-

320    bilidad.)* Gracias. Estoy bien.

EL CABALLERO DISTINGUIDO: Es el símbolo de nuestro tiempo. Nadie parece darse

cuenta, pero a cada rato, en cada momento sucede algo así.

LA EMPLEADA: ¿Qué?

---

**exasperada** enfurecida, irritada

**lanzarse** abalanzarse, atacar

**forcejear** hacer fuerza para vencer, luchar

**presa** prisionera, cautiva

**acudir** llegar, presentarse

**riña** pelea, disputa

**ad libitum** a voluntad, a placer, como guste

**cochina** hembra del cerdo, persona sucia

**insolación** conjunto de trastornos producidos por una exposición excesiva a los rayos solares

**posta** centro de atención médica de urgencia

**imbécil** idiota, persona que hace o dice tonterías

**histeria** enfermedad o excitación nerviosa caracterizada por fuerte ansiedad y reacciones agudas

**mutis** acto de retirarse de la escena

EL CABALLERO DISTINGUIDO: La **subversión** del orden establecido. Los viejos
quieren ser jóvenes; los jóvenes quieren ser viejos; los pobres quieren ser
ricos y los ricos quieren ser pobres. Sí, señora. Asómbrese Ud. También
hay ricos que quieren ser pobres. Mi nuera va todas las tardes a tejer con
mujeres de **poblaciones callampas**. ¡Y le gusta hacerlo! *(Transición.)* ¿Hace
mucho tiempo que está con Ud.?

LA EMPLEADA: ¿Quién?

EL CABALLERO DISTINGUIDO: *(Haciendo un gesto hacia la dirección en que se llevaron
a la SEÑORA.)* Su empleada.

LA EMPLEADA: *(Dudando. Haciendo memoria.)* Poco más de un año.

EL CABALLERO DISTINGUIDO: ¡Y así le paga a usted¡ ¡Queriéndose pasar por una
señora! ¡Como si no se reconociera a primera vista quién es quién! *(Transición)* ¿Sabe Ud. por qué suceden estas cosas?

LA EMPLEADA: ¿Por qué?

EL CABALLERO DISTINGUIDO: *(Con aire misterioso.)* El comunismo . . .[2]

LA EMPLEADA: ¡Ah!

EL CABALLERO DISTINGUIDO: *(Tranquilizador.)* Pero no nos inquietemos.
El orden está restablecido. Al final, siempre el orden se restablece . . . Es un
hecho . . . Sobre eso no hay discusión . . . *(Transición.)* Ahora con permiso
señora. Voy a hacer mi footing diario. Es muy conveniente a mi edad. Para
la circulación ¿sabe? Y Ud. quede tranquila. El sol es el mejor sedante. *(Ceremoniosamente.)* A sus órdenes, señora. *(Inicia el mutis. Se vuelve.)* Y no sea
muy dura con su empleada, después que se haya tranquilizado . . . Después
de todo . . . Tal vez tengamos algo de **culpa** nosotros mismos . . . ¿Quién
puede decirlo? *(El CABALLERO DISTINGUIDO hace mutis.)*

*La EMPLEADA cambia de posición. Se tiende de espaldas para recibir el sol en la cara. De pronto se
acuerda de Alvarito. Mira hacia donde él está.)*

LA EMPLEADA: ¡Alvarito! ¡Cuidado con sentarse en esa roca! Se puede hacer
una **nana** en el pie . . . Eso es, corra por la arenita . . . Eso es, mi hijito . . .
*(Y mientras la EMPLEADA mira con ternura y **delectación** maternal cómo Alvarito juega a la orilla del mar se cierra lentamente el **Telón**.)*

**DE RELEVANCIA PARA EL TEXTO**

En una entrevista hecha por Marjorie Agosín, Vodanovic habla de su habilidad de capturar "el problema de la clase media acomodada": "Yo creo que
una de las posibilidades que te da el teatro, y por lo menos es lo que a mí
me interesa, es dirigirte a tus pares. Cuando escribo teatro me estoy dirigiendo a un público que creo que conozco, o sea la gente como yo. O sea

---

**subversión** inversión, desestabilización o revolución de lo establecido

**población callampa** barrio de viviendas pobres en las márgenes de una ciudad

**culpa** responsabilidad que recae sobre alguien por haber cometido un acto incorrecto

**nana** daño, en el lenguaje infantil
**delectación** placer
**telón** cortina de gran tamaño en escenario del teatro

gente de clase media, gente de la burguesía, que pueden tener posiciones de izquierda o derecha pero que tienen el mismo entorno en cierta medida, y en realidad yo a ellos me dirijo y a ellos los pinto o me pinto a mí mismo también" (Agosín 68-69).

En "Entrevista a Betty Johnson de Vodanovic", hecha por Álvaro y Cristián Quezada, la viuda del autor explica que para Vodanovic "el teatro es para ser representado. Que el solo hecho de ser leído no tiene ninguna importancia. Tal es así que [. . .] él duda que el género teatro sea necesariamente literario. Para él el teatro es el espectáculo" (99). No obstante, Vodanovic nunca trabajó como director, aunque sí le gustaba conversar mucho con los directores de sus obras después de que fueran estrenadas.

## TRAMA

1. Individualmente o en grupos, escribe un resumen de la trama de la obra en un máximo de cinco oraciones.
2. Ahora, escribe un resumen de la trama desde la perspectiva de "La Señora" en un máximo de cinco oraciones.
3. Después, escribe un resumen de la trama desde la perspectiva de "La Empleada" en un máximo de cinco oraciones.
4. Compara los tres resúmenes y discute las semejanzas y diferencias entre ellos.

## PERSONAJES

1. ¿Cómo y por qué cambia el personaje de "La Señora" a través de la obra? Reflexiona sobre los cambios en su apariencia, actitud, gestos, comportamiento, posición social, forma de hablar, imagen y autoimagen, etc. ¿Qué aspectos de su ser no cambian y por qué?
2. ¿Cómo y por qué cambia el personaje de "La Empleada" a través de la obra? Reflexiona sobre los cambios en su apariencia, actitud, gestos, comportamiento, posición social, forma de hablar, imagen y autoimagen, etc. ¿Qué aspectos de su ser no cambian y por qué?
3. ¿Cuál es la importancia de Alvarito en la obra? ¿Por qué no se le ve en el escenario? ¿Cómo lo tratan las dos mujeres? ¿Qué sugieren las semejanzas y diferencias en el tratamiento de Alvarito por parte de su madre y por parte de su criada?
4. ¿Qué importancia tiene "El Caballero Distinguido" en la obra? ¿Qué comentario sociopolítico se hace a través de este personaje?

## ACOTACIONES ESCÉNICAS

1. Ya que esta obra de teatro no tiene un narrador, debemos analizar las acotaciones escénicas, que son las sugerencias que el autor da al director y a los actores para que interpreten de una manera específica un determinado pasaje de la obra, indicando el movimiento de los actores o la actitud que debe adoptar quien representa a un personaje. Lee de nuevo las indicaciones en cursiva y entre paréntesis a través de la obra y nota las sugerencias para las dos protagonistas, prestando atención particular a las categorías dadas en la siguiente tabla.

|  | La Señora | La Empleada |
|---|---|---|
| Aspecto físico |  |  |
| Edad |  |  |
| Vestimenta |  |  |
| Postura y posición corporal |  |  |
| Gestos y movimientos |  |  |
| Tono de voz |  |  |
| Actitud |  |  |

2. Busca en Internet imágenes y videos de diferentes representaciones de *El delantal blanco*. ¿Estás de acuerdo o no con las varias decisiones tomadas con respecto a la escenificación de la obra? ¿Cómo representarías esta obra en un teatro si fueras el director o la directora? Describe detalladamente el escenario que crearías y considera los siguientes elementos: la iluminación, los decorados, la vestimenta, los efectos especiales, la ubicación de los actores en el escenario, el tono de voz de cada actor y los gestos y movimientos de los actores.

## INTERPRETACIÓN

1. Se divide la obra en varias partes para que cada alumno pueda actuar en una parte. Se dan las diferentes secciones a grupos de estudiantes y ellos dividen los papeles entre los miembros. Luego, los estudiantes leen la escena dada, practican el diálogo, deciden cómo interpretar el texto

escrito y preparan una actuación. Además, deben preparar dos preguntas de discusión sobre su parte para compartir con la clase después de presentar la actuación.

2. Vodanovic no da nombres propios a los personajes que actúan en su obra y solamente se refiere a ellos en el texto escrito con descripciones generales como "la señora", "la empleada", "un joven", "otro joven", "la jovencita" y "el caballero distinguido". ¿Cuál es el motivo y cuál es el efecto de no darles nombres propios a los personajes?

3. No obstante, Vodanovic sí nombra tres veces a "Alvarito" en las acotaciones escénicas, la Señora nombra a su hijo doce veces y la Empleada lo nombra tres veces. También nos enteramos del nombre del marido de la Señora, ya que ella lo menciona cinco veces, cuatro por su nombre y una por su nombre, apellido y profesión. Es esta última vez que la Señora da su propio nombre también: "¡Yo soy la patrona! Me llamo Patricia Hurtado, mi marido es Álvaro Jiménez, el político . . .". ¿Qué sugiere el hecho de que la Señora se nombra a sí misma a la vez que menciona detalles específicos de su marido y justo antes de que se la lleven al hospital, creyendo que ella es la criada? ¿Qué comentario acerca del rol de género y de las posiciones de poder sugieren estas referencias a nombres propios?

4. ¿Cuál es la importancia del delantal blanco? ¿Qué representa o simboliza este uniforme? ¿Qué comentarios hace Vodanovic a través de este símbolo y el intercambio del delantal entre las dos protagonistas? ¿Por qué le da esta vestimenta el título a la obra? ¿Qué sugiere el título?

5. ¿Qué puedes observar del uso de "tú" y de "usted" en la obra? ¿Quién trata de "tú" a quién? ¿Quién trata de "usted" a quién? ¿Por qué? ¿Cómo y cuándo cambian las costumbres de usar tú o usted? ¿Qué importancia o impacto tiene el acto de tutear en *El delantal blanco*?

6. Por un lado, la Señora opina: "[s]in la plata no somos nada. Yo tengo plata, tú no tienes. Ésa es toda la diferencia entre nosotras". Por otro lado, insiste en que "[h]ay algo que es más importante que la plata: la clase. Eso no se compra. Se tiene o no se tiene. Álvaro no tiene clase. Yo sí la tengo". La Señora intenta distinguir entre el poder natural (que "no se aprende", que "[v]iene de la sangre" y que uno tiene como algo inherente y *a priori*) y el poder adquirido (por dinero, por herencia, a través del matrimonio, etc.). Pensando en como termina la obra, ¿cuál de estas dos posturas sugiere Vodanovic en esta obra: (1) el dinero distingue a las personas; (2) la "clase", entendida como un "aire de distinción" natural, distingue a las personas? Explica tu respuesta con citas directas y ejemplos concretos de la obra.

7. ¿Cuál de estas posturas está respaldada por la obra?
   • El valor de la persona se mide por su riqueza monetaria.

- El valor de la persona se mide por su apariencia.
- El valor de la persona se mide por su carácter y rasgos personales inherentes.
- El valor de la persona se mide por las opiniones y actitudes de otros.

Explica las consecuencias de la postura nombrada en tu respuesta.

8. ¿Qué comentario hace *El delantal blanco* sobre el orden de clases y su posible inversión o subversión? ¿Promueve el texto un cambio estructural de la sociedad, o queda al final con la misma división entre los ricos y los pobres, los poderosos y los débiles? ¿Cómo debemos interpretar los comentarios del "Caballero Distinguido"? ¿Apoya o no la obra de Vodanovic los conceptos centrales del comunismo?

9. Aunque *El delantal blanco* trata principalmente el tema del prestigio social ligado a la clase y a la riqueza, aborda también el tema del prestigio social basado en el género y en la raza o la etnicidad. Explica cómo el género y la raza o la etnicidad influyen en la posición social de los personajes del drama contestando estas preguntas adicionales:

   - ¿Tiene verdadero poder la Señora o incluso la Empleada cuando pasa por señora, o es el poder reservado solamente para los varones que se describen como "peleadores", "dominantes" y que "saben lo que es mandar"? Explica cómo el género influye en la habilidad o no de adquirir y ejecutar poder.
   - ¿Qué imágenes del matrimonio se ofrecen en la obra? Piensa en la relación entre la Señora y su marido, entre los actores de la revista que se describen, y en los comentarios sobre el matrimonio en el diálogo entre la Señora y la Empleada.
   - ¿Por qué hay que mencionar en las acotaciones escénicas que la Señora tiene "pelo claro" y "tez tostada" y que la Empleada tiene "tez blanca" y "pelo negro"? ¿Son importantes estas distinciones visuales? Explica por qué sí o no.
   - ¿Por qué menciona la Señora "el color" cuando dice que "[l]os príncipes azules ya no existen. No es el color lo que importa, sino el bolsillo"?

10. Dentro de esta obra teatral hay dos niveles adicionales de ficción: (1) la revista que trata también de actores y (2) el juego de intercambiar ropa y papeles entre las dos protagonistas. El hecho de tener "teatro dentro de teatro" y de incluir varios niveles de teatralidad hace que la obra reflexione sobre lo que es actuar, representar un papel, adoptar una identidad, disfrazarse, etc. ¿Qué comentarios u observaciones hace Vodanovic en *El delantal blanco* sobre la realidad y la apariencia, lo real y lo ficticio, ser y aparecer? ¿Cuál es el efecto de terminar la obra dentro de una segunda ficción, dado que la Empleada sigue haciendo el papel de señora. Además, el final presentado cumple el deseo de la Empleada

respecto a la historia contada en la revista que "en vez de ser pobre, se es rica; que en vez de ser nadie se es alguien".

11. ¿Cuáles son los elementos de sátira en esta obra? En tu respuesta, haz referencia a detalles del texto y al juego verbal de las dos mujeres.

### ANÁLISIS TEXTUAL

Comenta la importancia de las siguientes citas de la obra. Presta atención especial a las partes subrayadas.

1. LA SEÑORA: ¡No! Lo puedes vigilar desde aquí. Quédate a mi lado, pero observa al niño. ¿Sabes? <u>Me gusta venir contigo</u> a la playa.

   LA EMPLEADA: ¿Por qué?

   LA SEÑORA: Bueno . . . no sé . . . <u>Será por lo mismo que me gusta venir en el auto</u>, aunque la casa esté a dos cuadras. <u>Me gusta que vean el auto.</u> Todos los días, hay alguien que se para al lado de él y <u>lo mira y comenta.</u> <u>No cualquiera tiene un auto como el de nosotros . . .</u> Claro, <u>tú no te das cuenta de la diferencia.</u> Estás demasiado acostumbrada a lo bueno . . .

2. LA SEÑORA: [. . .] Acuérdate de esto: <u>Los príncipes azules ya no existen.</u> <u>No es el color lo que importa, sino el bolsillo.</u> Cuando mis padres no me aceptaban un pololo porque no tenía plata, yo me indignaba, pero llegó Álvaro con sus industrias y sus fundos y no quedaron contentos hasta que lo casaron conmigo. <u>A mí no me gustaba porque era gordo y tenía la costumbre de sorberse los mocos, pero después en el matrimonio, uno se acostumbra a todo.</u> Y llega a la conclusión que <u>todo da lo mismo, salvo la plata. Sin la plata no somos nada.</u> Yo tengo plata, tú no tienes. Ésa es toda la diferencia entre nosotras. ¿No te parece?

3. LA SEÑORA: [. . .] Hay algo que es más importante que la plata: <u>la clase.</u> Eso no se compra. <u>Se tiene o no se tiene.</u> Álvaro no tiene clase. <u>Yo sí la tengo.</u> Y podría vivir en una pocilga y <u>todos se darían cuenta de que soy alguien.</u> No una cualquiera. Alguien. Te das cuenta ¿verdad?

4. LA SEÑORA: ¿Y tú crees todo eso?

   LA EMPLEADA: Es bonito, señora.

   LA SEÑORA: ¿Qué es tan bonito?

   LA EMPLEADA: <u>Que lleguen a pasar cosas así. Que un día cualquiera, uno sepa que es otra persona, que en vez de ser pobre, se es rica; que en vez de ser nadie se es alguien</u>, así como dice Ud. . . .

   LA SEÑORA: Pero no te das cuenta que <u>no puede ser . . .</u>

5. LA SEÑORA: ¿Ves? Tiene cuatro años y <u>ya sabe lo que es mandar, lo que es no importarle los demás.</u> Eso no se aprende. <u>Viene en la sangre.</u>

6. LA SEÑORA: Debe ser curioso . . . <u>Mirar el mundo desde un traje de baño arrendado o envuelta en un vestido barato . . . o con uniforme de empleada como el que usas tú . . .</u> Algo parecido le debe suceder a esta gente que se fotografía para estas historietas: se ponen smoking o un traje de baile y debe ser diferente la forma como miran a los demás, como se sienten ellos mismos . . . Cuando yo me puse mi primer par de medias, el mundo entero cambió para mí. Los demás eran diferentes; yo era diferente y el único cambio efectivo era que tenía puesto un par de medias . . . Dime . . . <u>¿Cómo se ve el mundo cuando se está vestida con un delantal blanco?</u>

   LA EMPLEADA: *(Tímidamente.)* <u>Igual . . .</u> La arena tiene el mismo color . . . las nubes son iguales . . . Supongo.

   LA SEÑORA: <u>Pero no . . . Es diferente.</u> Mira. Yo con este traje de baño, con este blusón de toalla, tendida sobre la arena, <u>sé que estoy en "mi lugar", que esto me pertenece . . .</u> En cambio tú, vestida como empleada sabes que <u>la playa no es tu lugar, que eres diferente . . .</u> Y eso, eso te debe hacer ver todo distinto. [. . .] <u>Quiero ver cómo se ve el mundo, qué apariencia tiene</u> la playa cuando se la ve <u>encerrada</u> en un <u>delantal de empleada.</u>

7. LA SEÑORA: Estamos <u>jugando.</u>

   LA EMPLEADA: ¿Cuándo?

   LA SEÑORA: Ahora.

   LA EMPLEADA: ¿Y antes?

   LA SEÑORA: ¿Antes?

   LA EMPLEADA: Sí. Cuando yo estaba vestida de empleada . . .

   LA SEÑORA: <u>Eso no es juego. Es la realidad.</u>

   LA EMPLEADA: ¿Por qué?

   LA SEÑORA: Porque sí.

   LA EMPLEADA: Un juego . . . <u>un juego más largo . . .</u> como el "paco-ladrón". <u>A unos les corresponde ser "pacos", a otros "ladrones".</u>

   [. . .]

   LA SEÑORA: ¡Basta ya! <u>¡Se acabó este juego!</u>

   LA EMPLEADA: <u>¡A mí me gusta!</u>

8. EL CABALLERO DISTINGUIDO: <u>La subversión del orden establecido.</u> Los viejos quieren ser jóvenes; los jóvenes quieren ser viejos; <u>los pobres quieren ser ricos y los ricos quieren ser pobres.</u>

   [. . .]

   EL CABALLERO DISTINGUIDO: <u>¡Y así le paga a usted¡ ¡Queriéndose pasar por una señora!</u> ¡Como si no se reconociera a primera vista quién es quién! *(Transición.)* ¿Sabe Ud. por qué suceden estas cosas?

   LA EMPLEADA: ¿Por qué?

   EL CABALLERO DISTINGUIDO: *(Con aire misterioso.)* <u>El comunismo . . .</u>

LA EMPLEADA: ¡Ah!

EL CABALLERO DISTINGUIDO: *(Tranquilizador.)* Pero no nos inquietemos. El orden está restablecido. Al final, siempre el orden se restablece . . . Es un hecho . . . Sobre eso no hay discusión . . . *(Transición.)* [. . .] Y no sea muy dura con su empleada, después que se haya tranquilizado . . . Después de todo . . . Tal vez tengamos algo de culpa nosotros mismos . . . ¿Quién puede decirlo?

## TEMAS PRINCIPALES

1. Escribe un ensayo en el que expliques la importancia de uno de los siguientes temas en la obra de teatro *El delantal blanco*. Como evidencia, cita partes del texto y da ejemplos específicos.
   a. La división de clases y su inversión o redistribución
   b. El patriarcado y las relaciones entre los géneros
   c. Las relaciones de poder y la necesidad de efectuar cambios sociales
   d. Los efectos de actuar, hacer papeles e intercambiar roles; las diferencias entre ser y aparecer, entre realidad y apariencia
   e. Lo visible y lo invisible; lo exterior y lo interior; lo adquirido y lo innato
2. Discute o debate cuál de los temas anteriores es más importante en el texto y por qué.

## CRÍTICA LITERARIA

Lee las siguientes interpretaciones de varios críticos literarios sobre la obra *El delantal blanco* de Vodanovic. Decide si estás **de acuerdo** o **en desacuerdo** con cada interpretación dada. Cita un ejemplo textual o un pasaje directo de la obra para **apoyar** o **refutar** cada interpretación dada.

### Los temas de clasismo y patriarcado
*Crítico A*
"Lo paradójico es que lo que pretendía Vodanovic, criticar el orden de clases establecido, lo ha hecho de una forma muy extraña, ya que no ha habido ningún cambio respecto a la situación inicial, lo único que cambia es el sujeto—señora por empleada y viceversa—, pero incluso la condición en la que ha quedado la noción de sujeto da mucho que pensar. [. . .] La empleada reproduce exactamente todas las acciones de la señora, usa el mismo discurso de dominación". (Palomino 567)

*Crítico B*
"En esta obra de teatro, nos encontramos con dos discursos muy marcados
y latentes en las sociedades latinoamericanas: el clasismo y el patriarcado.
[. . .] Con respecto al patriarcado, la señora exterioriza en la figura de su
hijo pequeño, por cuanto lo inculca, constantemente, que tiene una personalidad dominante, y que, es una tradición familiar poseerla". (González
Hernández 23, 25)

*Crítico C*
"Develación de un mundo sobre el cual debe surgir otro—aunque haya que
esperar y los cambios sean abatidos por sucesivas corrupciones—es el tema
que parece atravesar las obras de Sergio Vodanovic". (Piña 1096)

*Crítico D*
"[*El delantal blanco*] da un tratamiento humorístico de la inversión de la
relación amo-sirviente. En este caso, sin embargo, las dos protagonistas son
mujeres. [. . .] Vodanovic termina su obra breve con una nota algo irónica,
no obstante, ya que no hay ningún retorno a la normalidad. La criada, [. . .]
enamorada de su nueva persona, interpreta el papel de la señora a la perfección. El caballero distinguido da la ironía final [. . .] al comentar casual-
mente que la agitación social y la insatisfacción de las clases trabajadoras se
pueden atribuir a los efectos insidiosos del comunismo". (Labinger 221-222,
traducción mía)

*Tu propia interpretación*
Escribe tu propia interpretación de *El delantal blanco* respecto a los temas
de clasismo y patriarcado.

### La relación entre realidad y apariencia
*Crítico A*
"La idea de juego, de invertir roles, hacer papeles, es una característica fundamental del teatro, así que tenemos un teatro dentro de otro teatro, más
los actores que aparecen en la revista. Todos estos niveles de teatralidad
nos hacen pensar en el motivo recurrente de vida como teatro, importante
porque rompe fronteras entre lo real y lo ficticio". (Palomino 566)

*Crítico B*
"La prueba que tienen que pasar la empleada y su señora para probar quienes son o dicen ser, es el juicio de otros intérpretes, de terceros que tienen
una perspectiva externa. Todos dan razón a la empleada, confundiéndola

con la señora, la señora pasa por loca y se la llevan, a pesar de todos sus esfuerzos por identificarse y desenmascarar a la empleada, señora impostora según ella". (Palomino 567)

*Crítico C*
"[E]l teatro de Vodanovic está animado por la intención de develar o revelar aquello que ocultan las apariencias". (Piña 1093)

*Tu propia interpretación*
Escribe tu propia interpretación de *El delantal blanco* respecto al tema de la relación entre realidad y apariencia.

## Los símbolos y signos visuales
*Crítico A*
"La tesis de la señora es que el trastoque en nada afectará a la apariencia, porque siempre se reconocerá la clase, a pesar de la vestimenta. Ocurre, claro, lo contrario, y más allá de la anécdota de comedia que rodea la situación, la obra critica a una clase social fundada sobre sus atavíos exteriores". (Piña 1095)

*Crítico B*
"Al signo del delantal se le unió ahora el de tez morena [. . .]. La piel bronceada que en un principio, unida al bañador y otros signos, como el de tener alguien al lado vestida con un delantal, hacían pensar en ella como en una señora sin otro oficio que el de veranear, ahora [la asocia con la clase baja y obrera de piel más morena]". (Palomino 567)

*Crítico C*
"En un vuelco de ironía social, el ocio y la comodidad económica que han dado a la patrona la oportunidad de tostarse al sol, se vuelven ahora contra ella, puesto que la tez morena en Chile se asocia con las clases desposeídas. La blancura de la empleada, resultado de su trabajo casero y de la imposibilidad de asolearse en traje de baño, aparecen ahora como una ventaja de casta". (Castedo-Ellerman 53)

*Tu propia interpretación*
Escribe tu propia interpretación de *El delantal blanco* respecto al tema de los símbolos y signos visuales.

## A NIVEL PERSONAL

Discute los siguientes temas con un compañero de clase. Prepárense para compartir sus ideas con los demás compañeros de clase.

1. ¿Te gustaría tener un sirviente? ¿Por qué sí o no? ¿Qué cosas le pedirías al sirviente que hiciera por ti? ¿Qué cosas harías tú solo o tú sola? ¿Cómo tratarías al sirviente? ¿Cómo sería diferente tu vida con la ayuda de un sirviente?

2. ¿Se puede ver "la clase" de alguien solamente por su aspecto exterior? ¿Qué elementos de la apariencia muestran el nivel social de una persona? ¿Qué aspectos de "clase" o "posición social" no se pueden ver? ¿Cuál es la relación entre la clase y la raza, la etnicidad o el género de una persona?

3. ¿Qué opinas de la división de clases sociales en tu país? ¿Es justa o injusta? ¿Es evitable o inevitable? ¿Es rígida o flexible? ¿Cómo se cambia de nivel social?

### NOTAS

1. En Latinoamérica, se usa la palabra "china" no solo para referirse a una persona de China, sino también para: (1) una persona aindiada, (2) una persona que desciende de negro y mulata o de mulato y negra y (3) una criada o sirviente. En el contexto de la obra, el término probablemente se refiere a la empleada como criada, pero es interesante notar las otras connotaciones étnicas y raciales que puede tener la palabra.

2. El comunismo es una ideología social caracterizada por la planificación colectiva de la vida comunitaria, la abolición de la propiedad privada de los medios de producción sobre el trabajo y la eliminación de las clases sociales y el Estado. Las bases del comunismo fueron desarrolladas por Karl Marx y Friedrich Engels a finales del siglo XIX.

# Capítulo 3

# "Dos palabras" (1989) de Isabel Allende

**ISABEL ALLENDE**

Isabel Allende nació en 1942, en Lima, donde su padre
trabajaba como secretario de la embajada de Chile en
Perú. Su madre anuló el matrimonio en 1945 y regresó
a Chile con sus tres niños a vivir en la casa de su padre.
Isabel y sus dos hermanos menores crecieron al cuidado de la madre y del abuelo materno en Santiago,
hasta que su madre se casó de nuevo con otro diplomático y la familia se mudó a Bolivia y luego a Líbano.
En La Paz y en Beirut, Isabel se educó en escuelas privadas anglosajonas. En 1958 regresaron a Chile, donde
Allende conoció a su primer esposo, Miguel Frías, con
quien se casó en 1962 y de quien se divorció en 1987.
En 1963 nació su hija Paula, que murió de un ataque
de porfiria en 1992. En 1964 y 1965 la familia residió
en Bélgica y en Suiza y ya de regreso a Chile al año
siguiente nació su segundo hijo, Nicolás. En estos años Isabel trabajó en
Santiago para la Organización para la Agricultura y la Alimentación (FAO)
de las Naciones Unidas. Cursó estudios superiores de periodismo y empezó
a trabajar como periodista en televisión y en numerosas revistas. En 1973, tras
el golpe de estado perpetrado por el general Augusto Pinochet que acabó con
la democracia en Chile y causó la muerte del presidente Salvador Allende,

primo hermano del padre de Isabel, la autora chilena tuvo que exiliarse con su familia. Se instalaron en Caracas, Venezuela, donde permanecieron durante trece años, y es allí donde Allende inició su producción literaria. En 1988 se casó con el abogado estadounidense Willie Gordon, de quien se divorció en 2015. Reside actualmente en San Francisco, California, y tiene ciudadanía chilena y estadounidense.

En 1982 Allende publicó el libro que cambiaría su vida, *La casa de los espíritus*. Esta primera gran novela, próxima al llamado "realismo mágico", convirtió a Allende de inmediato en una *best seller* en numerosos países de América, en España y en otras naciones de Europa. "Basada en los recuerdos de la infancia y juventud de la propia escritora, *La casa de los espíritus* narra las peripecias de la saga familiar de los Trueba a lo largo de cuatro generaciones" ("Isabel Allende"). La novela tiene su origen en una carta que Allende había comenzado a escribirle a su abuelo cuando él estaba a punto de morirse a la edad de 99 años. Dos años después, Allende publicó otra novela muy exitosa, *De amor y de sombra*, que mezcla temas políticos con historias de amor. Ambas novelas tratan el tema de la dictadura. A estas grandes obras las siguieron otras, entre las que destacan *Eva Luna* (1987), *Cuentos de Eva Luna* (1990), *Paula* (1994), *Afrodita* (1998), *Hija de la fortuna* (1999), *Retrato en sepia* (2000) y el libro de memorias *Mi país inventado* (2003). Además de sus obras novelísticas, cuentistas y periodísticas, ha escrito libros juveniles, textos autobiográficos y obras de teatro. Allende está considerada como la escritora viva de lengua española más leída del mundo. La venta total de sus libros alcanza 65 millones de ejemplares y sus obras han sido traducidas a más de 35 idiomas. Ha recibido numerosos premios literarios, el más prestigioso de ellos siendo el Premio Nacional de Literatura de Chile, en 2010.

### ANTES DE LEER

Discute las siguientes preguntas con un compañero de clase:
1. ¿Conoces a alguien que no sepa leer o escribir? ¿Es el analfabetismo un problema en tu sociedad? ¿Tienen todos los ciudadanos el derecho a recibir una buena educación?
2. ¿Tienen las mujeres las mismas oportunidades laborales que los hombres? ¿Hay igualdad de género en el mundo laboral, social y político? Explica tu respuesta con ejemplos concretos.
3. ¿Qué es más importante para ti en una relación amorosa: la atracción física, la conexión emocional o el vínculo intelectual? ¿Por qué?

**PARA ORIENTAR AL LECTOR**

"Dos palabras" narra la historia de Belisa Crepusculario, una joven que se salva de la miseria a través de la educación y de su decisión de ganarse la vida vendiendo palabras. Belisa ayuda al Coronel escribiéndole un discurso presidencial. Además del discurso exitoso, le regala al Coronel dos palabras secretas que tienen un fuerte impacto sobre él.

Durante la lectura, debes fijarte en los siguientes temas y conceptos:

- El poder de las palabras
- Las relaciones entre los géneros
- La importancia de la educación y la alfabetización
- La dictadura frente a la democracia

**"DOS PALABRAS"**

1   Tenía el nombre de Belisa Crepusculario, pero no por fe de **bautismo** o acierto de su madre, sino porque ella misma lo buscó hasta encontrarlo y se vistió con él. Su **oficio** era vender palabras. Recorría el país, desde las regiones más altas y frías hasta las costas calientes, instalándose en las ferias y en los mercados,
5   donde montaba cuatro palos con un **toldo** de **lienzo**, bajo el cual se protegía del sol y de la lluvia para atender a su clientela. No necesitaba **pregonar** su **mercadería**, porque de tanto caminar por aquí y por allá, todos la conocían. Había quienes la **aguardaban** de un año para otro, y cuando aparecía por la aldea con su atado bajo el brazo hacían cola frente a su **tenderete**. Vendía a precios justos.
10  Por cinco centavos entregaba versos de memoria, por siete mejoraba la calidad de los sueños, por nueve escribía cartas de enamorados, por doce inventaba insultos para enemigos irreconciliables. También vendía cuentos, pero no eran cuentos de fantasía, sino largas historias verdaderas que recitaba **de corrido**, sin saltarse nada. Así llevaba las nuevas de un pueblo a otro. La gente le pagaba
15  por agregar una o dos líneas: nació un niño, murió **fulano**, se casaron nuestros hijos, se quemaron las cosechas. En cada lugar se juntaba una pequeña multitud a su alrededor para oírla cuando comenzaba a hablar y así se enteraban de las vidas de otros, de los parientes lejanos, de los **pormenores** de la Guerra Civil. A quien le comprara cincuenta centavos, ella le regalaba una palabra secreta
20  para **espantar** la **melancolía**. No era la misma para todos, por supuesto, porque eso habría sido un **engaño** colectivo. Cada uno recibía la suya con la certeza de que nadie más la empleaba para ese fin en el universo y más allá.

**bautismo** bautizo, ceremonia de poner nombre
**oficio** trabajo

**toldo** cubierta
**lienzo** tela de lino, cáñamo o algodón
**pregonar** anunciar
**mercadería** producto con el que se comercia
**aguardar** esperar a que venga o llegue alguien o algo
**tenderete** puesto de venta al aire libre
**de corrido** sin interrupción

**fulano** nombre genérico

**pormenor** detalle o circunstancia particular

**espantar** asustar, hacer huir
**melancolía** tristeza profunda
**engaño** mentira, falsedad

Belisa Crepusculario había nacido en una familia tan mísera, que ni siquiera poseía nombres para llamar a sus hijos. Vino al mundo y creció en la región más
25 **inhóspita**, donde algunos años las lluvias se convierten en avalanchas de agua que se llevan todo, y en otros no cae ni una gota del cielo, el sol se agranda hasta ocupar el horizonte entero y el mundo se convierte en un desierto. Hasta que cumplió doce años no tuvo otra ocupación ni virtud que sobrevivir al hambre y la fatiga de siglos. Durante una interminable **sequía** le tocó **enterrar** a cuatro
30 hermanos menores y cuando comprendió que llegaba su turno, decidió echar a andar por las llanuras en dirección al mar, a ver si en el viaje lograba **burlar** a la muerte. La tierra estaba erosionada, partida en profundas **grietas**, **sembrada** de piedras, fósiles de árboles y de arbustos **espinudos**, esqueletos de animales blanqueados por el calor. De vez en cuando tropezaba con familias que, como
35 ella, iban hacia el sur siguiendo el **espejismo** del agua. Algunos habían iniciado la marcha llevando sus pertenencias al hombro o en **carretillas**, pero apenas podían mover sus propios huesos y a poco andar debían abandonar sus cosas. **Se arrastraban penosamente**, con la piel convertida en cuero de lagarto y los ojos quemados por la **reverberación** de la luz. Belisa los saludaba con un gesto
40 al pasar, pero no se detenía, porque no podía gastar sus fuerzas en ejercicios de compasión. Muchos cayeron por el camino, pero ella era tan **tozuda** que consiguió atravesar el infierno y arribó por fin a los primeros **manantiales**, finos hilos de agua, casi invisibles, que alimentaban una vegetación **raquítica**, y que más adelante se convertían en **riachuelos** y **esteros**.
45 Belisa Crepusculario salvó la vida y además descubrió por casualidad la escritura. Al llegar a una aldea en las proximidades de la costa, el viento colocó a sus pies una hoja de periódico. Ella tomó aquel papel amarillo y **quebradizo** y estuvo largo rato observándolo sin adivinar su uso, hasta que la curiosidad pudo más que su timidez. Se acercó a un hombre que lavaba un caballo en el
50 mismo **charco turbio** donde ella **saciara** su sed.

—¿Qué es esto?—preguntó.

—La página deportiva del periódico—replicó el hombre sin dar muestras de **asombro** ante su ignorancia.

La respuesta dejó **atónita** a la muchacha, pero no quiso parecer **descarada**
55 y se limitó a **inquirir** el significado de las patitas de mosca dibujadas sobre el papel.

—Son palabras, niña. Allí dice que Fulgencio Barba noqueó al Nero Tiznao en el tercer round.

Ese día Belisa Crepusculario se enteró que las palabras andan **sueltas** sin
60 dueño y cualquiera con un poco de **maña** puede **apoderárselas** para **comerciar** con ellas. Consideró su situación y concluyó que aparte de prostituirse o emplearse como sirvienta en las cocinas de los ricos, eran pocas las ocupaciones que podía **desempeñar**. Vender palabras le pareció una alternativa

---

**inhóspita** poco acogedora; desagradable

**sequía** largo periodo sin lluvia
**enterrar** poner bajo tierra

**burlar** esquivar algún peligro; engañar; reírse
**grieta** raja
**sembrada** plantada con; llena de
**espinudo** que tiene espinas
**espejismo** ilusión óptica de creer ver una superficie líquida
**carretilla** carro pequeño que se usa para transportar cargas
**arrastrarse** ir rozando con el cuerpo en el suelo
**penosamente** con pena o aflicción
**reverberación** reflejo, irradiación
**tozuda** obstinada
**manantial** nacimiento de aguas
**raquítica** endeble
**riachuelo** pequeño río
**estero** arroyo

**quebradizo** fácil de quebrarse

**charco** agua estancado en suelo
**turbio** sucio; oscuro
**saciar** satisfacer

**asombro** sorpresa

**atónita** muy sorprendida
**descarada** desvergonzada
**inquirir** preguntar

**suelta** libre
**maña** habilidad
**apoderarse** hacerse dueño
**comerciar** negociar

**desempeñar** ejercer, hacer

**decente**. A partir de ese momento ejerció esa profesión y nunca le interesó
65  otra. Al principio ofrecía su **mercancía** sin **sospechar** que las palabras podían
también escribirse fuera de los periódicos. Cuando lo supo calculó las infinitas
proyecciones de su negocio, con sus **ahorros** le pagó veinte pesos a un cura
para que le enseñara a leer y escribir y con los tres que le sobraron se compró
un diccionario. Lo revisó desde la A hasta la Z y luego lo lanzó al mar, porque
70  no era su intención **estafar** a los clientes con palabras **envasadas**.

Varios años después, en una mañana de agosto, se encontraba Belisa Crepuscular io en el centro de una plaza, sentada bajo su toldo vendiendo argumentos de justicia a un viejo que solicitaba su pensión desde hacía diecisiete años.
Era día de mercado y había mucho **bullicio** a su alrededor. Se escucharon de
75  pronto galopes y gritos, ella levantó los ojos de la escritura y vio primero una
nube de polvo y enseguida un grupo de **jinetes** que **irrumpió** en el lugar. Se trataba de los hombres del Coronel, que venían al mando del **Mulato**, un gigante
conocido en toda la zona por la rapidez de su cuchillo y la **lealtad** hacia su jefe.
Ambos, el Coronel y el Mulato, habían pasado sus vidas ocupados en la Guerra
80  Civil y sus nombres estaban **irremisiblemente** unidos al **estropicio** y la **calamidad**. Los **guerreros** entraron al pueblo como un **rebaño** en estampida, envueltos
en ruido, bañados de sudor y dejando a su paso un **espanto** de huracán. Salieron
volando las gallinas, dispararon a perderse los perros, corrieron las mujeres
con sus hijos y no quedó en el sitio del mercado otra alma viviente que Belisa
85  Crepuscular io, quien no había visto jamás al Mulato y por lo mismo le extrañó
que se dirigiera a ella.

—A ti te busco—le gritó señalándola con su **látigo** enrollado y antes que
terminara de decirlo, dos hombres cayeron encima de la mujer **atropellando** el
toldo y rompiendo el **tintero**, la **ataron** de pies y manos y la colocaron **atravesada**
90  como un bulto de marinero sobre la **grupa** de la bestia del Mulato. Emprendie-
ron galope en dirección a las colinas.

Horas más tarde, cuando Belisa Crepuscular io estaba a punto de morir
con el corazón convertido en arena por las **sacudidas** del caballo, sintió que se
detenían y cuatro manos poderosas la depositaban en tierra. Intentó ponerse
95  de pie y levantar la cabeza con dignidad, pero le fallaron las fuerzas y **se des-
plomó** con un suspiro, **hundiéndose** en un sueño **ofuscado**. Despertó varias
horas después con el **murmullo** de la noche en el campo, pero no tuvo tiempo
de **descifrar** esos sonidos, porque al abrir los ojos se encontró ante la mirada
impaciente del Mulato, **arrodillado** a su lado.

100  —Por fin despiertas, mujer—dijo alcanzándole su **cantimplora** para que
bebiera un sorbo de **aguardiente** con **pólvora** y acabara de recuperar la vida.

Ella quiso saber la causa de tanto **maltrato** y él le explicó que el Coronel
necesitaba sus servicios. Le permitió mojarse la cara y enseguida la llevó a un
extremo del campamento, donde el hombre más **temido** del país reposaba en

**decente** honesta, digna

**mercancía** lo que se puede vender o comprar

**sospechar** suponer

**ahorro** dinero guardado

**estafar** engañar

**envasada** empaquetada

**bullicio** ruido de mucha gente

**jinete** persona que va a caballo

**irrumpir** entrar violentamente

**mulato** hijo de negra y blanco,
o viceversa; moreno

**lealtad** fidelidad

**irremisiblemente**
irremediablemente

**estropicio** destrozo

**calamidad** desgracia

**guerrero** soldado en guerra

**rebaño** grupo de ganado

**espanto** miedo

**látigo** azote largo

**atropellar** derribar

**tintero** recipiente con tinta para
escribir

**atar** amarrar

**atravesada** tendida de un lado
al otro

**grupa** trasero de un caballo

**sacudida** golpe

**desplomarse** caerse

**hundirse** sumergirse, caerse

**ofuscado** confuso

**murmullo** susurro

**descifrar** descodificar

**arrodillado** de rodillas

**cantimplora** frasco para llevar
bebidas

**aguardiente** bebida alcohólica

**pólvora** polvo explosivo

**maltrato** violencia, daño

**temido** aterrador

105 una hamaca colgada entre dos árboles. Ella no pudo verle el rostro, porque tenía encima la sombra incierta del follaje y la sombra **imborrable** de muchos años viviendo como un bandido, pero imaginó que debía ser de expresión **perdularia** si su gigantesco ayudante se dirigía a él con tanta humildad. Le sorprendió su voz, suave y bien **modulada** como la de un profesor.

110     —¿Eres la que vende palabras?—preguntó.

    —Para servirte—**balbuceó** ella **oteando** en la **penumbra** para verlo mejor.

El Coronel se puso de pie y la luz de la antorcha que llevaba el Mulato le dio de frente. La mujer vio su piel oscura y sus **fieros** ojos de puma y supo al punto que estaba frente al hombre más solo de este mundo.

115     —Quiero ser Presidente—dijo él.

Estaba cansado de recorrer esa tierra **maldita** en guerras inútiles y **derrotas** que ningún subterfugio podía transformar en victorias. Llevaba muchos años durmiendo a la **intemperie**, picado de mosquitos, alimentándose de iguanas y sopa de culebra, pero esos inconvenientes menores no constituían razón sufi-

120 ciente para cambiar su destino. Lo que en verdad le **fastidiaba** era el terror en los ojos **ajenos**. Deseaba entrar a los pueblos bajo arcos de triunfo, entre banderas de colores y flores, que lo aplaudieran y le dieran de regalo huevos frescos y pan recién horneado. Estaba **harto** de comprobar cómo a su paso **huían** los hombres, **abortaban** de **susto** las mujeres y temblaban las criaturas, por eso había decidido

125 ser Presidente. El Mulato le sugirió que fueran a la capital y entraran galopando al Palacio para apoderarse del gobierno, tal como tomaron tantas otras cosas sin pedir permiso, pero al Coronel no le interesaba convertirse en otro **tirano**, de ésos ya habían tenido bastantes por allí y, además, de ese modo no obtendría el afecto de las gentes. Su idea consistía en ser elegido por votación popular en

130 los comicios de diciembre.

    —Para eso necesito hablar como un candidato. ¿Puedes venderme las palabras para un discurso?—preguntó el Coronel a Belisa Crepusculario.

Ella había aceptado muchos **encargos**, pero ninguno como ése, sin embargo no pudo negarse, temiendo que el Mulato le metiera un tiro entre los ojos o,

135 peor aún, que el Coronel se echara a llorar. Por otra parte, sintió el impulso de ayudarlo, porque percibió un **palpitante** calor en su piel, un deseo poderoso de tocar a ese hombre, de recorrerlo con sus manos, de estrecharlo entre sus brazos.

Toda la noche y buena parte del día siguiente estuvo Belisa Crepusculario

140 buscando en su **repertorio** las palabras apropiadas para un discurso presiden-cial, vigilada de cerca por el Mulato, quien no apartaba los ojos de sus firmes piernas de caminante y sus senos virginales. **Descartó** las palabras **ásperas** y secas, las demasiado floridas, las que estaban **desteñidas** por el abuso, las que ofrecían promesas improbables, las **carentes** de verdad y las **confusas**, para

145 quedarse sólo con aquellas capaces de tocar con certeza el pensamiento de los

---

**imborrable** permanente

**perdularia** viciosa

**modulada** afinada

**balbucear** hablar con pronuncia-ción dificultosa

**otear** mirar con atención para descubrir algo

**penumbra** sombra débil entre la luz y la oscuridad

**fiero** feroz, salvaje

**maldita** condenada, castigada por una maldición

**derrota** vencimiento

**intemperie** aire libre

**fastidiar** disgustar

**ajeno** de otra persona

**harto** cansado con disgusto

**huir** alejarse de algún peligro

**abortar** interrumpir el desarrollo de un feto durante el embarazo

**susto** temor, miedo

**tirano** déspota, dictador, uno que posee el gobierno de forma ilegítima

**encargo** petición

**palpitante** intenso; cálido

**repertorio** colección, conjunto

**descartar** desechar, rechazar

**áspera** desapacible al oído; antipática

**desteñida** decolorada

**carente** privado de, sin

**confusa** que no puede distin-guirse o entenderse

hombres y la intuición de las mujeres. Haciendo uso de los conocimientos comprados al cura por veinte pesos, escribió el discurso en una hoja de papel y luego hizo señas al Mulato para que **desatara** la cuerda con la cual la había amarrado por los tobillos a un árbol. La condujeron nuevamente donde el Coronel y al verlo ella volvió a sentir la misma palpitante **ansiedad** del primer encuentro. Le pasó el papel y aguardó, mientras él lo miraba sujetándolo con la punta de los dedos.

—¿Qué **carajo** dice aquí?—preguntó por último.

—¿No sabes leer?

—Lo que yo sé hacer es la guerra—replicó él.

Ella leyó en alta voz el discurso. Lo leyó tres veces, para que su cliente pudiera **grabárselo** en la memoria. Cuando terminó vio la emoción en los rostros de los hombres de la tropa que se juntaron para escucharla y notó que los ojos amarillos del Coronel brillaban de entusiasmo, seguro de que con esas palabras el sillón presidencial sería suyo.

—Si después de oírlo tres veces los muchachos siguen con la boca abierta, es que esta **vaina** sirve, Coronel—aprobó el Mulato.

—¿Cuánto te debo por tu trabajo, mujer?—preguntó el jefe.

—Un peso, Coronel.

—No es caro—dijo él abriendo la bolsa que llevaba colgada del cinturón con los restos del último botín.

—Además tienes derecho a una ñapa. Te corresponden dos palabras secretas—dijo Belisa Crepusculario.

—¿Cómo es eso?

Ella procedió a explicarle que por cada cincuenta centavos que pagaba un cliente, le **obsequiaba** una palabra de uso exclusivo. El jefe se encogió de hombros, pues no tenía ni el menor interés en la oferta, pero no quiso ser **descortés** con quien lo había servido tan bien. Ella se aproximó sin prisa al **taburete** de **suela** donde él estaba sentado y se inclinó para entregarle su regalo. Entonces el hombre sintió el olor de animal **montuno** que **se desprendía** de esa mujer, el calor de incendio que irradiaban sus caderas, el roce terrible de sus cabellos, el aliento de yerbabuena **susurrando** en su oreja las dos palabras secretas a las cuales tenía derecho.

—Son tuyas, Coronel—dijo ella al retirarse—. Puedes emplearlas cuanto quieras.

El Mulato acompañó a Belisa hasta el borde del camino, sin dejar de mirarla con ojos **suplicantes** de perro perdido, pero cuando estiró la mano para tocarla, ella lo detuvo con un **chorro** de palabras inventadas que tuvieron la virtud de espantarle el deseo, porque creyó que se trataba de alguna **maldición irrevocable**.

En los meses de setiembre, octubre y noviembre el Coronel pronunció su discurso tantas veces, que de no haber sido hecho con palabras **refulgentes** y

---

**desatar** soltar, desenlazar lo atado

**ansiedad** estado de agitación o inquietud del ánimo

**carajo** indica disgusto, enfado o sorpresa

**grabar** memorizar; fijar; registrar

**vaina** cosa

**obsequiar** regalar

**descortés** poco amable

**taburete** asiento sin brazos ni respaldo

**suela** cuero

**montuno** salvaje; de montaña

**desprenderse** emanar

**susurrar** hablar en voz muy baja

**suplicante** implorante

**chorro** líquido que sale con fuerza por una abertura; abundancia

**maldición** castigo que se cree divino o sobrenatural; deseo del mal

**irrevocable** que no se puede anular

**refulgente** brillante, radiante

durables el uso lo habría vuelto **ceniza**. Recorrió el país en todas direcciones, entrando a las ciudades con aire **triunfal** y deteniéndose también en los pueblos más olvidados, allí, donde sólo el **rastro** de basura indicaba la presencia humana, para convencer a los electores que votaran por él. Mientras hablaba sobre una **tarima** al centro de la plaza, el Mulato y sus hombres repartían caramelos y pintaban su nombre con **escarcha** dorada en las paredes, pero nadie prestaba atención a esos recursos de **mercader**, porque estaban **deslumbrados** por la claridad de sus proposiciones y la lucidez poética de sus argumentos, contagiados de su deseo tremendo de corregir los errores de la historia y alegres por primera vez en sus vidas. Al terminar la **arenga** del candidato, la tropa lanzaba pistoletazos al aire y encendía petardos y cuando por fin se retiraban, quedaba atrás una **estela** de esperanza que **perduraba** muchos días en el aire, como el recuerdo magnífico de un cometa. Pronto el Coronel se convirtió en el político más popular. Era un fenómeno nunca visto, aquel hombre surgido de la Guerra Civil, lleno de cicatrices y hablando como un **catedrático**, cuyo prestigio se regaba por el territorio nacional **conmoviendo** el corazón de la patria. La prensa se ocupó de él. Viajaron de lejos los periodistas para entrevistarlo y repetir sus frases, y así creció el número de sus seguidores y de sus enemigos.

—Vamos bien, Coronel—dijo el Mulato al cumplirse doce semanas de éxito.

Pero el candidato no lo escuchó. Estaba repitiendo sus dos palabras secretas, como hacía cada vez con mayor frecuencia. Las decía cuando lo **ablandaba** la nostalgia, las murmuraba dormido, las llevaba consigo sobre su caballo, las pensaba antes de pronunciar su **célebre** discurso y se sorprendía saboreándolas en sus **descuidos**. Y en toda ocasión en que esas dos palabras venían a su mente, evocaba la presencia de Belisa Crepusculario y se le alborotaban los sentidos con el recuerdo de olor montuno, el calor de incendio, el roce terrible y el aliento de yerbabuena, hasta que empezó a andar como un **sonámbulo** y sus propios hombres comprendieron que se le terminaría la vida antes de alcanzar el sillón de los presidentes.

—¿Qué es lo que te pasa, Coronel?—le preguntó muchas veces el Mulato, hasta que por fin un día el jefe no pudo más y le confesó que la culpa de su ánimo eran esas dos palabras que llevaba **clavadas** en el **vientre**.

—Dímelas, a ver si pierden su poder—le pidió su fiel ayudante.

—No te las diré, son sólo mías—replicó el Coronel.

Cansado de ver a su jefe **deteriorarse** como un condenado a muerte, el Mulato se echó el **fusil** al hombro y partió en busca de Belisa Crepusculario. Siguió sus **huellas** por toda esa vasta geografía hasta encontrarla en un pueblo del sur, instalada bajo el toldo de su oficio, contando su rosario de noticias. Se le plantó delante con las piernas abiertas y el arma empuñada.

—Tú te vienes conmigo—ordenó.

Ella lo estaba esperando. Recogió su tintero, plegó el lienzo de su tenderete, se echó el chal sobre los hombros y en silencio **trepó** al **anca** del caballo.

---

**ceniza** polvo gris que deja la madera cuando se quema
**triunfal** victorioso
**rastro** vestigio, resto

**tarima** entablado o plataforma a poca altura del suelo
**escarcha** pintura brillante
**mercader** comerciante
**deslumbrado** asombrado

**arenga** discurso ante una multitud con el fin de enardecer los ánimos
**estela** huella, recuerdo
**perdurar** durar

**catedrático** profesor universitario
**conmover** provocar emoción

**ablandar** suavizar

**célebre** famoso, conocido
**descuido** falta de atención o cuidado

**sonámbulo** persona que mientras está dormida se levanta, anda, habla etc. sin recordarlo al despertar

**clavada** fijada, hincada
**vientre** barriga

**deteriorarse** estropearse gradualmente
**fusil** arma de fuego portátil con un cañón largo, destinada al uso de los soldados de infantería
**huella** señal, rastro

**trepar** subir
**anca** trasero de un caballo

No cruzaron ni un gesto en todo el camino, porque al Mulato el deseo por ella se le había convertido en **rabia** y sólo el miedo que le inspiraba su lengua le impedía destrozarla a **latigazos**. Tampoco estaba dispuesto a comentarle que el Coronel andaba **alelado**, y que lo que no habían logrado tantos años de batallas lo había conseguido un **encantamiento** susurrado al oído. Tres días después llegaron al campamento y de inmediato condujo a su prisionera hasta el candidato, delante de toda la tropa.

230

—Te traje a esta **bruja** para que le devuelvas sus palabras, Coronel, y para que ella te devuelva la **hombría**—dijo apuntando el cañón de su fusil a la **nuca** de la mujer.

235

El Coronel y Belisa Crepusculario se miraron largamente, midiéndose desde la distancia. Los hombres comprendieron entonces que ya su jefe no podía deshacerse del **hechizo** de esas dos palabras **endemoniadas**, porque todos pudieron ver los ojos carnívoros del puma tornarse **mansos** cuando ella avanzó y le tomó la mano.

240

**rabia** ira, enfado grande

**latigazo** golpe dado con el látigo

**alelado** atontado, embobado

**encantamiento** hechizo; seducción

**bruja** mujer que practica la brujería

**hombría** conjunto de cualidades propias del hombre

**nuca** parte posterior del cuello

**hechizo** embrujo; encanto, seducción

**endemoniada** nociva, mala

**manso** apacible

### DE RELEVANCIA PARA EL TEXTO

El padre de Isabel Allende, Tomás Allende, era primo hermano de Salvador Allende, político chileno, líder y cofundador del Partido Socialista y presidente de Chile desde 1970 hasta el golpe de estado dirigido por el general Pinochet en 1973. Allende falleció en el Palacio de la Moneda el día del golpe de estado, suicidándose mientras el palacio en el que estaba era bombardeado por los golpistas. Salvador Allende fue el primer presidente marxista del mundo en acceder al poder a través de elecciones generales en un Estado de derecho. Su gobierno se destacó por el intento de establecer un Estado socialista usando medios legales del poder ejecutivo. Tras el fin de su gobierno, el general Pinochet encabezó una dictadura militar en Chile que duró desde 1973 hasta 1990. Durante la dictadura se cometieron graves y diversas violaciones de derechos humanos. Según estimaciones de los crímenes cometidos por la dictadura de Pinochet, "unas 3200 personas murieron a manos de agentes del Estado", de las que más de 1000 permanecen como "desaparecidas"; más de 33 000 opositores fueron torturados y encarcelados y alrededor de 300 000 personas debieron exiliarse por razones políticas ("Chile conmemora"). El exdictador estaba siendo procesado por algunos de los crímenes de los que se le acusaba cuando murió de problemas cardiacos el 10 de diciembre del 2006, antes de que se llegara a una resolución definitiva.

"Dos palabras" es la historia inicial y central de *Cuentos de Eva Luna*. Los veintitrés relatos de la colección están narrados por Eva Luna, la protagonista de la novela del mismo nombre, escrita por Allende tres años antes, en 1987. Allende comienza *Cuentos de Eva Luna* con el siguiente epígrafe de *Las mil y unas noches*: "El rey ordenó a su visir que cada noche le llevara una virgen y cuando la noche había transcurrido mandaba que la matasen. Así estuvo haciendo durante tres años y en la ciudad no había ya ninguna doncella que pudiera servir para los asaltos de este cabalgador. Pero el visir tenía una hija de gran hermosura llamada Scheherazade . . . y era muy elocuente y daba gusto oírla" (11). Lo que sigue después es una narración breve en primera persona de Rolf Carle, el amante de Eva Luna, que establece un motivo para la colección de relatos que sigue:

—Cuéntame un cuento—te digo.

—¿Cómo lo quieres?

—Cuéntame un cuento que no le hayas contado a nadie. (14)

Entonces, Allende establece que la narradora es el personaje ficticio Eva Luna y que ella le está narrando los cuentos a su amante también ficticio, Rolf Carle. Igual que Scheherazade, Eva Luna y la verdadera autora, Isabel Allende, cuentan historias que muestran no solo el poder de las palabras, sino también el de las mujeres.

## TRAMA

Ordena, de 1 a 14, las siguientes oraciones, para indicar la cronología de los eventos tal como aparecen en el cuento.

_____ Belisa ve por primera vez al Coronel y nota su piel oscura y fieros ojos de puma. Belisa sabe que el Coronel es el hombre más solo del mundo.

_____ El Coronel explica a Belisa que quiere hablar como un candidato, y por eso quiere comprar las palabras para un discurso.

_____ El Coronel y Belisa se miran y se toman de la mano.

_____ Belisa paga a un cura para que le enseñe a leer y a escribir. También se compra un diccionario, lo lee de A a Z y lo tira al mar.

_____ Belisa intenta sobrevivir al hambre, pero después de enterrar a cuatro hermanos menores durante un periodo largo de sequía, sale en dirección al mar en un intento de salvarse la vida.

_____ Belisa descubre la escritura en la página deportiva de un periódico. Considera sus opciones de trabajo y decide comerciar palabras para su profesión.

_____ El Mulato explica a Belisa que el Coronel necesita los servicios de ella.

_____ El Coronel se distrae con las palabras secretas que tiene clavadas en su vientre y que repite muchas veces.

_____ El Coronel le dice a Belisa que quiere ser Presidente y llegar a ser elegido por votación popular.

_____ Belisa acepta el encargo del Coronel y le escribe el discurso presidencial.

_____ El Coronel le paga un peso a Belisa. Belisa le da una ñapa al Coronel, que son sus dos palabras secretas.

_____ Los hombres del Coronel se preocupan por el deterioro del Coronel, y por eso el Mulato va en busca de Belisa.

_____ El Coronel pronuncia el discurso muchas veces mientras recorre el país en todas direcciones durante su campaña, convirtiéndose en el político más popular.

_____ El Mulato quiere que el Coronel devuelva sus palabras a Belisa para que ella pueda devolverle su hombría.

## PERSONAJES

1. Haz una lista de las cinco palabras que mejor describen a la protagonista. Luego, compara tu lista con la de un compañero de clase y comenten las palabras elegidas.

2. Analiza el nombre que la protagonista elige para sí misma. ¿Qué quiere decir "Belisa"? ¿A qué se refiere "Crepusculario"? ¿Qué semejanzas hay entre el nombre Belisa Crepusculario, el nombre de la autora (Isabel Allende) y el nombre de la supuesta narradora (Eva Luna) de "Dos palabras"?

3. Describe al Coronel. ¿Cómo lo ven las demás personas? ¿Cómo lo ve Belisa? ¿Cómo cambia el Coronel a través del cuento?

4. ¿Por qué incluye Allende el personaje del Mulato? ¿Qué le añade al cuento? ¿Qué representa?

## NARRACIÓN

1. ¿Qué tipo de narrador encontramos en "Dos palabras" de Allende? Elige una de las dos alternativas de cada fila.

   a. primera persona                          tercera persona
   b. homodiegético                            heterodiegético
      (sí forma parte del mundo del            (no forma parte del mundo de
      cuento)                                   cuento)

    c. limitado                    omnisciente
    d. dudoso                      confiable
    e. su perspectiva es subjetiva     su perspectiva es objetiva

2. ¿Cuál es el efecto de tener como narradora a Eva Luna, la protagonista de otra novela de Allende? Comenta las conexiones entre Allende (autora), Eva Luna (narradora en una novela de Allende y de estos "cuentos"), Scheherazade (protagonista de *Las mil y unas noches* que narra historias para prolongar su vida) y Belisa (protagonista y vendedora de palabras). ¿Es importante que todas las narradoras y escritoras son mujeres? ¿Qué dice Allende sobre el poder de las palabras y de la narración?

3. ¿Cómo presenta Allende los elementos misteriosos o mágicos en el texto? ¿Hay incredulidad o aceptación de lo misterioso o lo mágico en esta narración? Explica con ejemplos del cuento.

### INTERPRETACIÓN

1. La protagonista aprende o se enseña a sí misma a leer y a escribir. ¿Qué importancia tiene el hecho de que el Coronel, quien quiere llegar a ser Presidente, y el Mulato no sepan leer? ¿Qué mensaje quiere comunicar Allende respecto a la alfabetización o el analfabetismo en concreto y la educación en general?

2. Belisa "consiguió atravesar el infierno" y "salvó la vida". ¿Cómo logró "burlar a la muerte"? ¿Qué comentario ofrece Allende en el texto sobre la pobreza y la falta de oportunidades para los pobres? ¿Qué dice el texto sobre la habilidad o la inhabilidad de cambiar el estatus socioeconómico?

3. ¿Qué comentario ofrece Allende en "Dos palabras" sobre el poder del lenguaje? ¿Qué conexión hay entre el acto de escribir o usar palabras y la adquisición o el otorgamiento de poder? ¿Es el poder de las palabras particular a las mujeres? ¿Cómo se usa o se debe usar este poder de las palabras y para qué fines?

4. Allende insiste en que "vender palabras" conlleva una "ocupación", "profesión" y "negocio". Comenta la importancia del vocabulario comercial usado en el relato. ¿Por qué se establece a Belisa como comerciante y vendedora y no como artista, escritora o periodista? ¿Cuáles fueron las otras ocupaciones que consideró Belisa antes de elegir su profesión?

5. El texto menciona la "piel oscura" del Coronel e incluye el personaje del Mulato. ¿Por qué hay estas referencias al color de la piel y qué importancia tienen? ¿Qué quiere decir Allende sobre la raza o la identidad racial?

6. ¿Cómo caracteriza Allende la vida militar? ¿Cómo caracteriza Allende la vida política? ¿Qué comentario ofrece Allende sobre la vida política y militar? ¿Qué dice el texto sobre la democracia y la dictadura? ¿Qué tipo de gobierno o de ideología política promociona este cuento?

7. ¿Cuándo recibe alguien una palabra secreta? ¿Cómo se refiere Belisa a estas palabras secretas? ¿Qué efecto tienen las dos palabras secretas sobre el Coronel?

8. ¿Qué tiene más efecto sobre el Coronel: las palabras o la manera en que Belisa le dice o le da las palabras? ¿Establece Allende el poder lingüístico o el poder seductivo de Belisa? Apoya tus respuestas con citas directas del cuento.

9. ¿Cómo reacciona el Coronel frente a la última aparición de Belisa? ¿Qué sucede entre Belisa y el Coronel al final del cuento? Comenta el proceso de amansamiento o domesticación del Coronel por parte de Belisa.

10. Analiza las referencias repetitivas a Belisa como "bruja" o "hechicera" por parte del Mulato y los otros hombres militares del Coronel. ¿Cuáles son las consecuencias de estas actitudes? ¿Qué sugieren sobre las relaciones de poder entre hombres y mujeres?

11. En tu opinión, ¿cuáles son las "dos palabras" que Belisa le regala al Coronel? ¿Por qué no nos dice Allende las palabras? ¿Cuál es el efecto de no saberlas? ¿Qué sugiere el título de este cuento? ¿Qué importancia tiene?

### ANÁLISIS TEXTUAL

Comenta la importancia de las siguientes citas del cuento. Presta atención especial a las partes subrayadas.

1. Tenía el nombre de Belisa Crepusculario, pero no por fe de bautismo o acierto de su madre, sino porque ella misma lo buscó hasta encontrarlo y se vistió con él. [. . .] Belisa Crepusculario había nacido en una familia tan mísera, que ni siquiera poseía nombres para llamar a sus hijos.

2. Ese día Belisa Crepusculario se enteró que las palabras andan sueltas sin dueño y cualquiera con un poco de maña puede apoderárselas para comerciar con ellas. Consideró su situación y concluyó que aparte de prostituirse o emplearse como sirvienta en las cocinas de los ricos, eran pocas las ocupaciones que podía desempeñar. Vender palabras le pareció una alternativa decente.

3. <u>Estaba cansado</u> de recorrer esa tierra maldita en <u>guerras inútiles</u> y derrotas que ningún subterfugio podía transformar en victorias. Llevaba muchos años durmiendo a la intemperie, picado de mosquitos, alimentándose de iguanas y sopa de culebra, pero esos inconvenientes menores no constituían razón suficiente <u>para cambiar su destino.</u> <u>Lo que en verdad le fastidiaba era el terror en los ojos ajenos.</u> <u>Deseaba entrar a los pueblos bajo arcos de triunfo,</u> entre banderas de colores y flores, que lo aplaudieran y le dieran de regalo huevos frescos y pan recién horneado. <u>Estaba harto</u> de comprobar cómo a su paso huían los hombres, abortaban de susto las mujeres y temblaban las criaturas, <u>por eso había decidido ser Presidente.</u>

4. El Mulato le sugirió que fueran a la capital y entraran galopando al Palacio <u>para apoderarse del gobierno,</u> tal como tomaron tantas otras cosas <u>sin pedir permiso,</u> <u>pero al Coronel no le interesaba convertirse en otro tirano,</u> <u>de ésos ya habían tenido bastantes</u> por allí y, además, de ese modo no obtendría <u>el afecto de las gentes.</u> Su idea consistía en <u>ser elegido por votación popular</u> en los comicios de diciembre.

5. Ella había aceptado muchos encargos, pero ninguno como ése, sin embargo <u>no pudo negarse,</u> <u>temiendo que el Mulato le metiera un tiro</u> entre los ojos <u>o, peor aún, que el Coronel se echara a llorar.</u> Por otra parte, <u>sintió el impulso de ayudarlo,</u> porque percibió un <u>palpitante calor</u> en su piel, un <u>deseo poderoso de tocar a ese hombre,</u> de recorrerlo con sus manos, de estrecharlo entre sus brazos.

6. <u>Descartó las palabras ásperas y secas, las demasiado floridas, las que estaban desteñidas por el abuso, las que ofrecían promesas improbables, las carentes de verdad y las confusas, para quedarse sólo con aquellas capaces de tocar con certeza el pensamiento de los hombres y la intuición de las mujeres.</u>

7. El Mulato acompañó a Belisa hasta el borde del camino, <u>sin dejar de mirarla con ojos suplicantes de perro perdido,</u> <u>pero cuando estiró la mano para tocarla, ella lo detuvo con un chorro de palabras inventadas que tuvieron la virtud de espantarle el deseo,</u> porque creyó que se trataba de alguna <u>maldición irrevocable.</u> [. . .] No cruzaron ni un gesto en todo el camino, porque <u>al Mulato el deseo por ella se le había convertido en rabia y sólo el miedo que le inspiraba su lengua le impedía destrozarla a latigazos.</u>

8. El Coronel y Belisa Crepusculario se miraron largamente, midiéndose desde la distancia. Los hombres comprendieron entonces que ya <u>su jefe no podía deshacerse del hechizo</u> de esas dos <u>palabras endemoniadas,</u> porque todos pudieron ver <u>los ojos carnívoros del puma tornarse mansos</u> cuando ella avanzó y le tomó la mano.

## TEMAS PRINCIPALES

1. Escribe un ensayo en el que expliques la importancia de uno de los siguientes temas en el cuento "Dos palabras". Como evidencia, cita partes del texto y da ejemplos específicos.

   a. La democracia o la dictadura; la elección o la obligación
   b. El poder de las palabras, de la lengua, del discurso
   c. El poder de las mujeres por su intuición, inteligencia, poder lingüístico, atracción física, etc.
   d. El sometimiento y la dominación (de la mujer por parte del hombre) frente al amansamiento y la domesticación (del hombre por parte de la mujer)
   e. El poder del amor y de la atracción
   f. La autoría y el plagio; la originalidad y la copia; la autenticidad y la ilegitimidad

2. Discute o debate cuál de los temas anteriores es más importante en el cuento y por qué.

## CRÍTICA LITERARIA

Lee las siguientes interpretaciones de varios críticos literarios sobre el cuento "Dos palabras" de Allende. Decide si estás **de acuerdo** o **en desacuerdo** con cada interpretación dada. Cita un ejemplo textual o un pasaje directo de la obra para **apoyar** o **refutar** cada interpretación dada.

### El poder de las palabras
*Crítico A*
"En 'Dos palabras', Allende escribe sobre su vida como escritora/inmigrante y sobre el poder de las palabras para alcanzar justicia social. A través del acto de otorgar el poder al Coronel con las palabras, ella le hacer perder su 'machismo' y ganar un sentido mejor de su patria y de sí mismo". (Umpierre 131, 133, traducción mía)

*Crítico B*
"En 'Dos palabras' el lenguaje es el arma esencial de la protagonista femenina que se usa para adquirir resultados tanto existenciales como transaccionales. Reconociendo desde joven el poder de las palabras, Belisa se nombra a sí misma, un acto contrario a la autoridad patriarcal. [. . .] Después de este paso inicial de autocreación, Belisa llega a ser independiente económicamente, 'vendiendo palabras'. El acto de adquirir destreza lingüística

no solo libera a Belisa de la pobreza, sino que también le asegura una vida libre de subyugación por parte de hombres y le otorga poderes supremos". (Iftekharuddin 228-229, traducción mía)

*Crítico C*
"[En 'Dos palabras',] la mujer hechicera doma, amansa y somete al hombre a través de la palabra. Se trata, pues, de apropiarse del discurso para transformar la realidad y librarse. Las implicaciones ideológicas son obvias: la palabra no es sólo recurso para ganarse la vida, sino también instrumento de transformación de la realidad [. . . ya que] la palabra femenina se impone a la fuerza masculina. El discurso y su poder es el arma más apropiada para transformar la realidad y adaptarla a los deseos de la mujer. [. . .] Estamos ante el poder de la palabra frente al poder de la fuerza. [. . .] Por lo tanto, podemos entender el cuento como una metáfora de la liberación femenina a través de la apropiación del discurso; y por extensión, como una parábola de la mujer escritora en Latinoamérica, cuya arma primordial es la palabra". (Rodero 143, 149)

*Crítico D*
"[Hay dos fuentes del poder de Belisa:] su belleza física [y el] poder derivado de su racionalidad en el dominio del discurso". (Chavarro)

*Tu propia interpretación*
Escribe tu propia interpretación de "Dos palabras" respecto al tema del poder de las palabras.

## La redefinición de masculinidad y femineidad
*Crítico A*
"[L]os personajes femeninos en *Los cuentos de Eva Luna* son fabricaciones. [. . .] Su poder máximo está basado en las políticas de lenguaje y cuerpo, en dirigirse a los hombres lingüística y físicamente hasta un punto de resurrección en la que ellos tienen que redescubrir cognitivamente y no físicamente a las mujeres que encuentran. [. . .] Las mujeres tienen éxito en sus políticas porque incorporan pasión y razonamiento en una sola fuerza insuperable [de] lenguaje, sexualidad e intuición". (Iftekharuddin 247, traducción mía)

*Crítico B*
"La protagonista de 'Dos palabras' asume tareas y objetivos masculinos sin poner en riesgo su femineidad. [. . .] El varonil se transforma en el curso de la historia a partir de la forma como esos hombres se relacionan con el

personaje femenino [. . .]. A su vez, el personaje femenino transgrede el universo convencional, sustentando buena parte de su poder en la argumentación inteligente sin abandonar lo emocional que se acredita a la naturaleza femenina, ni la capacidad de seducción a partir de 'recursos de mujeres'". (Chavarro)

*Crítico C*
"[L]a mujer asume el poder tanto en el ámbito asignado de los sentimientos y la intimidad personal como en el ámbito negado de lo público político. Finalmente es el espacio cerrado, oculto e ignorado de los sentimientos íntimos de la mujer el que se impone al espacio público, abierto y reconocido del hombre. Y esto es en sí mismo una afirmación política indudable: si éste es el espacio en el que se confina a la mujer, la mujer lo asume, lo usa e invierte para salir de él e imponerlo al otro espacio, el público, del que ha permanecido expulsada y excluida durante siglos". (Rodero 148)

*Tu propia interpretación*
Escribe tu propia interpretación de "Dos palabras" respecto al tema de la redefinición de masculinidad y femineidad.

### A NIVEL PERSONAL

Discute los siguientes temas con un compañero de clase. Prepárense para compartir sus ideas con los demás compañeros de clase.

1. Si tuvieras que escribir un discurso presidencial y elegir las palabras apropiadas para ello, ¿qué palabras usarías y cuáles descartarías? Explica tu respuesta. Luego, discute si "las palabras" de un candidato son lo más importante de su campaña política o si hay otros factores más importantes.
2. ¿Cuáles son las dos palabras que a ti te gustaría recibir de tu pareja? Explica tu respuesta.
3. ¿De qué depende la posición social de los miembros de la sociedad? ¿Sigue una persona normalmente en la clase social en la que nace, o puede subir de posición social con educación, esfuerzo personal y trabajo duro? ¿Cómo se sube o baja de nivel?

# Capítulo 4

# "La historia de mi cuerpo" (1993) de Judith Ortiz Cofer

## JUDITH ORTIZ COFER

Judith Ortiz Cofer nació en Puerto Rico en 1952, en el pueblo de Hormigueros. A los cuatro años emigró con su familia a Paterson, Nueva Jersey, en los Estados Unidos, donde pasó la mayor parte de su niñez y adolescencia. No obstante, pasó algunos periodos largos en casa de su abuela en Puerto Rico. Luego, en 1967, su familia se mudó a Augusta, Georgia. Fue ahí, en el sureste de los Estados Unidos, donde terminó la escuela secundaria y obtuvo su título universitario en inglés de Augusta College. Años más tarde, al casarse, se mudó a Florida, donde completó el grado de maestría en Florida Atlantic University. Ortiz Cofer ocupó la Cátedra Franklin en Literatura y Escritura Creativa en la Universidad de Georgia, en Athens, desde 1984 hasta que se jubiló en el año 2013. La autora murió de cáncer el 30 de diciembre de 2016.

Ortiz Cofer es considerada una de las principales exponentes de la experiencia de los puertorriqueños en la sociedad estadounidense. Su escritura—una mezcla de poesía, ensayo autobiográfico, novela y cuento corto—captura este ir y venir entre dos culturas e idiomas diferentes. Sus obras también tratan temas sociales como el racismo y el sexismo. Empezó su carrera con la publicación de varias colecciones de poemas: *Peregrina* (1985), *Terms of*

*Survival* (1987) y *Reaching for the Mainland* (1987). Al sacar su exitosa primera novela, *The Line of the Sun* (1989), fue nominada para el Premio Pulitzer. Otras obras, como *Silent Dancing: A Partial Remembrance of a Puerto Rican Childhood* (1990) y *The Latin Deli* (1995), han sido aclamadas por su integración de textos poéticos, relatos autobiográficos, ficción en prosa y ensayos de preocupación social. En obras posteriores—*An Island Like You* (1995), *The Year of Our Revolution* (1998), *The Meaning of Consuelo* (2003) y *Call Me María* (2006)—Ortiz Cofer se dirige con frecuencia a un público lector juvenil. De hecho, *The Meaning of Consuelo* recibió el Premio Américas, otorgado a obras meritorias de literatura infantil y para adolescentes.

## ANTES DE LEER

Discute las siguientes preguntas con un compañero de clase:

1. ¿Tienes una experiencia personal de mudarte de un lugar a otro? ¿Cómo te cambió el hecho de mudarte? ¿Cómo cambió la manera en que otros te percibían?
2. ¿Qué aspectos de tu identidad te definen mejor? Considera los siguientes aspectos de tu ser: género, clase, raza, etnicidad, nacionalidad, orientación sexual, ideología política, religión, amistades, familiares, estudios, profesión, etc.
3. Describe tu primera experiencia personal de prejuicio. ¿Qué pasó? ¿Cómo te sentiste? ¿Cómo reaccionaste? ¿Qué hiciste?

## PARA ORIENTAR AL LECTOR

"La historia de mi cuerpo", escrito originalmente en inglés e incluido aquí en la traducción al español hecha por Elena Olazagasti-Segovia, es un ensayo autobiográfico que relata una serie de episodios significativos en la vida joven y adolescente de Ortiz Cofer. El texto se centra en sus experiencias personales como una puertorriqueña en los Estados Unidos.

Durante la lectura, debes fijarte en los siguientes temas y conceptos:

- La identidad corporal e identidad mental
- La identidad bicultural y bilingüe
- El prejuicio racial y escalas raciales y étnicas
- La identidad de género
- Los conceptos y efectos de migración

## "LA HISTORIA DE MI CUERPO"

*(Traducido por Elena Olazagasti-Segovia)*

La migración es la historia de mi cuerpo.
—Víctor Hernández Cruz[1]

### La piel

En Puerto Rico era una niña blanca pero me volví marrón cuando vine a vivir a los Estados Unidos. Mis parientes puertorriqueños me consideraban alta; en la escuela estadounidense, algunos de mis compañeros más **groseros** me llamaban Saco de Huesos y **Renacuaja**, porque yo era la más bajita de las clases desde la primaria hasta la secundaria, cuando a la **enana** Gladys le dieron el puesto honorario al centro de la primera fila en las fotos de grupo y encargada del marcador, calienta bancos, en la clase de Educación Física. En sexto grado alcancé mi estatura máxima, cinco pies.

Empecé la vida siendo un bebé lindo, y de una madre bonita aprendí a ser una niña bonita. Posteriormente, a los diez años, sufrí uno de los peores casos de **varicela** que conozco. Todo mi cuerpo, incluyendo los oídos y el espacio entre los dedos de los pies, se cubrió de **pústulas** que, en un ataque de pánico al ver cómo me veía, **me rasqué** para **arrancármelas** de la cara, lo cual dejó **cicatrices** permanentes. Una enfermera cruel de la escuela me dijo que siempre las tendría—diminutas cortaduras que parecían como si un gato rabioso me hubiera clavado las **garras** en la piel. Dejé que me creciera el cabello bien largo y me escondí detrás de mi **melena** durante los primeros años de mi adolescencia. Ahí aprendí a ser invisible.

### El color

En el mundo animal indica peligro: las criaturas más **coloridas** son a menudo las más **venenosas**. El color es también una forma de atraer y seducir a la pareja. En el mundo de los humanos el color provoca reacciones mucho más complejas y a menudo mortales. Como era una muchacha puertorriqueña de padres "blancos", pasé los primeros años de mi vida oyendo a la gente referirse a mí como blanca. Mi madre insistía en que me protegiera del intenso sol de la Isla porque era más susceptible a quemarme que algunos de mis compañeros de juegos que eran **trigueños**. La gente siempre hacía comentarios que yo oía acerca del bonito contraste entre mi cabello negro y mi piel "**pálida**". No pensaba en el color de mi

**grosero** basto, descortés

**renacuajo** larva de rana; calificativo a personas de poca edad o estatura

**enana** mujer de pequeña estatura

**varicela** enfermedad contagiosa, habitual en los niños, que se manifiesta con fiebre y erupción cutánea

**pústula** vejiga inflamatoria de la piel con pus

**rascarse** frotarse con las uñas

**arrancarse** sacarse con violencia una cosa del lugar a que está adherida o sujeta

**cicatriz** señal de una herida curada; impresión que deja alguna experiencia negativa

**garra** pata de animal con uñas curvas y fuertes

**melena** cabello largo y suelto

**colorida** con colores vivos y diversos

**venenosa** tóxica, que tiene veneno

**trigueño** del color del trigo, persona mulata

**pálida** de color muy claro

piel conscientemente excepto cuando escuchaba a los adultos hablar de la **tez**.

30  Me parece que el tema es mucho más común en la conversación de pueblos de raza mixta que en la sociedad dominante de los Estados Unidos, donde es un asunto delicado y a veces hasta **bochornoso**, excepto en un contexto político. En Puerto Rico escuché muchas conversaciones sobre el color de la piel. Una mujer embarazada podía decir: "Espero que el bebé no me salga **prieto**" (colo-

35  quialismo para moreno o negro), "como la abuela de mi esposo, aunque era una negra atractiva en su época". Soy una combinación de los dos, al ser color oliva—más clara que mi madre pero más oscura que mi padre. En los Estados Unidos soy una persona de color, obviamente latina. En la Isla me han llamado de todo, desde "paloma blanca" (por parte de un enamorado negro), como dice

40  una canción, hasta "la gringa".

Mi primera experiencia de prejuicio racial ocurrió en un supermercado en Paterson, Nueva Jersey. Eran las Navidades, y yo tenía ocho o nueve años. Había una exposición de juguetes en la tienda adonde iba dos o tres veces al día a comprar cosas para mi madre, quien nunca hacía listas sino que me

45  enviaba a comprar leche, cigarrillos, una lata de eso o de aquello, según se iba acordando en cualquier momento. Disfrutaba de la confianza que depositaba en mí al darme el dinero y de caminar media cuadra hasta el mercado nuevo y moderno. Los dueños eran tres **apuestos** hermanos italianos. Me gustaba el menor con el cabello **rubio** cortado al cepillo. Los dos mayores me vigilaban a

50  mí y a los otros niños puertorriqueños como si pensaran que nos íbamos a robar algo. El mayor de todos a veces hasta trataba de **apurarme** para que acabara mis compras, aunque parte del placer que yo derivaba de estas expediciones provenía de mirarlo todo en los pasillos bien **surtidos**. También me estaba enseñando a mí misma a leer en inglés al leer en voz alta las etiquetas de los paquetes:

55  cigarrillos L & M, leche homogeneizada Borden, jamón en conserva Red Devil, mezcla para chocolate Nestlé, avena Quaker, café Bustelo, pan Wonder, pasta de dientes Colgate, jabón Ivory y todo lo Goya (fabricantes de productos usados en platos puertorriqueños)—éstas eran algunas de las marcas de fábrica que me enseñaban nombres. Varias veces este hombre se me había acercado, con su

60  **delantal** de **carnicero manchado** de sangre, y, **sobresaliendo** por encima de mí, me había preguntado con tono **áspero** si había algo que él pudiera ayudarme a encontrar. A la salida, yo le echaba una mirada al hermano menor que manejaba una de las cajas registradoras, y a menudo él me sonreía y me **guiñaba** un ojo.

Fue el hermano **malvado** quien por primera vez usó las palabras "de color"

65  para referirse a mí. Faltaban pocos días para la Navidad y mis padres ya nos habían dicho a mi hermano y a mí que, debido a que ahora estábamos en los Estados Unidos, íbamos a recibir los regalos el 25 de diciembre en lugar del Día de Reyes[2], cuando se intercambiaban regalos en Puerto Rico. Debíamos darles una lista con lo que más deseábamos y ellos se la llevarían a Santa Claus,

**tez** piel

**bochornoso** que ofende o que provoca vergüenza

**prieto** de color oscuro y casi negro; dicho de una persona de raza negra

**apuesto** guapo, bien parecido
**rubio** de color dorado

**apurarse** darse prisa

**surtido** provisto

**delantal** prenda que cubre la parte delantera del cuerpo
**carnicero** persona que vende carne
**manchado** que tiene manchas; sucio
**sobresalir** ser más alto; exceder en tamaño, altura, etc.
**áspero** desagradable al oído
**guiñar** cerrar un ojo como señal
**malvado** malo, de malas intenciones

70 quien al parecer vivía en la tienda Macy's en el centro de la ciudad—por lo menos allí fue donde habíamos alcanzado a verlo cuando fuimos de compras. Como mis padres se sintieron **intimidados** al entrar a la elegante tienda, no nos acercamos al hombre enorme vestido de rojo. De todos modos, a mí no me interesaba sentarme en la falda de un **desconocido**. Pero sí deseaba con toda

75 mi alma a Susie, una muñeca vestida de maestra que hablaba, que se encontraba en exposición en el pasillo central del supermercado de los hermanos italianos. Hablaba cuando se le **halaba** un **cordoncito** en la espalda. Susie tenía un repertorio limitado de tres oraciones. Creo que podía decir: "Hola, soy Susie la maestra", "Dos y dos son cuatro" y algo más que no puedo recordar. El día

80 que el hermano mayor me echó de la tienda, yo estaba **alargando** la mano para tratar de tocarle los **rizos** rubios a Susie. Me habían dicho muchas veces, como a la mayoría de los niños, que en una tienda no se toca nada que no se compra. Pero había estado mirando a Susie durante varias semanas. En mi mente, ella era mi muñeca. Después de todo, había escrito su nombre en la lista de Navi-

85 dad. El momento está **congelado** en mi mente como si tuviera su fotografía **archivada**. No fue un momento decisivo ni un desastre ni una revelación que conmovió los **cimientos** de la tierra. Fue sencillamente la primera vez en que reflexioné—aunque fuera **ingenuamente**—en el significado del color de la piel en las relaciones humanas.

90 Alargué la mano para tocar el cabello de Susie. Me parece que tuve que ponerme **de puntillas**, ya que los juguetes estaban colocados sobre una mesa y ella estaba sentada como una princesa encima de la elegante caja en la que venía. Entonces oí el **estruendoso** "Oye, niña, ¿qué rayos estás haciendo?" gritado desde el **mostrador** de la carne. Sentí que me habían atrapado, aunque

95 sabía que no estaba haciendo nada criminal. Recuerdo que no miré al hombre, pero parada allí, me sentí **humillada** porque todo el mundo en la tienda debía haberlo oído gritarme. Sentí que se me acercaba y, cuando supe que estaba detrás de mí, me di media vuelta y me topé con el delantal **ensangrentado** de carnicero. Su amplio pecho estaba al nivel de mis ojos. Me bloqueaba el paso.

100 Salí corriendo del lugar, pero llegando a la puerta lo oí gritarme: "No vuelvas a menos que vayas a comprar algo. Los niños puertorriqueños como tú ponen sus manos sucias en todo. Siempre se ven sucios. Pero tal vez el color marrón sucio es su color natural". Lo oí reír y alguien más también se rió en la parte de atrás. Afuera, al sol, me miré las manos. Mis uñas necesitaban una limpiadita

105 como de costumbre, puesto que me gustaba pintar con **acuarelas**, pero yo me bañaba todas las noches. Pensé que el hombre, con su delantal manchado, estaba más sucio que yo. Y él siempre estaba **sudado**—se veía en los grandes círculos amarillos debajo de las mangas de su camisa. Me senté en los escalones frente al edificio de apartamentos donde vivíamos y me miré **detenidamente**

110 las manos, que mostraban la única piel que podía ver, debido a que hacía un

**intimidado** asustado, con miedo

**desconocido** extraño

**halar** tirar
**cordoncito** cuerda pequeña

**alargar** extender, estirar
**rizo** mechón de pelo que tiene forma de bucle

**congelado** helado, solidificado
**archivada** registrada, conservada
**cimiento** fundamento
**ingenuamente** de manera ingenua, hecho inocentemente

**de puntillas** en la punta de los pies

**estruendoso** ruidoso
**mostrador** mueble para presentar

**humillada** con el orgullo abatido, hecha sentir inferior

**ensangrentado** manchado con sangre

**acuarela** pintura a base de agua

**sudado** con sudor

**detenidamente** cuidadosamente

frío que pelaba y tenía puesto mi abrigo de jugar **acolchado**, un **mameluco** y una **gorra** tejida de la Marina que era de mi padre. Yo no era color de rosa como mi amiga Charlene y su hermana Kathy, quienes tenían ojos azules y cabello castaño claro. Mi piel es del color del café que mi abuela preparaba, mitad leche, leche con café en vez de café con leche. Mi madre es la combinación opuesta. Ella tiene más café en su color. No podía entender cómo mi piel le parecía sucia al hombre del supermercado.

Entré y me lavé bien las manos con jabón y agua caliente, y le tomé prestada la **lima** de uñas a mi madre para limpiarme los colores de las acuarelas **incrustados** debajo de las uñas. Estaba satisfecha con los resultados. Mi piel era del mismo color que antes, pero sabía que estaba limpia. Limpia para pasar los dedos por el cabello dorado y fino de Susie cuando ella llegara a mí.

### El tamaño

Mi madre apenas mide cuatro pies y once pulgadas, la estatura promedio para las mujeres en su familia. Cuando llegué a medir cinco pies a los doce años, ella estaba sorprendida y empezó a usar la palabra "alta" para describirme, como en la frase "Como eres alta, este vestido te quedará bien". Al igual que con el color de mi piel, no pensaba conscientemente en mi estatura o tamaño hasta que otras personas hicieron de este tema un problema. Más o menos durante los años de la preadolescencia, los juegos que los niños estadounidenses juegan para divertirse se convierten en **feroces** competencias donde todo el mundo tiene que "probar" que es mejor que los otros. Fue en el patio de recreo y en el terreno de juego donde comenzaron los problemas relacionados con mi tamaño. No importa cuán conocida sea la historia, todo niño que es llamado último para formar un equipo conoce el tormento de esperar hasta ser llamado. En las escuelas públicas de Paterson, Nueva Jersey, a las que asistí, el partido de voleibol o el de béisbol jugado con pelota blanda era una metáfora para el campo de batalla de la vida para los muchachos de los suburbios—los negros contra los puertorriqueños, los blancos contra los negros contra los puertorriqueños; y yo medía cuatro pies, era flaca, bajita, usaba **espejuelos** y, al parecer, era insensible a la pasión **sanguinaria** que impulsaba a muchos de mis compañeros de clase a jugar pelota como si la vida dependiera de ello. Tal vez así era. Yo prefería leer un libro a sudar, **gruñir** y **arriesgarme** a sentir dolor o resultar **herida**. Sencillamente no entendía los deportes competitivos. Mi principal forma de ejercicio en esa época era caminar a la biblioteca, a muchas cuadras de mi barrio.

Sin embargo, quería ser querida. Quería ser **escogida** para los equipos. La Educación Física era obligatoria, una clase donde de hecho se daba una **nota**. En el informe de notas donde casi todas eran A, la C de compasión que siempre me daban en Educación Física **me avergonzaba** igual que una mala nota en una

---

**acolchado** relleno de materia blanda y suave
**mameluco** abrigo con capucha
**gorra** prenda para cubrir la cabeza

**lima** instrumento con superficie áspera o estriada para alisar, pulir o desgastar
**incrustado** metido

**feroz** fiera, cruel

**espejuelos** gafas
**sanguinaria** cruel, que goza hiriendo

**gruñir** murmurar entre dientes
**arriesgarse** ponerse a riesgo
**herida** lesionada

**escogida** elegida
**nota** calificación

**avergonzarse** sentir vergüenza

150 clase de verdad. **Invariablemente**, mi padre decía: "¿Cómo puedes sacar una nota tan baja por jugar?". Él no entendía. Aun si me las hubiera arreglado para lograr un **batazo** (lo cual nunca ocurría) o hacer que la pelota pasara por encima de aquella red ridículamente alta, ya tenía la reputación de ser una "renacuaja", un caso perdido como atleta. Era un área donde las muchachas a quienes yo no

155 les **caía bien** por una razón u otra—principalmente porque salía mejor que ellas en las **asignaturas** académicas—podían tratarme **despóticamente**; el campo de juego era el lugar donde incluso la muchacha más bajita podía hacerme sentir **impotente** e inferior. Instintivamente comprendí los juegos políticos aun entonces: cómo el *no* escogerme hasta que el maestro obligara a uno de los

160 capitanes a llamar mi nombre era una especia de golpe maestro—ahí tienes, **fanfarroncita**, mañana puedes darnos una **paliza** en ortografía y geografía, pero esta tarde eres la **perdedora**. O tal vez ésos sólo eran mis propios pensamientos **amargos** cuando permanecía en el **banquillo** mientras a las muchachas grandes les echaban mano como si fueran peces, y a mí, el renacuajo marrón, no me

165 hacían caso hasta que la maestra miraba hacia donde yo estaba y gritaba "Llamen a Ortiz" o, peor todavía, "Alguien *tiene* que escogerla".

No **en balde** leía los libros de cómics de la Mujer Maravilla[3] y soñaba despierta con la Legión de Súper Héroes. Aunque quería pensar que yo era "intelectual", mi cuerpo estaba **exigiendo** que me fijara en él. Veía los pequeños

170 **bultitos** alrededor de lo que habían sido mis **pezones** planos, los pelitos finos que crecían en lugares secretos; pero mis rodillas todavía eran más grandes que mis **muslos**, y siempre usaba blusas de manga larga o corta para esconder mis antebrazos **huesudos**. Quería tener carne en los huesos—una capa gruesa. Vi un nuevo producto anunciado por la tele. Wate-On. Mostraban hombres y

175 mujeres flacos antes y después de tomarse el **mejunje**, y la transformación era como la de los anuncios del tipo **enclenque** de noventa y siete libras convertido en Carlos Atlas que veía en la contraportadas de mis libros de cómics. El Wate-On era muy caro. Traté de explicarle en español a mi madre que lo necesitaba, pero la traducción no sonaba bien, ni siguiera a mí me lo parecía—y ella dijo con

180 un tono **irrevocable**: "Come más de mi buena comida y **engordarás**; cualquiera puede engordar". Desde luego. Todos menos yo. Iba a tener que unirme a un circo algún día como Saco de Huesos, la mujer sin carne.

La Mujer Maravillosa estaba **fortificada**. Tenía un **escote** enmarcado por las alas **desplegadas** de un águila dorada y un cuerpo musculoso que sólo reciente-

185 mente se ha puesto de moda entre las mujeres. Pero como yo quería un cuerpo que me sirviera en Educación Física, el de ella era mi ideal. Los pechos era un lujo que me **concedía**. Tal vez las fantasías de las muchachas más grandes eran más sofisticadas, puesto que nuestras ambiciones se filtran a través de nuestras necesidades, pero yo quería primero un cuerpo poderoso. Soñaba con saltar

190 por encima del paisaje gris de la ciudad hasta donde el cielo fuera claro y azul,

---

**invariablemente** frecuentemente, casi siempre

**batazo** golpe con bate

**caer bien** gustar

**asignatura** materia de estudio

**despóticamente** tiránicamente

**impotente** incapaz

**fanfarrona** arrogante

**paliza** golpiza

**perdedora** persona que pierde o fracasa

**amargo** que causa disgusto

**banquillo** lugar donde se sientan los jugadores que no juegan

**en balde** en vano

**exigir** pedir, demandar

**bultito** pequeña elevación o hinchazón

**pezón** botoncillo que sobresale en los pechos de la hembra

**muslo** parte de la pierna desde las caderas hasta la rodilla

**huesudo** lleno de huesos, muy delgado

**mejunje** bebida, sustancia pastosa, mezcla de aspecto desagradable

**enclenque** débil, enfermizo

**irrevocable** que no se puede anular

**engordar** aumentar de peso, ponerse gordo

**fortificada** fuerte, musculosa

**escote** parte del busto que deja descubierta una prenda de vestir

**desplegada** extendida

**conceder** dar, regalar

y, llena de rabia y de autocompasión, fantaseaba con **agarrar** por los cabellos a mis enemigos en el campo de juego y **arrojarlos** a un asteroide desierto. A las maestras de Educación Física también iba a ponerlas en su propia roca en el espacio, donde serían las personas más solitarias del universo, ya que sabía que carecían de "recursos interiores", de imaginación, y en el espacio exterior no habría aire para que pudieran llenar sus bolas de voleibol desinfladas. En mi mente, todas las maestras de Educación Física se habían fundido en una mujer grande con pelo parado, un **pito** en una cuerda alrededor del cuello y una bola de voleibol debajo de un brazo. Mis fantasías de **venganza** como Mujer Maravilla eran una fuente de **consuelo** para mí en mi temprana carrera como renacuajo.

Me salvé de más años de tormento en la clase de Educación Física por el hecho de que en mi segundo año de secundaria me transferí a una escuela donde la enana Gladys era el foco de atención para las personas que tienen que clasificar a otros de acuerdo con el tamaño. Debido a que su estatura estaba considerada una **minusvalía**, había una regla **tácita** que prohibía mencionar el tema del tamaño delante de Gladys, pero desde luego, no había necesidad de decir nada. Gladys sabía cuál era su lugar: al centro de la primera fila en las fotografías de grupo. Con gusto me moví a la izquierda o a la derecha de ella, lo más lejos que me pude sin salirme de la foto completamente.

### La apariencia

Mi madre me sacó muchas fotos cuando era bebé para enviárselas a mi padre, quien estaba destacado en ultramar durante los dos primeros años de mi vida. Cuando nací, estaba con el ejército en Panamá; después viajaba a menudo durante períodos de servicio en el extranjero con la Marina. Yo era un bebé saludable y lindo. Recientemente leí que las personas se sienten atraídas por las criaturas que tienen ojos grandes y caras redondas, como los **cachorros**, los gatitos y otros mamíferos y marsupiales, los koalas, por ejemplo, y, por supuesto, los niños. Yo era toda ojos, ya que mi cabeza y mi cuerpo, aun a medida que fui creciendo, permanecieron delgados y de huesos pequeños. De niña recibí mucha atención de mis parientes y muchas otras personas que conocíamos en nuestro barrio. La belleza de mi madre pudo haber tenido algo que ver con toda la atención que recibíamos de desconocidos en las tiendas y en la calle. Puedo imaginármelo. En las fotos que he visto de nosotras, ella es una mujer **despampanante** de acuerdo con los criterios latinos: cabello negro, largo y rizado, y curvas redondas en un cuerpo compacto. De ella aprendí a moverme, a sonreír y a hablar como una mujer atractiva. Recuerdo que iba a la bodega a comprar los **víveres** y el dueño me daba dulces como recompensa por ser bonita.

**agarrar** coger fuertemente con la mano
**arrojar** lanzar con violencia

**pito** silbato
**venganza** represalia, respuesta con una ofensa o daño a otro recibido
**consuelo** alivio de una pena, dolor o disgusto

**minusvalía** deficiencia física o intelectual que impide el desarrollo normal de un individuo
**tácita** silenciosa, que no se expresa formalmente sino que se supone o sobreentiende

**cachorro** cría de perro u otro mamífero

**despampanante** que causa sensación, deslumbra o llama la atención

**víveres** provisiones, comestibles, alimentos

Puedo ver en las fotografías, y también lo recuerdo, que me vestían con ropa bonita, los vestidos **tiesos** y de **volantes**, con capas de **crinolina** por debajo, los zapatos de **charol** y, en ocasiones especiales, los sombreritos pegaditos a la cabeza y los guantes blancos que se hicieron populares a fines de los cincuenta y principios de los sesenta. Mi madre se **enorgullecía** de mi apariencia, aunque yo era demasiada delgadita. Podía **emperifollarme** como si fuera una muñeca y llevarme de la mano a visitar a los parientes o ir a la misa en español en la iglesia católica y exhibirme. ¿Cómo iba yo a saber que ella y los otros que me llamaban "bonita" representaban una estética que no se aplicaría cuando ingresara en el mundo dominante de la escuela?

En las escuelas públicas de Paterson, Nueva Jersey, todavía había unos cuantos niños blancos, aunque las estadísticas demográficas de la ciudad estaban cambiando rápidamente. Las olas originales de inmigrantes italianos e irlandeses, trabajadores en las fábricas de seda y obreros en la industria textil, se habían "**asimilado**". Sus hijos ahora eran los padres de clase media de mis compañeros. Muchos de ellos cambiaban a sus hijos a las escuelas católicas que proliferaban tanto como para tener ligas de equipos de baloncesto. Los nombres que recuerdo haber oído todavía resuenan en mis oídos: Secundaria Don Bosco contra Secundaria Santa María, San José contra San Juan. Más adelante a mí también me transferirían al ambiente más seguro de una escuela católica. Pero empecé en la escuela en la Escuela Pública Número 11. Llegué allí desde Puerto Rico, creyéndome bonita, y encontré que la **jerarquía** para la popularidad era la siguiente: blanca bonita, **judía** bonita, puertorriqueña bonita, negra bonita. Elimina las dos últimas categorías; las maestras estaban demasiado ocupadas para tener más de una favorita por clase, y sencillamente se entendía que si había un papel importante en el drama de la escuela o cualquier competencia para la cual la cualidad principal era "la buena apariencia" (como **escoltar** a un visitante a la oficina de la principal), por el **altavoz** del salón se solicitaría al muchacho blanco bonito/guapo o la muchacha blanca bonita/guapa. Para cuando estaba en sexto grado, a veces la principal me llamaba para representar a la clase porque yo iba bien vestida (eso lo sabía por el informe de progreso que le enviaban a mi madre y que yo le traducía) y porque todas las muchachas blancas "de buena apariencia" se habían ido a las escuelas católicas (esta parte me la figuré después). Pero todavía yo no era una de las muchachas populares entre los muchachos. Recuerdo un incidente en el cual yo salí al patio de recreo en mis pantaloncitos de gimnasia y un muchacho puertorriqueño le dijo a otro: "¿Qué te parece?". El otro le contestó: "La cara está bien, pero mira las **patitas** de canario". Lo más cercano a un **elogio** fue lo que recibí de mi maestro favorito, quien al entregar las fotos de la clase comentó que con mi cuello

**tieso** duro, firme, rígido
**volante** tira de tela fruncida que se pone como adorno de algunas prendas
**crinolina** prenda interior femenina de tela rígida que se usa para dar vuelo a las faldas
**charol** cuero con barniz brillante
**enorgullecer** llenar de orgullo
**emperifollarse** adornarse

**asimilado** integrado

**jerarquía** organización por categorías o grados de importancia entre diversas personas o cosas
**judía** mujer que profesa el judaísmo

**escoltar** acompañar
**altavoz** amplificador de sonido

**pata** extremidad de un animal
**elogio** alabanza, cumplido

largo y **facciones** delicadas me parecía a la artista de cine Audrey Hepburn. Pero los muchachos puertorriqueños habían aprendido a reaccionar ante una figura más **rellenita**: cuello largo y una naricita perfecta no era lo que buscaban

270 en una muchacha. Ahí decidí que yo era un "cerebro". No me adapté al papel fácilmente. Casi me había destrozado lo que el episodio de la varicela le había ocasionado a la imagen que tenía de mí misma. Pero me miré al espejo menos frecuentemente después de que me dijeron que siempre tendría cicatrices en el rostro, y me escondí detrás de mi melena negra y mis libros.

275 Después de que los problemas de la escuela pública llegaron al punto en que hasta esta **pequeñaja** que no buscaba confrontaciones recibió varias palizas, mis padres me matricularon en la Secundaria San José. Allí era una minoría de uno entre chicos italianos e irlandeses. Pero hice varias buenas amigas allí— otras muchachas que tomaban los estudios en serio. Hacíamos la tarea juntas

280 y hablábamos de las Jackies. Las Jackies eran dos muchachas populares, una rubia y otra pelirroja, que tenían cuerpo de mujer. Sus curvas transparentaban aun en los uniformes azules con **manguillos** que todas llevábamos. La Jackie rubia a menudo dejaba que uno de los manguillos se le **deslizara** del hombro, y, aunque llevaba una blusa blanca por debajo, como todas nosotras, todos los

285 muchachos se le quedaban mirando el brazo. Mis amigas y yo hablábamos sobre esto y practicábamos dejar que los manguillos se nos deslizaran de los hombros. Pero no era lo mismo sin pechos ni caderas.

Pasé los últimos dos años y medio de secundaria en Augusta, Georgia, adonde mis padres se mudaron buscando un ambiente más **apacible**. Allí nos

290 hicimos parte de una pequeña comunidad de nuestros parientes y amigos relacionados con el ejército. La escuela era un asunto aparte. Estaba matriculada en una escuela enorme de casi dos mil estudiantes que había sido obligada a **integrarse** ese año. Había dos muchachas negras y también estaba yo. Salí muy bien en los estudios. En cuanto a mi vida social, por lo general, pasó sin

295 **acontecimientos** de interés—aunque en mi memoria permanece **arruinada** por un incidente. En mi penúltimo año, me enamoré perdidamente de un apuesto muchacho blanco. Lo llamaré Ted. Oh, era guapo: cabello rubio que le caía sobre la frente, una sonrisa que era para caerse de espaldas—y era un gran bailarín. Lo observaba en el Teen Town, el centro para jóvenes en la base donde todos los

300 hijos de militares se reunían los sábados por la noche. Mi padre se había **jubilado** de la Marina y teníamos todos los privilegios de la base—otra razón para mudarnos a Augusta. Ted me parecía un ángel. Tuve que trabajarlo durante un año antes de lograr que me invitara a salir. Eso implicó arreglármelas para encontrarme dentro de su campo visual cada vez que era posible. Tomaba el

305 camino más largo para llegar a las clase sólo con tal de pasar por su armario, iba a los partidos de fútbol, que detestaba, y bailaba (yo también bailaba bien) delante de él en el Teen Town—esto requería algunos **malabarismos** porque

---

**facción** rasgo del rostro humano

**rellenita** llena, redondeada

**pequeñaja** muchacha de estatura especialmente pequeña

**manguillo** tirante que sostiene una prenda femenina al hombro
**deslizar** resbalar, caer

**apacible** agradable, tranquilo

**integrarse** unirse, poner fin a la segregación (racial)

**acontecimiento** suceso de alguna importancia
**arruinada** destruida

**jubilado** retirado del trabajo

**malabarismo** acción ingeniosa y complicada

suponía mover a mi compañero sutilmente hacia el lugar indicado en la pista de baile. Cuando Ted por fin se me acercó, estaban tocando "Un millón a uno" en la **vellonera**, y, cuando me tomó en sus brazos, las posibilidades de pronto se volvieron a mi favor. Me invitó a ir a un baile de la escuela el sábado siguiente. Le dije que sí, **jadeando**. Le dije que sí, pero había obstáculos que vencer en casa. Mi padre no me permitía salir con muchachos ocasionalmente. Me permitían ir a eventos de **envergadura**, como un baile de fin de curso o un concierto, con un muchacho que hubiera sido examinado apropiadamente. Había un muchacho así en mi vida, un vecino que quería ser misionero **bautista** y estaba practicando sus **destrezas** antropológicas con mi familia. Si yo estaba desesperada por ir a algún lugar y necesitaba pareja, recurría a Gary. Para que vean el tipo de **chiflado** religioso que era Gary: cuando la **guagua** escolar no apareció un día, se llevó las manos a la cara y le rezó a Cristo para que nos consiguiera una forma de llegar a la escuela. En diez minutos, una madre que se dirigía al pueblo en una guagua ranchera se paró para preguntarnos por qué no estábamos en la escuela. Gary le informó que el Señor la había enviado justo a tiempo para proveernos una forma de poder estar en la escuela para cuando pasaran la lista. Él dio por sentado que me había impresionado. Gary hasta era guapo, desde un punto de vista **soso**, pero me besaba con los labios bien cerrados. Creo que Gary probablemente terminó casándose con una indígena de cualquiera que fuera el lugar adonde haya ido a predicar el evangelio según San Pablo. Ella probablemente cree que todos los hombres blancos le rezan a Dios para que les envíe transportación y besan con la boca cerrada. Pero era la boca de Ted, todo su hermoso ser, lo que me interesaba en esos días. Sabía que mi padre no estaría de acuerdo con que saliéramos juntos, pero yo planeaba escaparme de casa si era necesario. Le dije a mi madre lo importante que era esta cita. La **abordé** con **zalamerías** y le supliqué de domingo a miércoles. Ella escuchó mis argumentos y debe haberse dado cuenta de la desesperación en mi voz. Muy suavemente me dijo: "Más vale te prepares para una desilusión". No le pregunté lo que quería decir. No quería que sus temores por mí contaminaran mi felicidad. Le pedí que hablara con mi padre sobre mi cita. El jueves, durante el desayuno, mi padre me miró desde el otro lado de la mesa con las cejas juntas. Mi madre lo miró con la boca en una línea recta. Yo bajé los ojos hacia mi plato de cereal. Nadie dijo nada. El viernes me probé todos los vestidos en mi armario. Ted vendría a buscarme a las seis el sábado: primero a cenar y luego al **jolgorio** en la escuela. El viernes por la noche yo estaba en mi habitación arreglándome las uñas o haciendo otros preparativos para el sábado (sé que estuve **acicalándome** sin cesar toda la santa semana) cuando el teléfono sonó. Corrí a cogerlo. Era Ted. Su voz sonaba rara cuando dijo mi nombre, tan rara que me sentí obligada a preguntarle: "¿Pasa algo?". Ted lo soltó todo sin **preámbulos**. Su padre le había preguntado con quién iba a salir. Ted le había dicho mi nombre. "¿Ortiz? Eso es español, ¿verdad?", le había

310

315

320

325

330

335

340

345

**vellonera** gramola, gramófono eléctrico que toca una canción al depositar una moneda
**jadear** respirar con dificultad

**envergadura** importancia

**bautista** baptista
**destreza** habilidad o arte con que se hace una cosa
**chiflado** fanático, apasionado
**guagua** autobús

**soso** que carece de gracia y viveza

**abordar** acercarse a una persona para tratar con ella un asunto
**zalamería** demostración de cariño exagerada o empalagosa

**jolgorio** fiesta, diversión

**acicalarse** arreglarse, componerse, adornarse

**preámbulo** rodeo o digresión con que se evita decir claramente una cosa; lo que se dice antes de dar principio a la materia principal

350 preguntado el padre. Ted le había dicho que sí, entonces le había mostrado mi foto en el **anuario**. El padre de Ted había meneado la cabeza. No. Ted no saldría conmigo. El padre de Ted había conocido puertorriqueños en el ejército. Había vivido en la ciudad de Nueva York mientras estudiaba arquitectura y había visto cómo vivían los *spics*.[4] Como ratas. Ted me repetía las palabras del padre como si yo debiera entender el **apuro** en que *él* estaba cuando supiera por qué rompía 355 nuestra cita. No recuerdo lo que le dije antes de colgar. Sí recuerdo la oscuridad de mi habitación esa noche que **pasé en blanco** y el peso de la **frisa** con la que me envolví como si fuera un **sudario**. Y recuerdo el respeto de mis padres por mi dolor y su **ternura** hacia mí ese fin de semana. Mi madre no me dijo "Te lo advertí", y yo le agradecí su silencio comprensivo.

360 En la universidad, de pronto me convertí en una mujer "exótica" para los hombres que habían sobrevivido las guerras de popularidad en la secundaria, que ahora estaban en las de ser sofisticados: tenían que parecer liberales en cuanto a la política, a su estilo de vida y a las mujeres con las que salían. Salí mucho por un rato, después me casé joven. Había descubierto que necesitaba 365 más la **estabilidad** que la vida social. Claro que tenía cerebro y algo de talento para escribir. Estos hechos eran una constante en mi vida. El color de mi piel, mi tamaño y mi apariencia eran variables—cosas que eran juzgadas de acuerdo con la imagen de mí misma que tenía en el momento, los valores **estéticos** de la época, los lugares donde estuviera y la gente que conociera. Mis estudios, pos- 370 teriormente mi escritura, el respeto de la gente que me veía como una persona individual por la cual se preocupaban, ésos eran los criterios para mi sentido de **autovaloración** en los que me concentraría durante mi vida adulta.

**anuario** libro publicado cada año con los nombres y fotos de los estudiantes de una escuela

**apuro** aprieto, conflicto, dificultad

**pasar en blanco** pasar sin dormir
**frisa** manta
**sudario** lienzo en que se envuelve un cadáver o con el que se tapa su rostro
**ternura** cariño, amabilidad, afecto

**estabilidad** seguridad, firmeza

**estético** referente a la belleza exterior de una persona o cosa

**autovaloración** acción y efecto de valorizarse, apreciarse o estimarse a uno mismo

❧

### DE RELEVANCIA PARA EL TEXTO

"La historia de mi cuerpo" forma parte de la colección *The Latin Deli: Telling the Lives of Barrio Women*. Aunque Judith Ortiz Cofer es bilingüe, decidió escribir este texto en inglés. Ella explica su decisión a Rafael Ocasio en una entrevista: "Nací en Puerto Rico y el primer idioma que escuché fue el español; permaneció como la lengua usada en mi casa durante toda mi juventud y adolescencia. No creo que el español fuera reemplazado por el inglés, solamente añadí el inglés. Dado que la mayoría de mi educación fue en inglés, este llegó a ser el idioma de mi expresión literaria; llegó a ser mi idioma funcional. Por eso, escribo en inglés. Sería muy difícil para mí escribir en español, porque he perdido mucho de la intimidad necesaria para hacer metáforas y pensar abstractamente en el idioma. Pero, por supuesto, sigo hablando español con mis parientes" (Ocasio 43, traducción mía).

## TRAMA

1. Ortiz Cofer divide su ensayo autobiográfico en cuatro secciones. Rellena la siguiente tabla con información detallada del episodio más significativo, destacado o impactante de cada sección y comenta su efecto en el desarrollo personal de Judith.

| Sección | Episodio más significativo, destacado o impactante de la sección | Efecto del episodio en el desarrollo personal de Judith |
|---|---|---|
| La piel | | |
| El color | | |
| El tamaño | | |
| La apariencia | | |

2. Compara tu tabla con la de un compañero y discute las semejanzas y diferencias en los episodios nombrados y los efectos identificados.
3. ¿Qué avanza más la trama de la narración: los cambios geográficos de Judith (de Puerto Rico a Paterson, Nueva Jersey, y a Augusta, Georgia), o los varios episodios de prejuicio que experimenta a través de su adolescencia a causa de su piel, color, tamaño y apariencia?

## PERSONAJES

1. ¿Cómo cambia la percepción de Ortiz Cofer por parte de otros cuando se muda de Puerto Rico a los Estados Unidos? ¿Cómo cambia su autoimagen o autopercepción con el cambio de lugar geográfico? ¿Qué opina Ortiz Cofer sobre estas diferencias en percepción?
2. Explica la importancia de estas personas (o personajes secundarios) en la historia personal de Ortiz Cofer:
   - su madre
   - su padre
   - los hermanos italianos en el supermercado
   - sus maestras de Educación Física
   - Gary
   - Las Jackies
   - Ted y su padre

¿Quién tuvo el mayor impacto en su desarrollo personal? ¿Por qué?

## NARRACIÓN

1. Ortiz Cofer escribe "La historia de mi cuerpo" como un ensayo autobiográfico. Ella es tanto autora como sujeto o protagonista. ¿Cómo es distinto el "yo" que narra del "yo" que es "sujeto" o "protagonista" en el texto?

2. A pesar del elemento autobiográfico del texto, Ortiz Cofer tiene aún que tomar decisiones de cómo narrar su "historia", y decide usar una narración retrospectiva en primera persona. ¿Cuál es el efecto de narrar los eventos retrospectivamente? ¿Narra desde el punto de vista de una niña y una adolescente, o narra como una mujer adulta? Explica con ejemplos textuales.

## INTERPRETACIÓN

### La identidad corporal y mental

1. El título del texto—"La historia de mi cuerpo"—sugiere que Ortiz Cofer va a escribir sobre su cuerpo. Comenta algunas instancias en el texto en que Ortiz Cofer intenta borrar su cuerpo o hacerse "invisible". ¿Cómo y por qué hace esto? En general, ¿qué partes de su "yo" quiere mostrar Ortiz Cofer y qué partes quiere esconder? ¿Cuáles son las ventajas y desventajas de mostrar unas partes de su ser y esconder otras?

2. A pesar del título del ensayo y las secciones del texto, "La historia de mi cuerpo" cuenta también la historia de la mente. ¿Qué es más importante en el texto: el cuerpo, o la mente; la identidad corporal, o la identidad intelectual; lo exterior, o lo interior? ¿Sufre Ortiz Cofer de una división o un dualismo cuerpo-mente? ¿Rechaza ella su cuerpo para afirmar su mente? Explica tu respuesta con ejemplos textuales.

3. Ortiz Cofer menciona "cicatrices permanentes" en la sección titulada "Piel". Además de las marcas físicas en su piel, ¿qué cicatrices emotivas o psíquicas tiene y por qué?

### La identidad racial y étnica

4. ¿Por qué hay secciones diferentes para "Color" y "Piel"? ¿Cuál es el efecto de separar estos conceptos en dos secciones distintas?

5. ¿Qué importancia tiene el "color" de la piel en Puerto Rico y en los Estados Unidos? ¿Cómo y por qué cambia el color de piel de Ortiz Cofer?

6. ¿Qué comentario hace Ortiz Cofer sobre raza y etnicidad? ¿Son categorías fijas, o mutables; absolutas, o relativas; objetivas, o subjetivas?

7. De niña, a Ortiz Cofer le gustaba "el menor [de los tres hermanos italianos] con el cabello rubio cortado al cepillo" y quería tocar "los rizos

rubios" de la muñeca Susie; de adolescente, deseaba a Ted, porque "era guapo" con "cabello rubio que le caía sobre la frente". ¿Qué sugiere este deseo repetitivo de cosas y personas "rubias"?

## La identidad de género

8. ¿Cómo cambia o evoluciona la imagen femenina ideal que tiene Ortiz Cofer? Considera la muñeca Susie, la Mujer Maravillosa, las Jackies, la madre de Ortiz Cofer, etc.
9. ¿Cómo cambió la percepción de ella por parte de los hombres cuando llegó a la universidad? ¿Por qué cambió? ¿Fue un cambio positivo, negativo o neutral?
10. ¿Qué comentarios hace la autora con respecto a la construcción de una identidad de género? ¿Qué desea Ortiz Cofer? ¿Le importa más ser una mujer querida y deseada, fuerte y poderosa, o intelectual y creativa? Explica tu respuesta con ejemplos del texto.

## La identidad de clase

11. El texto no trata explícitamente el tema de la identidad de clase. No obstante, Ortiz Cofer presenta varios sistemas de clasificación o categorización. ¿Cuáles son algunos ejemplos?
12. ¿Cuál es la relación entre "clase" o "posición social" y raza, etnicidad y género? ¿Se puede cambiar la posición social con el esfuerzo y la inteligencia o solamente depende del aspecto físico y la apariencia? ¿Son las escalas basadas en el cuerpo o en la capacidad intelectual?

## La identidad bicultural

13. Explica el significado del epígrafe de Víctor Hernández Cruz—"La migración es la historia de mi cuerpo"—con respecto al texto de Ortiz Cofer. ¿Cómo trata Ortiz Cofer el tema de "migración" en su ensayo? Comenta el uso del término "migración" a nivel geográfico, a nivel corporal o físico y a nivel personal o psíquico.
14. Ortiz Cofer menciona que "[l]as olas originales de inmigrantes italianos e irlandeses [. . .] se habían 'asimilado'". ¿Dónde vemos ejemplos del proceso de asimilación en Ortiz Cofer y su familia? ¿Qué aspectos de la cultura puertorriqueña mantiene ella y qué aspectos pierde? ¿Qué comentario ofrece la autora sobre el proceso de asimilación o aculturación? ¿Tiene que ver la historia de "migración" con el proceso de asimilación? ¿En qué sí y en qué no?
15. Ortiz Cofer concluye su ensayo con esta realización: "Claro que tenía cerebro y algo de talento para escribir. Estos hechos *eran una constante* en mi vida. El color de mi piel, mi tamaño y mi apariencia *eran*

*variables*—cosas que eran juzgadas de acuerdo con la imagen de mí misma que tenía en el momento, los valores estéticos de la época, los lugares donde estuviera y la gente que conociera" (énfasis mío). Analiza la importancia de los conceptos de "variables" y "constantes" en el texto. Discute los "criterios" para su "sentido de autovaloración" en los varios momentos de su vida desde la juventud hasta la vida adulta. En general, ¿se presenta Ortiz Cofer como víctima o sobreviviente de su juventud?

16. "La historia de mi cuerpo" es un texto autobiográfico. En tu opinión, ¿cuál es el propósito de Ortiz Cofer en escribir este texto? ¿Qué mensajes hay en el ensayo? ¿Para qué tipo de lector escribe Ortiz Cofer?

## ANÁLISIS TEXTUAL

Comenta la importancia de las siguientes citas del ensayo. Presta atención especial a las partes subrayadas.

1. Fue sencillamente la primera vez en que reflexioné—aunque fuera ingenuamente—en el significado del color de la piel en las relaciones humanas. [. . .] "No vuelvas a menos que vayas a comprar algo. Los niños puertorriqueños como tú ponen sus manos sucias en todo. Siempre se ven sucios. Pero tal vez el color marrón sucio es su color natural".

2. Fue en el patio de recreo y en el terreno de juego donde comenzaron los problemas relacionados con mi tamaño. No importa cuán conocida sea la historia, todo niño que es llamado último para formar un equipo conoce el tormento de esperar hasta ser llamado. En las escuelas públicas de Paterson, Nueva Jersey, a las que asistí, el partido de voleibol o el de béisbol jugado con pelota blanda era una metáfora para el campo de batalla de la vida para los muchachos de los suburbios—los negros contra los puertorriqueños, los blancos contra los negros contra los puertorriqueños.

3. Sin embargo, quería ser querida. Quería ser escogida para los equipos.

4. No en balde leía los libros de cómics de la Mujer Maravilla y soñaba despierta con la Legión de Súper Héroes. Aunque quería pensar que yo era "intelectual", mi cuerpo estaba exigiendo que me fijara en él. [. . .] La Mujer Maravillosa estaba fortificada. Tenía un escote enmarcado por las alas desplegadas de un águila dorada y un cuerpo musculoso que sólo recientemente se ha puesto de moda entre las mujeres. Pero como yo quería un cuerpo que me sirviera en Educación Física, el de ella era mi ideal.

5. ¿Cómo iba yo a saber que ella y los otros que me llamaban "bonita" representaban una estética que no se aplicaría cuando ingresara en el

mundo dominante de la escuela? [. . .] [E]mpecé en la escuela en la Escuela Pública Número 11. Llegué allí desde Puerto Rico, creyéndome bonita, y encontré que la jerarquía para la popularidad era la siguiente: blanca bonita, judía bonita, puertorriqueña bonita, negra bonita.

6. Ahí decidí que yo era un "cerebro". No me adapté al papel fácilmente. Casi me había destrozado lo que el episodio de la varicela le había ocasionado a la imagen que tenía de mí misma. Pero me miré al espejo menos frecuentemente después de que me dijeron que siempre tendría cicatrices en el rostro, y me escondí detrás de mi melena negra y mis libros.

7. Ted lo soltó todo sin preámbulos. Su padre le había preguntado con quién iba a salir. Ted le había dicho mi nombre. "¿Ortiz? Eso es español, ¿verdad?", le había preguntado el padre. Ted le había dicho que sí, entonces le había mostrado mi foto en el anuario. El padre de Ted había meneado la cabeza. No. Ted no saldría conmigo. El padre de Ted había conocido puertorriqueños en el ejército. Había vivido en la ciudad de Nueva York mientras estudiaba arquitectura y había visto cómo vivían los *spics*. Como ratas. Ted me repetía las palabras del padre como si yo debiera entender el apuro en que *él* estaba cuando supiera por qué rompía nuestra cita.

## TEMAS PRINCIPALES

1. Escribe un ensayo en el que expliques la importancia de uno de los siguientes temas en "La historia de mi cuerpo". Como evidencia, cita partes del texto y da ejemplos específicos.
   a. La identidad racial y los prejuicios raciales
   b. La identidad étnica y los prejuicios étnicos
   c. La identidad de género y los estereotipos de género
   d. La identidad de clase y las diferentes escalas, jerarquías y clasificaciones en la sociedad puertorriqueña y estadounidense
   e. La identidad corporal frente a la identidad mental
   f. La identidad bicultural y bilingüe
2. Discute o debate cuál de los temas anteriores es más importante en el ensayo y por qué.

## CRÍTICA LITERARIA

Lee las siguientes interpretaciones de varios críticos literarios sobre el ensayo "La historia de mi cuerpo" de Ortiz Cofer. Decide si estás **de acuerdo** o **en desacuerdo** con cada interpretación dada. Cita un ejemplo textual o un pasaje directo de la obra para **apoyar** o **refutar** cada interpretación dada.

## La relación cuerpo-mente o exterior-interior

*Crítico A*

"'The Story of My Body' no sólo nos ofrece una amalgama de experiencias que han repercutido en la autoestima de una niña, sino más bien cómo los estereotipos pueden generar rechazo y, por consiguiente, cómo éstos pueden afectar al proceso de socialización. [Ortiz] Cofer es el mejor punto de referencia de un escritor que ha logrado vencer parte de sus complejos, inseguridades y temores infantiles, con el fin de dar a conocer que lo más importante en la vida de un ser humano no es el color de su piel, ni su estatura, ni su apariencia, sino más bien el ser humano que hay en él y el respeto que sientan los demás hacia su persona". (Amarilis Cotto 40)

*Crítico B*

"La narradora de Ortiz Cofer compensa su anormalidad y su marginalidad culturalmente impuestas en los EE.UU. a través de fantasías que alternan entre el cuerpo invencible y el cuerpo invisible. [. . .] Ella fantasea con el 'cuerpo poderoso' de la Mujer Maravillosa y con la venganza contra sus enemigos [. . .] y se obsesiona con los cuerpos normalizados de las dos Jackies [. . . hasta que ella se miró] 'al espejo menos frecuentemente' y aprendió a 'ser invisible'". Doyle nota al final del texto "una borradura perturbadora o una muerte del cuerpo" e insiste en que la conclusión del ensayo "enfatiza el intelecto a costa del cuerpo". (Doyle, "Stories 49-50, 53, 55, traducción mía)

*Crítico C*

"'La historia de mi cuerpo' podría haberse titulado más apropiadamente 'La historia de mi mente'". (Luis 239, traducción mía)

*Tu propia interpretación*

Escribe tu propia interpretación de "La historia de mi cuerpo" respecto al tema de la relación cuerpo-mente o exterior-interior.

## La mirada de otros y la autoimagen

*Crítico A*

"Ortiz Cofer señala que las miradas externas manipulan tu ser y tu actuar en la sociedad. Lo confuso y hasta lo irónico es que cada sociedad tiene sus propios parámetros. Por lo tanto, encontramos a la narradora de estas historias entre dos mundos: el puertorriqueño y el estadounidense o el extranjero. [. . .] De repente, un individuo que se había imaginado de una manera se

CAPÍTULO 4: "LA HISTORIA DE MI CUERPO"   79

encuentra dentro de una sociedad en donde nada concuerda. Ella se creía blanca y ya no lo era. Se creía alta pero tampoco lo era y mucho menos la niña preciosa que sus padres le habían hecho creer. Lo más terrible de todo es que ella sigue siendo la misma persona". (Vallejos Ramírez 50-51)

*Crítico B*
"En 'La historia de mi cuerpo', Judith Ortiz Cofer transforma su cuerpo en un texto, un cuerpo esculpido con palabras que no quedan bien en su piel.[. . .] Son particularmente las brechas entre Puerto Rico y los EE.UU. que hacen que su cuerpo sea una fuente inquietante de 'variables' en vez de 'constantes', y por eso abiertas a inscripciones e interpretaciones sociales fuera de su control. Su autoimagen y su autoconsciencia creciente de su cuerpo en la adolescencia son definidas principalmente por la mirada de otros. Otras personas constituyen un público variable cuyos juicios de color, piel y belleza están basados en normas culturales contradictorias y jerarquías opresivas. Al final, sin embargo, ella insiste en definirse a sí misma aparte de cómo los demás la han definido". (Doyle, "Stories" 46, 48, 52, traducción mía)

*Tu propia interpretación*
Escribe tu propia interpretación de "La historia de mi cuerpo" respecto al tema de la mirada de otros y la autoimagen.

## Los sistemas de clasificación y de jerarquización
*Crítico A*
"Sin duda, Ortiz Cofer está etiquetada o calificada como forastera y 'otra' en un sistema de clasificación que ella es incapaz de alterar". (Doyle, "Stories" 52, traducción mía)

*Crítico B*
"'La historia de mi cuerpo' gira en torno a la experiencia de Ortiz Cofer sobre los juicios cambiantes de su color de piel y de su apariencia según las jerarquías raciales deshumanizantes, aunque supuestamente naturales, y las construcciones [como] *ranking* por altura en educación física, [. . . la] jerarquía de popularidad [. . . y] la clasificación por normas de belleza inseparables de color de piel y de raza. [. . .] En el 'mundo humano', según Ortiz Cofer, las categorías de piel, color, tamaño y apariencia que definen a uno parecen representar variables distintas y cuantificables en una expresión algebraica del autoestima, pero ella las muestra como variables de percepción con significados que se confunden casi de inmediato". (Doyle, "Coming Together" 158-159, traducción mía)

*Crítico C*

"Cada uno de los episodios de 'La historia de mi cuerpo' gira en torno a un ícono rubio americano que se codicia y que está fuera del alcance: Susie, la muñeca rubia, el hermano rubio del supermercado, y Ted, el joven guapo y rubio. [. . .] No obstante, mientras la muñeca rubia parece inalcanzable para la niña puertorriqueña denigrada como "sucia" y potencialmente ladrona, la muñeca de 'Susie Schoolteacher' que luego lleva a casa sí es asequible a la niña destacada en el último párrafo del ensayo como la futura profesora y escritora". (Doyle, "Coming Together" 171, traducción mía)

*Tu propia interpretación*

Escribe tu propia interpretación de "La historia de mi cuerpo" respecto al tema de los sistemas de clasificación y de jerarquización.

## A NIVEL PERSONAL

Discute los siguientes temas con un compañero de clase. Prepárense para compartir sus ideas con los demás compañeros de clase.

1. ¿Cuáles son "las constantes" y "las variables" en tu vida? ¿Cuáles son los criterios de tu "sentido de autovaloración"? ¿Es más importante tu cuerpo, o tu mente?

2. Si tuvieras que escribir "la historia de tu cuerpo", ¿qué secciones o categorías elegirías y por qué? Usarías algunas de las de Ortiz Cofer (la piel, el color, el tamaño, la apariencia)? ¿Por qué sí o no? ¿Qué categorías nuevas añadirías y por qué?

3. ¿Cómo ha cambiado o alterado a tu "historia" el hecho de haber estudiado en la universidad? ¿Qué nuevos "capítulos" en tu viaje o trayectoria personal han surgido como resultado de tus experiencias universitarias? ¿Cómo eres diferente ahora que antes de llegar a la universidad? Explica con ejemplos y anécdotas personales.

### NOTAS

1. Víctor Hernández Cruz nació en Aguas Buenas, Puerto Rico, en 1949. A los cinco años de edad, se trasladó con su familia a Nueva York. Poeta, narrador y profesor universitario, utiliza en su escritura una combinación de español, inglés y spanglish. (Tomado de *Prometeo:* "Víctor Hernández Cruz")

2. El día 6 de enero es el día festivo de los Reyes Magos que se celebra en Cuba, España, México, Puerto Rico, República Dominicana, Paraguay, Uruguay, Colombia, Argentina y Venezuela. Como los tres Reyes Magos—Melchor, Gaspar y Baltasar—tras el nacimiento de Jesús acudieron desde países extranjeros para rendirle homenaje y entregarle regalos

de gran riqueza simbólica como oro, incienso y mirra, así los niños de estos países esperan regalos el Día de Reyes. (Tomado de *Wikipedia:* "Reyes Magos")

3. La Mujer Maravilla, conocida en inglés como "Wonder Woman", es una superheroína ficticia creada por William Moulton Marston para la editorial DC Comics. El personaje es una princesa guerrera de las amazonas, dotada de varios poderes sobrehumanos y habilidades de combate, así como de un gran arsenal de armas, como su lazo de la verdad, sus brazaletes mágicos indestructibles y su tiara que sirve como arma. (Tomado de *Wikipedia:* "Mujer Maravilla")

4. La palabra "spic" es un término ofensivo y racista usado en los Estados Unidos para referirse irrespetuosamente a alguien de origen hispano.

# Capítulo 5

# Comparaciones finales de la Unidad 1: Identidad de raza, etnicidad, género y clase

**REPASO DE LOS TEXTOS**

1. Rellena la tabla con información relevante de los cuatro textos de la Unidad 1.

| Comentario principal sobre: | "La muñeca negra" (Martí) | *El delantal blanco* (Vodanovic) | "Dos palabras" (Allende) | "La historia de mi cuerpo" (Ortiz Cofer) |
|---|---|---|---|---|
| Identidad racial y/o étnica | | | | |
| Identidad cultural y/o nacional | | | | |
| Identidad de clase | | | | |
| Identidad de género | | | | |

2.  ¿Cuál es el tema central en cada obra de la Unidad 1

3.  ¿Qué otros aspectos de la identidad se exploran en los cuatro textos de la Unidad 1?

### TEMAS COMPARATIVOS

1.  Inserta las letras de "a" a "j" en el diagrama de Venn para indicar la relevancia de cada tema para los cuatro textos de la Unidad 1. Puedes poner cada letra en los círculos de uno, dos, tres o los cuatro textos.

    a.  Los prejuicios raciales y los problemas de las divisiones raciales

    b.  El clasismo y los problemas de la división socioeconómica

    c.  Los problemas del materialismo

    d.  Los desafíos de tener una identidad bicultural

    e.  Lo propio y lo ajeno; lo(s) de aquí y lo(s) de allí

    f.  La dualidad mente-cuerpo; la lucha entre la identidad corporal e intelectual

    g.  Las relaciones intergeneracionales entre padres e hijos

    h.  La lucha por independencia a nivel personal y/o nacional

    i.  La presión social por tener un cuerpo ideal; la belleza externa frente a la belleza interna

    j.  La identidad de género y las expectativas con respecto a hombres y mujeres, niños y niñas

2. Compara tus respuestas con las de un compañero de clase y discutan las discrepancias.

## DISCUSIÓN

1. ¿Qué concepto de la relación cuerpo-mente se puede ver en cada obra de la Unidad 1? ¿Qué semejanzas y diferencias hay en el tratamiento de la identidad corporal y mental en los cuatro textos? ¿Qué comentario ofrece cada autor sobre este tema?

2. ¿Qué concepto de la relación entre "variables" y "constantes" vemos en cada obra de la Unidad 1? ¿Qué semejanzas y diferencias hay en el tratamiento de la raza, etnicidad, género o clase como categorías absolutas o relativas, fijas o variables en los cuatro textos? ¿Qué dice cada autor sobre la identidad objetiva o subjetiva, heredada o construida?

## DEBATE

1. La clase se divide en tres grupos y a cada uno se le asigna uno de estos temas:
   - percepción o valoración de otros/autopercepción o autovaloración
   - prejuicio y discriminación a causa de raza, etnicidad, género o clase
   - relación exterior-interior, visible-invisible, corporal-mental

   Cada grupo tiene que tratar de demostrar que el tema dado es el más importante para las cuatro obras de la Unidad 1. Rellena la siguiente tabla con argumentos y citas directas que tu equipo pueda usar durante el debate.

| | Argumentos y citas directas |
|---|---|
| "La muñeca negra" | |
| *El delantal blanco* | |
| "Dos palabras" | |
| "La historia de mi cuerpo" | |

2. Previamente, los miembros de cada equipo deben coordinar y dividir los argumentos para evitar la repetición de ideas durante el debate y para asegurarse de que todos contribuyan por igual. El debate tiene dos

fases. En la primera, cada grupo presenta sus argumentos preparados. En la segunda, cada persona puede expresarse libremente y de forma espontánea para refutar argumentos de los otros grupos o respaldar argumentos del propio grupo.

### BREVES ACTUACIONES

1. La clase se divide en grupos de cuatro estudiantes. Cada grupo elige un protagonista de "La muñeca negra", de *El delantal blanco* y de "La historia de mi cuerpo" y luego escribe un diálogo entre los tres personajes elegidos y Belisa Crepusculario de "Dos palabras". En el diálogo, cada protagonista de las primeras tres obras le pide ayuda a Belisa para escribir una carta, un anuncio, un discurso, etc. El grupo debe decidir el motivo por el cual cada personaje visita a Belisa, el tema del escrito que el personaje quiere realizar, a quién va dirigido y por qué. Después de escribir el guión, el grupo interpretará la obra frente a la clase.

### TEMAS DE ENSAYO LITERARIO

1. Escribe un ensayo comparativo de análisis literario en el cual examines **el comentario sobre la identidad racial y/o étnica** en dos de los cuatro textos de la Unidad 1. Debes considerar las siguientes preguntas al desarrollar el ensayo:
   - Según los autores, ¿qué aspectos de la identidad tienen que ver con la raza o la etnicidad y por qué?
   - ¿Cuáles de los elementos de la identidad racial o étnica están basados en el "cuerpo" y cuáles están basados en la "mente"? ¿Cuál es la relación cuerpo-mente en cada texto?
   - En los textos elegidos, ¿es "raza" o "etnicidad" algo fijo, heredado, variable, construido, actuado, etc.?
   - ¿Tiene raza o etnicidad más que ver con la autopercepción o con la percepción de otros? ¿Puede cambiar el concepto de raza o de etnicidad según la perspectiva, el lugar geográfico, la cultura, etc.?
   - ¿Cuáles son las semejanzas y diferencias entre las opiniones de los autores elegidos respecto a la identidad racial y/o la identidad étnica?
   - ¿Qué mensajes hay en estos textos sobre la categoría de raza, el concepto de racismo y la construcción de una identidad racial?

- ¿Qué mensajes hay en estos textos sobre la categoría de etnicidad, el concepto de prejuicio étnico y la construcción de una identidad étnica?

2. Escribe un ensayo comparativo de análisis literario en el cual examines **el comentario sobre la identidad de clase** en dos de los cuatro textos de la Unidad 1. Debes considerar las siguientes preguntas al desarrollar el ensayo:

- Según los autores, ¿qué aspectos de la identidad tienen que ver con la clase y por qué?
- En los textos elegidos, ¿es "clase" algo fijo, heredado, variable, construido, actuado, etc.?
- ¿Tiene clase más que ver con la autopercepción, o con la percepción de otros? ¿Cómo se puede cambiar la clase social o el concepto de clase?
- ¿Cuáles son las semejanzas y diferencias entre las opiniones de los autores elegidos respecto a la identidad de clase?
- ¿Qué mensajes hay en estos textos sobre la categoría de clase social, sobre las divisiones socioeconómicas y sobre los conceptos de clasismo y de igualdad?

3. Escribe un ensayo comparativo de análisis literario en el cual examines **el comentario sobre la identidad de género o las relaciones entre hombres y mujeres** en dos de los cuatro textos de la Unidad 1. Debes considerar las siguientes preguntas al desarrollar el ensayo:

- Según los autores, ¿qué aspectos de la identidad tienen que ver con el género y por qué?
- ¿Cuáles de los elementos de la identidad de género están basados en el "cuerpo" y cuáles están basados en la "mente"? Analiza la relación cuerpo-mente en cada texto.
- En los textos elegidos, ¿es "género" algo fijo, heredado, variable, construido, actuado, etc.?
- ¿Tiene género más que ver con la autopercepción o con la percepción de otros?
- ¿Cuáles son las semejanzas y diferencias entre las opiniones de los autores elegidos respecto a la identidad de género?
- ¿Qué mensajes hay en estos textos sobre la categoría de género, sobre las relaciones entre hombres y mujeres y sobre los conceptos de poder y de igualdad entre los sexos?

4. Escribe un ensayo comparativo de análisis literario en el cual examines **el comentario social principal** en dos de los cuatro textos de la Unidad 1. Debes considerar las siguientes preguntas al desarrollar el ensayo:

- ¿Cuál es el mensaje o comentario social principal en cada texto?
- ¿Cómo son similares y cómo se diferencian los textos con respecto a sus comentarios sociales?
- ¿Están de acuerdo los autores en sus comentarios y críticas? ¿En qué sí y en qué no?
- ¿Cuál es el propósito de incluir este comentario social?
- ¿Quiénes son los lectores implicados o deseados de cada autor?

5. Escribe un ensayo comparativo de análisis literario en el cual examines **la confusión de identidad y los problemas de autoimagen** en dos de los cuatro textos de la Unidad 1. Debes considerar las siguientes preguntas al desarrollar el ensayo:
   - ¿Qué tipo(s) de confusión de identidad existe(n) en las obras elegidas? ¿Por qué?
   - Si se define la autoimagen como "la imagen o representación mental que se obtiene de uno mismo y que no representa solamente los detalles que pueden estar disponibles a la investigación u observación objetiva de otros (como la altura, peso, color del cabello, género, coeficiente intelectual, etc.), sino también los elementos que uno ha aprendido acerca de sí mismo, ya sea por experiencias personales o por la internalización de los juicios de los demás", ¿cuál es la autoimagen de los protagonistas elegidos y qué factores influyeron en la construcción de esa autoimagen ("Autoimagen")?
   - ¿Qué semejanzas y diferencias existen entre los personajes y sus problemas con identidad y autoimagen?
   - ¿Por qué escriben los autores sobre estos tipos de confusiones de la identidad?
   - ¿Cuál es el propósito de cada autor y qué comentarios ofrece sobre la construcción de la identidad y la habilidad de tener una buena autoimagen?

6. Puedes identificar **tu propio tema de ensayo** y pedir permiso para escribir sobre él. Ejemplos de otros temas específicos incluyen pero no se limitan a:
   - Una comparación entre la relación de Piedad y su muñeca negra y/o su muñeca nueva y el deseo de Judith de tener la muñeca Susie. Debes considerar los comentarios que hacen los dos autores a través de estos episodios.
   - Una examinación del concepto de "variables" y "constantes" en los textos de Vodanovic y Ortiz Cofer. Debes comparar cómo los autores tratan temas como raza, etnicidad, nacionalidad, género, clase, apariencia, etc. en términos de "variables" o "constantes".

## TEMAS DE REDACCIÓN CREATIVA

1. Escribe cuatro poemas titulados "Un poema a mi yo anterior". Cada poema debe estar escrito desde la perspectiva adulta de una de las protagonistas: Piedad, la Señora o la Empleada, Belisa y Judith. Intenta capturar lo que sentiría cada protagonista sobre las categorías de raza, etnicidad, género, y/o clase. ¿Qué mensaje mandaría cada uno a su "yo" anterior o a su "yo" joven? Después de compartir los cuatro poemas con la clase (de forma escrita y/u oral), explica las decisiones tomadas al escribirlos y contesta las preguntas de la clase.

2. Escribe cuatro "entradas de diario", una desde la perspectiva de cada una de las protagonistas: Piedad, la Señora o la Empleada, Belisa y Judith. Elige un episodio importante en la vida de cada protagonista. Debe ser un evento contado o vivido en el texto, no algo inventado por ti. Reinterpreta el episodio desde el punto de vista de la protagonista en el momento en que ocurre. Intenta dar voz a los personajes y pensar en cómo lo narrarían en solitario y en privado. Después de compartir las cuatro entradas de diario con la clase (de forma escrita y/u oral), explica las decisiones tomadas al escribirlas y contesta las preguntas de la clase.

## PROYECTOS CREATIVOS

1. Imagina que eres un/a artista que quiere hacer una serie de cuadros que representen las perspectivas de diversos autores latinoamericanos sobre raza, etnicidad, género o clase social. Haz cuatro cuadros, uno para cada texto de la Unidad 1, que capturen el mensaje de Martí, Vodanovic, Allende y Ortiz Cofer sobre uno de los cuatro temas de esta unidad. Debes elegir el tema que consideres "central" en cada obra. Debes mostrar los cuadros a la clase y explicarlos en detalle. Después tendrás que contestar las preguntas de tus compañeros.

# Unidad 2

Identidad existencial(ista)

# Capítulo 6

# "Lo fatal" (1905) de Rubén Darío

**RUBÉN DARÍO**

Félix Rubén García Sarmiento, conocido como Rubén Darío, es un reconocido poeta, prosista, periodista y diplomático nicaragüense. Nació en Metapa (hoy Ciudad Darío), Nicaragua, en 1867 y murió en León, Nicaragua, en 1916. Se destacó por ser uno de los mejores y más influyentes poetas de la literatura hispanoamericana. De hecho, es llamado "Príncipe de las Letras Castellanas". Durante su juventud, fue evidente que Darío era un niño prodigio, creando poemas y versos muy avanzados para su edad. Le interesaban mucho los estilos de los escritores franceses y pasó mucho tiempo estudiándolos. En 1886, a la edad de 19 años, Darío se mudó a Valparaíso, Chile, donde se vio fuertemente influenciado por el parnasianismo francés, un movimiento literario que da prioridad a la forma sobre el  contenido, a la estética sobre el mensaje. En Chile, publicó su primera obra famosa, *Azul* (1888) que cambió la poesía latinoamericana y desencadenó el movimiento literario del modernismo, del cual Darío es considerado el máximo representante. Darío es famoso por su "gran renovación estética de lenguaje y métrica" y su actitud aristocrática, cosmopolita y esteticista

("Biografía de Rubén Darío"). En 1896 Darío publicó otra colección literaria, *Prosas profanas y otros poemas*. Durante la última década del siglo XIX,
el poeta nicaragüense viajó mucho por Europa y las Américas debido a
sus cargos diplomáticos y su trabajo periodístico con el famoso periódico
argentino *La Nación*. Darío publicó en 1905 *Cantos de vida y esperanza*, una
colección de obras que enfoca los aspectos sociales y políticos de América
Latina y los prospectos para el futuro, y en la que aparece el poema "Lo fatal".
Enfermó y regresó a Nicaragua en 1915, donde murió un año después, a la
edad de 49 años, de cirrosis hepática causada por alcoholismo.

## ANTES DE LEER

Discute las siguientes preguntas con un compañero de clase:

1. ¿Cuáles son las diferencias más notables entre los minerales, las plantas,
   los animales y los seres humanos? ¿Qué distingue al ser humano de las
   demás entidades?
2. ¿Qué aspectos de la vida humana te preocupan más? ¿Qué dudas o
   incertidumbres tienes? ¿Por qué?
3. ¿Crees que existe la vida después de la muerte? Si crees en el más allá,
   ¿qué efecto tiene en tus percepciones de la vida y la muerte? Si no crees
   en la ultratumba, ¿qué efecto tiene en tus percepciones de la vida y la
   muerte?

## PARA ORIENTAR AL LECTOR

"Lo fatal" alude a la angustia que experimenta el yo poético ante la existencia y la muerte. Trata del tema de la fragilidad humana ante la fatalidad del
destino. El poema reflexiona también sobre la falta de conocimiento y el
sufrimiento de los seres humanos.
   Durante la lectura, debes fijarte en los siguientes temas y conceptos.

- El origen de la vida
- El fin de la vida
- El conocimiento y la conciencia humanos
- Lo desconocido y el misterio de la vida
- El sufrimiento humano

## "LO FATAL"

1   **Dichoso** el árbol que es **apenas sensitivo**,
    y más la piedra dura, porque esa ya no siente,
    pues no hay dolor más grande que el dolor de ser vivo,
    ni mayor **pesadumbre** que la vida consciente.

5   Ser, y no saber nada, y ser sin **rumbo** cierto,
    y el temor de haber sido y un futuro terror . . .
    Y el **espanto** seguro de estar mañana muerto,
    y sufrir por la vida y por la sombra y por

    lo que no conocemos y apenas sospechamos,
10  y la carne que tienta con sus frescos **racimos**
    y la tumba que aguarda con sus **fúnebres** ramos,
    ¡y no saber adónde vamos,
    ni de dónde venimos . . . !

**dichoso** feliz, afortunado
**apenas** escasamente, casi no
**sensitivo** que detecta sensaciones
**pesadumbre** tristeza

**rumbo** dirección, orientación, camino

**espanto** terror, miedo intenso

**racimos** conjunto de uvas u otros frutos que cuelgan de un mismo tallo
**fúnebre** de los difuntos, funesto, sombrío

## DE RELEVANCIA PARA EL TEXTO

La producción poética de Rubén Darío se divide en "tres etapas, representadas por tres libros que marcan su trayectoria: *Azul* (1888), que destaca un [m]odernismo preciosista y de mayor influencia francesa; *Prosas profanas* (1896), culminación del [m]odernismo más exuberante y rotundo, con el triunfo de la polimetría, la sensualidad y la musicalidad; y por último, *Cantos de vida y esperanza* (1905)", al que pertenece el poema "Lo fatal", "evolucionando hacia una poesía más reflexiva y preocupada por los temas hispánicos y existenciales, con un lenguaje más sobrio y menos preciosista que antes" ("Comentario literario").

En "Historia de mis libros", Rubén Darío ofrece el siguiente comentario de este poema: "En *Lo fatal*, contra mi arraigada religiosidad y a pesar mío, se levanta como una sombra tenebrosa un fantasma de desolación y de duda . . . Me he llenado de congoja [angustia, aflicción] cuando he examinado el fondo de mis creencias y no he encontrado suficientemente maciza [fuerte, sólida] y fundamentada mi fe, cuando el conflicto de las ideas me ha hecho vacilar y me he sentido sin un constante y seguro apoyo" (156).

## FORMA Y ESTRUCTURA

1. Analiza y comenta el ritmo y la rima del poema. Cuenta el número de versos en cada estrofa. Cuenta el número de sílabas en cada verso. Nota las palabras que riman en cada estrofa.
2. Lee el siguiente resumen de la forma y estructura del poema. ¿Cuáles de los elementos estilísticos ya observaste en tu lectura y cuáles no?

> Métricamente [el poema "Lo fatal"] posee una estructura característica de la renovación modernista. Consta de tres estrofas: las dos primeras son serventesios [cuarteto en que riman el primer verso con el tercero y el segundo con el cuarto] de versos alejandrinos [versos de catorce sílabas métricas compuestos de dos hemistiquios de 7 sílabas con acento en la sexta y decimotercera sílaba] de rima consonante [la rima de los sonidos vocálicos y consonánticos a partir de la última vocal acentuada de las palabras finales en dos o más versos] y alterna (ABAB—CDCD), y la última es otro serventesio pero con la particularidad de que el último verso, en vez de ser un alejandrino, se fragmenta en dos, un eneasílabo [de 9 sílabas] y un heptasílabo [de 7 sílabas]. [La última estrofa tiene rima consonante en forma de EFEEf.] El uso de alejandrinos y eneasílabos son innovaciones modernistas. Se puede considerar también un soneto truncado: el último terceto se reduce en dos versos. ("Comentario literario")

3. ¿Dónde vemos ejemplos de los siguientes recursos literarios en "Lo fatal" y cómo contribuyen estos elementos estilísticos al contenido del poema?
    - **Polisíndeton**: una figura literaria gráfica que consiste en la utilización de más conjunciones de las necesarias en el uso habitual del lenguaje, uniendo palabras, sintagmas o preposiciones, cuya función consiste en darle un efecto de lentitud, sosiego, énfasis y/o reflexión.
    - **Antítesis**: una oposición entre dos términos contrarios o complementarios
    - **Gradación**: también conocido como clímax, una figura retórica de repetición que afecta la lógica en el entendimiento de las expresiones y consiste en la progresión "ascendente" o "descendente" de las ideas. En la gradación ascendente la narración avanza de la que tenga menor extensión o magnitud a la que tenga más, o de lo menos numeroso a lo más numeroso, mientras que la gradación descendente es al revés y funciona como un anticlímax.
    - **Encabalgamiento**: un efecto poético que ocurre cuando la pausa de fin de verso no coincide con una pausa morfosintáctica de una

coma, un punto, etc. La frase inconclusa queda, por lo tanto, "a caba-llo" entre dos versos. Si en medio de combinaciones de palabras que no permiten pausas entre ellas se introduce la pausa final del verso, se produce el encabalgamiento.

4. ¿Qué palabras son sinónimos y cuál es el efecto de la repetición de ideas? ¿Qué palabras son antónimos y cuál es el efecto del contraste de ideas?

5. ¿Por qué hay trece versos en total? ¿Intenta Darío comentar algo al usar el número universal de mal agüero o de mal presagio? Nota que también hay trece usos de la palabra "y". ¿Cuál es el motivo de tener cinco versos en la última estrofa? ¿Por qué son más cortos los dos últimos versos? ¿Qué efecto tiene su brevedad?

## VOZ POÉTICA

1. ¿Cómo describirías la voz poética de "Lo fatal"?

2. ¿Cuál es el tono del poema? Comenta unas palabras que indiquen el tono del poema.

3. El poema entremezcla tercera persona del singular (el árbol, la piedra, la carne, la tumba, etc.) con primera persona del plural (nosotros). ¿Por qué existen estos cambios de sujeto y cuál es el efecto de ellos?

4. ¿Cuál es el efecto de tener la mayoría de los verbos en un presente intemporal o en el infinitivo? En un poema obsesionado con el pasado y el futuro, el origen y el más allá, ¿por qué no hay más verbos conjugados en el pasado y el futuro?

## INTERPRETACIÓN

1. A pesar de tener tres estrofas, el poema "Lo fatal" se divide en cuatro apartados. En grupos, intenten resumir y comentar el contenido, argumento o mensaje de cada parte.

| Versos | Contenido de los versos |
|--------|-------------------------|
| 1–4    |                         |
| 5–9    |                         |
| 10–11  |                         |
| 12–13  |                         |

2. ¿Por qué prefiere la voz poética la existencia del árbol y de la piedra a la vida humana? ¿Qué aspectos de "la vida consciente" lamenta y por qué? Comenta el uso de las escalas "mineral-vegetal-animal-hombre" o "piedra-planta-bestia-hombre" en este poema.

3. Lee la siguiente cita de Arthur Schopenhauer de *El mundo como voluntad y representación* (*Die Welt als Wille und Vorstellung*), publicado en 1818:

> Pues a medida que el fenómeno de la voluntad se hace más perfecto, el dolor se hace también más evidente. En la planta no hay todavía sensibilidad, ni por consiguiente, dolor (en sentido estricto). Los animales inferiores, infusorios, no son capaces más que de un grado mínimo de dolor; hasta en los insectos, la facultad de sentir y de padecer es todavía muy limitada.
>
> Con el perfecto sistema nervioso de los vertebrados llega a gran altura y se eleva en la proporción en que se desenvuelve su inteligencia. A medida que el conocimiento se hace más claro y que la conciencia crece, el dolor aumenta, y llega a su grado supremo en el hombre. En él es tanto más violento cuanto más lucidez de conocimiento y más elevada inteligencia posee. El genio es quien más padece. (citado en Benítez 510)

¿Cuáles son las semejanzas y diferencias entre las ideas de Schopenhauer y de Darío?

4. Normalmente se construyen con el verbo "estar" las copulativas con los adjetivos "vivo" y "muerto". Sin embargo, en este poema se usa el verbo "ser" antes del adjetivo "vivo". ¿Qué razones hay para elegir el verbo "ser" en vez de "estar" junto con el adjetivo "vivo" en el tercer verso? Nota que sí se usa "estar" con "muerte" en el séptimo verso. ¿Por qué allí sí, pero antes no?

5. Johann Wolfgang von Goethe escribió en 1829 que "el hombre es una criatura confundida; no sabe de dónde viene, ni adónde va" (citado en Gullón 375). ¿Dice lo mismo Darío? ¿Qué diferencias hay entre esta frase de Goethe y el poema "Lo fatal" de Darío?

6. Nota el uso excesivo de la letra "s" en el poema. ¿Qué contribuye al poema la repetición de la letra "s" y el sonido de "sisear", sobre todo cuando se lee en voz alta?

7. ¿Por qué se hace referencia a la muerte antes del nacimiento en los últimos dos versos del poema? ¿Qué explicación hay para hablar de "ir" ("adónde vamos") antes de "venir" ("de dónde venimos") o del futuro antes del pasado en la parte final? ¿Cuál es el efecto de los signos de exclamación y los puntos suspensivos en los dos versos finales?

8. Ya incluimos en la sección "De relevancia para el texto" una cita de Darío que menciona su crisis de "religiosidad", de "creencias" y de "fe" como motivos para escribir "Lo fatal". ¿Por qué no incluye el poema en sí ninguna referencia a la religión? ¿Es "la crisis existencial(ista)" de la voz poética motivada por una crisis de fe? Explica tu respuesta.
9. ¿Qué es "lo fatal" o la cosa fatal a la que se refiere el título del poema?
10. ¿Cuál es la "crisis existencial(ista)" del poema?

## ANÁLISIS TEXTUAL

Comenta la importancia de los siguientes versos del poema. Presta atención especial a las partes subrayadas.

1. Dichoso el árbol que es apenas sensitivo,
   y más la piedra dura, porque esa ya no siente
2. y sufrir por la vida y por la sombra y por
3. y la carne que tienta con sus frescos racimos
   y la tumba que aguarda con sus fúnebres ramos

## TEMAS PRINCIPALES

1. Escribe un ensayo en el que expliques la importancia de uno de los siguientes temas en el poema "Lo fatal". Como evidencia, cita partes del texto y da ejemplos específicos.
   a. La vida consciente y la falta de conocimiento
   b. La crisis existencial respecto al significado de la vida
   c. La muerte y el más allá de la muerte
   d. La crisis religiosa y la falta de fe
2. Discute o debate cuál de los temas anteriores es más importante en el poema y por qué.

## CRÍTICA LITERARIA

Lee las siguientes interpretaciones de varios críticos literarios sobre el poema "Lo fatal" de Darío. Decide si estás **de acuerdo** o **en desacuerdo** con cada interpretación dada. Cita un ejemplo textual o un pasaje directo de la obra para **apoyar** o **refutar** cada interpretación dada.

**Lo fatal o la fatalidad del poema "Lo fatal"**
*Crítico A*
"Saber que la última negación del ser tiene que llegar, y esperar no saberlo; ser consciente de la muerte ineludible: en esto consiste la cosa fatal". (Lonigan 5, traducción mía)

*Crítico B*
"La fatalidad puede asignarse aquí a la muerte, al tiempo, a la atracción del eroticismo, [. . .] a la limitación de la conciencia frente al problema del origen y destino último del hombre, [al] conocimiento siempre negado, la conciencia signada fatalmente por su limitación". (Carranza Crespo 137, 145)

*Crítico C*
"En realidad, todo el poema gira en torno a una paradoja; ya que por un lado, el poeta repudia la conciencia existencial, y por otro, le aterra la ignorancia del porvenir [. . .]. Pero existe una paradoja de paradoja; en vista de que a pesar del temor al presente y a la posteridad, el poeta parece sugerir que la única solución a ese mismo miedo es negar nuestra realidad existencial; o sea, desplazar de nuestra complejidad sicológica el conocimiento de que existimos. Rechazando así la conciencia de *ser*, podemos entonces alcanzar la ventura del árbol y la piedra; porque, como ellos, no sentiríamos nunca más la tribulación que da el ser y saber que se es:

1) Yo soy—sé que—soy = tribulación
2) Yo soy—ignoro que—soy = ventura". (Ossers 72-73)

*Tu propia interpretación*
Escribe tu propia interpretación de "Lo fatal" respecto al tema de lo fatal o la fatalidad del poema.

**El significado del verso 10: "y la carne que tienta con sus frescos racimos"**
*Crítico A*
"[Este verso] de los racimos [es una referencia al] mito de Tántalo[1] [y por lo tanto] sugiere la absoluta frustración espiritual [y] eterna [que describe el poeta]". (Broad 61, 63)

*Crítico B*
"[N]otemos ahora el temor a la realidad físicoemocional que revela el décimo [verso] en contraposición a la consecuencia mortal de esa misma realidad, sentenciada y temida en el undécimo. Apreciamos que estos dos versos vienen como ejemplos específicos del psiquismo del poeta: Lamento

sobre el ímpetu sexual juvenil a causa de su inexorable desvanecimiento".
(Ossers 74)

*Crítico C*
"[Este verso hace referencia a] la vida tentadora con sus placeres". (Wielgosz)

*Crítico D*
"Pero si interpretamos el verbo tentar en el sentido de tocar, y no de seducir, entonces, una segunda explicación sería que carne y frescos racimos se
refieren a la suave piel de un bebé, y no al 'ímpetu sexual juvenil'; por lo
que la muerte en el verso undécimo contrastaría con el comienzo de la vida
en el anterior. Vida y muerte, ambas preocupaciones del poeta: Una, por el
repudio de la existencia o su conocimiento de ella; y otra, por el temor a la
ignorancia de la fortuna". (Ossers 74)

*Tu propia interpretación*
Escribe tu propia interpretación de "Lo fatal" respecto al tema del significado
del verso 10.


## A NIVEL PERSONAL

Discute los siguientes temas con un compañero de clase. Prepárense para
compartir sus ideas con los demás compañeros de clase.

1. ¿Estás de acuerdo con las ideas expresadas en "Lo fatal"? ¿Con cuáles
   sí y con cuáles no? ¿Es "la vida consciente" la "mayor pesadumbre"?
   ¿Sufrimos por "no saber nada, y ser sin rumbo cierto"?
2. ¿Cómo reaccionas a los elementos desconocidos de la vida? ¿Cómo tole-
   ras la incertidumbre del mundo? ¿Tienes miedo del futuro?
3. Si pudieras, ¿te gustaría saber cuándo y cómo vas a morir? ¿Por qué sí
   o no? ¿Cómo te afectaría el hecho de saber anteriormente los detalles
   de tu propia muerte?


### NOTA

1. El mito de Tántalo en la mitología griega cuenta cómo Tántalo fue eternamente torturado por los crímenes contra los dioses que había cometido durante su vida. Después de morir, su castigo consistió en estar colgado de un árbol frutal dentro de un lago. "Cada vez que Tántalo, desesperado por el hambre o la sed, intenta tomar una fruta o sorber algo de agua, estos se retiran inmediatamente de su alcance. Además, Zeus pende sobre él una enorme roca oscilante que amenaza [con aplastarlo]" (tomado de *Wikipedia:* "Tántalo"). Su cruel castigo y trágico destino han llegado a simbolizar la tentación sin satisfacción y lo absurdo de la vida.

# Capítulo 7

# "Las ruinas circulares" (1940) de Jorge Luis Borges

**JORGE LUIS BORGES**

Jorge Luis Borges nació en Buenos Aires, Argentina, en 1899 y murió en Ginebra, Suiza, en 1986. Fue poeta, ensayista, cuentista, traductor, editor y crítico literario. Es muy conocido por su estilo literario original y experimental y por su agudo interés en los conceptos de tiempo y espacio, destino y azar, realidad e ilusión, espejos y laberintos. Borges es sin duda el escritor argentino más famoso y con mayor reconocimiento a nivel mundial. Su fama se debe a su erudición, su renovación del lenguaje narrativo, su creación de mundos alternativos, fantásticos y simbólicos y su tremenda influencia en diversas generaciones de escritores. Entre sus obras más destacadas se encuentran dos colecciones de cuentos cortos, *Ficciones* (1944) y *El Aleph* (1949). "Las ruinas circulares" fue publicado originalmente en la revista *Sur* en 1940. También fue incluido en las colecciones *El jardín de senderos que se bifurcan* (1941) y *Ficciones*. Borges recibió varios premios importantes a lo largo de su vida, como el Premio Formentor, que compartió con Samuel Beckett, y el Premio Miguel de Cervantes. Se sospecha que no ganó el Premio Nobel de Literatura por razones políticas, tal vez por haber aceptado un premio otorgado por el gobierno militar de Pinochet, el dictador chileno. Su obra se ha traducido a más de veinticinco idiomas y adaptado al cine y a la televisión. Nunca llegó a publicar ninguna obra narrativa larga, quizás en parte porque sufrió una ceguera hereditaria progresiva que le hizo perder la vista lentamente hasta quedarse totalmente ciego a la edad de 55 años. Esto le obligó a dictar creaciones literarias breves a su madre o a otros familiares y amigos.

## ANTES DE LEER

Discute las siguientes preguntas con un compañero de clase:

1. En tu opinión, ¿es el tiempo más linear, o circular? Comenta ejemplos de repetición o circularidad en tu vida propia. ¿Has tenido alguna experiencia de *déjà vu*?
2. Si pudieras elegir los rasgos de tu futuro hijo o hija, ¿cómo serían y por qué? ¿En qué se parecería a ti y en qué no?
3. ¿Crees que es posible que los sueños se conviertan en realidad? Comenta un ejemplo personal.

## PARA ORIENTAR AL LECTOR

"Las ruinas circulares" se centra en un mago que quiere soñar a un hombre e imponerlo al mundo real. A través de sus sueños y experiencias de crear un "hijo", el mago aprende mucho sobre sí mismo y su propia existencia.

Durante la lectura, debes fijarte en los siguientes temas y conceptos:

- La importancia de los sueños y la relación entre el sueño y la realidad
- El creador y el creado; Dios y el hombre; el autor y su personaje literario
- El ciclo de creación y muerte

## "LAS RUINAS CIRCULARES"

And if he left off dreaming about you . . . [1]
*Through the Looking-Glass,* VI

Nadie lo vio **desembarcar** en la **unánime** noche, nadie vio la canoa de bambú sumiéndose en el **fango** sagrado, pero a los pocos días nadie ignoraba que el hombre **taciturno** venía del Sur y que su patria era una de las infinitas **aldeas** que están aguas arriba, en el **flanco** violento de la montaña, donde el idioma zend[2] no está contaminado de griego y donde es infrecuente la **lepra**. Lo cierto es que el hombre gris besó el fango, **repechó** la **ribera** sin apartar (probablemente, sin sentir) las cortaderas que le **dilaceraban** las carnes y se arrastró, mareado y ensangrentado, hasta el **recinto** circular que corona un tigre o caballo de piedra, que tuvo alguna vez el color del fuego y ahora el de la **ceniza**. Ese **redondel** es un templo que devoraron los incendios antiguos, que la selva **palúdica** ha profanado y cuyo dios no recibe honor de los hombres. El **forastero** se tendió bajo el pedestal. Lo despertó el sol alto. Comprobó sin asombro que las heridas habían **cicatrizado**; cerró los ojos pálidos y durmió, no por flaqueza de la carne sino por determinación de la voluntad. Sabía que ese templo era el lugar que requería su invencible propósito; sabía que los árboles incesantes no habían logrado estrangular, río abajo, las ruinas de otro templo **propicio**, también de dioses incendiados y muertos; sabía que su inmediata obligación era el sueño. Hacia la medianoche lo despertó el grito inconsolable de un pájaro. **Rastros** de pies **descalzos**, unos higos y un cántaro le advirtieron que los hombres de la región habían espiado con respeto su sueño y solicitaban su **amparo** o temían su magia. Sintió el frío del miedo y buscó en la muralla **dilapidada** un **nicho sepulcral** y se tapó con hojas desconocidas.

El propósito que lo guiaba no era imposible, aunque sí sobrenatural. Quería soñar un hombre: quería soñarlo con integridad minuciosa e **imponerlo** a la realidad. Ese proyecto mágico había **agotado** el espacio entero de su alma; si alguien le hubiera preguntado su propio nombre o cualquier rasgo de su vida anterior, no habría acertado a responder. Le convenía el templo inhabitado y **despedazado**, porque era un mínimo de mundo visible; la cercanía de los leñadores también, porque éstos se encargaban de subvenir a sus necesidades frugales. El arroz y las frutas de su tributo eran **pábulo** suficiente para su cuerpo, consagrado a la única tarea de dormir y soñar.

Al principio, los sueños eran caóticos; poco después, fueron de naturaleza **dialéctica**. El forastero se soñaba en el centro de un anfiteatro circular que era de algún modo el templo incendiado: nubes de alumnos taciturnos fatigaban

**desembarcar** bajar de un transporte
**unánime** concorde, coincidente
**fango** lodo, barro
**taciturno** callado, silencioso, triste
**aldea** poblado
**flanco** lado
**lepra** enfermedad caracterizada por lesiones de la piel, nervios y vísceras
**repechar** subir una cuesta
**ribera** orilla
**dilacerar** desgarrar, despedazar
**recinto** espacio demarcado
**ceniza** polvo gris que queda después de quemar algo
**redondel** círculo
**palúdica** pantanosa
**forastero** de fuera, extranjero
**cicatrizar** curarse una herida
**propicio** favorable
**rastro** huella, señal
**descalzo** con pies desnudos
**amparo** protección
**dilapidada** anglicismo [de *dilapidated*], queriendo indicar "arruinada, destruida"
**nicho** hueco
**sepulcral** de tumba
**imponer** implantar, colocar
**agotar** consumir, gastar del todo

**despedazado** destruido

**pábulo** comida, alimento
**dialéctica** de la filosofía que trata del razonamiento

las **gradas**; las caras de los últimos **pendían** a muchos siglos de distancia y a una altura estelar, pero eran del todo precisas. El hombre les dictaba lecciones de anatomía, de cosmografía, de magia: los rostros escuchaban con ansiedad y **procuraban** responder con entendimiento, como si adivinaran la importancia de aquel examen, que **redimiría** a uno de ellos de su condición de vana apariencia y lo **interpolaría** en el mundo real. El hombre, en el sueño y en la vigilia, consideraba las respuestas de sus fantasmas, no se dejaba **embaucar** por los impostores, adivinaba en ciertas perplejidades una inteligencia creciente. Buscaba un alma que mereciera participar en el universo.

A las nueve o diez noches comprendió con alguna **amargura** que nada podía esperar de aquellos alumnos que aceptaban con pasividad su doctrina y sí de aquellos que **arriesgaban**, a veces, una contradicción razonable. Los primeros, aunque dignos de amor y de buen afecto, no podían ascender a individuos; los últimos preexistían un poco más. Una tarde (ahora también las tardes eran tributarias del sueño, ahora no **velaba** sino un par de horas en el amanecer) licenció para siempre el vasto colegio ilusorio y se quedó con un solo alumno. Era un muchacho taciturno, **cetrino**, **díscolo** a veces, de rasgos afilados que repetían los de su soñador. No lo **desconcertó** por mucho tiempo la brusca eliminación de los **condiscípulos**; su progreso, al cabo de unas pocas lecciones particulares, pudo maravillar al maestro. Sin embargo, la catástrofe sobrevino. El hombre, un día, emergió del sueño como de un desierto **viscoso**, miró la vana luz de la tarde que al pronto confundió con la aurora y comprendió que no había soñado. Toda esa noche y todo el día, la intolerable lucidez del insomnio **se abatió** contra él. Quiso explorar la selva, **extenuarse**; apenas alcanzó entre la **cicuta** unas rachas de sueño débil, **veteadas fugazmente** de visiones de tipo rudimental: inservibles. Quiso congregar el colegio y apenas hubo articulado unas breves palabras de exhortación, éste se deformó, se borró. En la casi perpetua **vigilia**, lágrimas de ira le quemaban los viejos ojos.

Comprendió que el **empeño** de modelar la materia incoherente y **vertiginosa** de que se componen los sueños es el más arduo que puede acometer un varón, aunque penetre todos los enigmas del orden superior y del inferior: mucho más **arduo** que **tejer** una cuerda de arena o que **amonedar** el viento sin cara. Comprendió que un fracaso inicial era inevitable. Juró olvidar la enorme alucinación que lo había desviado al principio y buscó otro método de trabajo. Antes de ejercitarlo, dedicó un mes a la reposición de las fuerzas que había malgastado el delirio. Abandonó toda premeditación de soñar y casi acto continuo logró dormir un trecho razonable del día. Las raras veces que soñó durante ese período, no reparó en los sueños. Para **reanudar** la tarea, esperó que el disco de la luna fuera perfecto. Luego, en la tarde, se purificó en las aguas del río, adoró los dioses planetarios, pronunció las sílabas lícitas de un nombre poderoso y durmió. Casi inmediatamente, soñó con un corazón que latía.

---

**grada** asiento colectivo, peldaño
**pender** estar colgado

**procurar** esforzarse en tratar de conseguir algo
**redimir** liberar
**interpolar** poner una cosa entre otras
**embaucar** engañar

**amargura** pena, aflicción, disgusto

**arriesgar** poner a riesgo

**velar** permanecer despierto durante el tiempo de dormir

**cetrino** melancólico, adusto
**díscolo** rebelde, desobediente
**desconcertar** turbar, inquietar
**condiscípulo** compañero de estudios
**viscoso** denso, espeso

**abatirse** descender, precipitarse
**extenuarse** cansarse, debilitarse
**cicuta** planta alta (dos metros) y venenosa
**veteada** manchada, jaspeada
**fugazmente** brevemente, rápidamente
**vigilia** acción de estar despierto o en vela
**empeño** esfuerzo
**vertiginosa** que se mueve muy rápido o que causa vértigo
**arduo** muy difícil
**tejer** entrelazar hilos
**amonedar** fabricar monedas acuñando un diseño en metal

**reanudar** retomar o continuar lo que se había interrumpido

75   Lo soñó activo, caluroso, secreto, del grandor de un puño cerrado, color granate en la penumbra de un cuerpo humano aún sin cara ni sexo; con **minucioso** amor lo soñó, durante catorce lúcidas noches. Cada noche, lo percibía con mayor evidencia. No lo tocaba: se limitaba a **atestiguarlo**, a observarlo, tal vez a corregirlo con la mirada. Lo percibía, lo vivía, desde muchas distancias y muchos
80   ángulos. La noche catorcena **rozó** la arteria pulmonar con el índice y luego todo el corazón, desde afuera y adentro. El examen lo satisfizo. Deliberadamente no soñó durante una noche: luego retomó el corazón, invocó el nombre de un planeta y emprendió la visión de otro de los órganos principales. Antes de un año llegó al esqueleto, a los párpados. El pelo innumerable fue tal vez la tarea más
85   difícil. Soñó un hombre íntegro, un **mancebo**, pero éste no se incorporaba ni hablaba ni podía abrir los ojos. Noche tras noche, el hombre lo soñaba dormido.

En las cosmogonías gnósticas,[3] los demiurgos[4] amasan un rojo Adán que no logra ponerse de pie; tan inhábil y rudo y elemental como ese Adán de polvo era el Adán de sueño que las noches del mago habían fabricado. Una tarde,
90   el hombre casi destruyó toda su obra, pero se arrepintió. (Más le hubiera valido destruirla.) Agotados los votos a los **númenes** de la tierra y del río, se arrojó a los pies de la **efigie** que tal vez era un tigre y tal vez un **potro**, e imploró su desconocido **socorro**. Ese **crepúsculo**, soñó con la estatua. La soñó viva, trémula: no era un atroz bastardo de tigre y potro, sino a la vez esas dos criaturas vehementes
95   y también un toro, una rosa, una tempestad. Ese múltiple dios le reveló que su nombre terrenal era Fuego, que en ese templo circular (y en otros iguales) le habían **rendido** sacrificios y culto y que mágicamente animaría al fantasma soñado, de suerte que todas las criaturas, excepto el Fuego mismo y el soñador, lo pensaran un hombre de carne y hueso. Le ordenó que una vez instruido
100  en los ritos, lo enviaría al otro templo despedazado cuyas pirámides persisten aguas abajo, para que alguna voz lo glorificara en aquel edificio desierto. En el sueño del hombre que soñaba, el soñado se despertó.

El mago ejecutó esas órdenes. **Consagró** un plazo (que finalmente abarcó dos años) a descubrirle los **arcanos** del universo y del culto del fuego. Íntima-
105  mente, le dolía apartarse de él. Con el pretexto de la necesidad pedagógica, **dilataba** cada día las horas dedicadas al sueño. También rehízo el hombro derecho, acaso deficiente. A veces, lo inquietaba una impresión de que ya todo eso había acontecido . . . En general, sus días eran felices; al cerrar los ojos pensaba: *Ahora estaré con mi hijo.* O, más raramente: *El hijo que he* **engendrado** *me espera y no*
110  *existirá si no voy.*

Gradualmente, lo fue acostumbrando a la realidad. Una vez le ordenó que **embanderara** una cumbre lejana. Al otro día, **flameaba** la bandera en la cumbre. Ensayó otros experimentos análogos, cada vez más audaces. Comprendió con cierta amargura que su hijo estaba listo para nacer—y tal vez impaciente—.
115  Esa noche lo besó por primera vez y lo envió al otro templo cuyos **despojos**

**minucioso** meticuloso, detallista

**atestiguar** evidenciar, probar, testificar

**rozar** tocar levemente

**mancebo** joven, muchacho

**numen** cualquiera de los dioses fabulosos adorados por los gentiles
**efigie** imagen, personificación, representación
**potro** caballo joven
**socorro** auxilio, ayuda
**crepúsculo** ocaso, atardecer, anochecer
**rendir** ofrecer, entregar

**consagrar** dedicar formalmente
**arcano** secreto, misterio
**dilatar** extender, alargar

**engendrar** procrear, crear

**embanderar** adornar con bandera
**flamear** ondear al viento una bandera
**despojo** restos, ruinas

blanqueaban río abajo, a muchas leguas de inextricable selva y de **ciénaga**. Antes (para que no supiera nunca que era un fantasma, para que se creyera un hombre como los otros) le infundió el olvido total de sus años de aprendizaje.

Su victoria y su paz quedaron empañadas de **hastío**. En los crepúsculos de la tarde y del alba, **se prosternaba** ante la figura de piedra, tal vez imaginando que su hijo irreal ejecutaba idénticos ritos, en otras ruinas circulares, aguas abajo; de noche no soñaba, o soñaba como lo hacen todos los hombres. Percibía con cierta palidez los sonidos y formas del universo: el hijo ausente se nutría de esas disminuciones de su alma. El propósito de su vida estaba **colmado**; el hombre persistió en una suerte de éxtasis. Al cabo de un tiempo que ciertos narradores de su historia prefieren computar en años y otros en **lustros**, lo despertaron dos remeros a medianoche: no pudo ver sus caras, pero le hablaron de un hombre mágico en un templo del Norte, capaz de **hollar** el fuego y de no quemarse. El mago recordó bruscamente las palabras del dios. Recordó que de todas las criaturas que componen el orbe, el Fuego era la única que sabía que su hijo era un fantasma. Ese recuerdo, **apaciguador** al principio, acabó por atormentarlo. Temió que su hijo meditara en ese privilegio anormal y descubriera de algún modo su condición de mero **simulacro**. No ser un hombre, ser la proyección del sueño de otro hombre ¡qué humillación incomparable, qué vértigo! A todo padre le interesan los hijos que ha procreado (que ha permitido) en una mera confusión o felicidad; es natural que el mago temiera por el **porvenir** de aquel hijo, pensado **entraña** por entraña y rasgo por rasgo, en mil y una noches[5] secretas.

El término de sus **cavilaciones** fue brusco, pero lo prometieron algunos signos. Primero (al cabo de una larga **sequía**) una remota nube en un **cerro**, **liviana** como un pájaro; luego, hacia el Sur, el cielo que tenía el color rosado de la **encía** de los leopardos; luego las **humaredas** que **herrumbraron** el metal de las noches; después la fuga pánica de las bestias. Porque se repitió lo acontecido hace muchos siglos. Las ruinas del santuario del dios del Fuego fueron destruidas por el fuego. En un alba sin pájaros el mago vio **cernirse** contra los muros el incendio concéntrico. Por un instante, pensó refugiarse en las aguas, pero luego comprendió que la muerte venía a coronar su vejez y a absolverlo de sus trabajos. Caminó contra los jirones de fuego. Éstos no mordieron su carne, éstos lo acariciaron y lo inundaron sin calor y sin combustión. Con alivio, con humillación, con terror, comprendió que él también era una apariencia, que otro estaba soñándolo.

### DE RELEVANCIA PARA EL TEXTO

En su prólogo a la colección *El jardín de senderos que se bifurcan*, Borges declara: "En 'Las ruinas circulares' todo es irreal" (5). En este sentido,

---

**ciénaga** pantano

**hastío** disgusto
**prosternarse** arrodillarse o inclinarse como muestra de respeto o adoración

**colmado** logrado, completo

**lustro** espacio de cinco años

**hollar** pisar

**apaciguador** conciliador, pacificador

**simulacro** imitación fingida que se hace de una cosa como si fuera cierta y verdadera

**porvenir** futuro
**entraña** órgano interior del cuerpo
**cavilación** preocupación, meditación
**sequía** largo periodo sin lluvia
**cerro** colina
**liviana** ligera, de poco peso
**encía** carne que cubre la raíz de los dientes
**humareda** abundancia de humo
**herrumbrar** oxidar
**cernirse** aproximarse; amenazar un mal inminente

"Las ruinas circulares" trata temas elaborados en muchas otras obras borgeanas, como el sueño frente a la realidad y la relación hombre-dios o
personaje-autor. Borges escribe en "Magias parciales del Quijote" (1952):
"¿Por qué nos inquieta que el mapa esté incluido en el mapa y las mil y una
noches en el libro *Las mil y una noches*? ¿Por qué nos inquieta que don Quijote sea lector del *Quijote*, y Hamlet, espectador de *Hamlet*? Creo haber dado
con la causa: tales inversiones sugieren que si los caracteres de una ficción
pueden ser lectores o espectadores, nosotros, sus lectores o espectadores,
podemos ser ficticios" (Borges, "Magias parciales 79). Asimismo, su poema
"Ni siquiera soy polvo" (1977) termina con esta última estrofa:

> Ni siquiera soy polvo. Soy un sueño
> que entreteje en el sueño y la vigilia
> mi hermano y padre, el capitán Cervantes,
> que militó en los mares de Lepanto
> y supo unos latines y algo de árabe . . .
> Para que yo pueda soñar al otro
> cuya verde memoria será parte
> de los días del hombre, te suplico:
> mi Dios, mi soñador, sigue soñándome
> (Borges, "Ni siquiera" 522).

Con respecto a las ideas borgeanas de la filosofía y la religión, es importante
citar su definición de filosofía: "Si soy rico en algo, lo soy más en perpleji-
dad que en certidumbre. Un colega declara desde su sillón que la filosofía
es entendimiento claro y preciso; yo la definiría como la organización de
las perplejidades esenciales del hombre" (citado en Burgin 13). Escéptico
en materia religiosa e interesado más en perplejidades que certidumbres,
Borges declaró con humor que "[t]odo es posible, hasta Dios. Fíjese que ni
siquiera estamos seguros de que Dios no existe" (citado en Romero 483).

## TRAMA

Ordena, de 1 a 11, las siguientes oraciones para indicar la cronología de los
eventos tal como aparecen en el cuento.

_____  Una noche, el mago es despertado por dos remeros que le hablan
de un hombre capaz de andar a través del fuego sin quemarse.

_____  El mago sueña con el corazón, los órganos, el esqueleto, los párpados y el pelo de un ser humano.

_____ El mago sale por la noche rumbo al templo circular para cumplir su propósito sobrenatural.

_____ El soñador envía a su hijo a otro templo, a otras ruinas circulares, donde ejecutará otros ritos idénticos a los de su padre.

_____ El mago se da cuenta de que es el sueño de otro.

_____ El mago pide ayuda del dios Fuego para animar al fantasma soñado y darle vida de manera que solo el Fuego y el propio soñador sepan que no es un hombre verdadero.

_____ El mago tiene dificultad en dormir y en soñar, a pesar de sus muchos intentos, y sufre un fracaso inicial.

_____ El mago sueña con un grupo de alumnos e intenta encontrar un solo alumno que merezca participar en el universo.

_____ El hijo del mago está listo para nacer.

_____ El mago descubre que él mismo puede andar por el fuego sin quemarse.

_____ El mago borra la memoria de su hijo para que olvide sus años de aprendizaje.

### PERSONAJES

1. ¿Qué sabemos del protagonista? ¿Quién es? ¿Cómo es? ¿Qué quiere hacer y por qué?
2. ¿Qué sabemos del "múltiple dios" cuyo "nombre terrenal era Fuego"? ¿Qué significado tiene el dios Fuego en el cuento?
3. ¿Cómo es el "solo alumno" elegido por el mago en su primer intento de "soñar un hombre [. . .] e imponerlo a la realidad"?
4. ¿Cómo es el "hijo" del mago "que estaba listo para nacer" en su segundo intento de "soñar un hombre [. . .] e imponerlo a la realidad"?

### NARRACIÓN

1. ¿Qué tipo de narrador encontramos en "Las ruinas circulares" de Borges? Elige una de las dos alternativas de cada fila.
   a. primera persona              tercera persona
   b. homodiegético                heterodiegético
      (sí forma parte del mundo del   (no forma parte del mundo de
      cuento)                         cuento)
   c. limitado                     omnisciente

    d. dudoso                confiable
    e. su perspectiva es subjetiva    su perspectiva es objetiva
2. ¿Cuál es la actitud del narrador hacia el "propósito" y la "tarea" del protagonista? ¿Cómo es el tono de la narración? Explica con ejemplos textuales.

### INTERPRETACIÓN

1. Compara y contrasta los dos métodos del mago de "soñar un hombre". ¿Por qué sufre "un fracaso inicial?" ¿Por qué tiene más éxito en el segundo intento? ¿Cómo es la relación entre el mago y su "hijo" en cada intento? Considera los términos "existencia" y "esencia" de la filosofía existencialista con respecto a los dos métodos. ¿Empieza el mago su creación con la existencia o con la esencia?

2. ¿Qué significan los sueños en este cuento? ¿Qué importancia tiene el acto de soñar? ¿Cuál es la relación entre sueño y realidad, ilusión y verdad? ¿Tiene más importancia el estado de sueño que el estado de vigilia?

3. ¿Cómo podemos relacionar el proceso de "soñar" o "crear" en este cuento con el trabajo artístico de un escritor? ¿Hay evidencia de que Borges quiera que hagamos esta conexión? ¿Se puede interpretar el cuento como una alegoría de la creación estética o artística?

4. Cuando el protagonista casi destruye su creación, el narrador comenta: "Más le hubiera valido destruirla". ¿Qué quiere decir el narrador con esta declaración? ¿Es su tono irónico?

5. ¿Cuál es la razón por la que el protagonista decide borrar la memoria de su hijo e infundir "el olvido total de sus años de aprendizaje"? ¿Hay otros casos de olvido o amnesia en el cuento?

6. ¿Por qué es importante el hecho de que los eventos ocurren en las ruinas de un antiguo templo? ¿Qué relación hay entre el pasado, presente y futuro en este cuento?

7. ¿Es importante que las ruinas son "circulares"? ¿Qué relevancia tiene el simbolismo del círculo en este cuento? ¿Cuáles son los elementos repetitivos o las frases repetitivas en la narración? ¿Hay también aspectos lineares del cuento?

8. ¿Qué importancia o función tiene "ese múltiple dios": Fuego? ¿Qué ocurre cuando el mago anda a través del fuego? ¿Cuál es la relación entre el dios Fuego, el mago y su "hijo"?

9. ¿Cuál es el propósito de Borges al terminar su cuento con la idea de que el hombre es "una apariencia" también? ¿Tiene el cuento un final trágico, o liberador? ¿Es positivo o negativo el descubrimiento final del

soñador de que "otro estaba soñándolo"? ¿Por qué siente tres emociones tan distintas: "alivio", "humillación" y "terror"?

10. ¿Quién es el primer soñador? ¿Quién empieza el ciclo? Según Borges, ¿hay alguien que también está soñándonos a nosotros: los seres humanos en general o los lectores en particular?

11. ¿Qué importancia tiene el epígrafe en este cuento: *And if he left off dreaming about you . . .*? Esta cita—"Y si él dejase de soñar contigo"— es de la obra *A través del espejo* (*Through the Looking-Glass*) de Lewis Carroll y termina con la frase: "La vida, ¿no es acaso solo un sueño?" (53). El epígrafe citado por Borges surge de una conversación entre Alicia y los gemelos Tarará y Tararí en la que los gemelos dicen a Alicia que ella no es la soñadora sino la soñada. Lee el siguiente fragmento del libro e intenta relacionarlo con el cuento de Borges.

> —Ahora [el Rey Rojo] está soñando. Y ¿a que no adivinas lo que sueña? –exclamó Tararí.
>
> —¡Cualquiera sabe! Nadie puede adivinarlo—repuso Alicia.
>
> —¡Pues te está soñando a ti!—gritó Tarará palmoteando—, ¿y qué ocurriría si dejase de soñar contigo?
>
> —¿Qué me iba a ocurrir? Pues nada. Yo, tranquila—replicó la muchacha.
>
> —¡Qué más quisieras tú!—afirmó a su vez Tarará—. Tú ya no existirías, porque no eres otra cosa que "algo" que sueña el Rey.
>
> —Si él se despertase, tú te desvanecerías como una llamita que se apaga—agregó Tararí.
>
> —No es cierto—replicaba desazonada Alicia—. Si yo soy simplemente "algo" que el Rey sueña, vosotros sois también lo mismo.
>
> —¡Eso, eso!—gritó Tararí, histérico.
>
> Tarará voceó también, y la muchacha se lo reprochó.
>
> —A ver si os calláis que con tanto ruido vais a despertarle.
>
> —Lo veo difícil; además, a ti no te conviene, porque no eres más que objeto de un sueño y no eres un ser real—insistía Tararí con mordacidad.
>
> —Soy un "ser" real—insistía también Alicia lloriqueando.
>
> —No vale la pena llorar, porque no lograrás "ser" algo.
>
> —Si no fuese un "ser" auténtico no lloraría—observaba la muchacha. (53-54)

12. ¿Qué comentario de la relación Dios-hombre o creador-creado plantea Borges en su relato? ¿Cuál(es) de estas conclusiones fomenta Borges en "Las ruinas circulares"?

    a. el hombre es Dios porque crea a otros hombres

    b. existe un Dios todo poderoso que crea al hombre y el hombre, con ayuda de este Dios, crea a otros hombres

c. la creación (el soñado, el hombre) llega a tener más valor que el crea-dor (el soñador, el Dios) dado la cadena infinita (o el regreso infinito) de creadores.

## ANÁLISIS TEXTUAL

Comenta la importancia de las siguientes citas del cuento. Presta atención especial a las partes subrayadas.

1. Quería soñar un hombre: quería soñarlo con integridad minuciosa e imponerlo a la realidad.
2. Buscaba un alma que mereciera participar en el universo.
3. Ese múltiple dios le reveló que su nombre terrenal era Fuego, que en ese templo circular (y en otros iguales) le habían rendido sacrificios y culto y que mágicamente animaría al fantasma soñado, de suerte que todas las criaturas, excepto el Fuego mismo y el soñador, lo pensaran un hombre de carne y hueso. Le ordenó que una vez instruido en los ritos, lo enviaría al otro templo despedazado cuyas pirámides persisten aguas abajo, para que alguna voz lo glorificara en aquel edificio desierto. En el sueño del hombre que soñaba, el soñado se despertó.
4. *El hijo que he engendrado me espera y no existirá si no voy.*
5. Antes (para que no supiera nunca que era un fantasma, para que se creyera un hombre como los otros) le infundió el olvido total de sus años de aprendizaje.
6. Temió que su hijo meditara en ese privilegio anormal y descubriera de algún modo su condición de mero simulacro. No ser un hombre, ser la proyección del sueño de otro hombre ¡qué humillación incomparable, qué vértigo!
7. Con alivio, con humillación, con terror, comprendió que él también era una apariencia, que otro estaba soñándolo.

## TEMAS PRINCIPALES

1. Escribe un ensayo en el que expliques la importancia de uno de los siguientes temas en el cuento "Las ruinas circulares". Como evidencia, cita partes del texto y da ejemplos específicos.
   a. La importancia de los sueños y el poder de la imaginación
   b. Las relaciones Dios-hombre, creador-creado, padre-hijo y/o autor-ficción

c. La crisis existencialista respecto a las limitaciones del hombre y su falta de autodeterminación

d. La celebración del hombre y de su habilidad de determinar, imaginar o crear su propia vida

2. Discute o debate cuál de los temas anteriores es más importante en el cuento y por qué.

## CRÍTICA LITERARIA

Lee las siguientes interpretaciones de varios críticos literarios sobre el cuento "Las ruinas circulares" de Borges. Decide si estás **de acuerdo** o **en desacuerdo** con cada interpretación dada. Cita un ejemplo textual o un pasaje directo de la obra para **apoyar** o **refutar** cada interpretación dada.

### La circularidad en "Las ruinas circulares"

*Crítico A*

"La presencia de dos soñadores sugiere la eventualidad de una serie infinita que se repite en forma cíclica. [. . .] Cada proyección se da en forma paralela, sincrónica y a un tiempo, diacrónica, constituyendo 'un laberinto de espejos', cuyo centro sería el 'mago preexistente' que sueña que, a su vez, sueña". (Fernández March 81-82)

*Crítico B*

"[L]a acción se inicia con el mundo del agua, mundo ambiguo pues el agua puede simbolizar vida pero también muerte; y termina con el mundo del fuego, mundo también paradójico, caótico a la vez purificador. Este valor indecidible conecta de lleno con la función que desempeñan fuego y agua como factores cosmológicos: ambos son símbolos cíclicos y reversibles". (Caro Valverde 331)

*Crítico C*

"[L]a circularidad de las ruinas parece sugerir que no hay ningún 'dios detrás del dios', que todo es inmanencia, que el mundo plasmado aquí por Borges es un sueño sin soñador, cuyo argumento está compuesto por soñadores que sueñan-que-sueñan y que son soñados. Es lo que, en 'Avatares de la tortuga", Borges llamará 'la indivisa divinidad que obra en nosotros'". (Almeida 85)

*Crítico D*

"El tiempo [. . .] está fijado en un orden cíclico continuo, repetitivo, y en el cual concurren todos los seres del orbe. [. . .] El tema que subyace latente en el relato es el de la vida o el mundo como sueño; la existencia aparece como operación exclusiva de la mente y del sueño, y se sufre a sí misma como una pesadilla. El sacerdote que sueña un hombre es a la vez el sueño de otro hombre y éste a su vez será el sueño de otro, y así hasta el sinfín, en un *regressus in infinitum*. Es el eterno retorno [. . .] un complejo juego cíclico donde la existencia de un soñador hace posible una serie infinita de soñadores. La condición humana se interpreta como un inútil peregrinar, como una búsqueda sin principio ni término. [. . .] La propia vida es una engañosa representación que el hombre se forja: todo es un sueño, una mera ilusión. El sueño aparece así como la facultad creativa del hombre y está presentado como su única posibilidad fundamental, el propósito de su vida". (Arango 251)

*Tu propia interpretación*
Escribe tu propia interpretación de "Las ruinas circulares" respecto al tema de la circularidad.

## Los dos métodos de soñar un hombre
*Crítico A*
"'Las ruinas circulares' es, fundamentalmente, el relato de un nacimiento milagroso y de una epifanía. [. . .] El solitario arbitrio de la mente masculina oficia una inmaculada concepción, que reemplaza y niega la vehemencia carnal del coito [. . .]. [El] 'nicho sepulcral' es la contraimagen del lecho conyugal, así como el sueño hace superflua la cópula. [. . .] Cuando el asceta retoma su proyecto [en el segundo intento], en efecto, la modalidad de invención difiere: en vez de comenzar con una asamblea de vástagos potenciales o con un solo espectro perspicaz, el mago inicia su tarea soñando 'con un corazón que latía'. Es posible contrastar la visión de conjunto que preside el inicio de la primera fase con el encuadre fragmentario de la segunda. [. . .] Más relevante, sin embargo, parece otro cambio: en la tentativa trunca, la partenogénesis comenzaba con la evaluación del ego; en la definitiva, el cuerpo—la *imago* del cuerpo, para ser exacto, reclama sus fueros [. . .]. Si el modelo de la primera gestación era pedagógico y dialéctico, aquel con el cual comienza la segunda es anatómico y orgánico". (Elmore 305, 308, 321-323)

*Crítico B*
"El mago de 'Las ruinas circulares' ensaya dos métodos distintos para soñar a un hombre 'e imponerlo a la realidad'. El primero, por selección, fracasa; el segundo, por saturación, triunfa. [. . .] El método de selección [. . .] coincide con la hipótesis [del filósofo Berkeley] de la existencia de arquetipos de

los que las cosas serían copias. [. . .] En cambio, el método de saturación se presenta como tentador, porque ya parece haber dado sus pruebas: pensar perfectamente, perfección por perfección, un ser perfecto, hay quien dijo que es lo mismo que imponerlo a la realidad. Tal es el esquema de la prueba concebida por San Anselmo y consagrada por Descartes, que Kant, al combatirla, llamó 'argumento ontológico'". (Almeida 70)

*Crítico C*

"En 'Las ruinas circulares' [. . .] aparecen ensayos [. . .]: se comienza soñando 'nubes de alumnos taciturnos' de las que el protagonista tratará de aislar a uno que mereciera dar el salto al orden de la 'realidad'. Es un proceso que podríamos denominar 'deductivo' o sustractivo, que al final redunda en el fracaso: una noche no puede 'congregar el colegio' y después de una etapa de purificación ascética el hombre decide emprender la tarea siguiendo otro método: el inductivo-aditivo (por agregación o saturación [. . .]). Primero, sueña el corazón y luego, poco a poco, todos los órganos, perfeccionándolos progresivamente, hasta que surge el hombre en su integridad". (Mesa Gancedo 14)

*Tu propia interpretación*

Escribe tu propia interpretación de "Las ruinas circulares" respecto al tema de los dos métodos de soñar un hombre.

## El acto de escribir y leer

*Crítico A*

"[E]l hombre que cree ser creador de sueños, al final resulta ser el sueño del otro. [. . .] Borges plantea una paradoja que aparece en muchos de sus cuentos: el artista, creador singular, acaba por ser mera repetición dentro de una serie infinita de artistas y creaciones. En este caso el creador es también creación (objeto creado)". (Abeyta 77, 79)

*Crítico B*

"[N]os proponemos estudiar el cuento 'Las ruinas circulares' como una metáfora de la creación literaria. [. . .] Se nos presenta, pues, una relación de tipo homológica entre las acciones del hombre que sueña (al que llamaremos hombre 1), el hombre soñado (al que llamaremos hombre 2), y un hombre X, que sueña a su vez al hombre 1. [. . .] Tiene que existir un hombre X que haya formado al hombre 1 en un templo circular X, ya que el hombre 1 es 'soñado' por alguien. Surge, pues, la pregunta de quién es ese hombre X y qué es el templo circular X. En un primer nivel, nos parece indudable que ese hombre X sea el autor, Borges, puesto que éste es el creador del personaje al que hemos llamado hombre 1, y es también el responsable de que en el cuento no se nos indique nada del pasado ni nombre de éste; de que la trama comience justamente cuando el protagonista llega al templo circular 1. Pero, tomando en cuenta que Borges nos entrega en el cuento un personaje amnésico, y que es el lector el que reconstruye los antecedentes de éste a partir de claves e indicaciones del texto, tenemos que concluir que el hombre X que crea al hombre 1, es también el lector. [. . .] Si tomamos en cuenta que en este cuento se introduce al final la existencia de un hombre X—que sueña al hombre 1—y que ese hombre X es una conjunción del autor y el lector del relato, tenemos que aceptar que el sueño está codificado en este cuento como la acción de leer y escribir un relato, de crear y recrear una historia". (Rabell 96, 97, 98, 99)

*Crítico C*
"El escritor, un soñador profesional, decide imponer a la realidad sus obras, los productos de la mente. Esta empresa obsesionante le insume todas sus fuerzas [. . .] y le hace descuidar su propia subsistencia. [. . .] El autor, como el mago, es la víctima de su propio sueño; su realidad queda contaminada por la irrealidad de su obra. La toma de conciencia de este hecho por parte del autor (el mago advierte que el fuego no lo quema) provoca una triple reacción, de alivio, humillación y terror que, en su conjunto, es síntoma de la desestabilización de su propia identidad. [. . .] Se ha identificado al mago con el autor para no distraer el análisis, pero, lógicamente, [. . .] no es necesario aclarar que esa figura está repartida entre el autor y el lector, los dos 'hacedores', soñadores voluntarios que ponen en acto la obra; que dan vida a ese hijo y lo interpolan en la realidad. Ante el hecho crucial de escribir o leer, ambos quedan igualmente humillados, incómodos, porque ese hijo que han procreado (o 'permitido') en la lectura o la escritura, cuestiona los valores, desestabiliza la propia identidad". (Fleming 470, 472)

*Tu propia interpretación*
Escribe tu propia interpretación de "Las ruinas circulares" respecto al tema del acto de escribir y leer.

**A NIVEL PERSONAL**

Discute los siguientes temas con un compañero de clase. Prepárense para compartir sus ideas con los demás compañeros de clase.

1. ¿Cómo explicas el origen de tu existencia? ¿A quién atribuyes el hecho de haber nacido? ¿Quién es dueño o responsable de tu vida, tus actos, tus logros, tus experiencias, etc.?

2. ¿Crees en la autonomía y libertad personal del ser humano? ¿Somos libres de crear nuestra propia vida? ¿En qué sí y en qué no?

3. ¿Cómo te afecta tu pasado? Si pudieras, ¿borrarías algunas partes de tu memoria? ¿Por qué sí o no?

## NOTAS

1. El epígrafe con el cual comienza Borges su cuento es una cita de la obra *Through the Looking-Glass* (*A través del espejo*) de Lewis Carroll. Se traduce la frase al español como "Y si él dejase de soñar contigo".

2. El idioma zend es una de las más antiguas lenguas de la familia indoeuropea. Se refiere a una lengua iraní antigua constituida por las partículas de muchísimas lenguas ya conocidas. El *Avesta,* una colección de textos sagrados de la antigua Persia pertenecientes a la religión zoroastriana, está escrito en el idioma zend. (Tomado de *Wikipedia:* "Avesta")

3. Cosmogonía se refiere a la ciencia, filosofía o religión que trata del origen, la formación y la organización del universo. El adjetivo "gnóstico" viene de la doctrina del gnosticismo que es "un conjunto de corrientes sincréticas filosófico-religiosas que llegaron a mimetizarse con el cristianismo en los tres primeros siglos de nuestra era, convirtiéndose finalmente en un pensamiento declarado herético después de una etapa de cierto prestigio entre los intelectuales cristianos". Dada la enorme diversidad de doctrinas y escuelas gnósticas, es difícil hablar de un solo gnosticismo. Algunos aspectos comunes de su pensamiento, no obstante, podrían ser su "carácter iniciático", la idea de que el "conocimiento de las verdades trascendentes producía la salvación", el carácter dualista del bien frente al mal, del espíritu frente a la materia, del ser supremo frente al Demiurgo y el establecimiento de "jerarquías espirituales y humanas". (Tomado de *Wikipedia:* "Gnosticismo")

4. El demiurgo, según la filosofía gnóstica, es el creador u ordenador de lo material. Al "multiplicar con su creación la materia", lo considera un "ser malvado y [el] opuesto al verdadero ser supremo del cual surgió". Por eso, existe una jerarquía espiritual en el gnosticismo. "En la cima de los seres existe un Dios, un ser perfecto e inmanente, inmutable e inaccesible, cuya propia perfección hace que no tenga relación con el resto de seres imperfectos [. . .]. [A]ntítesis y culmen de la degeneración progresiva de los seres espirituales [es el demiurgo, origen del mal que crea el mundo y la materia y a su vez encadena] la esencia espiritual de los hombres a la prisión de la carne". (Tomado de *Wikipedia:* "Gnosticismo")

5. *Las mil y una noches* es una recopilación de cuentos árabes del Oriente Medio medieval que utiliza la técnica del relato enmarcado o *mise en abyme.* La narradora de las historias es Scheherezade, hija del visir, que trama un plan para poner fin a las matanzas del sultán Schariar. El sultán, al descubrir que su primera esposa le había sido infiel, había decapitado a la sultana y a todas las mujeres de la corte y luego había decidido casarse con una virgen cada día y mandarla a ser decapitada al día siguiente. Scheherazade se ofrece como esposa del sultán y en la misma noche de la boda le cuenta una historia al rey, pero interrumpe el relato antes de terminarlo y promete el final para la noche siguiente. Entusiasmado por el cuento, el sultán no mata a Scheherazade aquella noche ni durante mil y una noches, ya que ella siempre deja de narrar en un momento de suspenso y termina cada cuento con el comienzo de otro. Su narración sirve para prolongarle la vida, lo cual establece una conexión muy fuerte entre el acto de narrar y de vivir. Después de mil y una noches, el sultán aprende de las moralejas de los cuentos, ama de verdad a Scheherezade y la convierte en su sultana. (Tomado de *Wikipedia:* "Las mil y una noches")

# Capítulo 8

# "Axolotl" (1952) de Julio Cortázar

### JULIO CORTÁZAR

Julio Cortázar nació en Bruselas, Bélgica, el 26 de agosto de 1914, de padres argentinos, y murió en París el 12 de febrero de 1984. Llegó a Argentina a los cuatro años de edad, en 1918, y creció en Banfield, un suburbio de Buenos Aires. En 1932 sacó el título de maestro primario. En 1935 comenzó la carrera de Filosofía y Letras en la Universidad de Buenos Aires, aunque nunca completó sus estudios por razones económicas. Durante varios años trabajó como maestro rural en distintos pueblos del interior de Argentina. En los años cuarenta, por problemas políticos debidos a sus declaraciones contra el peronismo, tuvo que abandonar su puesto de profesor ("Julio Cortázar. Biografía"). Aceptó un trabajo en la Cámara Argentina del Libro y empezó a publicar artículos y cuentos en revistas literarias.  Tras obtener el título de traductor de inglés y francés en 1948, se trasladó a París en 1951 con una beca del gobierno francés. Desde entonces, trabajó como traductor independiente de la UNESCO y residió permanentemente en Francia el resto de su vida.

Cortázar es conocido como escritor de novelas y cuentos. Sus obras combinan cuestiones existenciales y filosóficas con técnicas literarias experimentales e innovadoras. Mezcla lo fantástico y surrealista con elementos de la realidad cotidiana para poner en duda los esquemas convencionales de pensamiento y razonamiento. Como gran seguidor de Jorge Luis Borges, Cortázar trata temas semejantes, como el azar, el juego, el acto de la lectura y las inversiones temporales y espaciales. También se le conoce por su forma de tratar los sentimientos y las emociones, por su alto nivel intelectual y por su fervor por las causas sociales. "Axolotl" forma parte de la colección de relatos titulada *Final del juego* (1956). A pesar de haber publicado desde que tenía 20 años, no se hizo famoso hasta la publicación de *Rayuela*, su obra maestra, en 1963. En 1973 recibió el Premio Médicis en París y en 1984, el Premio de Honor Konex en Argentina.

## ANTES DE LEER

Discute las siguientes preguntas con un compañero de clase:

1. ¿Tienes una mascota? Si sí, descríbela y comenta tu relación con ella. Si no, ¿qué tipo de mascota te gustaría tener y por qué?
2. ¿Recuerdas alguna criatura rara que aparezca en la mitología que has leído? ¿Cómo se compara tu mascota con esa(s) criatura(s)?
3. ¿Has soñado con alguna criatura rara o inventada alguna vez? Habla de esto.

## PARA ORIENTAR AL LECTOR

"Axolotl" se centra en la obsesión del narrador con un animal misterioso, el axolotl. El cuento describe la fuerte conexión que tiene el narrador con los axolotl y cómo esta relación cambia su perspectiva.

Durante la lectura, debes fijarte en los siguientes temas y conceptos:

- La inmovilidad y el encarcelamiento
- La soledad y el aislamiento
- La transformación y la metamorfosis
- La empatía y la habilidad de compartir sentimientos con otro ser

## "AXOLOTL"

Hubo un tiempo en que yo pensaba mucho en los axolotl.[1] Iba a verlos al acuario del Jardin des Plantes[2] y me quedaba horas mirándolos, observando su inmovilidad, sus oscuros movimientos. Ahora soy un axolotl.

El **azar** me llevó hasta ellos una mañana de primavera en que París abría su cola de pavorreal después de la lenta **invernada**. Bajé por el bulevar de Port-Royal, tomé St. Marcel y L'Hôpital, vi los verdes entre tanto gris y me acordé de los leones. Era amigo de los leones y las panteras, pero nunca había entrado en el húmedo y oscuro edificio de los acuarios. Dejé mi bicicleta contra las rejas y fui a ver los tulipanes. Los leones estaban feos y tristes y mi pantera dormía. Opté por los acuarios, **soslayé** peces vulgares hasta dar inesperadamente con los axolotl. Me quedé una hora mirándolos y salí, incapaz de otra cosa.

En la biblioteca Saint-Geneviève[3] consulté un diccionario y supe que los axolotl son formas larvales, provistas de **branquias**, de una especie de **batracios** del género **amblistoma**. Que eran mexicanos lo sabía ya por ellos mismos, por sus pequeños rostros rosados aztecas y el cartel en lo alto del acuario. Leí que se han encontrado ejemplares en África capaces de vivir en tierra durante los períodos de sequía, y que continúan su vida en el agua al llegar la estación de las lluvias. Encontré su nombre español, ajolote, la mención de que son comestibles y que su aceite se usaba (se diría que no se usa más) como el de **hígado** de **bacalao**.

No quise consultar obras especializadas, pero volví al día siguiente al Jardin des Plantes. Empecé a ir todas las mañanas, a veces de mañana y de tarde. El **guardián** de los acuarios sonreía **perplejo** al recibir el billete. Me apoyaba en la barra de hierro que bordea los acuarios y me ponía a mirarlos. No hay nada de extraño en esto, porque desde un primer momento comprendí que estábamos **vinculados**, que algo infinitamente perdido y distante seguía sin embargo uniéndonos. Me había bastado detenerme aquella primera mañana ante el cristal donde unas burbujas corrían en el agua. Los axolotl **se amontonaban** en el **mezquino** y **angosto** (sólo yo puedo saber cuán angosto y mezquino) piso de piedra y **musgo** del acuario. Había nueve ejemplares, y la mayoría apoyaba la cabeza contra el cristal, mirando con sus ojos de oro a los que se acercaban. **Turbado**, casi **avergonzado**, sentí como una **impudicia** asomarme a esas figuras silenciosas e inmóviles **aglomeradas** en el fondo del acuario. Aislé mentalmente una, situada a la derecha y algo separada de las otras, para estudiarla mejor. Vi un cuerpecito rosado y como **translúcido** (pensé en las estatuillas chinas de cristal **lechoso**), semejante a un pequeño lagarto de quince centímetros, terminado en una cola de pez de una delicadeza extraordinaria, la parte más sensible

azar casualidad
invernada estación de invierno
soslayar pasar por alto o de largo, evitar
branquia órgano respiratorio de muchos animales acuáticos
batracio antigua denominación de la clase de los anfibios
amblistoma género de batracios que tienen por tipo el ajolote
hígado órgano glandular del aparato digestivo
bacalao pez marino muy apreciado como alimento
guardián vigilante
perplejo confuso
vinculado unido
amontonarse agruparse, juntarse
mezquino pequeño; despreciable
angosto estrecho
musgo planta que cubre superficies húmedas
turbado confuso
avergonzado que siente vergüenza
impudicia descaro
aglomeradas agrupadas, reunidas
translúcido semitransparente, que deja pasar alguna luz
lechoso semejante a la leche

de nuestro cuerpo. Por el lomo le corría una aleta transparente que se fusionaba con la cola, pero lo que me obsesionó fueron las patas, de una finura sutilísima, acabadas en menudos dedos, en uñas minuciosamente humanas. Y entonces descubrí sus ojos, su cara. Un rostro inexpresivo, sin otro rasgo que los ojos, dos **orificios** como cabezas de **alfiler**, enteramente de un oro transparente, **carentes** de toda vida pero mirando, dejándose penetrar por mi mirada que parecía pasar a través del punto **áureo** y perderse en un **diáfano** misterio interior. Un delgadísimo **halo** negro rodeaba el ojo y los inscribía en la carne rosa, en la piedra rosa de la cabeza vagamente triangular pero con lados curvos e irregulares, que le daban una total semejanza con una estatuilla **corroída** por el tiempo. La boca estaba disimulada por el plano triangular de la cara, sólo de perfil se adivinaba su tamaño considerable; de frente una fina **hendedura rasgaba** apenas la piedra sin vida. A ambos lados de la cabeza, donde hubieran debido estar las orejas, le crecían tres ramitas rojas como de coral, una **excrecencia** vegetal, las branquias, supongo. Y era lo único vivo en él, cada diez o quince segundos las ramitas **se enderezaban** rígidamente y volvían a bajarse. A veces una pata se movía apenas, yo veía los **diminutos** dedos posándose con suavidad en el musgo. Es que no nos gusta movernos mucho, y el acuario es tan mezquino; apenas avanzamos un poco nos damos con la cola o la cabeza de otro de nosotros; surgen dificultades, peleas, fatiga. El tiempo se siente menos si nos estamos quietos.

Fue su quietud la que me hizo inclinarme fascinado la primera vez que vi los axolotl. Oscuramente me pareció comprender su voluntad secreta, abolir el espacio y el tiempo con una inmovilidad indiferente. Después supe mejor, la contracción de las branquias, el **tanteo** de las finas patas en las piedras, la **repentina** natación (algunos de ellos nadan con la simple **ondulación** del cuerpo) me probó que eran capaces de evadirse de ese **sopor** mineral en que pasaban horas enteras. Sus ojos, sobre todo, me obsesionaban. Al lado de ellos, en los restantes acuarios, diversos peces me mostraban la simple estupidez de sus hermosos ojos semejantes a los nuestros. Los ojos de los axolotl me decían de la presencia de una vida diferente, de otra manera de mirar. Pegando mi cara al vidrio (a veces el guardián tosía, inquieto) buscaba ver mejor los diminutos puntos áureos, esa entrada al mundo infinitamente lento y remoto de las criaturas rosadas. Era inútil golpear con el dedo en el cristal, delante de sus caras; jamás se advertía la menor reacción. Los ojos de oro seguían ardiendo con su dulce, terrible luz; seguían mirándome desde una profundidad **insondable** que me daba vértigo.

Y sin embargo estaban cerca. Lo supe antes de esto, antes de ser un axolotl. Lo supe el día en que me acerqué a ellos por primera vez. Los rasgos antropomórficos de un mono revelan, al revés de lo que cree la mayoría, la distancia que va de ellos a nosotros. La absoluta falta de semejanza de los axolotl con el ser humano me probó que mi reconocimiento era válido, que no me apoyaba en analogías fáciles. Sólo las manecitas . . . Pero una lagartija tiene también

---

**orificio** abertura que comunica los órganos con el exterior

**alfiler** clavillo metálico

**carente** privado de

**áureo** dorado

**diáfano** claro, transparente

**halo** círculo luminoso

**corroída** gastada, erosionada

**hendedura** corte en una superficie que no llega a dividirla del todo

**rasgar** romper

**excrecencia** bulto que crece

**enderezarse** ponerse derecho

**diminuto** muy pequeño

**tanteo** acción de reconocer tentativamente por medio del tacto

**repentina** rápida, imprevista

**ondulación** movimiento en forma de curvas

**sopor** letargo, adormecimiento,

**insondable** que no se puede conocer del todo; incomprensible

manos así, y en nada se nos parece. Yo creo que era la cabeza de los axolotl, esa forma triangular rosada con los ojitos de oro. Eso miraba y sabía. Eso reclamaba. No eran *animales*.

Parecía fácil, casi obvio, caer en la mitología. Empecé viendo en los axolotl una metamorfosis que no conseguía anular una misteriosa humanidad. Los imaginé conscientes, esclavos de su cuerpo, infinitamente condenados a un silencio **abisal**, a una reflexión desesperada. Su mirada ciega, el diminuto disco de oro inexpresivo y sin embargo terriblemente lúcido, me penetraba como un mensaje: «Sálvanos, sálvanos». Me sorprendía **musitando** palabras de consuelo, transmitiendo **pueriles** esperanzas. Ellos seguían mirándome, inmóviles; de pronto las ramillas rosadas de las branquias se enderezaban. En ese instante yo sentía como un dolor sordo; tal vez me veían, captaban mi esfuerzo por penetrar en lo impenetrable de sus vidas. No eran seres humanos, pero en ningún animal había encontrado una relación tan profunda conmigo. Los axolotl eran como **testigos** de algo, y a veces como horribles **jueces**. Me sentía **innoble** frente a ellos, había una pureza tan **espantosa** en esos ojos transparentes. Eran larvas, pero larva quiere decir máscara y también fantasma. Detrás de esas caras aztecas, inexpresivas y sin embargo de una crueldad implacable, ¿qué imagen esperaba su hora?

Les temía. Creo que de no haber sentido la proximidad de otros visitantes y del guardián, no me hubiese atrevido a quedarme solo con ellos. «Usted se los come con los ojos», me decía riendo el guardián, que debía suponerme un poco **desequilibrado**. No se daba cuenta de que eran ellos los que me **devoraban** lentamente por los ojos, en un **canibalismo** de oro. Lejos del acuario no hacía más que pensar en ellos, era como si me influyeran a distancia. Llegué a ir todos los días, y de noche los imaginaba inmóviles en la oscuridad, adelantando lentamente una mano que de pronto encontraba la de otro. Acaso sus ojos veían en plena noche, y el día continuaba para ellos indefinidamente. Los ojos de los axolotl no tienen párpados.

Ahora sé que no hubo nada de extraño, que eso tenía que ocurrir. Cada mañana, al inclinarme sobre el acuario, el reconocimiento era mayor. Sufrían, cada fibra de mi cuerpo alcanzaba ese sufrimiento **amordazado**, esa tortura rígida en el fondo del agua. **Espiaban** algo, un remoto **señorío aniquilado**, un tiempo de libertad en que el mundo había sido de los axolotl. No era posible que una expresión tan terrible que alcanzaba a vencer la inexpresividad forzada de sus rostros de piedra no **portara** un mensaje de dolor, la prueba de esa condena eterna, de ese **infierno** líquido que **padecían**. Inútilmente quería probarme que mi propia sensibilidad proyectaba en los axolotl una conciencia inexistente. Ellos y yo sabíamos. Por eso no hubo nada de extraño en lo que ocurrió. Mi cara estaba pegada al vidrio del acuario, mis ojos trataban una vez más de penetrar el misterio de esos ojos de oro sin iris y sin pupila. Veía de muy cerca la cara de

**abisal** abismal, hondo, profundo

**musitar** hablar muy bajo, susurrar

**pueril** trivial, fútil

**testigo** persona que da testimonio, especialmente en un acto judicial; persona que presencia o adquiere conocimiento directo de una cosa

**juez** persona que tiene autoridad para juzgar y sentenciar; árbitro

**innoble** sin nobleza

**espantosa** turbadora; intensa; enorme

**desequilibrado** poco estable, sin equilibrio mental

**devorar** comer o tragar con ansia

**canibalismo** costumbre de comer carne de seres de la propia especie

**amordazado** acallado, silenciado

**espiar** observar o escuchar a escondidas

**señorío** dominio

**aniquilado** destruido

**portar** llevar

**infierno** tormento y castigo de los condenados

**padecer** sufrir algo dañino o nocivo

un axolotl inmóvil junto al vidrio. Sin transición, sin sorpresa, vi mi cara contra
el vidrio, en vez del axolotl vi mi cara contra el vidrio, la vi fuera del acuario,
la vi del otro lado del vidrio. Entonces mi cara se apartó y yo comprendí.

Sólo una cosa era extraña: seguir pensando como antes, saber. Darme cuenta
de eso fue en el primer momento como el horror del **enterrado** vivo que despierta a su destino. Afuera, mi cara volvía a acercarse al vidrio, veía mi boca de
labios apretados por el esfuerzo de comprender a los axolotl. Yo era un axolotl y
sabía ahora instantáneamente que ninguna comprensión era posible. Él estaba
fuera del acuario, su pensamiento era un pensamiento fuera del acuario. Cono-
ciéndolo, siendo él mismo, yo era un axolotl y estaba en mi mundo. El horror
venía—lo supe en el mismo momento—de creerme prisionero en un cuerpo
de axolotl, **transmigrado** a él con mi pensamiento de hombre, enterrado vivo
en un axolotl, condenado a moverme **lúcidamente** entre criaturas **insensibles**.
Pero aquello cesó cuando una pata vino a rozarme la cara, cuando moviéndome
apenas a un lado vi a un axolotl junto a mí que me miraba, y supe que también
él sabía, sin comunicación posible pero tan claramente. O yo estaba también
en él, o todos nosotros pensábamos como un hombre, incapaces de expresión,
limitados al **resplandor** dorado de nuestros ojos que miraban la cara del hombre
pegada al acuario.

Él volvió muchas veces, pero viene menos ahora. Pasa semanas sin aso-
marse. Ayer lo vi, me miró largo rato y se fue bruscamente. Me pareció que no
se interesaba tanto por nosotros, que obedecía a una costumbre. Como lo único
que hago es pensar, pude pensar mucho en él. Se me ocurre que al principio
continuamos comunicados, que él se sentía más que nunca unido al misterio
que lo obsesionaba. Pero los puentes están cortados entre él y yo, porque lo que
era su obsesión es ahora un axolotl, **ajeno** a su vida de hombre. Creo que al
principio yo era capaz de volver en cierto modo a él—ah, sólo en cierto modo—,
y mantener alerta su deseo de conocernos mejor. Ahora soy definitivamente un
axolotl, y si pienso como un hombre es sólo porque todo axolotl piensa como
un hombre dentro de su imagen de piedra rosa. Me parece que de todo esto
alcancé a comunicarle algo en los primeros días, cuando yo era todavía él. Y en
esta soledad final, a la que él ya no vuelve, me consuela pensar que acaso va a
escribir sobre nosotros, creyendo imaginar un cuento va a escribir todo esto
sobre los axolotl.

**enterrado** puesto bajo tierra

**transmigrado** pasado de un
lugar o estado a otro
**lúcidamente** con claridad mental
**insensible** sin sensibilidad o
sentido; poco emotivo

**resplandor** luz muy clara, brillo

**ajeno** extraño a alguien; que
pertenece a otro; que no tiene
conocimiento de algo

## DE RELEVANCIA PARA EL TEXTO

Cortázar vivió tanto la infancia como la adolescencia e incipiente madurez
en Argentina, aunque nació en Bélgica y vivió desde la década de 1950 en

Europa con residencias en Italia, España, Suiza y Francia ("Julio Cortázar"). Se estableció en París en 1951 y residió allí hasta su muerte en 1984. Dijo en una entrevista titulada "La vuelta a Julio Cortázar en 80 preguntas", hecha por Hugo Guerrero Marthineitz, que estaba viviendo aquí en Argentina, aunque realmente estaba viviendo en Francia en el momento de la entrevista, en 1973. El autor argentino explicó en más detalle su respuesta: "Yo estoy viviendo aquí, [. . .] porque me da la impresión de que los ocho o diez libros que llevo escritos son libros muy argentinos. No hubiera podido escribirlos sin estar, en lo entrañable, viviendo aquí. Esos libros, aunque físicamente hayan sido escritos lejos, son libros argentinos y creo que mis lectores lo saben también. Entonces la presencia física en la Argentina debería responder a otro tipo de actividades, pero por el momento mis actividades siguen siendo las de un novelista, las de un cuentista. Por otra parte, todo lo que sea hipócrita me es profundamente repugnante. Yo me siento muy bien en Francia; desde joven tuve una gran afinidad por un cierto tipo de cultura y de mentalidad francesa. Es decir que puedo estar allá sin dejar de estar aquí" (citado en Guerrero Marthineitz). Cortázar explica su afinidad por Francia en la misma entrevista: "Lo que siempre me gustó de Francia es que, siendo yo un hombre por naturaleza solitario, tímido y muy metido en sí mismo—características argentinas, por lo menos en mi generación—, encontré en Francia un país de gente profundamente respetuosa de la soledad y de la vida privada ajena. Yo no podría vivir en Italia, con todo mi amor por Italia, porque el italiano es un hombre generosamente invasor. Se mete por la puerta, la ventana, con la voz, con el cuerpo, con el deseo de llevarlo a uno a todos lados, con esa hospitalidad desbordante. Es un poco el caso de los españoles, también. Son pueblos que yo amo y países en los que soy feliz durante un mes, cuando me voy de viaje; luego vuelvo a París, donde cada uno vive en lo suyo y yo también empiezo a vivir en lo mío, y me siento muy bien" (citado en Guerrero Marthineitz).

Además de su obra como escritor, Cortázar fue también un reconocido traductor. De hecho, es uno de los ejemplos más representativos y conocidos de escritor-traductor. Tras haber alcanzado un gran reconocimiento por su labor como traductor, consiguió un renombre internacional como escritor. Cortázar se considera a sí mismo "un traductor metido a escritor". Según el propio autor: "Pienso también que lo que me ayudó fue el aprendizaje, muy temprano, de lenguas extranjeras y el hecho de que la traducción, desde un comienzo, me fascinó. Si yo no fuera un escritor, sería un traductor" (González Bermejo 18). Desde 1937 tradujo para la revista francesa *Leoplán*, aunque su primera traducción literaria fue *Robinson Crusoe* de Daniel Defoe (1945). En 1948 obtuvo el título de traductor público de inglés y francés y comenzó a trabajar para organismos internacionales como la UNESCO y la Comisión de Energía Atómica. Hasta 1951 trabajó también como traductor para la Cámara Argentina del Libro. Ese año, se mudó a Francia y siguió trabajando como traductor independiente para la UNESCO. Inició la traducción de la obra en prosa de Edgar Allan Poe en 1953 y publicó la traducción de *Memorias de Adriano* de Marguerite Yourcenar en 1955, año en que Cortázar comenzó a dedicarse más a la escritura, aunque sin llegar a dejar totalmente la traducción.

## TRAMA

1. Escribe un resumen de este cuento en un máximo de cinco oraciones. Concéntrate en los momentos más importantes de la trama.
2. Haz un gráfico de la trama usando solamente dibujos y símbolos, pero sin palabras.
3. Compara tu resumen escrito y tu gráfico de la trama con un compañero de clase y discute las semejanzas y diferencias.

## PERSONAJES

1. ¿Cómo describirías al protagonista? ¿Qué sabemos de él? ¿Por qué está tan obsesionado con los axolotl? ¿Qué efecto tienen los axolotl sobre él?
2. Elige los 5 rasgos más importantes de los "axolotl", según tu interpretación del cuento:
   - **inmovilidad**; figuras [. . .] inmóviles; oscuros movimientos; su quietud; una inmovilidad indiferente
   - **formas larvales**; Eran larvas, pero larva quiere decir máscara y también fantasma
   - eran **mexicanos**; sus pequeños rostros rosados **aztecas**; esas caras aztecas inexpresivas
   - se han encontrado ejemplares en África capaces de **vivir en tierra** durante los períodos de sequía; continúan su **vida en el agua** al llegar la estación de las lluvias
   - **su nombre español, ajolote**
   - son **comestibles**; su aceite se usaba
   - Los axolotl se **amontonaban** en el mezquino y angosto [. . .] piso de piedra y musgo del acuario; figuras [. . .] **aglomeradas** en el fondo del acuario
   - la mayoría apoyaba la cabeza contra el cristal; **mirando** con sus ojos de oro a los que se acercaban; carentes de toda vida pero mirando; otra manera de mirar; Los ojos de oro seguían ardiendo con su

dulce, terrible luz; seguían mirándome desde una profundidad insondable que me daba vértigo; eran ellos los que me devoraban lentamente por los ojos en un canibalismo de oro

- figuras **silenciosas**
- un cuerpecito rosado y como **translúcido**; enteramente de un oro **transparente**
- semejante a un pequeño **lagarto** [. . .] terminado en una cola de **pez** [. . . con] una **aleta** transparente que se fusionaba con la cola; las **patas** [. . .] de una finura sutilísima, acabadas en menudos **dedos**, en **uñas** minuciosamente **humanas**
- un diáfano **misterio interior**
- A ambos lados de la cabeza, **donde hubieran debido estar las orejas, le crecían tres ramitas rojas** como de coral, una excrecencia vegetal, **las branquias** supongo; Y era **lo único vivo en él**, cada diez o quince segundos las ramitas se enderezaban rígidamente y volvían a bajarse
- **No eran seres humanos**, pero en ningún animal había encontrado **una relación tan profunda** conmigo.
- Los axolotl eran como **testigos** de algo, y a veces como horribles **jueces**.
- había una **pureza** tan espantosa en esos ojos transparentes
- los axolotl **no tienen párpados**; esos ojos de oro **sin iris y sin pupila**

3. Compara tus cinco elecciones con otro estudiante. Explica por qué los rasgos elegidos son importantes. Intenta aclarar el significado de los axolotl para el protagonista, el cuento y el autor. ¿Qué representan o simbolizan?

## NARRACIÓN

1. ¿Por qué habla el narrador en primera y tercera persona? ¿Cuál es el efecto de entremezclar los pronombres yo/ellos, nosotros/él? ¿Cuál es el efecto de entremezclar el presente, futuro y pasado a lo largo del cuento?
2. ¿Cuántos narradores hay? ¿Es "el narrador humano" y "el narrador axolotl" el mismo ser? ¿Cómo y cuándo cambia la narración entre las dos perspectivas?
3. ¿Tiene el narrador—como hombre y/o como axolotl—una perspectiva omnisciente, o limitada? Apoya tu respuesta con ejemplos textuales.

## INTERPRETACIÓN

1. ¿Es la conexión entre el hombre y los axolotl más afectiva, o intelectiva? Explica tu respuesta y sus implicaciones.

2. ¿Cómo explora el cuento la relación yo-otro? ¿Quién es el yo y quién el otro? ¿Cómo cambia la relación entre ellos? ¿Qué comentario hace Cortázar sobre el tema de la otredad y el proceso de llegar a ser "otro"?

3. Examina la función del "azar" en "Axolotl". ¿Cómo están presentados los eventos del relato? ¿Funciona el "azar" como pura casualidad o como algo predestinado? Apoya tu respuesta con citas directas del relato.

4. El cuento empieza con una analepsis, es decir, con una escena retrospectiva que altera la secuencia cronológica de la historia. Como resultado de la analepsis del comienzo, el texto no pone énfasis en el suspenso narrativo. Sabemos desde el principio que la metamorfosis va a ocurrir. La pregunta, entonces, no es qué ocurre, sino cuáles son las implicaciones del proceso de transformación. ¿Qué comentario hace "Axolotl" sobre el acto de transformarse o metamorfosearse?

5. ¿Con cuál de estas interpretaciones estás más de acuerdo y por qué:
   • El cambio de hombre a axolotl refleja la búsqueda de otra manera de ver y de existir. Sugiere la expansión del ego y de la consciencia del hombre-narrador.
   • La metamorfosis del hombre en axolotl representa un retorno a una forma de vida más primitiva e instintiva y menos racional.
   • La transformación de hombre a axolotl simboliza una vuelta a la naturaleza y la recuperación de una vitalidad natural y una comunidad colectiva sin ruptura.

6. ¿Por qué puede ser significativo el hecho de que los axolotl tienen una transformación bloqueada y permanecen y se reproducen en un estado larval? ¿Debemos interpretar su estado larval y su falta de metamorfosis completa como metáfora de algo? Si opinas que sí, ¿de qué?

7. ¿Por qué se sitúa el cuento en la ciudad de París? ¿Sabemos la nacionalidad del hombre-narrador? ¿Qué importancia tiene en este cuento el hecho de que los axolotl "eran mexicanos" con "pequeños rostros rosados aztecas"? ¿Qué relación hay en "Axolotl" entre el presente moderno y el pasado indígena o entre lo europeo (como algo ajeno) y lo latinoamericano (como algo autóctono)?

8. ¿Por qué cesa el hombre de visitar a los axolotl con frecuencia? El axolotl dice al final del cuento que se rompieron los puentes entre él y el hombre. ¿Qué pasó? ¿Por qué perdieron su conexión? ¿Qué significan esta ruptura y distanciamiento para el hombre, para el axolotl, para el lector y para Cortázar?

9. Este cuento termina con la frase, "Ahora soy definitivamente un axolotl, y si pienso como un hombre es sólo porque todo axolotl piensa como un hombre dentro de su imagen de piedra rosa. Me parece que de todo esto alcancé a comunicarle algo en los primeros días, cuando yo era todavía

él. Y en esta soledad final, a la que él ya no vuelve, me consuela pensar que acaso va a escribir sobre nosotros, creyendo imaginar un cuento va a escribir todo esto sobre los axolotl". ¿Qué comentario hace Cortázar sobre el acto de escribir o de imaginar un cuento? ¿Cuál es el efecto de esta frase final?

10. ¿De qué maneras promueve Cortázar una filosofía existencialista en este cuento? Considera cómo el relato examina los siguientes conceptos existencialistas:

- El sufrimiento de la existencia (humana)
- La soledad y la aislación de la existencia (humana)
- La absurdidad de la existencia (humana)
- La habilidad o la libertad del hombre de crear y determinar quién y cómo es

## ANÁLISIS TEXTUAL

Comenta la importancia de las siguientes citas del cuento. Presta atención especial a las partes subrayadas.

1. No hay nada de extraño en esto porque <u>desde un primer momento comprendí que estábamos vinculados</u>, que <u>algo infinitamente perdido y distante</u> seguía sin embargo <u>uniéndonos</u>.

2. Turbado, casi avergonzado, <u>sentí como una impudicia asomarme a esas figuras silenciosas e inmóviles aglomeradas</u> en el fondo del acuario.

3. [A]penas avanzamos un poco nos damos con la cola o la cabeza de otro de nosotros; surgen dificultades, peleas, fatiga. <u>El tiempo se siente menos si nos estamos quietos.</u>

4. No eran *animales*.

5. Los imaginé <u>conscientes</u>, <u>esclavos de su cuerpo</u>, infinitamente <u>condenados</u> a un <u>silencio abisal</u>, a una <u>reflexión desesperada</u>.

6. Los axolotl eran como <u>testigos</u> de algo, y a veces como horribles <u>jueces</u>. <u>Me sentía innoble frente a ellos</u>, había una <u>pureza tan espantosa</u> en esos <u>ojos transparentes</u>.

7. Espiaban algo, un <u>remoto señorío aniquilado</u>, un <u>tiempo de libertad</u> en que <u>el mundo había sido de los axolotl</u>.

8. <u>Sin transición, sin sorpresa</u>, vi mi cara contra el vidrio, <u>en vez del axolotl vi mi cara</u> contra el vidrio, <u>la vi fuera</u> del acuario, la vi del otro lado del vidrio. Entonces <u>mi cara se apartó y yo comprendí</u>.

9. <u>El horror venía</u>—lo supe en el mismo momento—de creerme prisionero en un cuerpo de axolotl, transmigrado a él con mi pensamiento

de hombre, <u>enterrado vivo</u> en un axolotl, <u>condenado</u> a moverme lúcidamente entre criaturas insensibles.

10. Pero <u>los puentes están cortados entre él y yo</u> porque lo que era su obsesión es ahora un axolotl, <u>ajeno</u> a su vida de hombre.

## TEMAS PRINCIPALES

1. Escribe un ensayo en el que expliques la importancia de uno de los siguientes temas en el cuento "Axolotl". Como evidencia, cita partes del texto y da ejemplos específicos.
   a. La importancia o la necesidad de cambiar y transformarse
   b. La lucha existencial de definir, crear o elegir uno su propia identidad
   c. El sentido de estar encarcelado/encerrado/encadenado
   d. La conexión entre hombre y naturaleza o entre diferentes formas de vida
   e. La (in)habilidad de conocer o comprender "el otro"
   f. El vínculo entre pasado y presente o entre autóctono y ajeno
2. Discute o debate cuál de los temas anteriores es más importante en el cuento y por qué.

## CRÍTICA LITERARIA

Lee las siguientes interpretaciones de varios críticos literarios sobre el cuento "Axolotl" de Cortázar. Decide si estás **de acuerdo** o **en desacuerdo** con cada interpretación dada. Cita un ejemplo textual o un pasaje directo de la obra para **apoyar** o **refutar** cada interpretación dada.

### La conexión hombre-animal y la interrelación yo-otro
*Crítico A*
"El personaje narrador se convierte en un axolotl, pero no para que desaparezca el humano que mira e intenta comprender, sino para colocarse él en la perspectiva del otro y no desde sí mismo; se invierten los roles, se funden y se confunden". (González González)

*Crítico B*
"El protagonista de Cortázar [. . .] se ha visto envuelto en un proceso de desarrollo perturbador que llega a un tipo de síntesis de los elementos conscientes e inconscientes. [. . .] La transformación crucial del protagonista

significa que él ha llegado a darse cuenta conscientemente de los efectos de un lado instintivo que ha ignorado o reprimido. Ahora ha integrado los elementos valorables del instinto en su ser. Ya no se rinde completamente a su concepción racional de sí mismo. Ha descubierto que tiene una capacidad más amplia de autoconsciencia". (Rosser 425, traducción mía)

*Crítico C*
"Cortázar recupera la idea antigua de un universo totalmente consciente, en el que la consciencia no está limitada solamente a los hombres, sino que es un atributo esencial de toda creación. La continuidad fundamental entre hombre y naturaleza está reestablecida, aunque tenuemente. [. . .] El hombre racional, *homo sapiens*, es sinónimo de *homo loquens*, el animal con capacidad de habla; lo que distingue al hombre de otras criaturas no es lo que sabe, sino su capacidad de comunicación elaborada. En estos términos, se puede considerar la humanidad como el intento de autoexpresión hecho por la naturaleza muda. La separación del hombre moderno de la naturaleza lo ha dejado con nada que decir, y así, de la misma manera que la inmovilidad de los axolotl complementa el ir y venir del narrador, también su silencio consciente complementa el habla inconsciente de él". (Bennett 62, traducción mía)

*Crítico D*
"Creemos que es posible hacer dos lecturas de la narración. Una de ellas contemplaría una 'transmigración' por la que la conciencia de un hombre se intercambiaría con la de un axolotl para quedar entrampada en el cuerpo limitado del batracio, mientras la de éste pasa a la del hombre, tomando así mayor libertad de movimiento. [. . .] Esta interpretación daría por cierta la existencia de dos conciencias diferentes. [. . .] La segunda lectura que estimamos posible consultaría una equiparación de las dos especies porque *las une una conciencia común*, nexo que el hombre ha olvidado. Planteado así, el desarrollo del relato no llevaría al intercambio de conciencias, sino a la anamnesis [la reminiscencia]". (Vidal 398-399)

*Crítico E*
"'Axolotl' se coloca dentro de la serie de grandes metáforas o de grandes narraciones producidas por la humanidad sobre lo que le es más fundamental: el conocimiento. [. . .] Cortázar busca un punto anterior a la distinción entre el 'yo' y el 'tú', del sujeto y del objeto, anterior, pues, a la racionalización de las relaciones. [. . .] 'Axolotl' es la narración de *otra manera de ver* que toma como origen el reconocimiento en el cuerpo del dolor del otro". (Leenhardt 310, 313-314)

*Tu propia interpretación*
Escribe tu propia interpretación de "Axolotl" respecto a los temas de la conexión hombre-animal y la interrelación yo-otro.

## La relación entre lo latinoamericano y lo europeo

*Crítico A*

"En 'Axolotl' se estaría dramatizando la búsqueda de identidad del hombre latinoamericano, su división entre el pasado precolombino y el pasado europeo (español) y el problema de incorporar esos pasados a su imagen presente. [. . .] A partir de la Revolución Mexicana se inician en México y América Latina nuevos intentos por revalorar el pasado indígena y ponerlo en una adecuada relación tanto con el pasado europeo como con el presente. [. . .] Los axolotl reenvían tanto al problema del pasado por su identificación cultural con ese mundo prehispánico, como al presente por el planteamiento de la identidad inestable [. . . ,] de la dualidad". (Ortega 137)

*Crítico B*

"[E]l hecho de que Quetzalcóatl sea el gemelo de Xólotl nos permite interpretar el encuentro entre el hombre y el axolotl como una versión posmoderna del intento de rescatar a los antepasados aztecas y así en algún sentido recrear al hombre latinoamericano, o al menos insistir en su unicidad. Sin embargo, una vez que queramos considerar el cuento como encuentro entre el hombre europeo y el hombre azteca, entonces no podemos evitar la asociación entre Xólotl y su gemelo Quetzalcóatl-*Cortés*. El desdoblamiento más problemático del cuento transcurre entre el colonizado y el colonizador, o la víctima mexicana y el conquistador europeo, y el truco del cuento es que invierte la relación tradicional entre estos dos entes, narrando desde el punto de vista del otro prehispánico". (Graf 621)

*Tu propia interpretación*
Escribe tu propia interpretación de "Axolotl" respecto al tema de la relación entre lo latinoamericano y lo europeo.

### A NIVEL PERSONAL

Discute los siguientes temas con un compañero de clase. Prepárense para compartir sus ideas con los demás compañeros de clase.

1. ¿Has tenido una experiencia en la que sentías una conexión fuerte con un animal u otro ser no humano? Comenta esa experiencia. ¿Crees que

hay ciertos animales que pueden ser conscientes a nivel (casi) humano? Explica tu respuesta.

2. ¿Alguna vez te has sentido encarcelado, atrapado, inmóvil o incapaz de seguir adelante? Explica cómo te sentías y por qué. ¿Cómo cambiaste la situación?

3. ¿Has tenido una experiencia en la cual un puente se ha roto entre tú y algún amigo o familiar? Comenta cómo y por qué ha cambiado una relación interpersonal en tu vida. ¿Fue posible reconstruir el puente roto? ¿Por qué sí o no?

## NOTAS

1. Según el *Diccionario de la Real Academia Española* el axolotl o ajolote es un "anfibio urodelo endémico de México, de unos 30 cm de longitud, con tres pares de branquias externas muy largas, cuatro extremidades, y cola comprimida lateralmente, que puede conservar durante mucho tiempo la forma larvaria y adquirir la aptitud para reproducirse antes de tomar la forma típica de adulto". (Tomado de *Diccionario de la Real Academia Española*: "Ajolote") El ajolote mexicano "se encuentra únicamente en el complejo lacustre de Xochimilco [. . .], cercano a la ciudad de México, y difiere de la mayoría del resto de las salamandras en que vive permanentemente en el agua. En casos extremadamente raros, el ajolote madura y sale del agua, [pero en la mayoría de los casos prefiere] permanecer en el fondo de los lagos y canales de Xochimilco". (Tomado de *National Geographic:* "Axolote mexicano") Según Gómez de Silva, la palabra *axolotl* proviene del dialecto mexicano náhuatl y significa monstruo acuático, dado que está compuesta de *xólotl* (monstruo) y *atl* (agua) (15).

2. Jardin des Plantes es el nombre francés de un jardín botánico abierto al público que se encuentra en París. Es parte integrante del Museo Nacional de Historia Natural de Francia. Además de los jardines, tiene un pequeño zoológico que tiene una colección notable de animales exóticos.

3. La biblioteca de Santa Genoveva (la bibliothèque Sainte-Geneviéve) está situada en París y alberga aproximadamente dos millones de documentos. Forma parte de la Universidad Sorbona Nueva.

# Capítulo 9

# "Un señor muy viejo con unas alas enormes" (1968) de Gabriel García Márquez

## GABRIEL GARCÍA MÁRQUEZ

García Márquez nació en 1928 en Aracataca, Colombia, y se crió allí con sus abuelos maternos. Su abuelo le contaba historias de su juventud y de las guerras civiles del siglo XIX, mientras su abuela le comunicaba una visión mágica, supersticiosa y sobrenatural de la realidad. Cuando murió su abuelo en 1936 y su abuela ya sufría de una ceguera, el joven García Márquez fue a vivir con sus padres en Sucre, Colombia, a la edad de ocho años. García Márquez empezó a estudiar derecho en 1947, primero en la Universidad Nacional en Bogotá y después en la Universidad de Cartagena, pero abandonó sus estudios para centrarse en el periodismo y luego en la ficción. En 1954 lo mandaron a Roma y vivió desde entonces casi siempre en el extranjero: en París, Nueva York, Barcelona y México, en un exilio  más o menos obligatorio. García Márquez era amigo de Fidel Castro y residió mucho tiempo en La Habana. Pasó la mayoría de su vida en la Ciudad de México a partir de 1961. Se enfermó de cáncer linfático a finales de los 90. Se recuperó durante más de una década gracias a la quimoterapia, aunque, según su hermano, empezó a sufrir de demencia alrededor del 2012. Tuvo la intención de escribir sus memorias en tres volúmenes, bajo el título *Vivir para contarla,* aunque no llegó a completar más que el primer volumen, dada la gravedad de su demencia. Falleció por cáncer linfático en Ciudad de México en 2014.

García Márquez escribió para varios periódicos, entre otros *El Espectador, El Heraldo* y *El Universal,* y llegó a ser un brillante cronista y reportero. Su primera obra de ficción fue *La hojarasca,* una novela corta, publicada en 1955. En 1967 publicó su novela más famosa, *Cien años de soledad.* Según el gran poeta chileno Pablo Neruda, esta novela es "la mejor novela que se ha escrito en castellano después del *Quijote*" (citado en "Gabriel García Márquez"). *Cien años de soledad* es el *opus magnum* de García Márquez y un verdadero *best seller* mundial. García Márquez publicó el cuento corto "Un señor muy viejo con unas alas enormes" en 1968, en la revista literaria cubana *Casa de las Américas,* y luego lo incluyó en la colección *La increíble y triste historia de la cándida Eréndira y de su abuela desalmada* (1972). En los años siguientes, escribió muchas obras de ficción en forma de novelas, cuentos y guiones de cine. Gabriel García Márquez está considerado como el máximo representante del *boom* de la literatura hispanoamericana de los años 60, ya que contribuyó decisivamente al descubrimiento internacional de numerosos novelistas de altísimo nivel apenas conocidos anteriormente fuera de sus respectivos países ("Gabriel García Márquez"). Ganó el Premio Nobel de Literatura en 1982.

## ANTES DE LEER

Discute las siguientes preguntas con un compañero de clase:

1. ¿Cómo imaginas a un ángel? ¿Cómo describirías a un ángel?
2. ¿De dónde vienen tus concepciones de los ángeles: de la mitología, de la religión, de la iconografía artística, de la cultura popular?
3. ¿Crees que los ángeles existen? ¿Crees que los milagros son posibles? Explica tu opinión personal.

## PARA ORIENTAR AL LECTOR

"Un señor muy viejo con unas alas enormes" se centra en un ser misterioso que aparece en el patio de Pelayo y Elisenda, una humilde pareja con un bebé recién nacido. La presencia del señor alado cambia sus vidas y atrae mucha atención de la comunidad.

Durante la lectura, debes fijarte en los siguientes temas y conceptos:

- La compasión y la crueldad de los humanos
- El tratamiento de lo extraño y lo desconocido
- La fe religiosa y las creencias en lo sobrenatural
- La absurdidad de la existencia humana

## "UN SEÑOR MUY VIEJO CON UNAS ALAS ENORMES"

Al tercer día de lluvia habían matado tantos cangrejos dentro de la casa, que Pelayo tuvo que atravesar su patio **anegado** para tirarlos en el mar, pues el niño recién nacido había pasado la noche con **calenturas** y se pensaba que era a causa de la **pestilencia**. El mundo estaba triste desde el martes. El cielo y el mar eran una misma cosa de **ceniza**, y las arenas de la playa, que en marzo **fulguraban** como polvo de **lumbre**, se habían convertido en un **caldo** de **lodo** y mariscos **podridos**. La luz era tan **mansa** al mediodía, que cuando Pelayo regresaba a la casa después de haber tirado los cangrejos, le costó trabajo ver qué era lo que se movía y se quejaba en el fondo del patio. Tuvo que acercarse mucho para descubrir que era un hombre viejo, que estaba tumbado boca abajo en el **lodazal**, y a pesar de sus grandes esfuerzos no podía levantarse, porque se lo impedían sus enormes alas.

Asustado por aquella pesadilla, Pelayo corrió en busca de Elisenda, su mujer, que estaba poniéndole compresas al niño enfermo, y la llevó hasta el fondo del patio. Ambos observaron el cuerpo caído con un **callado estupor**. Estaba vestido como un trapero. Le quedaban apenas unas **hilachas descoloridas** en el **cráneo pelado** y muy pocos dientes en la boca, y su **lastimosa** condición de bisabuelo **ensopado** lo había **desprovisto** de toda grandeza. Sus alas de gallinazo grande, sucias y medio **desplumadas**, estaban **encalladas** para siempre en el lodazal. Tanto lo observaron, y con tanta atención, que Pelayo y Elisenda **se sobrepusieron** muy pronto del asombro y acabaron por encontrarlo familiar. Entonces se atrevieron a hablarle, y él les contestó en un dialecto incomprensible pero con una buena voz de **navegante**. Fue así como pasaron por alto el inconveniente de las alas, y concluyeron con muy buen juicio que era un **náufrago** solitario de alguna nave extranjera **abatida** por el **temporal**. Sin embargo, llamaron para que lo viera a una vecina que sabía todas las cosas de la vida y la muerte, y a ella le **bastó** con una mirada para sacarlos del error.

—Es un ángel—les dijo—. Seguro que venía por el niño, pero el pobre está tan viejo que lo ha tumbado la lluvia.

Al día siguiente todo el mundo sabía que en casa de Pelayo tenían **cautivo** un ángel de carne y hueso. Contra el criterio de la vecina sabia, para quien los ángeles de estos tiempos eran sobrevivientes fugitivos de una conspiración celestial, no habían tenido corazón para matarlo a palos. Pelayo estuvo

**anegado** inundado de agua
**calentura** fiebre
**pestilencia** peste, mal olor
**ceniza** color gris
**fulgurar** brillar
**lumbre** fuego, leña
**caldo** líquido, sopa
**lodo** mezcla de tierra y agua
**podrido** descompuesto
**mansa** dócil, suave
**lodazal** terreno lleno de lodo

**callado** silencioso
**estupor** asombro
**hilacha** hilo desprendido
**descolorida** pálida, sin color
**cráneo** cabeza
**pelado** calvo
**lastimosa** triste, que da compasión
**ensopado** empapado
**desproveer** quitar, despojar
**desplumada** sin plumas
**encallada** atascada
**sobreponerse** superar adversidad
**navegante** marinero, que navega en barco
**náufrago** persona que ha sufrido pérdida de una embarcación
**abatida** desviada; hecha naufragar
**temporal** tormenta
**bastar** ser suficiente
**cautivo** preso

vigilándolo toda la tarde desde la cocina, armado con un **garrote** de **alguacil**, y antes de acostarse lo sacó **a rastras** del lodazal y lo encerró con las gallinas

35   en el gallinero **alumbrado**. A media noche, cuando terminó la lluvia, Pelayo y Elisenda seguían matando cangrejos. Poco después el niño despertó sin fiebre y con deseos de comer. Entonces se sintieron **magnánimos** y decidieron poner al ángel en una **balsa** con agua dulce y provisiones para tres días, y abandonarlo a su suerte en alta mar. Pero cuando salieron al patio con las primeras luces,

40   encontraron a todo el **vecindario** frente al gallinero, **retozando** con el ángel sin la menor devoción y echándole cosas de comer por los huecos de las **alambradas**, como si no fuera una criatura sobrenatural sino un animal de circo.

El padre Gonzaga llegó antes de las siete alarmado por la desproporción de la noticia. A esa hora ya habían acudido curiosos menos frívolos que los del

45   amanecer, y habían hecho toda clase de conjeturas sobre el porvenir del cautivo. Los más simples pensaban que sería nombrado **alcalde** del mundo. Otros, de espíritu más **áspero**, suponían que sería ascendido a general de cinco estrellas para que ganara todas las guerras. Algunos visionarios esperaban que fuera conservado como **semental** para implantar en la tierra una **estirpe** de hombres

50   alados y sabios que se hicieran cargo del Universo. Pero el padre Gonzaga, antes de ser cura, había sido **leñador macizo**. Asomado a las alambradas repasó un instante su catecismo, y todavía pidió que le abrieran la puerta para examinar de cerca a aquel varón de lástima que más bien parecía una enorme gallina **decrépita** entre las gallinas absortas. Estaba echado en un rincón, secándose al

55   sol las alas extendidas, entre las cáscaras de fruta y las sobras de desayunos que le habían tirado los **madrugadores**. **Ajeno** a las **impertinencias** del mundo, apenas si levantó sus ojos de **anticuario** y murmuró algo en su dialecto cuando el padre Gonzaga entró en el gallinero y le dio los buenos días en latín. El **párroco** tuvo la primera sospecha de **impostura** al comprobar que no entendía la lengua

60   de Dios ni sabía saludar a sus ministros. Luego observó que visto de cerca resultaba demasiado humano: tenía un insoportable olor de **intemperie**, el revés de las alas sembrado de algas parasitarias y las plumas mayores maltratadas por vientos terrestres, y nada de su naturaleza miserable estaba de acuerdo con la **egregia** dignidad de los ángeles. Entonces abandonó el gallinero, y con un breve

65   sermón **previno** a los curiosos contra los riesgos de la ingenuidad. Les recordó que el demonio tenía la mala costumbre de recurrir a artificios de carnaval para confundir a los **incautos**. Argumentó que si las alas no eran el elemento esencial para determinar las diferencias entre un **gavilán** y un aeroplano, mucho menos podían serlo para reconocer a los ángeles. Sin embargo, prometió escribir una

70   carta a su obispo, para que éste escribiera otra al Sumo Pontífice, de modo que el veredicto final viniera de los tribunales más altos.

Su prudencia cayó en corazones estériles. La noticia del ángel cautivo se divulgó con tanta rapidez, que al cabo de pocas horas había en el patio un

---

**garrote** bastón grueso
**alguacil** oficial inferior de justicia
**a rastras** arrastrándolo por el suelo
**alumbrado** iluminado
**magnánimo** generoso
**balsa** maderos unidos para formar una superficie flotante

**vecindario** conjunto de vecinos
**retozar** saltar alegremente; divertirse
**alambrada** cercado de hilos de metal

**alcalde** persona que preside un ayuntamiento
**áspero** agresivo

**semental** animal macho destinado a la reproducción
**estirpe** raíz y tronco de un linaje
**leñador** persona que corta o vende madera
**macizo** fuerte

**decrépita** en decadencia; de edad avanzada

**madrugador** que se despierta temprano
**ajeno** inconsciente, sin darse cuenta
**impertinencia** insolencia
**anticuario** persona que colecciona objetos antiguos
**párroco** sacerdote
**impostura** engaño
**intemperie** desigualdad de tiempo; lugar no cubierto
**egregia** ilustre
**prevenir** advertir

**incauto** ingenuo

**gavilán** ave falconiforme

75 **alboroto** de mercado, y tuvieron que llevar la tropa con **bayonetas** para **espantar** el **tumulto** que ya estaba a punto de tumbar la casa. Elisenda, con el **espinazo torcido** de tanto barrer basura de feria, tuvo entonces la buena idea de **tapiar** el patio y cobrar cinco centavos por la entrada para ver al ángel.

Vinieron curiosos hasta de la Martinica. Vino una feria ambulante con un acróbata volador, que pasó zumbando varias veces por encima de la **muchedum-**
80 **bre**, pero nadie le hizo caso porque sus alas no eran de ángel sino de murciélago **sideral**. Vinieron en busca de salud los enfermos más **desdichados** del Caribe: una pobre mujer que desde niña estaba contando los latidos de su corazón y ya no le alcanzaban los números, un jamaicano que no podía dormir porque lo atormentaba el ruido de las estrellas, un **sonámbulo** que se levantaba de noche
85 a deshacer dormido las cosas que había hecho despierto, y muchos otros de menor gravedad. En medio de aquel desorden de naufragio que hacía temblar la tierra, Pelayo y Elisenda estaban felices de cansancio, porque en menos de una semana **atiborraron** de plata los dormitorios, y todavía la fila de peregrinos que esperaban turno para entrar llegaba hasta el otro lado del horizonte.

90 El ángel era el único que no participaba de su propio **acontecimiento**. El tiempo se le iba en buscar acomodo en su **nido** prestado, **aturdido** por el calor de infierno de las lámparas de aceite y las velas de sacrificio que le **arrimaban** a las alambradas. Al principio trataron de que comiera cristales de **alcanfor**, que, de acuerdo con la sabiduría de la vecina sabia, era el alimento específico de los
95 ángeles. Pero él los despreciaba, como despreció sin probarlos los almuerzos **papales** que le llevaban los penitentes, y nunca se supo si fue por ángel o por viejo que terminó comiendo nada más que **papillas** de **berenjena**. Su única virtud sobrenatural parecía ser la paciencia. Sobre todo en los primeros tiempos, cuando lo **picoteaban** las gallinas en busca de los parásitos **estelares** que
100 proliferaban en sus alas, y los **baldados** le arrancaban plumas para tocarse con ellas sus defectos, y hasta los más piadosos le tiraban piedras tratando de que se levantara para verlo de cuerpo entero. La única vez que consiguieron alterarlo fue cuando le **abrasaron** el costado con un hierro de marcar **novillos**, porque llevaba tantas horas de estar inmóvil que lo creyeron muerto. Despertó sobre-
105 saltado, **despotricando** en lengua hermética y con los ojos en lágrimas, y dio un par de **aletazos** que provocaron un remolino de **estiércol** de gallinero y polvo lunar, y un **ventarrón** de pánico que no parecía de este mundo. Aunque muchos creyeron que su reacción no había sido de **rabia** sino de dolor, desde entonces se cuidaron de no molestarlo, porque la mayoría entendió que su pasividad no
110 era la de un héroe en uso de buen retiro sino la de un **cataclismo** en reposo.

El padre Gonzaga se enfrentó a la frivolidad de la muchedumbre con fórmulas de inspiración doméstica, mientras le llegaba un juicio terminante sobre la naturaleza del cautivo. Pero el correo de Roma había perdido la noción de la urgencia. El tiempo se les iba en averiguar si el convicto tenía ombligo, si su

---

**alboroto** desorden

**bayoneta** fusil con cuchillo fijado en la punta

**espantar** asustar, hacer huir

**tumulto** multitud agitada o en desorden

**espinazo** columna vertebral

**torcido** no recto

**tapiar** cerrar, cercar

**muchedumbre** conjunto de muchas personas

**sideral** espacial, estelar

**desdichado** desafortunado

**sonámbulo** persona que se levanta, camina, habla, etc. mientras está dormida

**atiborrar** llenar por completo

**acontecimiento** gran evento

**nido** lecho o cobijo que hacen las aves

**aturdido** confundido

**arrimar** acercar

**alcanfor** producto cristalino blanco, de olor penetrante

**papal** magnífica, digna de servirse a un Papa

**papillas** puré

**berenjena** hortaliza de fruto morado

**picotear** golpear las aves con el pico

**estelar** magnífico, extraordinario

**baldado** inválido

**abrasar** quemar

**novillo** res vacuna de dos o tres años

**despotricar** protestar vehementemente

**aletazo** golpe de ala

**estiércol** excremento animal

**ventarrón** viento que sopla fuerte

**rabia** ira, enfado

**cataclismo** catástrofe, desastre

115 dialecto tenía algo que ver con el **arameo**, si podía caber muchas veces en la punta de un alfiler, o si no sería simplemente un noruego con alas. Aquellas cartas de **parsimonia** habrían ido y venido hasta el fin de los siglos, si un acontecimiento providencial no hubiera puesto término a las tribulaciones del párroco.

120 Sucedió que por esos días, entre muchas otras atracciones de las ferias errantes del Caribe, llevaron al pueblo el espectáculo triste de la mujer que se había convertido en araña por desobedecer a sus padres. La entrada para verla no sólo costaba menos que la entrada para ver al ángel, sino que permitían hacerle toda clase de preguntas sobre su absurda condición, y examinarla al

125 derecho y al revés, de modo que nadie pusiera en duda la verdad del horror. Era una tarántula espantosa del tamaño de un **carnero** y con la cabeza de una doncella triste. Pero lo más **desgarrador** no era su figura de **disparate**, sino la sincera aflicción con que contaba los **pormenores** de su desgracia: siendo casi una niña se había escapado de la casa de sus padres para ir a un baile,

130 y cuando regresaba por el bosque después de haber bailado toda la noche sin permiso, un trueno **pavoroso** abrió el cielo en dos mitades, y por aquella **grieta** salió el relámpago de **azufre** que la convirtió en araña. Su único alimento eran las bolitas de carne molida que las almas caritativas quisieran echarle en la boca. Semejante espectáculo, cargado de tanta verdad humana y de tan **temible**

135 **escarmiento**, tenía que **derrotar** sin proponérselo al de un ángel **despectivo** que apenas si se dignaba mirar a los mortales. Además los escasos milagros que se le atribuían al ángel revelaban un cierto desorden mental, como el del ciego que no recobró la visión pero le salieron tres dientes nuevos, y el del paralítico que no pudo andar pero estuvo a punto de ganarse la lotería, y el del leproso a quien

140 le nacieron girasoles en las heridas. Aquellos milagros de consolación que más bien parecían entretenimientos de burla, habían **quebrantado** ya la reputación del ángel cuando la mujer convertida en araña terminó de **aniquilarla**. Fue así como el padre Gonzaga se curó para siempre del insomnio, y el patio de Pelayo volvió a quedar tan solitario como en los tiempos en que llovió tres días y los

145 cangrejos caminaban por los dormitorios.

Los dueños de la casa no tuvieron nada que **lamentar**. Con el dinero **recaudado** construyeron una mansión de dos plantas, con balcones y jardines, y con **sardineles** muy altos para que no se metieran los cangrejos del invierno, y con barras de hierro en las ventanas para que no se metieran los ángeles. Pelayo

150 estableció además un **criadero** de conejos muy cerca del pueblo y renunció para siempre a su mal empleo de alguacil, y Elisenda se compró unas zapatillas satinadas de tacones altos y muchos vestidos de seda **tornasol**, de los que usaban las señoras más **codiciadas** en los domingos de aquellos tiempos. El gallinero fue lo único que no mereció atención. Si alguna vez lo lavaron con **creolina** y que-

155 maron las lágrimas de **mirra** en su interior, no fue por hacerle honor al ángel,

---

**arameo** dialecto semítico hablado en el Medio Oriente en tiempos de Jesucristo

**parsimonia** gran lentitud y cuidado

**carnero** macho de la oveja

**desgarrador** que provoca horror y sufrimiento

**disparate** locura

**pormenor** detalle

**pavoroso** que infunde miedo

**grieta** abertura

**azufre** metal de olor agrio, componente de la pólvora

**temible** que infunde temor

**escarmiento** castigo; lección

**derrotar** vencer

**despectivo** despreciativo

**quebrantado** deteriorado

**aniquilar** destruir totalmente

**lamentar** quejarse

**recaudado** reunido

**sardinel** escalón que forma el borde exterior de la acera

**criadero** lugar para criar animales

**tornasol** cambiante, brillante

**codiciada** envidiada

**creolina** tipo de desinfectante

**mirra** resina gomosa roja, muy preciada en tiempos bíblicos

sino por **conjurar** la pestilencia de **muladar** que ya andaba como un fantasma por todas partes y estaba volviendo vieja la casa nueva. Al principio, cuando el niño aprendió a caminar, se cuidaron de que no estuviera muy cerca del gallinero. Pero luego se fueron olvidando del temor y acostumbrándose a la peste, y antes de que el niño mudara los dientes se había metido a jugar dentro del gallinero, cuyas alambradas podridas se caían a pedazos. El ángel no fue menos **displicente** con él que con el resto de los mortales, pero soportaba las **infamias** más **ingeniosas** con una **mansedumbre** de perro sin ilusiones. Ambos contrajeron la **varicela** al mismo tiempo. El médico que atendió al niño no resistió la tentación de **auscultar** al ángel, y encontró tantos soplos en el corazón y tantos ruidos en los riñones, que no le pareció posible que estuviera vivo. Lo que más le asombró, sin embargo, fue la lógica de sus alas. Resultaban tan naturales en aquel organismo completamente humano, que no podía entender por qué no las tenían también los otros hombres.

Cuando el niño fue a la escuela, hacía mucho tiempo que el sol y la lluvia habían **desbaratado** el gallinero. El ángel andaba arrastrándose por acá y por allá como un **moribundo** sin dueño. Lo sacaban **a escobazos** de un dormitorio y un momento después lo encontraban en la cocina. Parecía estar en tantos lugares al mismo tiempo, que llegaron a pensar que **se desdoblaba**, que se repetía a sí mismo por toda la casa, y la exasperada Elisenda gritaba fuera de quicio que era una desgracia vivir en aquel infierno lleno de ángeles. Apenas si podía comer, sus ojos de anticuario se le habían vuelto tan **turbios** que andaba tropezando con los **horcones**, y ya no le quedaban sino las **cánulas** peladas de las últimas plumas. Pelayo le echó encima una manta y le hizo la caridad de dejarlo dormir en el **cobertizo**, y sólo entonces advirtieron que pasaba la noche con calenturas **delirantes** en **trabalenguas** de noruego viejo. Fue esa una de las pocas veces en que se alarmaron, porque pensaban que se iba a morir, y ni siquiera la vecina sabia había podido decirles qué se hacía con los ángeles muertos.

Sin embargo, no sólo sobrevivió a su peor invierno, sino que pareció mejor con los primeros soles. Se quedó inmóvil muchos días en el rincón más apartado del patio, donde nadie lo viera, y a principios de diciembre empezaron a nacerle en las alas unas plumas grandes y duras, plumas de **pajarraco** viejo, que más bien parecían un nuevo **percance** de la decrepitud. Pero él debía conocer la razón de estos cambios, porque se cuidaba muy bien de que nadie los notara, y de que nadie oyera las canciones de navegantes que a veces cantaba bajo las estrellas. Una mañana, Elisenda estaba cortando **rebanadas** de cebolla para el almuerzo, cuando un viento que parecía de alta mar se metió en la cocina. Entonces se asomó por la ventana, y sorprendió al ángel en las primeras tentativas del vuelo. Eran tan torpes, que abrió con las uñas un **surco** de **arado** en las hortalizas y estuvo a punto de desbaratar el cobertizo con aquellos aletazos indignos que resbalaban en la luz y no encontraban **asidero** en el aire. Pero logró ganar altura. Elisenda exhaló

**conjurar** exorcizar
**muladar** sitio donde se echa el estiércol o basura

**displicente** descortés
**infamia** vileza
**ingeniosa** ocurrente, creativa
**mansedumbre** extrema docilidad
**varicela** enfermedad contagiosa con fiebre y erupción cutánea
**auscultar** escuchar los sonidos del interior del cuerpo

**desbaratar** destrozar
**moribundo** cercano a morir
**a escobazos** dando golpes con escoba
**desdoblarse** separarse, dividirse, multiplicarse

**turbio** revuelto, poco claro
**horcón** madero vertical; columna en casas rústicas
**cánula** tubo
**cobertizo** sitio cubierto para resguardarlo de la intemperie
**delirante** alucinante
**trabalenguas** palabra o locución difícil de pronunciar

**pajarraco** pájaro grande
**percance** contratiempo, daño

**surco** hendidura alargada, línea
**arado** instrumento para labrar la tierra
**asidero** apoyo, parte por la que se agarra algo

un suspiro de descanso, por ella y por él, cuando lo vio pasar por encima de las últimas casas, sustentándose de cualquier modo con un **azaroso aleteo** de **buitre senil**. Siguió viéndolo hasta cuando acabó de cortar la cebolla, y siguió viéndolo hasta cuando ya no era posible que lo pudiera ver, porque entonces ya no era un **estorbo** en su vida, sino un punto imaginario en el horizonte del mar.

200

**azaroso** hecho sin plan u orden, al azar
**aleteo** movimiento repetido de alas
**buitre** ave rapaz
**senil** anciano, en decadencia física o psíquica
**estorbo** molestia

∽

## DE RELEVANCIA PARA EL TEXTO

En un artículo titulado "Cuentos de niños", publicado en la revista mexicana *Proceso* en 1983, García Márquez explica el origen de este cuento: "Hacía mucho tiempo me daba vuelta en la cabeza la idea de un ángel decrépito que se cayera por la lluvia, y que terminara sus días en un gallinero, picoteado por las gallinas y reducido a una triste condición de juguete de los niños. Puesto que la historia no me parecía creíble para los adultos que hace tanto tiempo dejaron de creer en los ángeles, pensé que sería buena para engañar a los niños. La escribí pensando en ellos, pero no como hablan los niños, sino con la entonación bobalicona y con el lenguaje de débil mental con que los adultos les hablamos a los hijos" (38). Después de terminar el cuento tal como lo imaginó inicialmente, García Márquez lo mostró a sus hijos. Ellos lo leyeron con mucha atención y después le dijeron: "Tú crees que los niños somos pendejos" (38). A causa de su fracaso con ellos, García Márquez volvió a escribir el cuento con todos sus convencionalismos y solamente conservó el título original.

Dadas las convicciones políticas de izquierda de García Márquez, nos puede parecer extraño que se sintiera atraído hacia la Biblia y temas religiosos. No obstante, el autor colombiano describe la Biblia como "un libro cojonudo donde pasan cosas fantásticas" (citado en Bell-Villada 76). García Márquez está considerado el máximo representante del "realismo mágico", un movimiento literario que contiene elementos mágicos y fantásticos que son percibidos por los personajes como parte de la realidad cotidiana y la normalidad común.

## TRAMA

Ordena, de 1 a 9, las siguientes oraciones, para indicar la cronología de los eventos tal como aparecen en el cuento.

_____    Elisenda tapia el patio y empieza a vender entradas para ver al ángel.

_____    La mujer araña llega y la gente deja de visitar al ángel.

_____ La vecina sabia declara que el señor es un ángel.

_____ El señor hace unos milagros, pero no son los que las personas necesitan.

_____ Pelayo descubre un hombre viejo con alas en su patio.

_____ El señor alado se va volando y Elisenda se siente aliviada.

_____ El padre Gonzaga aconseja a la muchedumbre que no supongan que el señor sea un ángel, ya que no exhibe los rasgos de un ser divino.

_____ Pelayo y Elisenda usan el dinero ganado para construir una mansión.

_____ Las alas del señor empiezan a cambiar y él parece esconder lo que está pasando.

## PERSONAJES

1. ¿Cómo son Pelayo y Elisenda antes de la llegada del "señor muy viejo con unas alas enormes"? ¿Cómo cambian sus vidas a causa de él? ¿Cómo los presenta el narrador?

2. Rellena la siguiente tabla con información detallada sobre el protagonista titular y sus rasgos "angélicos" y "antiangélicos".

|  | Aspectos o atributos angélicos | Aspectos o atributos antiangélicos |
|---|---|---|
| Aspecto físico |  |  |
| Características de la personalidad |  |  |
| Acciones concretas |  |  |

3. Compara la información de tu tabla con la de otros dos estudiantes. Añade ideas adicionales.

4. A tu parecer, dentro del contexto de este cuento fantástico, ¿se puede concluir con certeza que el ser extraño aquí descrito es un ángel? ¿Por qué sí? ¿Por qué no?

5. ¿Qué importancia tiene el hecho de que solo tres personajes tengan nombre: Pelayo, Elisenda y el padre Gonzaga? ¿Cuál es la razón para no nombrar a los otros personajes, como "el señor", "la vecina", "el médico" o "el niño"?

## NARRACIÓN

1. ¿Qué tipo de narración emplea García Márquez en este cuento? ¿Es el narrador omnisciente o limitado? ¿Tiene una perspectiva propia o adopta la de los personajes del relato?

2. ¿Qué tono tiene el cuento? ¿Cómo presenta el narrador a los personajes principales y secundarios del cuento? Comenta unas citas que muestren el tono del relato.

## INTERPRETACIÓN

1. ¿Quiénes en la historia creen que el hombre viejo es un ángel? ¿Quiénes no? Nombra las razones dadas por los diferentes personajes secundarios para justificar sus opiniones.

2. ¿Quién tiene más influencia o importancia en el cuento: el padre Gonzaga o la vecina sabia "que sabía todas las cosas de la vida y la muerte"? ¿Por qué?

3. ¿Por qué no puede el señor alado curar las enfermedades de los otros? ¿Cómo son los "milagros" hechos por él? ¿Cuál es la actitud hacia la religión en este cuento? ¿Cómo sirve este relato para comentar la habilidad o no de la gente de tener fe en algo?

4. ¿Por qué crees que nunca nos enteramos de la verdadera historia del protagonista? ¿Qué efecto tiene esa falta de información acerca del personaje principal?

5. El protagonista pierde su popularidad con el paso del tiempo. ¿Cómo afecta o avanza a la trama la llegada de "la mujer convertida en araña"? ¿Por qué crees que el autor incluye a este personaje? ¿Cómo reaccionan los demás a ella y qué nos comunican esas reacciones?

6. ¿Qué comentario hace este cuento sobre la reacción de los seres humanos frente a una transgresión de lo normal y de lo conocido? ¿Critica el cuento el comportamiento de la gente ante lo desconocido o lo extraño, o lo elogia?

7. Comenta la importancia de los conceptos de renacimiento y regeneración y explica dónde surgen estas ideas en el relato.

8. ¿Es el cuento más lineal o circular? Explica tu respuesta con ejemplos concretos.

9. ¿En qué detalles vemos que este cuento es una parodia? ¿Qué fenómenos de la vida humana se parodian aquí? En grupos, intenten nombrar

cinco aspectos de la vida que son criticados, exagerados o parodiados en el cuento. Escribe una lista.

10. García Márquez elige un título largo y descriptivo para su cuento. ¿Qué importancia y efecto tiene el título "Un señor muy viejo con unas alas enormes"?

11. ¿Qué representa el ángel? ¿Qué simboliza? ¿Es posible que el "señor muy viejo con unas alas enormes" desempeñe una función alegórica en el cuento? ¿Cuál podría ser?

12. ¿Cuál es el mensaje de este cuento, si es que tiene uno? ¿Qué dice el relato sobre la existencia humana? ¿Qué aspectos de la identidad existencial(ista) se examinan en el texto? Apoya tu respuesta con ejemplos específicos y citas directas del cuento.

13. ¿Cómo mezcla García Márquez la realidad y la fantasía en este cuento? Si se define "realismo mágico" como una corriente literaria surgida a mediados del siglo XX que tiene interés en mostrar lo irreal o lo extraño como algo cotidiano y común y en mezclar realidad y fantasía en una manera en que los elementos mágicos son percibidos por los personajes como reales y parte de la normalidad, ¿dirías que este texto es un buen ejemplo del realismo mágico? ¿En qué sí y en qué no? Comenta unos ejemplos.

## ANÁLISIS TEXTUAL

Comenta la importancia de las siguientes citas del cuento. Presta atención especial a las partes subrayadas.

1. —Es un ángel—les dijo—. Seguro que venía por el niño, pero el pobre está tan viejo que lo ha tumbado la lluvia.

2. El párroco tuvo la primera sospecha de impostura al comprobar que no entendía la lengua de Dios ni sabía saludar a sus ministros. Luego observó que visto de cerca resultaba demasiado humano: tenía [. . .] el revés de las alas sembrado de algas parasitarias [. . .] y nada de su naturaleza miserable estaba de acuerdo con la egregia dignidad de los ángeles.

3. Pelayo y Elisenda estaban felices de cansancio, porque en menos de una semana atiborraron de plata los dormitorios [. . .]. El ángel era el único que no participaba de su propio acontecimiento.

4. El tiempo se les iba en averiguar si el convicto tenía ombligo, si su dialecto tenía algo que ver con el arameo, si podía caber muchas veces en la punta de un alfiler, o si no sería simplemente un noruego con alas.

5. Además <u>los escasos milagros</u> que se le atribuían al ángel revelaban <u>un cierto desorden mental</u>, como el del ciego que no recobró la visión pero le salieron tres dientes nuevos, y el del paralítico que no pudo andar pero estuvo a punto de ganarse la lotería, y el del leproso a quien le nacieron girasoles en las heridas. <u>Aquellos milagros de consolación</u> que más bien parecían <u>entretenimientos de burla</u>, habían quebrantado ya <u>la reputación del ángel</u> cuando la mujer convertida en araña terminó de aniquilarla. [. . .] Semejante espectáculo, <u>cargado de tanta verdad humana y de tan temible escarmiento</u>, tenía que derrotar sin proponérselo <u>al de un ángel despectivo que apenas si se dignaba mirar a los mortales.</u>

6. <u>Parecía estar en tantos lugares al mismo tiempo</u>, que llegaron a pensar que <u>se desdoblaba</u>, <u>que se repetía a sí mismo</u> por toda la casa, y la exasperada Elisenda gritaba fuera de quicio que <u>era una desgracia vivir en aquel infierno lleno de ángeles.</u>

7. <u>Elisenda exhaló un suspiro de descanso, por ella y por él</u>, cuando lo vio pasar por encima de las últimas casas, sustentándose de cualquier modo con <u>un azaroso aleteo de buitre senil</u>. Siguió viéndolo hasta cuando acabó de <u>cortar la cebolla</u>, y siguió viéndolo hasta cuando ya no era posible que lo pudiera ver, porque entonces ya no era <u>un estorbo en su vida</u>, sino <u>un punto imaginario en el horizonte del mar.</u>

## TEMAS PRINCIPALES

1. Escribe un ensayo en el que expliques la importancia de uno de los siguientes temas en el cuento "Un señor muy viejo con unas alas enormes". Como evidencia, cita partes del texto y da ejemplos específicos.
   a. El proceso de mitificación: de lo histórico a lo mítico, de lo individual a lo universal; la realidad frente a la ficción
   b. Lo extraño y lo corriente; lo conocido y lo desconocido; aceptar o no aceptar lo diferente
   c. Lo absurdo de vivir; la estupidez humana; la ignorancia de las masas; la superficialidad, la frivolidad, la crueldad y/o el oportunismo de los seres humanos
   d. La fe y la religión frente a la duda y la incredulidad; la falta de conocimiento de la vida y la muerte, del origen y del más allá
2. Discute o debate cuál de los temas anteriores es más importante en el cuento y por qué.

## CRÍTICA LITERARIA

Lee las siguientes interpretaciones de varios críticos literarios sobre el cuento "Un señor muy viejo con unas alas enormes" de García Márquez. Decide si estás **de acuerdo** o **en desacuerdo** con cada interpretación dada. Cita un ejemplo textual o un pasaje directo de la obra para **apoyar** o **refutar** cada interpretación dada.

### Las perspectivas del narrador
*Crítico A*
"En el curso del relato, el narrador en tercera persona adopta la perspectiva de los personajes incluidos en él, [es decir,] la misma perspectiva de los habitantes del poblado caribeño en donde se desarrolla la acción". (Rincón, "Imagen y palabra" 17; "Las imágenes en el texto" 20)

*Crítico B*
"La introducción es típica de una comedia de errores. Elisenda y Pelayo son los ingenuos empedernidos de una situación caótica. Sus nombres mismos proclaman su rusticidad y su burda ignorancia. Son nombres de cristianos viejos, de aquéllos que en los siglos áureos exhibían su ignorancia como prueba de limpieza de sangre. Son el contrapunto terrestre y pesado a la ligereza, extrañeza y volatilidad potenciales del viejo alado. Ya en la introducción se decide el autor por escribir el cuento desde el punto de vista de Elisenda y Pelayo, y encuentra el tono justo, la fraseología e ideología precisas para hacer resaltar lo ridículo de una situación sobrenatural en un ambiente sin transcendencia". (Yviricu 385)

*Crítico C*
"En García Márquez, las ironías sirven para que el lector no pierda de vista el carácter extraordinario de lo que transcurre—lo cual sí pasa en el pueblo. [. . .] Frecuentemente, [. . .] las ironías se expresan mediante un lenguaje que va y viene de dos perspectivas"—por un lado la de los personajes, por otro lado la del narrador. (Borgeson 116)

*Crítico D*
"García Márquez realiza una operación de dos niveles distintos: recoge mitos y supersticiones de la realidad americana y utiliza un narrador con una perspectiva cultural que acepta como dadas las maravillas de estas creencias". (Marcone 35)

*Tu propia interpretación*

Escribe tu propia interpretación de "Un señor muy viejo con unas alas enormes" respecto al tema de las perspectivas del narrador.

## El señor con alas como símbolo o representación

*Crítico A*

"[El protagonista titular representa] un sobrenatural en un ambiente sin transcendencia". (Yviricu 389)

*Crítico B*

"[El señor viejo con alas es] una inversión irónica de Ícaro [. . . ,] un símbolo de la alienación y la decadencia modernas que contrasta drásticamente con un pasado más poético y heroico". (McMurray 118-119, traducción mía)

*Crítico C*

"[El relato ofrece] una sugerencia simbólica del espíritu humano y su imaginación creativa atrapados en un mundo moderno de perspectiva limitada, malentendidos y maltratados por los habitantes humanos". (Sheppeard 30, traducción mía)

*Tu propia interpretación*

Escribe tu propia interpretación de "Un señor muy viejo con unas alas enormes" respecto al tema del señor con alas como símbolo o representación.

## La ambigüedad simbólica en el texto

*Crítico A*

"El sarcasmo y la ironía acaban por socavar todo principio o enseñanza, y la visión final es de pérdida e inutilidad". (Yviricu 389)

*Crítico B*

"Como toda pieza en que el realismo mágico desempeñe una función estructural o de sentido, el argumento se presta aquí a múltiple interpretación, puesto que al autor no le interesa tanto ni plantear ni resolver incógnitas, sino más bien crear ambigüedades que enriquezcan el mundo de posibilidades del relato". (Borgeson 125)

*Crítico C*

"Con desdén cósmico, García Márquez parece reírse de las dos bandas: la sociedad moderna vulgar y la santidad celestial. Quizás nuestra época grosera sobradamente merece algo parecido a 'la muerte de Dios'. [. . .] La ironía máxima es que los terrícolas no pueden comprender para nada lo sobrenatural, pero tampoco puede el anfitrión celestial o divino entender a los humanos". (Clark 2-3, traducción mía)

*Crítico D*
"[El cuento insiste en] el no-desciframiento de la personificación alegórica. [Nos presenta] un mensaje hipercodificado [que nos lleva al] repudio de la alegoría, [dado que no podemos adivinar o deducir el significado del símbolo]. (Rincón 33)

*Tu propia interpretación*
Escribe tu propia interpretación de "Un señor muy viejo con unas alas enormes" respecto al tema de la ambigüedad simbólica en el texto.

## A NIVEL PERSONAL

Discute los siguientes temas con un compañero de clase. Prepárense para compartir sus ideas con los demás compañeros de clase.

1. Si encontraras algo o a alguien totalmente desconocido y extraño, ¿cómo intentarías entenderlo y explicarlo? ¿Te apoyarías en la religión, la ciencia o la experiencia personal? ¿Consultarías a familiares, amigos, vecinos, expertos académicos o líderes religiosos?
2. ¿Cuál es tu opinión de la naturaleza humana? ¿Son los seres humanos inherentemente buenos, o malos? ¿Nacen inocentes, o corrompidos? ¿Se portan mejor los humanos en un estado de naturaleza pura, o en una sociedad con leyes y normas? ¿Por qué?
3. ¿Es positivo o negativo el oportunismo? ¿Debemos aprovechar las circunstancias momentáneas para el propio interés? ¿Por qué sí o no? Comenta un ejemplo personal de un momento de oportunismo que aprovechaste o rechazaste.

# Capítulo 10

# Comparaciones finales de la Unidad 2:
# Identidad existencial(ista)

Rellena la tabla con información relevante de los cuatro textos de la Unidad 2.

| | "Lo fatal" (Darío) | "Las ruinas circulares" (Borges) | "Axolotl" (Cortázar) | "Un señor muy viejo con unas alas enormes" (García Márquez) |
|---|---|---|---|---|
| Personajes principales | | | | |
| Resumen de la trama | | | | |
| Narración | | | | |
| Temas principales | | | | |

## TEMAS COMPARATIVOS

1. Inserta las letras de "a" a "k" en el diagrama de Venn para indicar la relevancia de cada tema para los cuatro textos de la Unidad 2. Puedes poner cada letra en los círculos de uno, dos, tres o los cuatro textos.

    a.  Conocimiento y desconocimiento; los límites del saber
    b.  El origen de la vida
    c.  Destino, muerte, más allá
    d.  Relación hombre-naturaleza o jerarquía piedra-planta-animal-hombre
    e.  El yo y el otro; la otredad
    f.  La relación hombre-dios; soñador-soñado y/o escritor-personaje
    g.  Transformación o metamorfosis del individuo
    h.  Lo absurdo de la existencia humana
    i.  La libertad individual; la habilidad de crear o determinar el significado de la vida propia
    j.  El dolor y el sufrimiento de la existencia
    k.  El tiempo cíclico; el eterno retorno

2. Compara tus respuestas con las de un compañero de clase y discutan las discrepancias.

## DISCUSIÓN

1. Lee las siguientes citas de varios filósofos existencialistas famosos y discute la relevancia de cada una a los cuatro textos de la Unidad 2.

   **Søren Kierkegaard (1813–1855):**

   "La vida no es un problema que tiene que ser resuelto, sino una realidad que debe ser experimentada" (citado en Wikiquote).

   **Fiódor Dostoyevski (1821–1881):**

   "El secreto de la existencia humana no solo está en vivir, sino también en saber para qué se vive" (citado en Wikiquote).

   **Friedrich Nietzsche (1844–1900):**

   "Si poseemos nuestro por qué de la vida, podemos soportar casi cualquier cómo". (citado en Rubín Martín)

   "Fe significa no querer saber la verdad" (citado en Wikiquote).

   "¿Es el hombre solo un error de Dios? ¿O Dios solo un error del hombre?" (citado en Wikiquote)

   "Me desperté de pronto en medio de mi sueño, pero sólo para tomar conciencia de que estaba soñando y de que necesitaba seguir haciéndolo para no morir, de la misma forma que el sonámbulo precisa seguir soñando para no caerse. ¿Qué es para mí la 'apariencia'"? (citado en Ayala)

   **Miguel de Unamuno (1864–1936):**

   "Solo el que sabe es libre, y más libre el que más sabe" (citado en Wikiquote).

   "¿Racionalizar la fe? Quise hacerme dueño y no esclavo de ella, y así llegué a la esclavitud en vez de llegar a la libertad en Cristo" (citado en Wikiquote).

   **Franz Kafka (1883–1924):**

   "Eres libre y por eso estás perdido". (citado en Rubín Martín)

   **Jean-Paul Sartre (1905-1980):**

   "Se acumulan en mí una gran cantidad de transformaciones, y llegado un día causan una auténtica transformación" (citado en Wikiquote).

   "El hombre no es más que lo que él hace de sí mismo". (citado en Rubín Martín)

   "La vida no tiene significado en el momento en que pierdes la ilusión de ser eterno". (citado en Rubín Martín)

   "No sabemos lo que queremos y aun así somos responsables de lo que somos, ese es el hecho". (citado en Rubín Martín)

   "El hombre está condenado a ser libre, porque una vez en el mundo, es responsable de todo lo que hace". (citado en Rubín Martín)

**Simone de Beauvoir (1908–1986):**
"Ninguna existencia puede ser válidamente realizada si se limita a sí misma". (citada en Rubín Martín)
**Albert Camus (1913–1960):**
"El hombre es la única criatura que rechaza ser lo que es". (citado en Akifrases)
"La libertad no es nada más que una oportunidad para ser mejor". (citado en Wikiquote)
"Cuán duro, cuán amargo es llegar a ser hombre". (citado en Wikiquote)

2. ¿Qué concepto de la crisis existencialista presenta cada obra de la Unidad 2? ¿Qué semejanzas y diferencias hay en el tratamiento de este tema de los cuatro textos? ¿Qué comentario ofrece cada autor sobre la crisis existencialista, es decir, la búsqueda personal de respuestas a las siguientes preguntas: ¿de dónde vengo? ¿cuál es el sentido de mi vida? ¿para qué vivo? ¿existe vida después de la muerte? ¿para qué sirve la vida si todos vamos a morir?

### DEBATE

1. La clase se divide en cuatro grupos y a cada uno se le asigna uno de estos temas:
   - el significado o la insignificancia de la existencia humana
   - la relación hombre-Dios y la (falta de) fe religiosa
   - lo absurdo de la vida y la estupidez humana
   - la otredad y la relación yo-otro

Cada grupo tiene que tratar de demostrar que el tema dado es el más importante para las cuatro obras de la Unidad 2. Rellena la siguiente tabla con argumentos y citas directas que pueda usar tu equipo durante el debate.

|  | Argumentos y citas directas |
|---|---|
| "Lo fatal" |  |
| "Las ruinas circulares" |  |
| "Axolotl" |  |
| "Un señor muy viejo con unas alas enormes" |  |

2. Previamente, los miembros de cada equipo deben coordinar y dividir los argumentos para evitar la repetición de ideas durante el debate y para asegurarse de que todos contribuyan por igual. El debate tiene dos fases. En la primera, cada grupo presenta sus argumentos preparados. En la segunda, cada persona puede expresarse libremente y de forma espontánea para refutar argumentos de los otros grupos o respaldar argumentos del propio grupo.

### BREVES ACTUACIONES

1. En grupos, preparen una actuación en la que varios personajes de los textos de la Unidad 2 discuten el significado de la vida y el origen y el más allá de la existencia humana. La actuación debe incluir los siguientes personajes:
   - La voz poética de "Lo fatal" o el autor mismo, Rubén Darío
   - El mago de "Las ruinas circulares"
   - El dios Fuego de "Las ruinas circulares"
   - El hombre-narrador de "Axolotl"
   - El protagonista titular de "Un señor muy viejo con unas alas enormes"
   - Otro personaje de "Un señor muy viejo con unas alas enormes", como Pelayo, Elisenda, el padre Gonzaga, la vecina sabia o la mujer-araña

   Se pueden añadir otro(s) personaje(s) en caso de tener grupos más grandes. En la discusión, los protagonistas literarios deben explicar su entendimiento del significado de la vida y su conocimiento del origen y fin de la existencia. Además, los personajes deben hacer preguntas a los demás y discutir si están de acuerdo o no con las ideas de los otros. Cada grupo tiene que interpretar la actuación para la clase y contestar preguntas sobre ella.

### TEMAS DE ENSAYO LITERARIO

1. Escribe un ensayo comparativo de análisis literario en el cual examines **la relación humano-no humano** en dos de los cuatro textos de la Unidad 2. Debes considerar las siguientes preguntas al desarrollar el ensayo:
   - ¿Cuál es la relación humano-no humano en cada texto? ¿Es lo "no humano" algo natural (piedra y árbol), animal (axolotl) o divino (Dios, ángel)?

- ¿Cómo es la relación humano-no humano en cada texto? ¿Es el elemento "humano" positivo, negativo o neutral? ¿Es el elemento "no humano" positivo, negativo o neutral? ¿Por qué?
- ¿Hay personificación de los elementos "no humanos" en cada texto elegido? Si es así, ¿cuál es el efecto o el intento de tal personificación?
- ¿Qué revela la conexión entre los personajes humanos y no humanos en cada cuento?
- ¿Qué es lo que falta en la vida de los personajes humanos? ¿Pueden los personajes no humanos llenar el vacío descrito en los cuentos gracias a la conexión o interacción con el elemento no humano? ¿En qué sí y en qué no?
- ¿Cuál es la motivación de los autores en incluir los personajes no humanos en la historia? ¿Sirven los elementos no humanos para hacer un comentario o una crítica de la vida humana?
- ¿Cómo son semejantes o diferentes los mensajes de los dos textos elegidos?

2. Escribe un ensayo comparativo de análisis literario en el cual examines **la idea existencialista de que "la existencia precede a la esencia"** en dos de los cuatro textos de la Unidad 2. Según el filósofo Jean-Paul Sartre, la idea de que "la existencia precede a la esencia" significa que "el hombre empieza por existir, se encuentra, surge en el mundo, y después se define. El hombre, tal como lo concibe el existencialista, si no es definible, es porque empieza por no ser nada. Solo será después, y será tal como se haya hecho" ("El existencialismo"). Es decir, el hombre tiene la libertad de elegir, de hacerse y de determinar su "esencia". Debes considerar las siguientes preguntas al desarrollar el ensayo:

- ¿Apoyan o no los textos la idea de que 'la existencia precede a la esencia'? ¿Qué quiere decir esta frase en cada texto?
- ¿Cuál es el mensaje de cada texto con respecto a la manera (in)correcta de crear, construir o definir la identidad propia?
- ¿Es más importante en cada texto entender la razón de la existencia, o definir la esencia? ¿Por qué?
- ¿Cuáles son las semejanzas y diferencias entre las opiniones de los autores en los textos elegidos con respecto a este tema?

3. Escribe un ensayo comparativo de análisis literario en el cual examines **la búsqueda de la identidad propia** en dos de los cuatro textos de la Unidad 2. Debes considerar las siguientes preguntas al desarrollar el ensayo:

- ¿Cómo buscan la identidad propia los protagonistas elegidos? ¿Qué "viajes" toman en la búsqueda existencial?
- ¿Qué o quién determina el significado del hombre, del ser, del individuo?

- ¿Qué o quién da sentido a la vida? ¿Cómo encuentran los personajes principales el sentido de la vida, si es que lo hay?
- ¿Qué emociones están asociadas con la búsqueda de la identidad: angustia, frustración, libertad, encarcelamiento, etc.?
- Al final de cada texto y de cada búsqueda, ¿cómo se sienten los protagonistas sobre la vida y la condición humana? ¿Cambian sus ideas?
- ¿Cuál es el mensaje de los dos autores elegidos con respecto al tema?

4. Escribe un ensayo comparativo de análisis literario en el cual examines **el comentario sobre Dios, la religión o la fe** en dos de los cuatro textos de la Unidad 2. Debes considerar las siguientes preguntas al desarrollar el ensayo:
   - ¿Cómo influye Dios o la fe en la realidad de los protagonistas?
   - ¿Qué opiniones de la religión tienen los personajes, y cómo los afectan estas actitudes?
   - ¿Qué punto de vista presenta el autor sobre este tema? ¿Cómo presenta el autor el concepto de la religión o la fe en su texto?
   - ¿Muestra el autor una falta de fe, o una abundancia de fe?
   - ¿Cuál es la relación hombre-Dios en cada texto?
   - ¿Hay paralelos entre la relación hombre-Dios y la relación autor-personaje? Explica tu respuesta.
   - ¿Cómo tratan los textos la idea existencialista de Nietzsche de que "Dios está muerto"?
   - ¿Quién determina la importancia o el significado de la vida: el hombre, o Dios?

### TEMAS DE REDACCIÓN CREATIVA

1. Escribe otro desenlace para uno de los textos de la Unidad 2. Distribuye copias del final nuevo y contesta las preguntas de tus compañeros sobre las diferencias incluidas. Discute si el desenlace nuevo es mejor o no es mejor que el de la versión original de Darío, Borges, Cortázar o García Márquez.

2. Escribe tres poemas sobre la identidad existencial(ista) en los cuales la voz poética corresponda al protagonista de los tres cuentos cortos de la Unidad 2, es decir, al mago o a su hijo en "Las ruinas circulares", al hombre convertido en axolotl en "Axolotl" y al señor muy viejo con unas alas enormes en el caso del texto de García Márquez. Dado que "Lo fatal" ya es un poema, se debe escribir un cuarto poema que sirva de

respuesta a la voz poética de Darío y que represente tus ideas respecto a de dónde venimos y adónde llegamos. Léeles los cuatro poemas a tus compañeros de clase y contesta las preguntas que te hagan.

## PROYECTOS CREATIVOS

1. Diseña una portada de libro para cada texto de la Unidad 2. Explícaselas a tus compañeros de clase y contesta las preguntas que te hagan.
2. Elije una canción que capture el mensaje o la idea principal de cada texto de la Unidad 2. Deja que la clase escuche las cuatro canciones elegidas y contesta sus preguntas sobre la relación entre cada canción y texto.

# Unidad 3

Identidad temporal y espacial

# Capítulo 11

# "El Sur" (1953) de Jorge Luis Borges

**JORGE LUIS BORGES**

Jorge Luis Borges nació en Buenos Aires, Argentina, en 1899 y murió en Ginebra, Suiza, en 1986. Fue poeta, ensayista, cuentista, traductor, editor y crítico literario. Es muy conocido por su estilo literario original y experimental y por su agudo interés en los conceptos de tiempo y espacio, destino y azar, realidad e ilusión, espejos y laberintos. Borges es sin duda el escritor argentino más famoso y con mayor reconocimiento a nivel mundial. Su fama se debe a su erudición, su renovación del lenguaje narrativo, su creación de mundos alternativos, fantásticos y simbólicos y su tremenda influencia en diversas generaciones de escritores. Entre sus obras más destacadas se encuentran dos colecciones de cuentos cortos, *Ficciones* (1944) y *El Aleph* (1949). El cuento "El Sur" fue publicado en 1953 en el periódico *La Nación* y luego en 1956 en el libro *Artificios*, que es la segunda parte de *Ficciones*. Borges recibió varios premios importantes a lo largo de su vida, como el Premio Formentor, que compartió con Samuel Beckett, y el Premio Miguel de Cervantes. Se sospecha que no ganó el Premio Nobel de Literatura por razones políticas, tal vez por haber aceptado un premio otorgado por el gobierno militar de Pinochet, el dictador chileno. Su obra se ha traducido a más de veinticinco idiomas y adaptado al cine y a la televisión. Nunca llegó a publicar ninguna obra narrativa larga, quizás en parte porque sufrió una ceguera hereditaria progresiva que le hizo perder la vista lentamente hasta quedarse totalmente ciego a la edad de 55 años. Esto le obligó a dictar creaciones literarias breves a su madre o a otros familiares y amigos.

### ANTES DE LEER

Discute las siguientes preguntas con un compañero de clase:

1. ¿De qué tienes nostalgia? ¿Qué elementos de tu pasado te gustaría revivir o recuperar? ¿Por qué?
2. ¿Ha llegado a impactar tu vida real alguna obra de ficción? Comenta un ejemplo personal del poder o de la influencia de la literatura.
3. ¿Te gustaría vivir más en la ciudad, o en el campo? ¿Por qué? ¿Preferirías una existencia más contemplativa, o una más activa? ¿Por qué?

### PARA ORIENTAR AL LECTOR

"El Sur" se centra en la vida del protagonista, Juan Dahlmann, un bibliotecario de Buenos Aires, que sufre una herida en la frente al chocar contra una ventana abierta. El cuento describe sus acciones y pensamientos justo antes y después del accidente, narra su estancia en dos hospitales diferentes y da detalles de un viaje al Sur que Dahlmann hace para recuperarse.

Durante la lectura, debes fijarte en los siguientes temas y conceptos:

- La relación entre el pasado y el presente
- La importancia del destino
- La influencia de la imaginación, la literatura y los sueños
- La dualidad del individuo

### "EL SUR"

El hombre que desembarcó en Buenos Aires en 1871 se llamaba Johannes Dahlmann y era pastor de la Iglesia evangélica; en 1939, uno de sus nietos, Juan Dahlmann, era secretario de una biblioteca municipal en la calle Córdoba y se sentía **hondamente** argentino. Su abuelo materno había sido aquel Francisco Flores, del 2 de infantería de línea, que murió en la frontera de Buenos Aires,

**hondamente** profundamente

lanceado por indios de Catriel: en la discordia de sus dos linajes, Juan Dahlmann (tal vez a impulso de la sangre germánica) eligió el de ese antepasado romántico, o de muerte romántica.[1] Un **estuche** con el **daguerrotipo** de un hombre inexpresivo y barbado, una vieja espada, la dicha y el coraje de ciertas músicas, el hábito de estrofas del *Martín Fierro*,[2] los años, el **desgano** y la soledad, fomentaron ese criollismo[3] algo voluntario, pero nunca ostentoso. A costa de algunas privaciones, Dahlmann había logrado salvar el casco de una **estancia** en el Sur, que fue de los Flores; una de las costumbres de su memoria era la imagen de los eucaliptos balsámicos y de la larga casa rosada que alguna vez fue **carmesí**. Las tareas y acaso la indolencia lo retenían en la ciudad. Verano tras verano se contentaba con la idea abstracta de posesión y con la certidumbre de que su casa estaba esperándolo, en un sitio preciso de la **llanura**. En los últimos días de febrero de 1939, algo le aconteció.

Ciego a las culpas, el destino puede ser **despiadado** con las mínimas distracciones. Dahlmann había conseguido, esa tarde, un ejemplar **descabalado** de *Las mil y una noches*[4] de Weil;[5] ávido de examinar ese **hallazgo**, no esperó que bajara el ascensor y subió con apuro las escaleras; algo en la oscuridad le rozó la frente, ¿un murciélago, un pájaro? En la cara de la mujer que le abrió la puerta vio grabado el horror, y la mano que se pasó por la frente salió roja de sangre. **La arista de un batiente** recién pintado que alguien se olvidó de cerrar le habría hecho esa herida. Dahlmann logró dormir, pero a la madrugada estaba despierto y desde aquella hora el sabor de todas las cosas fue atroz. La fiebre lo gastó y las ilustraciones de *Las mil y una noches* sirvieron para decorar pesadillas. Amigos y parientes lo visitaban y con exagerada sonrisa le repetían que lo hallaban muy bien. Dahlmann los oía con una especie de débil estupor y le maravillaba que no supieran que estaba en el infierno. Ocho días pasaron, como ocho siglos. Una tarde, el médico habitual se presentó con un médico nuevo y lo condujeron a un **sanatorio** de la calle Ecuador, porque era indispensable sacarle una radiografía. Dahlmann, en el coche de plaza que los llevó, pensó que en una habitación que no fuera la suya podría, al fin, dormir. Se sintió feliz y conversador; en cuanto llegó, lo desvistieron; le raparon la cabeza, lo sujetaron con metales a una camilla, lo iluminaron hasta la ceguera y el vértigo, lo auscultaron y un hombre enmascarado le clavó una aguja en el brazo. Se despertó con náuseas, vendado, en una celda que tenía algo de pozo y, en los días y noches que siguieron a la operación pudo entender que apenas había estado, hasta entonces, en un **arrabal** del infierno. El hielo no dejaba en su boca el menor rastro de frescura. En esos días, Dahlmann minuciosamente se odió; odió su identidad, sus necesidades corporales, su humillación, la barba que le erizaba la cara. Sufrió con estoicismo las curaciones, que eran muy dolorosas, pero cuando el cirujano le dijo que había estado a punto de morir de una **septicemia**, Dahlmann se echó a llorar, **condolido** de su destino. Las miserias físicas y la

**estuche** caja, funda
**daguerrotipo** imagen fotográfica antigua
**desgano** apatía, inapetencia

**estancia** hacienda de campo

**carmesí** de color rojo muy vivo

**llanura** pampa, campo, terreno llano

**despiadado** brutal, cruel
**descabalado** desarmado
**hallazgo** descubrimiento

**la arista de un batiente** el borde de una ventana

**sanatorio** centro para enfermos que necesitan someterse a tratamientos médicos

**arrabal** barrio pobre de la periferia

**septicemia** infección grave de la sangre
**condolido** compadecido

incesante previsión de las malas noches no le habían dejado pensar en algo tan abstracto como la muerte. Otro día, el cirujano le dijo que estaba reponiéndose y que, muy pronto, podría ir a **convalecer** a la estancia. Increíblemente, el día

50    prometido llegó.

A la realidad le gustan las **simetrías** y los leves **anacronismos**; Dahlmann había llegado al sanatorio en un coche de plaza y ahora un coche de plaza lo llevaba a Constitución.[6] La primera frescura del otoño, después de la opresión del verano, era como un símbolo natural de su destino rescatado de la muerte y la fiebre. La ciudad, a las siete de la mañana, no había perdido ese aire de casa

55    vieja que le infunde la noche; las calles eran como largos **zaguanes**, las plazas como patios. Dahlmann la reconocía con felicidad y con un principio de vértigo; unos segundos antes de que las registraran sus ojos, recordaba las esquinas, las carteleras, las modestas diferencias de Buenos Aires. En la luz amarilla del

60    nuevo día, todas las cosas regresaban a él.

Nadie ignora que el Sur empieza del otro lado de Rivadavia.[7] Dahlmann solía repetir que ello no es una convención y que quien atraviesa esa calle entra en un mundo más antiguo y más firme. Desde el coche buscaba entre la nueva edificación, la ventana de rejas, el llamador, el arco de la puerta, el zaguán,

65    el íntimo patio.

En el *hall* de la estación advirtió que faltaban treinta minutos. Recordó bruscamente que en un café de la calle Brasil (a pocos metros de la casa de Yrigoyen[8]) había un enorme gato que se dejaba acariciar por la gente, como una divinidad **desdeñosa**. Entró. Ahí estaba el gato, dormido. Pidió una taza de café,

70    la endulzó lentamente, la probó (ese placer le había sido **vedado** en la clínica) y pensó, mientras alisaba el negro **pelaje**, que aquel contacto era ilusorio y que estaban como separados por un cristal, porque el hombre vive en el tiempo, en la sucesión, y el mágico animal, en la actualidad, en la eternidad del instante.

A lo largo del penúltimo andén el tren esperaba. Dahlmann recorrió los

75    vagones y dio con uno casi vacío. Acomodó en la red la **valija**; cuando los coches arrancaron, la abrió y sacó, tras alguna vacilación, el primer tomo de *Las mil y una noches*. Viajar con este libro, tan vinculado a la historia de su **desdicha**, era una afirmación de que esa desdicha había sido anulada y un desafío alegre y secreto a las frustradas fuerzas del mal.

80    A los lados del tren, la ciudad **se desgarraba** en suburbios; esta visión y luego la de jardines y quintas demoraron el principio de la lectura. La verdad es que Dahlmann leyó poco; la montaña de piedra imán y el genio que ha jurado matar a su **bienhechor** eran, quién lo niega, maravillosos, pero no mucho más que la mañana y que el hecho de ser. La felicidad lo distraía de Shahrazad[9] y de

85    sus milagros superfluos; Dahlmann cerraba el libro y se dejaba simplemente vivir.

**convalecer** recuperarse de una enfermedad

**simetría** armonía y proporción de las partes
**anacronismo** algo que ocurre fuera de su tiempo

**zaguán** *hall* de entrada

**desdeñosa** despectiva, despreciativa
**vedado** prohibido
**pelaje** pelo o lana de un animal

**valija** maleta

**desdicha** desgracia, infortunio

**desgarrarse** romperse, desintegrarse

**bienhechor** benefactor, protector

El almuerzo (con el caldo servido en boles de metal reluciente, como en los ya remotos veraneos de la niñez) fue otro goce tranquilo y agradecido.

*Mañana me despertaré en la estancia*, pensaba, y era como si a un tiempo fuera dos hombres: el que avanzaba por el día otoñal y por la geografía de la patria, y el otro, encarcelado en un sanatorio y sujeto a metódicas servidumbres. Vio casas de ladrillo sin revocar, esquinadas y largas, infinitamente mirando pasar los trenes; vio **jinetes** en los terrosos caminos; vio **zanjas** y lagunas y hacienda; vio largas nubes luminosas que parecían de mármol, y todas estas cosas eran casuales, como sueños de la llanura. También creyó reconocer árboles y **sembrados** que no hubiera podido nombrar, porque su directo conocimiento de la campaña era harto inferior a su conocimiento nostálgico y literario.

Alguna vez durmió y en sus sueños estaba el ímpetu del tren. Ya el blanco sol intolerable de las doce del día era el sol amarillo que precede al anochecer y no tardaría en ser rojo. También el coche era distinto; no era el que fue en Constitución, al dejar el andén: la llanura y las horas lo habían atravesado y transfigurado. Afuera la móvil sombra del vagón se alargaba hacia el horizonte. No turbaban la tierra elemental ni poblaciones ni otros signos humanos. Todo era vasto, pero al mismo tiempo era íntimo y, de alguna manera, secreto. En el campo **desaforado**, a veces no había otra cosa que un toro. La soledad era perfecta y tal vez hostil, y Dahlmann pudo sospechar que viajaba al pasado y no sólo al Sur. De esa conjetura fantástica lo distrajo el inspector, que al ver su boleto, le advirtió que el tren no lo dejaría en la estación de siempre sino en otra, un poco anterior y apenas conocida por Dahlmann. (El hombre añadió una explicación que Dahlmann no trató de entender ni siquiera de oír, porque el mecanismo de los hechos no le importaba).

El tren laboriosamente se detuvo, casi en medio del campo. Del otro lado de las vías quedaba la estación, que era poco más que un andén con un **cobertizo**. Ningún vehículo tenían, pero el jefe opinó que tal vez pudiera conseguir uno en un comercio que le indicó a unas diez, doce, cuadras.

Dahlmann aceptó la caminata como una pequeña aventura. Ya se había hundido el sol, pero un esplendor final exaltaba la viva y silenciosa llanura, antes de que la borrara la noche. Menos para no fatigarse que para hacer durar esas cosas, Dahlmann caminaba despacio, aspirando con grave felicidad el olor del trébol.

El almacén, alguna vez, había sido **punzó**, pero los años habían mitigado para su bien ese color violento. Algo en su pobre arquitectura le recordó un grabado en acero, acaso de una vieja edición de *Pablo y Virginia*.[10] Atados al palenque había unos caballos. Dahlmann, adentro, creyó reconocer al patrón; luego comprendió que lo había engañado su parecido con uno de los empleados del sanatorio. El hombre, oído el caso, dijo que le haría atar la jardinera; para

**jinete** persona que monta a caballo
**zanja** hueco alargado en la tierra, surco o grieta en la calle
**sembrados** cultivos

**desaforado** enorme, desmesurado

**cobertizo** sitio protegido por un techo

**punzó** color rojo muy vivo

agregar otro hecho a aquel día y para llenar ese tiempo, Dahlmann resolvió comer en el almacén.

En una mesa comían y bebían ruidosamente unos muchachones, en los que Dahlmann, al principio, no se fijó. En el suelo, apoyado en el mostrador, **se acurrucaba**, inmóvil como una cosa, un hombre muy viejo. Los muchos años lo habían reducido y **pulido** como las aguas a una piedra o las generaciones de los hombres a una sentencia. Era oscuro, chico y reseco, y estaba como fuera del tiempo, en una eternidad. Dahlmann registró con satisfacción la **vincha**, el poncho de bayeta, el largo **chiripá** y la **bota de potro** y se dijo, rememorando inútiles discusiones con gente de los partidos del Norte o con entrerrianos, que gauchos[11] de ésos ya no quedan más que en el Sur.

Dahlmann se acomodó junto a la ventana. La oscuridad fue quedándose con el campo, pero su olor y sus rumores aún le llegaban entre los barrotes de hierro. El patrón le trajo sardinas y después carne asada; Dahlmann las empujó con unos vasos de vino tinto. **Ocioso**, paladeaba el áspero sabor y dejaba **errar** la mirada por el local, ya un poco **soñolienta**. La lámpara de kerosén pendía de uno de los tirantes; los **parroquianos** de la otra mesa eran tres: dos parecían peones de **chacra**; otro, de rasgos achinados y torpes, bebía con el **chambergo** puesto. Dahlmann, de pronto, sintió un leve **roce** en la cara. Junto al vaso ordinario de vidrio turbio, sobre una de las rayas del mantel, había una bolita de **miga**. Eso era todo, pero alguien se la había tirado.

Los de la otra mesa parecían ajenos a él. Dahlmann, perplejo, decidió que nada había ocurrido y abrió el volumen de *Las mil y una noches*, como para tapar la realidad. Otra bolita lo alcanzó a los pocos minutos, y esta vez los peones se rieron. Dahlmann se dijo que no estaba asustado, pero que sería un disparate que él, un convaleciente, se dejara arrastrar por desconocidos a una pelea confusa. Resolvió salir; ya estaba de pie cuando el patrón se le acercó y lo exhortó con voz alarmada:

—Señor Dahlmann, no les haga caso a esos **mozos**, que **están** medio **alegres**.

Dahlmann no se extrañó de que el otro, ahora, lo conociera, pero sintió que estas palabras conciliadoras agravaban, de hecho, la situación. Antes, la provocación de los peones era a una cara accidental, casi a nadie; ahora iba contra él y contra su nombre y lo sabrían los vecinos. Dahlmann hizo a un lado al patrón, se enfrentó con los peones y les preguntó qué andaban buscando. El compadrito[12] de la cara achinada se paró, **tambaleándose**. A un paso de Juan Dahlmann, lo injurió a gritos, como si estuviera muy lejos. Jugaba a exagerar su borrachera y esa exageración era una ferocidad y una burla. Entre malas palabras y obscenidades, tiró al aire un largo cuchillo, lo siguió con los ojos, lo **barajó** e invitó a Dahlmann a pelear. El patrón objetó con trémula voz que Dahlmann estaba desarmado. En ese punto, algo imprevisible ocurrió.

**acurrucarse** encogerse, disminuir el tamaño

**pulido** alisado, hecho más lustroso

**vincha** cinta con que se sujeta el pelo sobre la frente

**chiripá** prenda de gauchos; un paño rectangular que se pasa por entre las piernas y se sujeta a la cintura con una faja

**bota de potro** bota de los gauchos hecha con cuero de caballo

**ocioso** desocupado

**errar** vagar

**soñolienta** adormilada

**parroquianos** clientes

**chacra** granja

**chambergo** tipo de sombrero

**roce** rozadura o frotamiento

**miga** porción pequeña de pan o de cualquier cosa

**mozos** jóvenes

**estar alegre** aquí quiere decir estar borracho

**tambalearse** caminar moviéndose de un lado a otro

**barajar** atrapar algo en el aire

Desde un rincón el viejo gaucho extático, en el que Dahlmann vio una cifra del Sur (del Sur que era suyo), le tiró una **daga** desnuda que vino a caer a sus pies. Era como si el Sur hubiera resuelto que Dahlmann aceptara el duelo. Dahl-

170 mann se inclinó a recoger la daga y sintió dos cosas. La primera, que ese acto casi instintivo lo comprometía a pelear. La segunda, que el arma, en su mano torpe, no serviría para defenderlo, sino para justificar que lo mataran. Alguna vez había jugado con un **puñal**, como todos los hombres, pero su **esgrima** no pasaba de una noción de que los golpes deben ir hacia arriba y con el **filo** para

175 adentro. *No hubieran permitido en el sanatorio que me pasaran estas cosas*, pensó.

—Vamos saliendo—dijo el otro.

Salieron, y si en Dahlmann no había esperanza, tampoco había temor. Sintió, al atravesar el **umbral**, que morir en una pelea a cuchillo, a cielo abierto y acometiendo, hubiera sido una liberación para él, una felicidad y una fiesta,

180 en la primera noche del sanatorio, cuando le clavaron la **aguja**. Sintió que si él, entonces, hubiera podido elegir o soñar su muerte, ésta es la muerte que hubiera elegido o soñado.

Dahlmann empuña con firmeza el cuchillo, que acaso no sabrá manejar, y sale a la llanura.

185

**daga** tipo de cuchillo

**puñal** tipo de cuchillo
**esgrima** arte y técnica de manejar un cuchillo o una espada
**filo** borde cortante de un cuchillo o una navaja

**umbral** parte inferior de la puerta de una casa; límite donde algo se inicia
**aguja** tubito metálico pequeño que se inserta en la jeringuilla para poner inyecciones

### DE RELEVANCIA PARA EL TEXTO

Igual que el protagonista de "El Sur", Borges tiene "dos linajes" importantes, uno militar y otro literario. Sus antepasados militares incluyen a su bisabuelo materno, el coronel Isidoro Suárez, que dirigió una famosa carga de caballería peruana y colombiana en la victoria de la batalla de Junín; y a su abuelo paterno, el coronel Francisco Borges, que falleció en la batalla de La Verde, en 1874. Sus antepasados literarios incluyen al poeta romántico Juan Crisóstomo Lafinur y a su bisabuelo paterno, Edward Young Haslam, que editó uno de los primeros periódicos ingleses en Argentina, el *Southern Cross*. Además, su padre, Jorge Borges Haslam, fue profesor de psicología e inglés. Otra semejanza tiene que ver con el hecho de que Borges también trabajó en una biblioteca municipal en las afueras de Buenos Aires desde 1937 hasta 1945, y luego fue Director de la Biblioteca Nacional desde 1955 hasta 1974. Por último, debemos indicar que en 1938 Borges sufrió un accidente que le causó una herida en la cabeza. La herida se infectó y le produjo septicemia, la cual le quitó temporalmente el habla, le hizo sospechar que había perdido el juicio y casi le costó la vida. En "An Autobiographical Essay" ("Un ensayo autobiográfico"), Borges explica: "Fue en la Nochebuena de

1938—el mismo año en el que murió mi padre—que tuve un accidente grave. Subía apresuradamente las escaleras y de repente sentí que algo me rozó la cabeza. Había rasado una ventana abierta recién pintada. A pesar de la cura de primeros auxilios, la herida se infectó, y por una semana o dos estuve insomne y tuve alucinaciones y fiebre alta. Una noche, perdí el poder de la palabra y me tuvieron que llevar urgentemente al hospital para una operación de emergencia. Había contraído septicemia, y por un mes estuve, sin saberlo, entre la vida y la muerte. (Mucho más tarde, incluiría esta experiencia en mi cuento 'El Sur'). Cuando empecé a recobrarme, temí haber perdido mi integridad mental. Recuerdo que mi madre quiso leerme de un libro que yo había pedido, *Out of the Silent Planet* (*Del planeta silencioso*), pero por dos o tres noches pospuse su ofrecimiento. Finalmente lo hizo, y después de oír una o dos páginas me puse a llorar. Mi madre me preguntó que por qué las lágrimas. 'Lloro porque puedo entender', le dije" (citado en Conde 43-44).

## TRAMA

Ordena, de 1 a 12, las siguientes oraciones para indicar la cronología de los eventos tal como aparecen en el cuento.

_____ Dahlmann se sube al tren y viaja al Sur.

_____ Dahlmann camina hasta un almacén y decide cenar allí.

_____ Dahlmann sale a la llanura para pelear con puñales.

_____ El patrón nombra a Dahlmann por su apellido y por eso se siente obligado a defender su nombre.

_____ Dahlmann recibe un ejemplar de *Las mil y una noches*.

_____ Un viejo gaucho le tira una daga a Dahlmann.

_____ Dahlmann va al sanatorio de la calle Ecuador para que le hagan una radiografía.

_____ Tres muchachos le tiran unas bolitas de miga a Dahlmann y luego uno de ellos lo reta a pelear.

_____ Dahlmann se toma un café y acaricia un enorme gato en un café de la calle Brasil.

_____ Dahlmann se mejora y decide ir al Sur para recuperarse.

_____ Dahlmann sufre una herida en la cabeza y se despierta en un hospital.

_____ A Dahlmann, a punto de morirse de septicemia, lo operan y le hacen varias curaciones muy dolorosas.

## PERSONAJES

1. Describe a los abuelos de Juan Dahlmann y comenta el efecto de "la discordia de sus dos linajes".
2. ¿En qué trabaja Juan Dahlmann y por qué es relevante su empleo en el desarrollo del cuento?
3. ¿En qué lugar suele pensar Dahlmann? ¿Por qué tiene tanto significado para él este lugar?
4. ¿Qué tipo de muerte desea Dahlmann y por qué?
5. ¿Quiénes son los personajes secundarios en el cuento y qué importancia tienen?

## NARRACIÓN

1. ¿Qué tipo de narrador encontramos en "El Sur" de Borges? Elige una de las dos alternativas de cada fila.
   a. primera persona                 tercera persona
   b. homodiegético               heterodiegético
      (sí forma parte del mundo del    (no forma parte del mundo de
      cuento)                             cuento)
   c. limitado                     omnisciente
   d. dudoso                      confiable
   e. su perspectiva es subjetiva     su perspectiva es objetiva
2. Identifica los tiempos verbales usados para esta narración. ¿Cuándo se usa el presente, el pretérito, el imperfecto, el futuro y el condicional? ¿Cómo y por qué cambian los tiempos verbales en la última oración del cuento, que dice: "Dahlmann empuña con firmeza el cuchillo, que acaso no sabrá manejar, y sale a la llanura"?

## INTERPRETACIÓN

1. ¿Qué simboliza o representa "el Sur" para Dahlmann?
2. ¿Cuál es el papel de las obras literarias mencionadas: *Martín Fierro, Las mil y una noches, Pablo y Virginia*? ¿En qué se parecen Dahlmann y Martín Fierro? ¿Qué tienen en común Dahlmann y Shahrazad o Scheherezade?
3. ¿Qué comentario hace Borges en "El Sur" sobre el poder de la lectura o la ficción, o sobre la relación entre "leer" y "vivir"?

4. ¿Cómo explora "El Sur" las diferencias entre "la civilización" y "la barbarie", es decir, entre la ciudad y la llanura, entre la vida de un bibliotecario urbano y la vida de un gaucho rural? ¿Cuál de los dos extremos prefiere Dahlmann y por qué?

5. ¿Qué semejanzas o coincidencias hay entre los dos espacios del cuento: los hospitales y el Sur? Analiza las repercusiones de esta idea del texto: "A la realidad le gustan las simetrías y los leves anacronismos". ¿Puedes nombrar algunas "simetrías" y algunos "anacronismos" en el cuento?

6. ¿Es posible que Dahlmann regrese en el tiempo y/o en el espacio mientras viaja al Sur? Rellena la siguiente tabla con referencias textuales a tiempos o espacios pasados.

| Tiempos del pasado | Espacios del pasado |
| --- | --- |
|  |  |

7. ¿Realmente salió Dahlmann del sanatorio o no? ¿Realmente hizo un viaje al Sur o no? Rellena la siguiente tabla con pruebas o indicios textuales de estas dos posibilidades. Luego, discute con un compañero qué interpretación te parece más convincente y por qué.

| Sale del sanatorio y hace un viaje "real" al Sur | Nunca sale del sanatorio y hace un viaje "imaginario" al Sur |
| --- | --- |
|  |  |

8. Dada la sucesión de eventos que prefiguran la supuesta muerte de Dahlmann, ¿crees que el desenlace final es un ejemplo de libre albedrío, o de predeterminación? ¿Qué comentario hace Borges en este cuento sobre el destino?

9. ¿Ha "soñado" o "elegido" el protagonista su muerte ideal? ¿Consigue Dahlmann la muerte romántica que deseaba? ¿En qué sí y en qué no?

10. En una posdata de 1956 añadida al prólogo original de *Ficciones*, Borges comenta lo siguiente sobre este cuento: "De 'El Sur', que es acaso mi mejor cuento, bástame prevenir que es posible leerlo como directa narración de hechos novelescos y también de otro modo" (*Obras completas*

483). ¿Cuál es la narración "directa" de "hechos novelescos"? ¿Cuál es el "otro modo" de interpretar el cuento?

## ANÁLISIS TEXTUAL

Comenta la importancia de las siguientes citas del cuento. Presta atención especial a las partes subrayadas.

1. Ciego a las culpas, el destino puede ser despiadado con las mínimas distracciones.
2. En esos días, Dahlmann minuciosamente se odió; odió su identidad, sus necesidades corporales, su humillación, la barba que le erizaba la cara. Sufrió con estoicismo las curaciones, que eran muy dolorosas, pero cuando el cirujano le dijo que había estado a punto de morir de una septicemia, Dahlmann se echó a llorar, condolido de su destino.
3. [M]uy pronto, podría ir a convalecer a la estancia. Increíblemente, el día prometido llegó.
4. [P]ensó, mientras alisaba el negro pelaje, que aquel contacto era ilusorio y que estaban como separados por un cristal, porque el hombre vive en el tiempo, en la sucesión, y el mágico animal, en la actualidad, en la eternidad del instante.
5. [E]ra como si a un tiempo fuera dos hombres: el que avanzaba por el día otoñal y por la geografía de la patria, y el otro, encarcelado en un sanatorio y sujeto a metódicas servidumbres.
6. Dahlmann pudo sospechar que viajaba al pasado y no sólo al Sur.
7. Sintió que si él, entonces, hubiera podido elegir o soñar su muerte, ésta es la muerte que hubiera elegido o soñado.

## TEMAS PRINCIPALES

1. Escribe un ensayo en el que expliques la importancia de uno de los siguientes temas en el cuento "El Sur". Como evidencia, cita partes del texto y da ejemplos específicos.
   a. El destino predeterminado frente al libre albedrío
   b. La realidad contra la irrealidad, la imaginación, el sueño o la ficción
   c. El presente contra el pasado; lo moderno contra lo histórico
   d. La ciudad contra el campo o la llanura
   e. La dualidad del individuo; el yo y el otro

2. Discute o debate cuál de los temas anteriores es más importante en el cuento y por qué.

## CRÍTICA LITERARIA

Lee las siguientes interpretaciones de varios críticos literarios sobre el cuento "El Sur" de Borges. Decide si estás **de acuerdo** o **en desacuerdo** con cada interpretación dada. Cita un ejemplo textual o un pasaje directo de la obra para **apoyar** o **refutar** cada interpretación dada.

### Interpretación de la muerte
*Crítico A*
"El sueño-alucinación se inserta en el interior del relato como una historia (imaginaria) dentro de otra (real), pero integrada de tal modo que el momento final de la historia real y la fantástica ocurren en el mismo instante temporal. Es decir, Dahlmann, vive dos muertes, la real y la imaginada en la alucinación, en un mismo instante". (Gertel 37)

*Crítico B*
"Para algunos, la muerte de Dahlmann es una especie de triunfo, un fin heroico, casi poético; para otros, un destino mezquino, incoloro y sin sentido". (Scari 905)

*Crítico C*
"[Dahlmann, por aceptar] el desafío de luchar a cuchillo, [se convierte en héroe. . . . Si muere,] él cumple el precepto de sus ancestrales borgeanos: no morir de muerte natural, morir como un valiente, en combate. Si él gana el duelo, se convierte en (el) otro, en nadie: en Barbarie, pero símbolo paradigmático de la muerte gratuita, del valor inútil". (Montoto 44)

*Crítico D*
"Dahlmann puede tener una experiencia alucinatoria en el hospital, en la que se encuentra fatalmente involucrado en un duelo a cuchillo. Pero también puede interpretarse linealmente, y entonces Dahlmann realmente cogió el tren que lo llevaría al Sur y allí peleó, pudiendo morir o no, como su antepasado Francisco Flores, víctima del destino sudamericano, aceptado con estoicismo y resignación". (Pellicer 225)

*Tu propia interpretación*
Escribe tu propia interpretación de "El Sur" respecto al tema de la interpretación de la muerte.

### La búsqueda de identidad entre civilización y barbarie

*Crítico A*

"[El cuento de Borges presenta la oscilación entre dos espacios temporales (el presente del sanatorio y el pasado nostálgico e imaginado del Sur) que le permiten a Dahlmann] aparecer al mismo tiempo como el representante de la civilización en un ambiente bárbaro que lo sacrifica, y el admirador de un barbarismo atrapado en una civilización enferma y absorta en sí misma". (Conde 54)

*Crítico B*

"El mundo del libro (los milagros de Shahrazad son ahora 'superfluos') cede paso 'al hecho de ser y simplemente vivir'. El intelectual percibe el goce sensorial de la naturaleza y de los recuperados sabores de la infancia [. . .]. En esta segunda etapa Dahlmann se ve a sí mismo en su doble identidad. *El Otro* encarcelado en el sanatorio y *El Mismo* libre en el viaje que desliza ante sus ojos una repetida sucesión de imágenes". (Gertel 43)

*Tu propia interpretación*

Escribe tu propia interpretación de "El Sur" respecto al tema de la búsqueda de identidad entre civilización y barbarie.

## A NIVEL PERSONAL

Discute los siguientes temas con un compañero de clase. Prepárense para compartir sus ideas con los demás compañeros de clase.

1. ¿Cómo han influido en ti tus antepasados? ¿Cuál es el efecto de tus diferentes "linajes"?
2. ¿Crees más en el destino, o en la voluntad propia? ¿Por qué? En tu estimación, ¿quién o qué controla tu vida?
3. Si pudieras determinar tu destino, ¿qué tipo de muerte elegirías? ¿Por qué?

## NOTAS

1. Se puede decir que el romanticismo nació en Alemania con Goethe y su novela *Las tribulaciones del joven Werther*, en 1774.

2. Martín Fierro es el protagonista de dos poemas narrativos argentinos de José Hernández. *El Gaucho Martín Fierro*, publicado en 1872, y *La vuelta de Martín Fierro*, escrito en 1879, son obras ejemplares de la literatura llamada gauchesca, que narra "el carácter independiente y heroico del gaucho", denuncia la injusticia social y protesta la política del presidente Domingo Faustino Sarmiento. La obra de Hernández rechaza o invierte la dicotomía propuesta por Sarmiento entre "la civilización" de la ciudad y de los europeos y "la barbarie" de la pampa y de los criollos. (Tomado de *Wikipedia*: "El Gaucho Martín Fierro")

3. Aunque el término *criollismo* se refiere generalmente al conjunto de costumbres y tradiciones de los criollos, es decir, de personas de descendencia europea nacidas en algún país hispanoamericano o relativo a ellas, la palabra tiene otro significado en Argentina, donde lo "criollo" está asociado al ámbito gauchesco y tradicional como algo propio y autóctono de la región.

4. *Las mil y una noches* es una recopilación de cuentos árabes del Oriente Medio medieval que utiliza la técnica del relato enmarcado o *mise en abyme*. La narradora de las historias es Scheherezade, hija del visir, que trama un plan para poner fin a las matanzas del sultán Schariar. El sultán, al descubrir que su primera esposa le había sido infiel, había decapitado a la sultana y a todas las mujeres de la corte y luego había decidido casarse con una virgen cada día y mandarla a ser decapitada al día siguiente. Scheherezade se ofrece como esposa del sultán y en la misma noche de la boda le cuenta una historia al rey, pero interrumpe el relato antes de terminarlo y promete el final para la noche siguiente. Entusiasmado por el cuento, el sultán no mata a Scheherezade aquella noche ni durante mil y una noches, ya que ella siempre deja de narrar en un momento de suspenso y termina cada cuento con el comienzo de otro. Su narración sirve para prolongarle la vida, lo cual establece una conexión muy fuerte entre el acto de narrar y de vivir. Después de mil y una noches, el sultán aprende de las moralejas de los cuentos, ama de verdad a Scheherezade y la convierte en su sultana. (Tomado de *Wikipedia:* "Las mil y una noches")

5. Gustav Weil fue un orientalista alemán que publicó la primera traducción al alemán de *Las mil y una noches*, en 1837.

6. "Constitución" se refiere a un barrio de la ciudad de Buenos Aires que "está formado por dos zonas que surgieron de manera independiente en tiempos coloniales: el barrio de Concepción y el barrio de la Convalecencia" (tomado de *Wikipedia:* "Constitución"). En el contexto del cuento, se refiere a la estación de ferrocarril Constitución, en el barrio del mismo nombre, de donde sale la mayoría de los trenes que se dirigen al sur.

7. La avenida Rivadavia es una de las arterias más importantes de Buenos Aires, ya que marca el límite entre la zona norte y la zona sur de la ciudad, y todas las calles, salvo dos, cambian de nombre al cruzarla. El nombre honra a Bernardino Rivadavia, primer presidente de las Provincias Unidas del Río de la Plata. (Tomado de *Wikipedia:* "Avenida Rivadavia")

8. Hipólito Yrigoyen fue el primer presidente elegido por sufragio universal masculino y secreto en la Argentina. Fue dos veces presidente, de 1916 a 1922 y de 1928 a 1930.

9. Hay más sobre Shahrazad o Scheherezade en la nota 5 del capítulo 7.

10. *Pablo y Virginia* es el título de una novela francesa de Jacques-Henri Bernardin de Saint-Pierre publicada en 1787. Los protagonistas son amigos de la infancia que se enamoran, pero terminan muriendo de forma trágica en el naufragio del barco Le Saint-Geran en el que viajaban. La trama está basada en un hecho real que sucedió en 1744. (Tomado de *Wikipedia:* "Pablo y Virginia")

11. El gaucho es un tipo de campesino-jinete característico de las pampas de Argentina, Uruguay y el sur de Brasil. Los gauchos son conocidos por su gran independencia personal, su condición de hábiles jinetes, su estrecho vínculo con el ganado vacuno y su vida seminómada. Aunque casi desapareció a principios del siglo XX, el gaucho conserva un papel preponderante en la identidad de Argentina. (Tomado de *Wikipedia:* "Gaucho") Es importante agregar que la literatura gauchesca tuvo como punto culminante los poemas narrativos de José Hernández ya mencionados en la nota 2.

12. Compadrito es un término que designa en Argentina, Uruguay y el delta rioplatense a un tipo social popular suburbano, aparecido en la segunda mitad del siglo XIX, y descendiente históricamente del gaucho rural. Según José Gobello en *Breve historia crítica del tango*, "compadrito" se refiere a un "joven de condición social modesta que habitaba en las orillas de la ciudad" y que era "como un gaucho que hubiera desensillado" o desmontado, ya que "los hijos de los gauchos ya no fueron gauchitos, sino compadritos" (18). El término pasó al lenguaje cotidiano para designar despectivamente al hombre provocador, fanfarrón y pendenciero. (Tomado de *WikiVisually:* "Compadrito")

# Capítulo 12

# "La noche boca arriba" (1956)
# de Julio Cortázar

## JULIO CORTÁZAR

Julio Cortázar nació en Bruselas, Bélgica, el 26 de agosto de 1914, de padres argentinos, y murió en París el 12 de febrero de 1984. Llegó a la Argentina a los cuatro años de edad, en 1918, y creció en Banfield, un suburbio de Buenos Aires. En 1932 sacó el título de maestro primario. En 1935 comenzó la carrera de Filosofía y Letras en la Universidad de Buenos Aires, aunque nunca completó sus estudios por razones económicas. Durante varios años trabajó como maestro rural en distintos pueblos del interior de Argentina. En los años cuarenta, por problemas políticos debidos a sus declaraciones contra el peronismo, tuvo que abandonar su puesto de profesor ("Julio Cortázar. Biografía"). Aceptó un trabajo en la Cámara Argentina del Libro y empezó a publicar artículos y cuentos en revistas literarias. Tras obtener el título de traductor de inglés y francés en 1948, se trasladó a París en 1951 con una beca del gobierno francés. Desde entonces, trabajó como traductor independiente de la UNESCO y residió permanentemente en Francia el resto de su vida.

Cortázar es conocido como escritor de novelas y cuentos. Sus obras combinan cuestiones existenciales y filosóficas con técnicas literarias experimentales e innovadoras. Mezcla lo fantástico y surrealista con elementos de la realidad cotidiana para poner en duda los esquemas convencionales de pensamiento y razonamiento. Como gran seguidor de Jorge Luis Borges, Cortázar trata temas semejantes, como el azar, el juego, el acto de la lectura y las inversiones temporales y espaciales. También se le conoce por su forma de tratar los sentimientos y las emociones, por su alto nivel intelectual y por su fervor por las causas sociales. "La noche boca arriba" forma parte de la colección de relatos titulada *Final del juego* (1956). A pesar de haber publicado desde que tenía 20 años, no se hizo famoso hasta la publicación de *Rayuela*, su obra maestra, en 1963. En 1973 recibió el Premio Médicis en París y en 1984, el Premio de Honor Konex en Argentina.

### ANTES DE LEER

Discute las siguientes preguntas con un compañero de clase:

1. ¿Cómo son tus sueños normalmente? ¿Sueñas más con el presente, con el pasado o con el futuro? ¿Sientes olores y sabores en los sueños? ¿Hay algunos paralelismos entre tus sueños y la realidad?
2. Comenta una película que hayas visto o un libro que hayas leído que presente un tiempo futuro. ¿Cuáles son las diferencias más notables entre nuestro presente y el futuro representado en la obra de ficción?
3. Si pudieras regresar al pasado, ¿a qué época y a qué lugar irías? ¿Por qué? ¿Qué hay de bueno o malo en el lugar elegido?

### PARA ORIENTAR AL LECTOR

"La noche boca arriba" presenta a un protagonista no nombrado en dos tiempos y dos espacios diferentes: el presente en una ciudad moderna y el pasado en una selva durante una de las "guerras floridas" de los aztecas. En sus sueños, el protagonista viaja entre los dos mundos.

Durante la lectura, debes fijarte en los siguientes temas y conceptos:

- La relación entre pasado, presente y futuro
- La relación entre realidad y sueño
- La dualidad o desdoblamiento del individuo
- El concepto del destino

## "LA NOCHE BOCA ARRIBA"

Y salían en ciertas épocas a cazar enemigos;
le llamaban la guerra florida.[1]

A mitad del largo **zaguán** del hotel pensó que debía ser tarde, y **se apuró** a salir
a la calle y sacar la motocicleta del rincón donde el portero de al lado le permitía
guardarla. En la joyería de la esquina vio que eran las nueve menos diez; llegaría
con tiempo **sobrado** adonde iba. El sol se filtraba entre los altos edificios del
centro, y él—porque para sí mismo, para ir pensando, no tenía nombre—montó
en la máquina saboreando el paseo. La moto **ronroneaba** entre sus piernas, y un
viento fresco le **chicoteaba** los pantalones.

Dejó pasar los ministerios (el rosa, el blanco) y la serie de comercios con
brillantes **vitrinas** de la calle Central. Ahora entraba en la parte más agradable
del trayecto, el verdadero paseo: una calle larga, bordeada de árboles, con poco
tráfico y amplias villas que dejaban venir los jardines hasta las aceras, apenas
demarcadas por **setos** bajos. Quizá algo distraído, pero corriendo por la derecha
como correspondía, se dejó llevar por la **tersura**, por la leve **crispación** de ese día
apenas empezado. Tal vez su involuntario relajamiento le impidió prevenir el
accidente. Cuando vio que la mujer parada en la esquina se lanzaba a la **calzada**
a pesar de las luces verdes, ya era tarde para las soluciones fáciles. **Frenó** con el
pie y la mano, **desviándose** a la izquierda; oyó el grito de la mujer, y junto con
el choque perdió la visión. Fue como dormirse de golpe.

Volvió bruscamente del **desmayo**. Cuatro o cinco hombres jóvenes lo estaban sacando de debajo de la moto. Sentía gusto a sal y sangre, le dolía una rodilla, y cuando lo **alzaron** gritó, porque no podía soportar la presión en el brazo
derecho. Voces que no parecían pertenecer a las caras suspendidas sobre él,
lo **alentaban** con bromas y seguridades. Su único **alivio** fue oír la confirmación
de que había estado en su derecho al cruzar la esquina. Preguntó por la mujer,
tratando de dominar la náusea que le ganaba la garganta. Mientras lo llevaban
boca arriba hasta una farmacia próxima, supo que la causante del accidente
no tenía más que **rasguños** en las piernas. «Usté la agarró apenas, pero el
golpe le hizo saltar la máquina **de costado** . . . ». Opiniones, recuerdos, despacio,
éntrenlo de espaldas, así va bien, y alguien con guardapolvo dándole de beber
un trago que lo alivió en la **penumbra** de una pequeña farmacia de barrio.

La ambulancia policial llegó a los cinco minutos, y lo subieron a una camilla
blanda donde pudo tenderse a gusto. Con toda lucidez, pero sabiendo que estaba
bajo los efectos de un shock terrible, dio sus señas al policía que lo acompañaba.

**zaguán** *hall* de entrada
**apurarse** darse prisa

**sobrado** de sobra

**ronronear** ruido de un gato,
motor, máquina
**chicotear** azotar, dar latigazos

**vitrina** escaparate de una tienda

**seto** arbusto recortado
**tersura** suavidad
**crispación** irritación

**calzada** calle, pavimento
**frenar** detener, parar
**desviarse** cambiar la ruta o el
rumbo

**desmayo** pérdida momentánea
del conocimiento

**alzar** levantar

**alentar** animar, consolar
**alivio** consuelo

**rasguño** arañazo leve
**de costado** de lado

**penumbra** sombra débil entre la
luz y la oscuridad

35 El brazo casi no le dolía; de una cortadura en la ceja goteaba sangre por toda la cara. Una o dos veces se lamió los labios para beberla. Se sentía bien, era un accidente, mala suerte; unas semanas quieto y nada más. El vigilante le dijo que la motocicleta no parecía muy **estropeada**. «Natural», dijo él. «Como que me la ligué encima . . . » Los dos se rieron, y el vigilante le dio la mano al llegar al hospital y le deseó buena suerte. Ya la náusea volvía poco a poco; mientras lo
40 llevaban en una camilla de ruedas hasta un pabellón del fondo, pasando bajo árboles llenos de pájaros, cerró los ojos y deseó estar dormido o **cloroformado**. Pero lo tuvieron largo rato en una pieza con olor a hospital, llenando una ficha, quitándole la ropa y vistiéndolo con una camisa **grisácea** y dura. Le movían cuidadosamente el brazo, sin que le doliera. Las enfermeras bromeaban todo
45 el tiempo, y si no hubiera sido por las contracciones del estómago se habría sentido muy bien, casi contento.

Lo llevaron a la **sala de radio**, y veinte minutos después, con la **placa** todavía húmeda puesta sobre el pecho como una **lápida** negra, pasó a la sala de operaciones. Alguien de blanco, alto y delgado, se le acercó y se puso a mirar
50 la radiografía. Manos de mujer le acomodaban la cabeza, sintió que lo pasaban de una camilla a otra. El hombre de blanco se le acercó otra vez, sonriendo, con algo que le brillaba en la mano derecha. Le **palmeó** la mejilla e hizo una **seña** a alguien parado atrás.

55 Como sueño era curioso porque estaba lleno de olores y él nunca soñaba olores. Primero un olor a **pantano**, ya que a la izquierda de la calzada empezaban las **marismas**, los **tembladerales** de donde no volvía nadie. Pero el olor cesó, y en cambio vino una fragancia compuesta y oscura como la noche en que se movía huyendo de los aztecas[2]. Y todo era tan natural, tenía que huir de
60 los aztecas que andaban a caza de hombre, y su única probabilidad era la de esconderse en lo más denso de la selva, cuidando de no apartarse de la estrecha calzada que sólo ellos, los motecas,[3] conocían.

Lo que más le torturaba era el olor, como si aun en la absoluta aceptación del sueño algo se rebelara contra eso que no era habitual, que hasta entonces
65 no había participado del juego. «Huele a guerra», pensó, tocando instintivamente el **puñal** de piedra atravesado en su **ceñidor** de lana tejida. Un sonido inesperado lo hizo **agacharse** y quedar inmóvil, temblando. Tener miedo no era extraño, en sus sueños abundaba el miedo. Esperó, **tapado** por las ramas de un arbusto y la noche sin estrellas. Muy lejos, probablemente del otro lado del
70 gran lago, debían estar **ardiendo** fuegos de **vivac**; un resplandor rojizo teñía esa parte del cielo. El sonido no se repitió. Había sido como una rama quebrada. Tal vez un animal que escapaba como él del olor de la guerra. **Se enderezó** despacio, **venteando**. No se oía nada, pero el miedo seguía allí como el olor, ese incienso dulzón de la guerra florida. Había que seguir, llegar al corazón de la

**estropeada** dañada, rota

**cloroformado** anestesiado, drogado con cloroformo

**grisácea** de tonos grises

**sala de radio** sala de rayos X o radiografía
**placa** radiografía
**lápida** piedra de una tumba

**palmear** dar palmaditas
**seña** gesto, signo

**pantano** ciénaga, terreno muy húmedo o con agua estancada
**marisma** terreno pantanoso cerca de un río o del mar
**tembladeral** terreno pantanoso inestable que tiembla

**puñal** cuchillo
**ceñidor** cinturón, faja de tela
**agacharse** doblar el cuerpo hacia abajo
**tapado** cubierto, oculto
**arder** quemar
**vivac** campamento
**enderezarse** ponerse derecho, recto
**venteando** respirando con dificultad

75 selva evitando las **ciénagas**. A tientas, agachándose a cada instante para tocar el suelo más duro de la calzada, dio algunos pasos. Hubiera querido echar a correr, pero los tembladerales palpitaban a su lado. En el sendero **en tinieblas**, buscó el rumbo. Entonces sintió una **bocanada** horrible del olor que más temía, y saltó desesperado hacia adelante.

80 —Se va a caer de la cama—dijo el enfermo de al lado—. No brinque tanto, amigazo.

Abrió los ojos y era de tarde, con el sol ya bajo en los ventanales de la larga sala. Mientras trataba de sonreír a su vecino, se despegó casi físicamente de la última visión de la pesadilla. El brazo, **enyesado**, colgaba de un aparato con
85 pesas y poleas. Sintió sed, como si hubiera estado corriendo kilómetros, pero no querían darle mucha agua, apenas para mojarse los labios y hacer un **buche**. La fiebre lo iba ganando despacio y hubiera podido dormirse otra vez, pero saboreaba el placer de quedarse despierto, entornados los ojos, escuchando el diálogo de los otros enfermos, respondiendo de cuando en cuando a alguna
90 pregunta. Vio llegar un carrito blanco que pusieron al lado de su cama, una enfermera rubia le **frotó** con alcohol la cara anterior del muslo y le clavó una gruesa aguja conectada con un tubo que subía hasta un frasco lleno de líquido opalino. Un médico joven vino con un aparato de metal y cuero que le ajustó al brazo sano para verificar alguna cosa. Caía la noche, y la fiebre lo iba arrastrando
95 blandamente a un estado donde las cosas tenían un relieve como de gemelos de teatro, eran reales y dulces y a la vez ligeramente repugnantes; como estar viendo una película aburrida y pensar que sin embargo en la calle es peor; y quedarse.

Vino una taza de maravilloso **caldo** de oro oliendo a puerro, a apio, a perejil.
100 Un trocito de pan, más precioso que todo un banquete, se fue desmigajando poco a poco. El brazo no le dolía nada y solamente en la ceja, donde lo habían **suturado**, **chirriaba** a veces una **punzada** caliente y rápida. Cuando los ventanales de enfrente viraron a manchas de un azul oscuro, pensó que no le iba a ser difícil dormirse. Un poco incómodo, de espaldas, pero al pasarse la lengua
105 por los labios resecos y calientes sintió el sabor del caldo, y suspiró de felicidad, abandonándose.

Primero fue una confusión, un atraer hacia sí todas las sensaciones por un instante **embotadas** o confundidas. Comprendía que estaba corriendo en plena oscuridad, aunque arriba el cielo cruzado de copas de árboles era menos negro
110 que el resto. «La calzada», pensó. «Me salí de la calzada». Sus pies se hundían en un colchón de hojas y barro, y ya no podía dar un paso sin que las ramas de los arbustos le **azotaran** el torso y las piernas. **Jadeante**, sabiéndose **acorralado** a pesar de la oscuridad y el silencio, se agachó para escuchar. Tal vez la calzada estaba cerca, con la primera luz del día iba a verla otra vez. Nada podía ayudarlo
115 ahora a encontrarla. La mano que sin saberlo él **aferraba** el mango del puñal,

---

**ciénagas** lugares de barro muy húmedo, con cieno

**en tinieblas** en la oscuridad

**bocanada** inspiración o trago de aire

**enyesado** escayolado

**buche** porción de líquido que cabe en la boca de una vez

**frotar** restregar, lavar

**caldo** sopa, líquido que resulta de cocer los alimentos en agua

**suturar** coser una herida
**chirriar** hacer un sonido malsonante, chillar, causar molestia
**punzada** dolor agudo, pinchazo

**embotada** poco clara, mezclada

**azotar** golpear con fuerza, chicotear
**jadeante** sofocado, agitado, exhausto
**acorralado** sin escape
**aferrar** agarrar, con fuerza

subió como el escorpión de los pantanos hasta su cuello, donde colgaba el amuleto protector. Moviendo apenas los labios **musitó** la **plegaria** del maíz que trae las lunas felices, y la **súplica** a la Muy Alta, a la dispensadora de los bienes motecas. Pero sentía al mismo tiempo que los tobillos se le estaban hundiendo

120   despacio en el barro, y la espera en la oscuridad del **chaparral** desconocido se le hacía insoportable. La guerra florida había empezado con la luna y llevaba ya tres días y tres noches. Si conseguía refugiarse en lo profundo de la selva, abandonando la calzada más allá de la región de las ciénagas, quizá los guerreros no le siguieran el rastro. Pensó en los muchos prisioneros que ya habrían hecho.

125   Pero la cantidad no contaba, sino el tiempo sagrado. La caza continuaría hasta que los **sacerdotes** dieran la señal del regreso. Todo tenía su número y su fin, y él estaba dentro del tiempo sagrado, del otro lado de los cazadores.

Oyó los gritos y se enderezó de un salto, puñal en mano. Como si el cielo se incendiara en el horizonte, vio antorchas moviéndose entre las ramas, muy

130   cerca. El olor a guerra era insoportable, y cuando el primer enemigo le saltó al cuello casi sintió placer en hundirle la hoja de piedra en pleno pecho. Ya lo rodeaban las luces, los gritos alegres. Alcanzó a cortar el aire una o dos veces, y entonces una **soga** lo atrapó desde atrás.

—Es la fiebre—dijo el de la cama de al lado—. A mí me pasaba igual cuando

135   me operé del **duodeno**. Tome agua y va a ver que duerme bien.

Al lado de la noche de donde volvía, la penumbra tibia de la sala le pareció deliciosa. Una lámpara violeta velaba en lo alto de la pared del fondo como un ojo protector. Se oía toser, respirar fuerte, a veces un diálogo en voz baja. Todo era **grato** y seguro, sin ese **acoso**, sin . . . Pero no quería seguir pensando

140   en la pesadilla. Había tantas cosas en qué entretenerse. Se puso a mirar el yeso del brazo, las poleas que tan cómodamente se lo sostenían en el aire. Le habían puesto una botella de agua mineral en la mesa de noche. Bebió **del gollete**, golosamente. Distinguía ahora las formas de la sala, las treinta camas, los armarios con vitrinas. Ya no debía tener tanta fiebre, sentía fresca la cara.

145   La ceja le dolía apenas, como un recuerdo. Se vio otra vez saliendo del hotel, sacando la moto. ¿Quién hubiera pensado que la cosa iba a acabar así? Trataba de fijar el momento del accidente y le dio rabia advertir que había ahí como un **hueco**, un vacío que no alcanzaba a rellenar. Entre el choque y el momento en que lo habían levantado del suelo, un desmayo o lo que fuera no le dejaba ver

150   nada. Y al mismo tiempo tenía la sensación de que ese hueco, esa nada, había durado una eternidad. No, ni siquiera tiempo, más bien como si en ese hueco él hubiera pasado a través de algo o recorrido distancias inmensas. El choque, el golpe brutal contra el pavimento. De todas maneras al salir del **pozo negro** había sentido casi un **alivio** mientras los hombres lo alzaban del suelo. Con

155   el dolor del brazo roto, la sangre de la ceja partida, la contusión en la rodilla;

**musitar** susurrar, hablar muy bajo

**plegaria** rezo u oración religiosa

**súplica** ruego, petición

**chaparral** lugar lleno de arbustos bajos

**sacerdote** hombre dedicado a los ritos y ofrendas a los dioses

**soga** cuerda gruesa

**duodeno** parte inicial del intestino delgado

**grato** agradable

**acoso** persecución, molestia

**del gollete** directamente de la botella

**hueco** agujero, espacio sin nada

**pozo negro** fosa séptica

**alivio** mitigación de algo malo

con todo eso, un alivio al volver al día y sentirse sostenido y auxiliado. Y era raro. Le preguntaría alguna vez al médico de la oficina. Ahora volvía a ganarlo el sueño, a tirarlo despacio hacia abajo. La almohada era tan blanda, y en su garganta afiebrada la frescura del agua mineral. Quizá pudiera descansar de veras, sin las malditas pesadillas. La luz violeta de la lámpara en lo alto se iba apagando poco a poco.

Como dormía de espaldas, no lo sorprendió la posición en que volvía a reconocerse, pero en cambio el olor a humedad, a piedra **rezumante** de filtraciones, le cerró la garganta y lo obligó a comprender. Inútil abrir los ojos y mirar en todas direcciones; lo envolvía una oscuridad absoluta. Quiso enderezarse y sintió las sogas en las muñecas y los tobillos. Estaba **estaqueado** en el suelo, en un piso de **lajas** helado y húmedo. El frío le ganaba la espalda desnuda, las piernas. Con el **mentón** buscó torpemente el contacto con su amuleto, y supo que se lo habían **arrancado**. Ahora estaba perdido, ninguna plegaria podía salvarlo del final. Lejanamente, como filtrándose entre las piedras del **calabozo**, oyó los **atabales** de la fiesta. Lo habían traído al teocalli,[4] estaba en las **mazmorras** del templo a la espera de su turno.

Oyó gritar, un grito ronco que rebotaba en las paredes. Otro grito, acabando en un **quejido**. Era él que gritaba en las tinieblas, gritaba porque estaba vivo, todo su cuerpo se defendía con el grito de lo que iba a venir, del final inevitable. Pensó en sus compañeros que llenarían otras mazmorras, y en los que ascendían ya los **peldaños** del sacrificio. Gritó de nuevo sofocadamente, casi no podía abrir la boca, tenía las mandíbulas **agarrotadas** y a la vez como si fueran de goma y se abrieran lentamente, con un esfuerzo interminable. El **chirriar** de los **cerrojos** lo **sacudió** como un **látigo**. Convulso, retorciéndose, luchó por **zafarse** de las cuerdas que se le hundían en la carne. Su brazo derecho, el más fuerte, tiraba hasta que el dolor se hizo intolerable y tuvo que ceder. Vio abrirse la doble puerta, y el olor de las antorchas le llegó antes que la luz. Apenas **ceñidos** con el **taparrabos** de la ceremonia, los **acólitos** de los sacerdotes se le acercaron mirándolo con desprecio. Las luces se reflejaban en los torsos sudados, en el pelo negro lleno de plumas. Cedieron las sogas, y en su lugar lo **aferraron** manos calientes, duras como bronce; se sintió alzado, siempre boca arriba, tironeado por los cuatro acólitos que lo llevaban por el **pasadizo**. Los portadores de antorchas iban adelante, alumbrando vagamente el corredor de paredes mojadas y techo tan bajo que los acólitos debían agachar la cabeza. Ahora lo llevaban, lo llevaban, era el final. Boca arriba, a un metro del techo de roca viva que por momentos se iluminaba con un reflejo de antorcha. Cuando en vez del techo nacieran las estrellas y se alzara ante él la **escalinata** incendiada de gritos y danzas, sería el fin. El pasadizo no acababa nunca, pero ya iba a acabar, de repente olería el aire lleno de estrellas, pero todavía no, andaban llevándolo

**rezumante** exudante, porosa, goteada

**estaqueado** torturado con las extremidades amarradas entre cuatro estacas
**laja** piedra grande, lisa y plana
**mentón** barbilla
**arrancar** quitar, sacar con violencia
**calabozo** celda para presos
**atabal** tipo de tambor o timbal
**mazmorra** prisión subterránea
**quejido** lamento, voz que expresa dolor o pena

**peldaño** escalón
**agarrotada** tiesa, rígida, contraída
**chirriar** ruido molesto
**cerrojo** pestillo
**sacudir** asustar, agitar, mover
**látigo** azote largo con que se castiga
**zafarse** liberarse
**ceñido** con la cintura rodeada
**taparrabos** trozo de tela que tapa los genitales
**acólito** ayudante del sacerdote
**aferrar** agarrar fuertemente
**pasadizo** pasillo, corredor

**escalinata** escalera

sin fin en la penumbra roja, **tironeándolo** brutalmente, y él no quería, pero cómo impedirlo si le habían arrancado el amuleto que era su verdadero corazón, el centro de la vida.

**tironear** tirar con fuerza

200      Salió de un brinco a la noche del hospital, al alto **cielo raso** dulce, a la sombra blanda que lo rodeaba. Pensó que debía haber gritado, pero sus vecinos dormían callados. En la mesa de noche, la botella de agua tenía algo de burbuja, de imagen traslúcida contra la sombra azulada de los ventanales. Jadeó, buscando el alivio de los pulmones, el olvido de esas imágenes que seguían pegadas a sus párpados. Cada vez que cerraba los ojos las veía formarse instantáneamente,

**cielo raso** techo de una habitación

205 y se enderezaba aterrado pero gozando a la vez del saber que ahora estaba despierto, que la vigilia lo protegía, que pronto iba a amanecer, con el buen sueño profundo que se tiene a esa hora, sin imágenes, sin nada . . . Le costaba mantener los ojos abiertos, la **modorra** era más fuerte que él. Hizo un último esfuerzo, con la mano sana **esbozó** un gesto hacia la botella de agua; no llegó a

**modorra** sueño pesado, somnolencia
**esbozar** insinuar

210 tomarla, sus dedos se cerraron en un vacío otra vez negro, y el pasadizo seguía interminable, roca tras roca, con súbitas fulguraciones rojizas, y él boca arriba gimió apagadamente porque el techo iba a acabarse, subía, abriéndose como una boca de sombra, y los acólitos se enderezaban y de la altura una luna **menguante** le cayó en la cara donde los ojos no querían verla, desesperadamente se

**menguante** fase de la luna que disminuye

215 cerraban y abrían buscando pasar al otro lado, descubrir de nuevo el cielo raso protector de la sala. Y cada vez que se abrían era la noche y la luna mientras lo subían por la escalinata, ahora con la cabeza colgando hacia abajo, y en lo alto estaban las **hogueras**, las rojas columnas de humo perfumado, y de golpe vio la piedra roja, brillante de sangre que chorreaba, y el **vaivén** de los pies del sacri-

**hoguera** fogata, fuego
**vaivén** movimiento alternativo y sucesivo de un lado a otro

220 ficado que arrastraban para tirarlo rodando por las escalinatas del norte. Con una última esperanza apretó los párpados, **gimiendo** por despertar. Durante un segundo creyó que lo lograría, porque otra vez estaba inmóvil en la cama, a salvo del balanceo cabeza abajo. Pero olía la muerte, y cuando abrió los ojos vio la figura ensangrentada del sacrificador que venía hacia él con el cuchillo de

**gemir** expresar pena y dolor con voz lastimera

225 piedra en la mano. Alcanzó a cerrar otra vez los párpados, aunque ahora sabía que no iba a despertarse, que estaba despierto, que el sueño maravilloso había sido el otro, absurdo como todos los sueños; un sueño en el que había andado por extrañas avenidas de una ciudad asombrosa, con luces verdes y rojas que ardían sin llama ni humo, con un enorme insecto de metal que **zumbaba** bajo

**zumbar** producir ruido o sonido continuo y sordo

230 sus piernas. En la mentira infinita de ese sueño también lo habían alzado del suelo, también alguien se le había acercado con un cuchillo en la mano, a él tendido boca arriba, a él boca arriba con los ojos cerrados entre las hogueras.

**DE RELEVANCIA PARA EL TEXTO**

En 1952, Cortázar sufrió un accidente de moto en París cuando tuvo que frenar su Vespa para no atropellar a una señora mayor que cruzaba la calle con el semáforo en rojo. Herido, lo llevaron al hospital Cochin, donde lo operaron inmediatamente. Bajo los efectos de la anestesia, Cortázar soñó con algo que luego quizás sería el contenido de fondo de "La noche boca arriba". Además, es interesante señalar que el epígrafe de "La noche boca arriba" es casi una cita directa de *Historia de la República de la Ciudad de Tlaxcala* de D. Muñoz Camargo, un libro que Cortázar recibió del autor mexicano Carlos Fuentes en 1952, unos meses antes de sufrir el accidente de moto en París.

**TRAMA**

1. Dibuja dos líneas de tiempo verticales. La línea "a" refleja los eventos en el tiempo moderno (el espacio del accidente de motocicleta y de la estancia en el hospital). La línea "b" registra los eventos en la época antigua (el espacio de la guerra florida y el sacrificio del moteca por los aztecas). Añade los cinco hechos o eventos más importantes a cada línea de tiempo.
2. Ahora añade algunas líneas horizontales (o diagonales) que indiquen los saltos en el tiempo-espacio.
3. Compara tu gráfico con el de un compañero de clase. Discutan las semejanzas y diferencias y mencionen algunos paralelismos entre las dos líneas.

**PERSONAJES**

1. ¿Qué sabemos y qué no sabemos del protagonista? ¿Qué tipo de detalles tiende a contar el narrador sobre el protagonista?
2. ¿Cómo se siente el protagonista en cada tiempo-espacio de la narración? ¿Qué tiempo-espacio prefiere y por qué? ¿Qué rasgos tiene siempre, sin cambios?
3. Además del protagonista, ¿quiénes son los otros personajes del cuento? ¿Puedes describirlos? ¿Hay paralelismos entre ciertos personajes en los dos tiempos y espacios?

## NARRACIÓN

1. ¿Qué tipo de narrador encontramos en "La noche boca arriba" de Cortázar? Elige una de las dos alternativas de cada fila.
   a. primera persona                          tercera persona
   b. homodiegético                           heterodiegético
      (sí forma parte del mundo del            (no forma parte del mundo de
      cuento)                                  cuento)
   c. limitado                                omnisciente
   d. dudoso                                  confiable
   e. su perspectiva es subjetiva            su perspectiva es objetiva
2. ¿Cuál de los dos tiempo-espacios (el mundo moderno o el mundo antiguo) conoce mejor el narrador? ¿Cuál de los dos protagonistas (el motociclista o el moteca) conoce mejor el narrador? ¿Sabe el narrador más, menos o lo mismo que el protagonista a lo largo del cuento?
3. ¿Opinas tú que el narrador critica al protagonista o trata de evaluar lo que está pasando, o no? Lee lo que Cortázar declaró en algún momento: "en mis relatos en tercera persona he procurado casi siempre no salirme de una narración *strictu sensu*, sin esas tomas de distancia que equivalen a un juicio sobre lo que está pasando. Me parece una vanidad querer intervenir en un cuento con algo más que con el cuento en sí" (citado en Alazraki 240).

## INTERPRETACIÓN

1. ¿Qué importancia tiene el epígrafe con respecto al texto?
2. Describe detalladamente los dos espacios y los dos tiempos que aparecen en el texto. ¿Qué semejanzas y diferencias hay entre ellos? ¿Cómo cambia el ánimo y la personalidad del protagonista de un mundo al otro?
3. Comenta la función de cada sentido en este texto: el olfato, el gusto, la vista, el tacto y el oído. ¿Cuál es el sentido más agudo, dominante o importante en el cuento? ¿Por qué? ¿Qué semejanzas y diferencias hay entre las sensaciones descritas en los dos tiempos y espacios?
4. ¿Cómo y por qué cambia la perspectiva del mundo soñado o del mundo real a través del cuento? ¿Debemos creer la idea final que presenta el narrador de que el mundo supuestamente soñado es la realidad y viceversa? ¿Quién es el hombre soñado y quién es el hombre real: el motociclista, o el moteca?
5. Hay un espacio adicional entre el quinto y el sexto párrafo del relato. ¿Por qué añade Cortázar este espacio adicional? ¿Qué puede indicar o representar? Recuerda que la frase justo después de este espacio dice:

"Como sueño era curioso". ¿Es posible que haya un sueño dentro de otro sueño? Explica con ejemplos textuales.

6. ¿Qué comentario hace Cortázar en este texto sobre la interrelación entre realidad y sueño y sobre el poder del sueño o de la imaginación? ¿Con cuál de las siguientes frases estaría Cortázar más de acuerdo, según el texto?
   - No se puede huir de la realidad ni evitar el destino a través de los sueños.
   - Los sueños pueden parecer tan reales que llegan a sustituir o reemplazar a la realidad.

7. ¿Por qué crees que Cortázar elige estos dos mundos, moderno y azteca?

8. Según tu interpretación del cuento, ¿le interesa más a Cortázar el tiempo cíclico y repetitivo, o el tiempo linear y cronológico? ¿Prefiere volver al pasado, estar en el presente o ir hacia el futuro?

9. ¿Cómo se concibe el destino en este cuento? ¿Puede el protagonista controlar o cambiar su destino? ¿En qué sí y en qué no?

10. Comenta la importancia del amuleto para el moteca. ¿Hay algo parecido al amuleto en el mundo moderno del motociclista? ¿Cómo se relaciona el amuleto con el tema de destino o de libre albedrío?

11. Explica cómo cambia el sentido de las frases "boca arriba" o "de espaldas" a lo largo del cuento. Por ejemplo, el motociclista está boca arriba *inerte, quieto, tumbado,* etc. Luego, comenta el significado de los términos titulares: "la noche" y "boca arriba".

### ANÁLISIS TEXTUAL

Comenta la importancia de las siguientes citas del cuento. Presta atención especial a las partes subrayadas.

1. Con toda lucidez, pero sabiendo que estaba bajo los efectos de un shock terrible, dio sus señas al policía que lo acompañaba.

2. Como sueño era curioso porque estaba lleno de olores y él nunca soñaba olores. [. . .] Lo que más lo torturaba era el olor, como si aun en la absoluta aceptación del sueño algo se rebelara contra eso que no era habitual, que hasta entonces no había participado del juego.

3. Caía la noche, y la fiebre lo iba arrastrando blandamente a un estado donde las cosas tenían un relieve como de gemelos de teatro, eran reales y dulces y a la vez ligeramente repugnantes; como estar viendo una película aburrida y pensar que sin embargo en la calle es peor; y quedarse.

4. Todo tenía su número y su fin, y él estaba dentro del tiempo sagrado, del otro lado de los cazadores.

5. Trataba de fijar el momento del accidente, y le dio rabia advertir que había ahí como un hueco, un vacío que no alcanzaba a rellenar. Entre el choque y el momento en que lo habían levantado del suelo, un desmayo o lo que fuera no le dejaba ver nada. Y al mismo tiempo tenía la sensación de que ese hueco, esa nada, había durado una eternidad. No, ni siquiera tiempo, más bien como si en ese hueco él hubiera pasado a través de algo o recorrido distancias inmensas.

6. Alcanzó a cerrar otra vez los párpados, aunque ahora sabía que no iba a despertarse, que estaba despierto, que el sueño maravilloso había sido el otro, absurdo como todos los sueños; un sueño en el que había andado por extrañas avenidas de una ciudad asombrosa, con luces verdes y rojas que ardían sin llama ni humo, con un enorme insecto de metal que zumbaba bajo sus piernas.

### TEMAS PRINCIPALES

1. Escribe un ensayo en el que expliques la importancia de uno de los siguientes temas en el cuento "La noche boca arriba". Como evidencia, cita partes del texto y da ejemplos específicos.
   a. La influencia de los sentidos; la manera de conocer o experimentar la vida
   b. La realidad contra el sueño; la vigilia contra la pesadilla
   c. El destino inevitable frente al libre albedrío
   d. El desdoblamiento del "yo"; la dualidad del ser
   e. La coexistencia de dos tiempos y dos espacios; el tiempo cíclico
2. Discute o debate cuál de los temas anteriores es más importante en el cuento y por qué.

### CRÍTICA LITERARIA

Lee las siguientes interpretaciones de varios críticos literarios sobre el cuento "La noche boca arriba" de Cortázar. Decide si estás **de acuerdo** o **en desacuerdo** con cada interpretación dada. Cita un ejemplo textual o un pasaje directo de la obra para **apoyar** o **refutar** cada interpretación dada.

**La relación entre vigilia y sueño**
*Crítico A*
"La noche boca arriba [ofrece] la idea de que la vida es sueño en dos direcciones: a) la vida reside en el soñar, 'del lado de allá', en la otra orilla de

nuestra realidad, aparencial o tenida habitualmente por verdadera, en suma, el sueño es realidad; b) la vida que ordinariamente tenemos por real no es la verdadera sino apariencia, sueño". (E. Serra 176)

*Crítico B*
"La noche boca arriba [presenta] uno de los dogmas del surrealismo: la existencia de una realidad dual en la que no se puede separar tajantemente la vigilia del sueño". (González Arenas y Morales Moreno)

*Crítico C*
"[D]e la realidad se pasa al sueño [y de este sueño se pasa a otro sueño, ya que el protagonista] tiene dos sueños diferentes [y] se sueña, incluso, el despertar. [. . .] Una vez dentro del hospital aparece el punto donde la vigilia del personaje termina definitivamente, y la pista que se le ofrece, al lector atento, de esa separación es de carácter tipográfico. Nótese [. . .] el espacio que hay entre el párrafo donde presumiblemente lo anestesian y el siguiente que empieza con las palabras 'Como sueño era . . .' Este es el único espacio que hay en todo el cuento, y es un espacio que aparece en todas las ediciones que he revisado del cuento. La conjetura es la siguiente: al sujeto lo van a operar, y todo lo que se narra entre esa inyección y el final, son los sueños que tiene el hombre mientras lo operan. La operación no tiene éxito, y el hombre muere, todavía anestesiado". (Botero Camacho 191)

*Tu propia interpretación*
Escribe tu propia interpretación de "La noche boca arriba" respecto al tema de la relación entre vigilia y sueño.

## Los conceptos de tiempo y espacio
*Crítico A*
"La acción va oscilando de un espacio-tiempo al otro sin transiciones [. . . y] el lector tiende a creer que el espacio-tiempo actual será el válido y el pasado sólo una pesadilla, por la costumbre de privilegiar la sucesión temporal en la narrativa como una garantía de desenlace. [No obstante, el lector] no tiene otro remedio que aceptar, al final, que el personaje, que se había soñado en el siglo XX, está al borde de la muerte en el ritual precolombino [. . . y] se ve obligado a efectuar una fuerte inversión temporal. [Para entender el sorprendente final, hay que aceptar] el tiempo pasado y la muerte del personaje en el espacio en que se realiza el ritual de la guerra florida como la única opción posible de desenlace, [y eso muestra la preferencia de Cortázar] por el espacio-temporal ancestral [y el] pasado mítico". (Serra Salvat 299-300, 304, 307)

*Crítico B*

"'La noche' usa la duplicación del espacio y del tiempo para mostrar la unidad de toda la historia y de todos los hombres. Los incidentes y los gestos se repiten aunque las circunstancias en apariencia se ven diferentes. El doble revela que el orden total de la historia es cerrado e inmodificable, niega el libre albedrío de los hombres y describe la historia como un ciclo repetitivo que no tiene nuevas posibilidades". (Carmosino 84-85)

*Crítico C*

"La noche boca arriba [muestra] la idea del eterno retorno o sea la repetición de un número limitado de posibilidades en la existencia humana". (E. Serra 176-177)

*Crítico D*

"La dimensión temporal se constituye [. . .] como uno de los conflictos dominantes del texto [ya que] el pasado y el presente, así como las oposiciones espaciales, se anulan, se pierden, no son pertinentes, y de ahí, en última instancia, se integran. [Aunque hay] dos niveles del relato, uno—el de la historia—rítmico, cíclico, de repetición, y otro—el de la fábula—lineal, cronológico, [. . .] irremediablemente, fatalmente, tanto en la realidad contemporánea y en la mítica, el hombre como individuo vive una temporalidad lineal, está destinado a morir. En una cosmovisión mítica, el tiempo cíclico, es un presente eterno, donde todo se renueva constantemente. En este relato todo lleva a la muerte, es tiempo lineal en las dos 'fábulas', y es tiempo cíclico en la 'historia', es hombre duplicado con una misma suerte". (C. de Vallejo 116, 118, 119)

*Tu propia interpretación*

Escribe tu propia interpretación de "La noche boca arriba" respecto al tema de los conceptos de tiempo y espacio.

**El significado del título**

*Crítico A*

"El leit-motiv *boca arriba* [. . .] connota lo cautivo e inerme, lo expuesto e indefenso, el acoso del hombre por el hombre, lo fatal de un destino". (E. Serra 176)

*Crítico B*

"En cuanto al título, 'La noche boca arriba', hay que señalar que *noche* es un cronotopo [. . .], es a la vez espacio y tiempo, elementos que adquieren en el relato una importancia axial, y el sintagma 'boca arriba' ya nos habla de una inversión del orden, de un orden que ha sido trastrocado; se ha producido, por tanto, una modificación del espacio y del tiempo ordinarios". (González Arenas y Morales Moreno)

*Crítico C*
"'Boca arriba' connota para los protagonistas pasividad e impotencia. [. . .] Ambos sintagmas 'noche' y 'boca arriba' connotan fatalidad ciega". (Antolín 151)

*Tu propia interpretación*
Escribe tu propia interpretación de "La noche boca arriba" respecto al tema del significado del título.

## A NIVEL PERSONAL

Discute los siguientes temas con un compañero de clase. Prepárense para compartir sus ideas con los demás compañeros de clase.

1. Intenta describir un lugar moderno desde la perspectiva de alguien de una época antigua. ¿Qué podría ser lo más asombroso y cómo lo describirías?
2. El narrador explica que para el protagonista el hospital es un lugar "protector", "grato", "seguro" e incluso "delicios[o]". ¿Qué palabras asocias tú con un hospital? ¿Tienes una actitud positiva, negativa o neutral hacia los hospitales? ¿Por qué? ¿Cómo te sientes al entrar en un hospital como paciente o como visitante?
3. ¿Alguna vez te resultó difícil distinguir entre un sueño y la realidad? ¿Sueles tener sueños lúdicos en los cuales eres consciente del hecho de estar soñando?

### NOTAS

1. Las guerras floridas del antiguo México ocurrían en tiempos de paz, cuando los aztecas no tenían motivos políticos ni geográficos para luchar, y por eso se pueden considerar como guerras fingidas o artificiales. Estas guerras rituales consistían en capturar prisioneros y sacrificarlos ritualmente, sobre todo en tiempos de sequía extrema, como tributo a los dioses. No obstante, las guerras floridas "también proporcionaban entrenamiento a los guerreros y medios de lograr gloria militar a los hombre jóvenes" y eran "aprovechadas para enriquecer la dieta y aliviar la presión demográfica en tiempos de escasez". (Tomado de *Wikipedia:* "Xochiyáoyotl").

2. Los aztecas fueron una tribu de nómadas que formaron uno de los imperios más grandes e importantes de la América precolombina. Esta entidad de control territorial, político y económico de la zona central de Mesoamérica durante la época del Posclásico Tardío duró desde el siglo VIII hasta la llegada de los españoles a inicios del siglo XVI. Formado por una coalición militar conocida como la Triple Alianza, el imperio azteca extendió su dominio hasta

las costas del Pacífico y del golfo de México y adquirió poder y riqueza debido a la imposición de un estricto sistema de tributación que contribuyó a la creación de la urbe más importante y magnífica de su época. (Tomado de *Wikipedia:* "Imperio Azteca") El idioma de los aztecas es el náhuatl.

3.  En el cuento, "los motecas" se refieren a una tribu indígena distinta a la azteca y víctima de los sacrificios aztecas en la guerra florida. Es muy probable que sea un término inventado por Cortázar; "moteca" sugiere una combinación de motero o motociclista y el nombre de algunas tribus como aztecas, toltecas y olmecas. Es importante apuntar también que la palabra *moteca* significa, según un diccionario del náhuatl clásico en línea, "acostarse, echarse, tenderse o yacer", y así se conecta con la posición corporal "boca arriba" del protagonista. (Tomado de *Classical Nahuatl-español diccionario en línea*: "Moteca")

4.  Teocalli es el nombre dado a una pirámide mesoamericana formada por muchas terrazas y coronada por un templo. En dichos templos tuvieron lugar rituales religiosos de los antiguos nahuas del México precolombino. El más famoso teocalli azteca, el ahora inexistente Templo Mayor, estaba en el zócalo de la Ciudad de México. La palabra teocalli significa "casa o recinto de Dios" en náhuatl. (Tomado de *Wikipedia:* "Teocalli")

# Capítulo 13

# *Aura* (1962) de Carlos Fuentes

**CARLOS FUENTES**

Carlos Fuentes nació el 11 de noviembre de 1928, en Panamá, donde su padre comenzaba su carrera diplomática como representante de México. Falleció el 15 de mayo de 2012, a los 83 años, en la Ciudad de México. Como hijo de diplomáticos, vivió en varios países, como Estados Unidos, Suiza, Ecuador, Uruguay, Brasil, Chile y Argentina. Finalmente, sus padres se establecieron en México cuando él tenía 16 años. Se graduó en Derecho por la Universidad Nacional Autónoma de México (UNAM) y en Economía por el Instituto de Altos Estudios Internacionales, en Ginebra, Suiza. Reconocido escritor de novelas, cuentos, guiones y obras de teatro, Fuentes forma parte del llamado "*boom* latinoamericano" y combina en sus obras la protesta social con la perspectiva psicológica, el realismo con la fantasía y lo experimental. Diplomático, periodista y comentarista político, Fuentes también escribió sobre la condición humana en general y la situación sociopolítica de México en particular. Entre sus obras más conocidas se encuentran *La región más transparente* (1958), *La muerte de Artemio Cruz* (1962) y *Aura* (1962). Fue embajador de México en Francia y profesor en algunas de las universidades más prestigiosas de Estados Unidos, como Harvard, Princeton y Brown. A lo largo de su vida recibió muchos premios prestigiosos: el Premio Nacional de Ciencias en 1984, el Premio Miguel de Cervantes en 1987, el Premio Real Academia Española de Creación Literaria en 2004 y el Premio Internacional Don Quijote de la Mancha en 2008.

## ANTES DE LEER

Discute las siguientes preguntas con un compañero de clase:

1. ¿Cómo describes o defines el amor? ¿Crees que existe una sola persona en el mundo para cada individuo?
2. ¿Te preocupa la idea de envejecer? ¿Qué actitud existe en tu sociedad con respecto a la vejez o al envejecimiento? ¿Es una actitud positiva, negativa o neutral?
3. ¿Qué sentido es más importante en tu manera de sentir y experimentar el mundo: la vista, el olfato, el oído, el tacto o el gusto? Explica tu respuesta.

## PARA ORIENTAR AL LECTOR

*Aura* nos cuenta la historia de Felipe Montero, un joven historiador que acepta un trabajo en la casa de Consuelo, una anciana viuda. Felipe tiene que organizar y reescribir las memorias del general Llorente, el difunto esposo de la vieja.

Durante la lectura, debes fijarte en los siguientes temas y conceptos:

- La relación entre el pasado y el presente
- El poder del deseo y del amor
- Los conceptos de belleza y juventud
- La dualidad del individuo
- Los efectos de la lectura, la escritura y el proceso de transcribir

## *AURA*—CAPÍTULOS I Y 2

> El hombre caza y lucha. La mujer intriga y sueña; es la madre de la fan-
> tasía, de los dioses. Posee la segunda visión, las alas que le permiten
> volar hacia el infinito del deseo y de la imaginación . . . Los dioses son
> como los hombres: nacen y mueren sobre el pecho de una mujer . . .
> Jules Michelet[1]

## 1

Lees ese anuncio: una oferta de esa naturaleza no se hace todos los días. Lees y
relees el aviso. Parece dirigido a ti, a nadie más. Distraído, dejas que la ceniza
del cigarro caiga dentro de la taza de té que has estado bebiendo en este cafetín
sucio y barato. Tú releerás. Se solicita historiador joven. Ordenado. Escrupu-
loso. Conocedor de la lengua francesa. Conocimiento perfecto, coloquial. Capaz
de **desempeñar** labores de secretario. Juventud, conocimiento del francés, preferible si ha vivido en Francia algún tiempo. Tres mil pesos mensuales, comida
y recámara cómoda, asoleada, apropiada estudio. Sólo falta tu nombre. Sólo
falta que las letras más negras y llamativas del aviso informen: Felipe Montero.
Se solicita Felipe Montero, antiguo **becario** en la Sorbona,[2] historiador cargado
de datos inútiles, acostumbrado a **exhumar** papeles amarillentos, profesor auxi-
liar en escuelas particulares, novecientos pesos mensuales. Pero si leyeras eso,
sospecharías, lo tomarías a broma. Donceles 815. Acuda en persona. No hay
teléfono.

   Recoges tu portafolio y dejas la propina. Piensas que otro historiador joven,
en condiciones semejantes a las tuyas, ya ha leído ese mismo aviso, tomado la
delantera, ocupado el puesto. Tratas de olvidar mientras caminas a la esquina.
Esperas el autobús, enciendes un cigarrillo, repites en silencio las fechas que
debes memorizar para que esos niños **amodorrados** te respeten. Tienes que
prepararte. El autobús se acerca y tú estás observando las puntas de tus zapatos negros. Tienes que prepararte. Metes la mano en el bolsillo, juegas con las
monedas de cobre, por fin escoges treinta centavos, los aprietas con el puño
y alargas el brazo para tomar firmemente el barrote de fierro del camión que
nunca se detiene, saltar, abrirte paso, pagar los treinta centavos, acomodarte
difícilmente entre los pasajeros apretujados que viajan de pie, apoyar tu mano
derecha en el pasamanos, apretar el portafolio contra el costado y colocar distraí-
damente la mano izquierda sobre la bolsa trasera del pantalón, donde guardas
los billetes.

**desempeñar** realizar, ejecutar, hacer, cumplir, llevar a cabo

**becario** persona que tiene una beca (ayuda económica para estudiar o investigar)

**exhumar** recuperar, rememorar, desenterrar

**amodorrado** adormilado

Vivirás ese día, idéntico a los demás, y no volverás a recordarlo sino al día siguiente, cuando te sientes de nuevo en la mesa del cafetín, pidas el desayuno y abras el periódico. Al llegar a la página de anuncios, allí estarán, otra vez, esas letras **destacadas**: *historiador joven*. Nadie **acudió** ayer. Leerás el anuncio.
35 Te detendrás en el último **renglón**: cuatro mil pesos.

**destacada** enfatizada, señalada
**acudir** presentarse
**renglón** línea

Te sorprenderá imaginar que alguien vive en la calle de Donceles. Siempre has creído que en el viejo centro de la ciudad no vive nadie. Caminas con lentitud, tratando de distinguir el número 815 en este conglomerado de viejos palacios coloniales convertidos en talleres de reparación, relojerías, tiendas de
40 zapatos y expendios de aguas frescas. Las nomenclaturas han sido revisadas, superpuestas, confundidas. El 13 junto al 200, el antiguo **azulejo** numerado –47– encima de la nueva advertencia pintada con **tiza**: *ahora* 924. Levantarás la mirada a los segundos pisos: allí nada cambia. Las **sinfonolas** no perturban, las luces de mercurio no iluminan, las **baratijas** expuestas no adornan ese segundo
45 rostro de los edificios. Unidad del **tezontle**, los nichos con sus santos truncos coronados de palomas, la piedra labrada de barroco mexicano, los balcones de **celosía**, las **troneras** y los canales de **lámina**, las gárgolas de **arenisca**. Las ventanas ensombrecidas por largas cortinas verdosas: esa ventana de la cual se retira alguien en cuanto tú la miras, miras la portada de vides caprichosas, bajas la
50 mirada al **zaguán** despintado y descubres 815, *antes* 69.

**azulejo** ladrillo pequeño de distintos colores que se usa para decorar o cubrir suelos o paredes
**tiza** barrita que se usa para escribir en la pizarra
**sinfonola** máquina tocadiscos que funciona con monedas
**baratija** cosa menuda, de poco valor
**tezontle** piedra volcánica porosa de color rojizo que se usa en la construcción
**celosía** rejilla
**tronera** ventana pequeña y estrecha
**lámina** plancha fina de metal
**arenisca** roca con granillos de cuarzo
**zaguán** portal

Tocas en vano con esa **manija**, esa cabeza de perro en cobre, gastada, sin relieves: semejante a la cabeza de un feto canino en los museos de ciencias naturales. Imaginas que el perro te sonríe y sueltas su contacto helado. La puerta cede al empuje levísimo, de tus dedos, y antes de entrar miras por última vez
55 sobre tu hombro, **frunces el ceño** porque la larga fila detenida de camiones y autos gruñe, pita, suelta el humo insano de su prisa. Tratas, inútilmente, de retener una sola imagen de ese mundo exterior indiferenciado.

**manija** manilla de puerta
**fruncir el ceño** arrugar la frente y las cejas

Cierras el zaguán detrás de ti e intentas penetrar la oscuridad de ese callejón techado—patio, porque puedes oler el **musgo**, la humedad de las plantas, las
60 raíces **podridas**, el perfume adormecedor y espeso—. Buscas en vano una luz que te guíe. Buscas la caja de fósforos en la bolsa de tu saco, pero esa voz **aguda** y **cascada** te advierte desde lejos:

**musgo** planta briófita que cubre piedras o árboles en lugares húmedos
**podrida** descompuesta, putrefacta, rancia
**aguda** chillona
**cascada** sin sonoridad ni entonación
**rogar** solicitar, pedir

—No . . . , no es necesario. Le **ruego**. Camine trece pasos hacia el frente y encontrará la escalera a su derecha. Suba, por favor. Son veintidós escalones.
65 Cuéntelos.

Trece. Derecha. Veintidós.

El olor de la humedad, de las plantas podridas, te envolverá mientras marcas tus pasos, primero sobre las **baldosas** de piedra, enseguida sobre esa madera crujiente, **fofa** por la humedad y el encierro. Cuentas en voz baja hasta veintidós
70 y te detienes, con la caja de fósforos entre las manos, el portafolio apretado

**baldosa** losa, azulejo
**fofa** blanda, sin consistencia

contra las costillas. Tocas esa puerta que huele a pino viejo y húmedo; buscas una manija; terminas por empujar y sentir, ahora, un **tapete** bajo tus pies. Un tapete delgado, mal extendido, que te hará tropezar y darte cuenta de la nueva luz, **grisácea** y filtrada, que ilumina ciertos contornos.

**tapete** alfombra

**grisácea** agrisada, gris

75 —Señora—dices con una voz monótona, porque crees recordar una voz de mujer—Señora . . .

—Ahora a su izquierda. La primera puerta. Tenga la amabilidad.

Empujas esa puerta—ya no esperas que alguna se cierre propiamente; ya sabes que todas son puertas de golpe—y las luces dispersas **se trenzan** en 80 tus pestañas, como si **atravesaras** una **tenue** red de seda. Sólo tienes ojos para esos muros de reflejos desiguales, donde **parpadean** docenas de luces. Consigues, al cabo, definirlas como veladoras, colocadas sobre **repisas** y **entrepaños** de ubicación asimétrica. Levemente, iluminan otras luces que son corazones de plata, frascos de cristal, vidrios enmarcados, y sólo detrás de este brillo inter-85 mitente verás, al fondo, la cama y el signo de una mano que parece atraerte con su movimiento pausado.

**trenzarse** cruzarse, entretejerse
**atravesar** pasar, penetrar
**tenue** delicada, débil
**parpadear** titilar
**repisa** estante
**entrepaño** estante, alacena

Lograrás verla cuando des la espalda a ese **firmamento** de luces devotas. Tropiezas al pie de la cama; debes rodearla para acercarte a la **cabecera**. Allí, esa figura pequeña se pierde en la inmensidad de la cama; al extender la mano no 90 tocas otra mano, sino la piel gruesa, **afieltrada**, las orejas de ese objeto que **roe** con un silencio tenaz y te ofrece sus ojos rojos: sonríes y acaricias al conejo que **yace** al lado de la mano que, por fin, toca la tuya con unos dedos sin temperatura que se detienen largo tiempo sobre tu palma húmeda, la voltean y acercan tus dedos abiertos a la almohada de encajes que tocas para alejar tu mano de la otra.

**firmamento** cielo con estrellas
**cabecera** parte de la cama donde se reposa la cabeza
**afieltrada** como fieltro, tela gruesa no tejida que se hace prensando borra, lana o pelo
**roer** comer, mordisquear
**yacer** descansar, reposar

95 —Felipe Montero. Leí su anuncio.

—Sí, ya sé. Perdón, no hay asiento.

—Estoy bien. No se preocupe.

—Está bien. Por favor, póngase de **perfil**. No lo veo bien. Que le dé la luz. Así. Claro.

**perfil** vista lateral de alguien o algo

100 —Leí su anuncio . . .

—Claro. Lo leyó. ¿Se siente calificado? *Avez vous fait des études?*

—*A Paris, madame.*

—*Ah, oui, ça me fait plaisir, toujours, toujours, d'entendre . . . oui . . . vous savez . . . on était tellement habitué . . . et après . . .* [3]

105 Te apartarás para que la luz combinada de la plata, la cera y el vidrio dibuje esa **cofia** de seda que debe recoger un pelo muy blanco y enmarcar un rostro casi infantil de tan viejo. Los apretados botones del cuello blanco que sube hasta las orejas ocultas por la cofia, las sábanas y los **edredones** velan todo el cuerpo con excepción de los brazos envueltos en un chal de estambre, las manos pálidas 110 que descansan sobre el vientre: sólo puedes fijarte en el rostro, hasta que un

**cofia** gorro delicado para la cama

**edredón** cobertor o colcha de cama

movimiento del conejo te permite desviar la mirada y observar con disimulo esas **migajas**, esas **costras** de pan regadas sobre los edredones de seda roja, raídos y sin lustre.

**migaja** pedacito de pan
**costra** corteza

—Voy al grano. No me quedan muchos años por delante, señor Montero, y por ello he preferido violar la costumbre de toda una vida y colocar ese anuncio en el periódico.

115

—Sí, por eso estoy aquí.

—Sí. Entonces acepta.

—Bueno, desearía saber algo más . . .

—Naturalmente. Es usted curioso.

120

Ella te sorprenderá observando la mesa de noche, los frascos de distinto color, los vasos, las cucharas de aluminio, los cartuchos alineados de píldoras y comprimidos, los demás vasos manchados de líquidos blancuzcos que están dispuestos en el suelo, al alcance de la mano de la mujer recostada sobre esta cama baja. Entonces te darás cuenta de que es una cama apenas elevada sobre el **ras** del suelo, cuando el conejo salte y se pierda en la oscuridad.

125

**ras** nivel

—Le ofrezco cuatro mil pesos.

—Sí, eso dice el aviso de hoy.

—Ah, entonces ya salió.

130

—Sí, ya salió.

—Se trata de los papeles de mi marido, el general Llorente. Deben ser ordenados antes de que muera. Deben ser publicados. Lo he decidido hace poco.

—Y el propio general, ¿no se encuentra capacitado para . . . ?

—Murió hace sesenta años, señor. Son sus memorias inconclusas. Deben ser completadas. Antes de que yo muera.

135

—Pero . . .

—Yo le informaré de todo. Usted aprenderá a **redactar** en el estilo de mi esposo. Le bastará ordenar y leer los papeles para sentirse fascinado por esa prosa, por esa transparencia, esa, esa . . .

**redactar** poner por escrito algo sucedido, acordado o pensado con anterioridad

—Sí, comprendo.

140

—Saga. Saga. ¿Dónde está? *Ici*,[4] *Saga* . . .

—¿Quién?

—Mi compañía.

—¿El conejo?

145

—Sí, volverá.

Levantarás los ojos, que habías mantenido bajos, y ella ya habrá cerrado los labios, pero esa palabra—volverá—vuelves a escucharla como si la anciana la estuviese pronunciando en ese momento. Permanecen inmóviles. Tú miras hacia atrás; te ciega el brillo de la corona parpadeante de objetos religiosos.

150

Cuando vuelves a mirar a la señora, sientes que sus ojos se han abierto desmesuradamente y que son claros, líquidos, inmensos, casi del color de la córnea amarillenta que los rodea, de manera que sólo el punto negro de la pupila rompe esa claridad perdida, minutos antes, en los **pliegues** gruesos de los párpados caídos como para proteger esa mirada que ahora vuelve a esconderse—a retraerse, piensas—en el fondo de su cueva seca.

**pliegue** doblez, arruga

—Entonces se quedará usted. Su cuarto está arriba. Allí sí entra la luz.

—Quizás, señora, sería mejor que no la **importunara**. Yo puedo seguir viviendo donde siempre y revisar los papeles en mi propia casa . . .

**importunar** molestar, incomodar

—Mis condiciones son que viva aquí. No queda mucho tiempo.

—No sé . . .

—Aura . . .

La señora se moverá por la primera vez desde que tú entraste a su recámara; al extender otra vez su mano, tú sientes esa respiración agitada a tu lado, y entre la mujer y tú se extiende otra mano que toca los dedos de la anciana. Miras a un lado y la muchacha está allí, esa muchacha que no alcanzas a ver de cuerpo entero porque está tan cerca de ti y su aparición fue imprevista, sin ningún ruido—ni siquiera los ruidos que no se escuchan, pero que son reales porque se recuerdan inmediatamente, porque a pesar de todo son más fuertes que el silencio que los acompañó.

—Le dije que regresaría . . .

—¿Quién?

—Aura. Mi compañera. Mi sobrina.

—Buenas tardes.

La joven inclinará la cabeza y la anciana, al mismo tiempo que ella, **remedará** el gesto.

**remedar** imitar, simular, parodiar

—Es el señor Montero. Va a vivir con nosotras.

Te moverás unos pasos para que la luz de las veladoras no te ciegue. La muchacha mantiene los ojos cerrados, las manos cruzadas sobre un muslo: no te mira. Abre los ojos poco a poco, como si **temiera** los **fulgores** de la recámara. Al fin, podrás ver esos ojos de mar que fluyen, se hacen espuma, vuelven a la calma verde, vuelven a inflamarse como una ola: tú los ves y te repites que no es cierto, que son unos hermosos ojos verdes idénticos a todos los hermosos ojos verdes que has conocido o podrás conocer. Sin embargo, no te engañas: esos ojos fluyen, se transforman, como si te ofrecieran un paisaje que sólo tú puedes adivinar y desear.

**temer** tener miedo

**fulgor** resplandor, brillo intenso

—Sí. Voy a vivir con ustedes.

## 2

La anciana sonreirá, incluso reirá con su timbre agudo y dirá que le agrada tu buena voluntad y que la joven te mostrará tu **recámara**, mientras tú piensas en el sueldo de cuatro mil pesos, el trabajo que puede ser agradable porque a

**recámara** cuarto, dormitorio

ti te gustan estas tareas meticulosas de investigación, que excluyen el esfuerzo físico, el traslado de un lugar a otro, los encuentros inevitables y molestos con otras personas. Piensas en todo esto al seguir los pasos de la joven—te das cuenta de que no la sigues con la vista, sino con el oído: sigues el **susurro** de la falda, **el crujido** de una tafeta—y estás ansiando, ya, mirar nuevamente esos ojos. Asciendes detrás del ruido, en medio de la oscuridad, sin acostumbrarte aún a las **tinieblas**: recuerdas que deben ser cerca de las seis de la tarde y te sorprende la inundación de luz de tu recámara, cuando la mano de Aura empuje la puerta—otra puerta sin cerradura—y en seguida se aparte de ella y te diga:

—Aquí es su cuarto. Lo esperamos a cenar dentro de una hora.

Y se alejará, con ese ruido de tafeta, sin que hayas podido ver otra vez su rostro.

Cierras—empujas—la puerta detrás de ti y al fin levantas los ojos hacia el **tragaluz** inmenso que hace las veces de techo. Sonríes al darte cuenta de que ha bastado la luz del **crepúsculo** para cegarte y contrastar con la penumbra del resto de la casa. Pruebas, con alegría, la blandura del colchón en la cama de metal dorado y recorres con la mirada el cuarto: el tapete de lana roja, los muros empapelados, oro y oliva, el sillón de **terciopelo** rojo, la vieja mesa de trabajo, **nogal** y cuero verde, la lámpara antigua, de **quinqué**, luz opaca de tus noches de investigación, el estante clavado encima de la mesa, al alcance de tu mano, con los tomos encuadernados. Caminas hacia la otra puerta y al empujarla descubres un baño pasado de moda: **tina** de cuatro patas, con florecillas pintadas sobre la porcelana, un **aguamanil** azul, un **retrete** incómodo. Te observas en el gran espejo ovalado del guardarropa, también de nogal, colocado en la sala de baño. Mueves tus cejas pobladas, tu boca larga y gruesa que llena de **vaho** el espejo; cierras tus ojos negros y, al abrirlos, el vaho habrá desaparecido. Dejas de contener la respiración y te pasas una mano por el pelo oscuro y lacio; tocas con ella tu perfil recto, tus mejillas delgadas. Cuando el vaho opaque otra vez el rostro, estarás repitiendo ese nombre, Aura.

Consultas el reloj, después de fumar dos cigarrillos, recostado en la cama. De pie, te pones el saco y te pasas el peine por el cabello. Empujas la puerta y tratas de recordar el camino que recorriste al subir. Quisieras dejar la puerta abierta, para que la luz del quinqué te guíe: es imposible, porque los **resortes** la cierran. Podrías entretenerte columpiando esa puerta. Podrías tomar el quinqué y descender con él. Renuncias porque ya sabes que esta casa siempre se encuentra a oscuras. Te obligarás a conocerla y reconocerla por el tacto. Avanzas con cautela, como un ciego, con los brazos extendidos, rozando la pared, y es tu hombro lo que, inadvertidamente, aprieta el contacto de la luz eléctrica. Te detienes, **guiñando**, en el centro iluminado de ese largo pasillo desnudo. Al fondo, el pasamanos y la escalera de caracol.

**susurro** murmullo

**crujido** sonido de algo que cruje, chirrido

**tinieblas** falta de luz, oscuridad

**tragaluz** ventana ubicada en un techo

**crepúsculo** claridad tenue que hay al anochecer y al amanecer

**terciopelo** tela de seda muy suave, tupida y con pelo

**nogal** madera del árbol de las nueces

**quinqué** lámpara de petróleo o aceite

**tina** bañera

**aguamanil** lavamanos, pila

**retrete** inodoro, váter, excusado

**vaho** vapor

**resorte** muelle, alambre metálico en espiral

**guiñar** cerrar un poco, entornar los ojos

Desciendes contando los **peldaños**: otra costumbre inmediata que te habrá impuesto la casa de la señora Llorente. Bajas contando y das un paso atrás cuando encuentres los ojos rosados del conejo que en seguida te da la espalda y sale saltando.

235 No tienes tiempo de detenerte en el vestíbulo, porque Aura, desde una puerta entreabierta de cristales opacos, te estará esperando con el candelabro en la mano. Caminas, sonriendo, hacia ella; te detienes al escuchar los **maullidos** dolorosos de varios gatos—sí, te detienes a escuchar, ya cerca de la mano de Aura, para **cerciorarte** de que son varios gatos—y la sigues a la sala: Son los 240 gatos—dirá Aura—. Hay tanto ratón en esta parte de la ciudad.

Cruzan el salón: muebles forrados de seda mate, vitrinas donde han sido colocados muñecos de porcelana, relojes musicales, **condecoraciones** y bolas de cristal; tapetes de diseño persa, cuadros con escenas bucólicas, las cortinas de terciopelo verde corridas. Aura viste de verde.

245 —¿Se encuentra cómodo?

—Sí. Pero necesito recoger mis cosas en la casa donde . . .

—No es necesario. El criado ya fue a buscarlas.

—No se hubieran molestado.

Entras, siempre detrás de ella, al comedor. Ella colocará el candelabro en el 250 centro de la mesa; tú sientes un frío húmedo. Todos los muros del salón están recubiertos de una madera oscura, labrada al estilo gótico, con **ojivas** y **rosetones calados**. Los gatos han dejado de maullar. Al tomar asiento, notas que han sido dispuestos cuatro cubiertos y que hay dos platones calientes bajo cacerolas de plata y una botella vieja y brillante por el limo verdoso que la cubre.

255 Aura apartará la cacerola. Tú aspiras el olor pungente de los **riñones** en salsa de cebolla que ella te sirve mientras tú tomas la botella vieja y llenas los vasos de cristal cortado con ese líquido rojo y espeso. Tratas, por curiosidad, de leer la etiqueta del vino, pero el limo lo impide. Del otro platón, Aura toma unos tomates enteros, asados.

260 —Perdón—dices, observando los dos cubiertos extra, las dos sillas desocupadas—. ¿Esperamos a alguien más?

Aura continúa sirviendo los tomates:

—No. La señora Consuelo se siente débil esta noche. No nos acompañará.

—¿La señora Consuelo? ¿Su tía?

265 —Sí. Le ruega que pase a verla después de la cena.

Comen en silencio. Beben ese vino particularmente espeso, y tú desvías una y otra vez la mirada para que Aura no te sorprenda en esa impudicia hipnótica que no puedes controlar. Quieres, aun entonces, fijar las facciones de la muchacha en tu mente. Cada vez que desvíes la mirada, las habrás olvidado ya 270 y una urgencia impostergable te obligará a mirarla de nuevo. Ella mantiene,

**peldaño** escalón

**maullido** sonido del gato

**cerciorarse** asegurarse

**condecoración** insignia de honor

**ojiva** figura formada por dos arcos de círculo iguales que se cortan en ángulo
**rosetón** adorno o ventana circular
**calado** decorado con perforaciones que dejan pasar la luz
**riñón** órgano del aparato urinario que filtra las impurezas de la sangre y las excreta en la orina

como siempre, la mirada baja y tú, al buscar el paquete de cigarrillos en la bolsa del saco, encuentras ese **llavín**, recuerdas, le dices a Aura:

—¡Ah! Olvidé que un cajón de mi mesa está cerrado con llave. Allí tengo mis documentos.

**llavín** llave pequeña

275    Y ella murmurará:

—Entonces . . . ¿quiere usted salir?

Lo dice como un reproche. Tú te sientes confundido y alargas la mano con el llavín colgado de un dedo, se lo ofreces.

—No urge.

280    Pero ella se aparta del contacto de tus manos, mantiene las suyas sobre el **regazo**, al fin levanta la mirada y tú vuelves a dudar de tus sentidos, atribuyes al vino el **aturdimiento**, el **mareo** que te producen esos ojos verdes, limpios, brillantes, y te pones de pie, detrás de Aura, acariciando el respaldo de madera de la silla gótica, sin atreverte a tocar los hombros desnudos de la muchacha,

285    la cabeza que se mantiene inmóvil. Haces un esfuerzo para contenerte; distraes tu atención escuchando el batir imperceptible de otra puerta, a tus espaldas, que debe conducir a la cocina; descompones los dos elementos plásticos del comedor: el círculo de luz compacta que arroja el candelabro y que ilumina la mesa y un extremo del muro labrado, el círculo mayor, de sombra, que rodea

290    al primero. Tienes, al fin, el valor de acercarte a ella, tomar su mano, abrirla y colocar el llavero, la prenda, sobre esa palma lisa.

La verás apretar el puño, buscar tu mirada, murmurar:

—Gracias . . . —levantarse, abandonar de prisa el comedor.

Tú tomas el lugar de Aura, estiras las piernas, enciendes un cigarrillo, invadido

295    por un placer que jamás has conocido, que sabías parte de ti, pero que sólo ahora experimentas plenamente, liberándolo, arrojándolo fuera, porque sabes que esta vez encontrará respuesta . . . Y la señora Consuelo te espera: ella te lo advirtió: te espera después de la cena . . .

Has aprendido el camino. Tomas el candelabro y cruzas la sala y el vestí-

300    bulo. La primera puerta, frente a ti, es la de la anciana. Tocas con los **nudillos**, sin obtener respuesta. Tocas otra vez. Empujas la puerta: ella te espera. Entras con cautela, murmurando:

—Señora . . . Señora . . .

Ella no te habrá escuchado, porque la descubres **hincada** ante ese muro

305    de las devociones, con la cabeza apoyada contra los puños cerrados. La ves de lejos: hincada, cubierta por ese camisón de lana burda, con la cabeza hundida en los hombros delgados: delgada como una escultura medieval, emaciada: las piernas se asoman como dos **hebras** debajo del camisón, flacas, cubiertas por una **erisipela** inflamada; piensas en el roce continuo de la tosca lana sobre la

310    piel, hasta que ella levanta los puños y pega al aire sin fuerzas, como si librara una batalla contra las imágenes que, al acercarte, empiezas a distinguir: Cristo,

**regazo** parte del cuerpo entre la cintura y las rodillas cuando una persona está sentada
**aturdimiento** confusión, perturbación mental o sensorial
**mareo** vértigo

**nudillo** parte exterior de las articulaciones de los dedos, donde se unen los huesos que los componen

**hincada** arrodillada, de rodillas

**hebra** hilo, filamento
**erisipela** inflamación de la piel, caracterizada por el color rojo

María, San Sebastián, Santa Lucía, el Arcángel Miguel, los demonios sonrientes, los únicos sonrientes en esta iconografía del dolor y la cólera: sonrientes porque, en el viejo grabado iluminado por las veladoras, **ensartan** los tridentes en la piel de los condenados, les vacían calderones de agua hirviente, violan a las mujeres, **se embriagan**, gozan de la libertad **vedada** a los santos. Te acercas a esa imagen central, rodeada por las lágrimas de la Dolorosa, la sangre del Crucificado, el gozo de Luzbel, la cólera del Arcángel, las vísceras conservadas en frascos de alcohol, los corazones de plata: la señora Consuelo, de rodillas, amenaza con los puños, **balbucea** las palabras que, ya cerca de ella, puedes escuchar:

—Llega, Ciudad de Dios; suena, trompeta de Gabriel; ¡ay, pero cómo tarda en morir el mundo!

Se golpeará el pecho hasta derrumbarse, frente a las imágenes y las veladoras, con un acceso de tos. Tú la tomas de los codos, la conduces dulcemente hacia la cama, te sorprendes del tamaño de la mujer: casi una niña, doblada, **corcovada**, con la espina dorsal vencida: sabes que, de no ser por tu apoyo, tendría que regresar a gatas a la cama. La recuestas en el gran lecho de migajas y edredones viejos, la cubres, esperas a que su respiración se regularice, mientras las lágrimas involuntarias le corren por las mejillas transparentes.

—Perdón . . . Perdón, señor Montero . . . A las viejas sólo nos queda . . . el placer de la devoción . . . Páseme el pañuelo, por favor.

—La señorita Aura me dijo . . .

—Sí, exactamente. No quiero que perdamos tiempo . . . Debe . . . debe empezar a trabajar cuanto antes . . . Gracias . . .

—Trate usted de descansar.

—Gracias . . . Tome . . .

La vieja se llevará las manos al cuello, lo desabotonará, bajará la cabeza para quitarse ese **listón** morado, **luido**, que ahora te entrega: pesado, porque una llave de cobre cuelga de la cinta.

—En aquel rincón . . . Abra ese **baúl** y traiga los papeles que están a la derecha, encima de los demás . . . amarrados con un cordón amarillo . . .

—No veo muy bien . . .

—Ah, sí . . . Es que yo estoy tan acostumbrada a las tinieblas. A mi derecha . . . Camine y tropezará con el arcón . . . Es que nos **amurallaron**, señor Montero. Han construido alrededor de nosotras, nos han quitado la luz. Han querido obligarme a vender. Muertas, antes. Esta casa está llena de recuerdos para nosotras. Sólo muerta me sacarán de aquí . . . Eso es. Gracias. Puede usted empezar a leer esta parte. Ya le iré entregando las demás. Buenas noches, señor Montero. Gracias. Mire: su candelabro se ha apagado. Enciéndalo afuera, por favor. No, no, quédese con la llave. Acéptela. Confío en usted.

—Señora . . . Hay un nido de ratones en aquel rincón . . .

**ensartar** clavar, meter

**embriagarse** emborracharse
**vedada** prohibida, negada

**balbucear** balbucir, hablar con dificultad

**corcovada** encorvada, con curvatura anómala de la columna vertebral

**listón** cinta
**luido** gastado o deshilachado

**baúl** cofre, caja, arca, mueble para guardar cosas

**amurallar** rodear con murallas, encerrar

355

—¿Ratones? Es que yo nunca voy hasta allá . . .

—Debería usted traer a los gatos aquí.

—¿Gatos? ¿Cuáles gatos? Buenas noches. Voy a dormir. Estoy fatigada.

—Buenas noches.

## TRAMA

1. ¿Cuáles son los hechos más significativos de los primeros dos capítulos de la novelita *Aura*? Escribe un resumen de la trama en un máximo de tres oraciones.
2. Compara tu resumen el de con un compañero de clase y discute las semejanzas y diferencias.

## PERSONAJES

1. Dibuja un gráfico que represente la interrelación de los siguientes personajes de la novelita: el general Llorente, Consuelo, Felipe y Aura. En el gráfico, puedes usar palabras, imágenes, flechas, líneas, etc.
2. Explícale tu gráfico a un compañero de clase y comenta las semejanzas y diferencias entre tu gráfico y el de tu compañero.
3. Describe a Felipe Montero. ¿Cómo es física y emocionalmente? ¿Qué hacía antes de empezar a trabajar para la señora Consuelo? ¿Cuáles son sus habilidades o cualificaciones para el nuevo puesto? ¿Por qué decide aceptar el puesto que le ofrece la vieja?
4. Contrasta a la señora Consuelo y a Aura. ¿Qué parentesco hay entre ellas? ¿En qué se parecen? ¿En qué son distintas?

## NARRACIÓN

1. ¿Qué efecto tiene la narración en segunda persona?
2. ¿Qué efecto se consigue al entremezclar el presente y el futuro en la narración?
3. ¿Es omnisciente el narrador? ¿Conoce todos los pensamientos de los personajes y los sucesos de la historia, o se limita a la perspectiva de Felipe?

**INTERPRETACIÓN**

1. Comenta la importancia o relevancia del nombre de Consuelo, dado que la palabra "consuelo" significa "alivio que se siente de una pena, dolor o disgusto".
2. Comenta la importancia o relevancia del nombre de Aura. El término "aura" se puede definir como:
   - irradiación luminosa e inmaterial que rodea y acompaña a ciertos seres
   - viento suave y apacible
   - aire expulsado cuando se respira
   - favor, aplauso, aceptación general
   - conjunto de fenómenos que preceden a una crisis, como un ataque epiléptico o una crisis de histeria
3. Considera la desorientación sensorial que le ocurre a Felipe cuando entra en la vieja casa. ¿Qué sentidos lo abruman, lo alteran más? ¿Qué importancia tienen los sentidos de la vista, el olfato, el oído, el tacto y el gusto en *Aura*? Comenta el significado de las distintas referencias a la oscuridad.
4. ¿Por qué se menciona a los animales tantas veces? ¿Qué importancia pueden tener el conejo, los gatos y los ratones? Compara los diálogos entre Consuelo y Felipe que aparecen entre las líneas 141 y 145 y entre 170 y 173.
5. ¿Qué conceptos de tiempo, espacio e historia son presentados en los primeros dos capítulos? Busca las citas más relevantes y comenta su significado.
6. ¿Qué poder tiene Consuelo sobre Aura? ¿Qué poder tiene Aura sobre Felipe?
7. Rellena la tabla para comentar la presencia y el significado de las siguientes dualidades en el texto.

| Dualidades | | ¿Dónde vemos esta dualidad? | ¿Qué importancia tiene esta dualidad? |
|---|---|---|---|
| luz | oscuridad | | |
| juventud | madurez vejez | | |
| aislamiento soledad | compañerismo | | |

8. ¿Qué otras preguntas o dudas tienes después de leer los dos primeros capítulos de *Aura*? Escribe tres preguntas de discusión y discútelas con compañeros del curso en grupos pequeños.

## ANÁLISIS TEXTUAL

Comenta la importancia de las siguientes citas de la novelita. Presta atención especial a las partes subrayadas.

1. Lees ese anuncio: una oferta de esa naturaleza no se hace todos los días. Lees y relees el aviso. <u>Parece dirigido a ti, a nadie más.</u> [. . .] <u>Sólo falta tu nombre.</u> Sólo falta que las letras más negras y llamativas del aviso informen: Felipe Montero.
2. Siempre has creído que en el viejo centro de la ciudad no vive nadie. Caminas con lentitud, tratando de distinguir el número 815 en <u>este conglomerado de viejos palacios coloniales convertidos en talleres de reparación, relojerías, tiendas de zapatos y expendios de aguas frescas.</u> Las nomenclaturas han sido <u>revisadas, superpuestas, confundidas.</u> El 13 junto al 200, el antiguo azulejo numerado –47– encima de la nueva advertencia pintada con tiza: *ahora* 924. Levantarás la mirada a los segundos pisos: <u>allí nada cambia.</u>
3. Al fin, podrás ver esos ojos de mar que fluyen, se hacen espuma, vuelven a la calma verde, vuelven a inflamarse como una ola: tú los ves y <u>te repites que no es cierto</u>, que son unos hermosos ojos verdes idénticos a todos los hermosos ojos verdes que has conocido o podrás conocer. Sin embargo, <u>no te engañas: esos ojos fluyen, se transforman, como si te ofrecieran un paisaje que sólo tú puedes adivinar y desear.</u>
4. —Se trata de los papeles de mi marido, el general Llorente. Deben ser ordenados antes de que muera. Deben ser publicados. Lo he decidido hace poco.
   —Y el propio general, ¿no se encuentra capacitado para . . . ?
   —Murió hace sesenta años, señor. <u>Son sus memorias inconclusas. Deben ser completadas.</u> Antes de que yo muera.
   —Pero . . .
   —Yo le informaré de todo. <u>Usted aprenderá a redactar en el estilo de mi esposo. Le bastará ordenar y leer los papeles para sentirse fascinado por esa prosa, por esa transparencia</u>, esa, esa . . .

## *AURA*—CAPÍTULOS 3, 4 Y 5

### 3

360
Lees esa misma noche los papeles amarillos, escritos con una tinta color mostaza; a veces, horadados por el descuido de una ceniza de tabaco, manchados por moscas. El francés del general Llorente no goza de las excelencias que su mujer le habrá atribuido. Te dices que tú puedes mejorar considerablemente el estilo, apretar esa narración difusa de los hechos pasados: la infancia en una hacienda **oaxaqueña** del siglo XIX, los estudios militares en Francia, la amistad con el Duque de Morny,[5] con el círculo íntimo de Napoleón III,[6] el regreso a México

365
en el estado mayor de Maximiliano,[7] las ceremonias y veladas del Imperio, las batallas, el derrumbe, el Cerro de las Campanas,[8] el exilio en París. Nada que no hayan contado otros. Te desnudas pensando en el capricho deformado de la anciana, en el falso valor que atribuye a estas memorias. Te acuestas sonriendo, pensando en tus cuatro mil pesos.

370
Duermes, sin soñar, hasta que el chorro de luz te despierta, a las seis de la mañana, porque ese techo de vidrios no posee cortinas. Te cubres los ojos con la almohada y tratas de volver a dormir. A los diez minutos, olvidas tu propósito y caminas al baño, donde encuentras todas tus cosas dispuestas en una mesa, tus escasos trajes colgados en el ropero. Has terminado de afeitarte cuando ese

375
maullido implorante y doloroso destruye el silencio de la mañana.

Llega a tus oídos con una vibración atroz, rasgante, de imploración. Intentas ubicar su origen: abres la puerta que da al corredor y allí no la escuchas: esos maullidos se cuelan desde lo alto, desde el tragaluz. Trepas velozmente a la silla, de la silla a la mesa de trabajo, y apoyándote en el librero puedes

380
alcanzar el tragaluz, abrir uno de sus vidrios, elevarte con esfuerzo y clavar la mirada en ese jardín lateral, ese cubo de **tejos** y **zarzas enmarañados** donde cinco, seis, siete gatos—no puedes contarlos: no puedes sostenerte allí más de un segundo—encadenados unos con otros, se revuelven envueltos en fuego, desprenden un humo opaco, un olor de **pelambre** incendiada. Dudas, al caer

385
sobre la **butaca**, si en realidad has visto eso; quizás sólo uniste esa imagen a los maullidos espantosos que persisten, disminuyen, al cabo, terminan.

Te pones la camisa, pasas un papel sobre las puntas de tus zapatos negros y escuchas, esta vez, el aviso de la campana que parece recorrer los pasillos de la casa y acercarse a tu puerta. Te asomas al corredor; Aura camina con esa cam-

390
pana en la mano, inclina la cabeza al verte, te dice que el desayuno está listo.

**oaxaqueña** de Oaxaca, México

**tejo** árbol conífero de unos 25 metros de altura que se cultiva por su madera y su valor ornamental

**zarza** arbusto que da bayas llamadas moras por su color oscuro

**enmarañado** enredado, revuelto

**pelambre** pelos o pieles

**butaca** silla, asiento

Tratas de detenerla; Aura ya descenderá por la escalera de caracol, tocando la campana pintada de negro, como si se tratara de levantar a todo un **hospicio**, a todo un **internado**.

**hospicio** asilo o albergue

**internado** escuela donde se reside

395   La sigues, en mangas de camisa, pero al llegar al vestíbulo ya no la encuentras. La puerta de la recámara de la anciana se abre a tus espaldas: alcanzas a ver la mano que asoma detrás de la puerta apenas abierta, coloca esa **porcelana** en el vestíbulo y se retira, cerrando de nuevo.

**porcelana** recipiente para la orina

En el comedor, encuentras tu desayuno servido: esta vez, sólo un cubierto. Comes rápidamente, regresas al vestíbulo, tocas a la puerta de la señora Con-
400   suelo. Esa voz débil y aguda te pide que entres. Nada habrá cambiado. La oscuridad permanente. El fulgor de las veladoras y los milagros de plata.

—Buenos días, señor Montero. ¿Durmió bien?

—Sí. Leí hasta tarde.

La dama agitará una mano, como si deseara alejarte.

405   —No, no, no. No me adelante su opinión. Trabaje sobre esos papeles y cuando termine le pasaré los demás.

—Está bien, señora. ¿Podría visitar el jardín?

—¿Cuál jardín, señor Montero?

—El que está detrás de mi cuarto.

410   —En esta casa no hay jardín. Perdimos el jardín cuando construyeron alrededor de la casa.

—Pensé que podría trabajar mejor al aire libre.

—En esta casa sólo hay ese patio oscuro por donde entró usted. Allí mi sobrina cultiva algunas plantas de sombra. Pero eso es todo.

415   —Está bien, señora.

—Deseo descansar todo el día. Pase a verme esta noche.

—Está bien, señora.

Revisas todo el día los papeles, pasando en limpio los párrafos que piensas retener, redactando de nuevo los que te parecen débiles, fumando cigarrillo tras
420   cigarrillo y reflexionando que debes espaciar tu trabajo para que la **canonjía** se prolongue lo más posible. Si lograras ahorrar por lo menos doce mil pesos, podrías pasar cerca de un año dedicado a tu propia obra, aplazada, casi olvidada. Tu gran obra de conjunto sobre los descubrimientos y conquistas españolas en América. Una obra que resuma todas las crónicas dispersas, las haga inteligibles, encuentre
425   las correspondencias entre todas las empresas y aventuras del Siglo de Oro, entre los prototipos humanos y el hecho mayor del Renacimiento. En realidad, terminas por abandonar los tediosos papeles del militar del Imperio para empezar la redacción de fichas y resúmenes de tu propia obra. El tiempo corre y sólo al escuchar de nuevo la campana consultas tu reloj, te pones el saco y bajas al comedor.

**canonjía** beneficio, provecho

430   Aura ya estará sentada; esta vez la cabecera la ocupará la señora Llorente, envuelta en su chal y su camisón, tocada con su cofia, agachada sobre el plato.

Pero el cuarto cubierto también está puesto. Lo notas de pasada; ya no te preocupa. Si el precio de tu futura libertad creadora es aceptar todas las manías
de esta anciana, puedes pagarlo sin dificultad. Tratas, mientras la ves sorber

435 la sopa, de calcular su edad. Hay un momento en el cual ya no es posible distinguir el paso de los años; la señora Consuelo, desde hace tiempo, pasó esa
frontera. El general no la menciona en lo que llevas leído de las memorias. Pero
si el general tenía cuarenta y dos años en el momento de la invasión francesa y
murió en 1901, cuarenta años más tarde, habría muerto de ochenta y dos años.

440 Se habría casado con la señora Consuelo después de la derrota de Querétaro[9] y
el exilio, pero ella habría sido una niña entonces . . .

Las fechas se te confundirán, porque ya la señora está hablando, con ese
murmullo agudo, leve, ese chirreo de pájaro; le está hablando a Aura y tú escuchas, atento a la comida, esa enumeración plana de quejas, dolores, sospechas

445 de enfermedades, más quejas sobre el precio de las medicinas, la humedad de
la casa. Quisieras intervenir en la conversación doméstica preguntando por el
criado que recogió ayer tus cosas pero al que nunca has visto, el que nunca sirve
la mesa: lo preguntarías si, de repente, no te sorprendiera que Aura, hasta ese
momento, no hubiese abierto la boca y comiese con esa fatalidad mecánica,

450 como si esperara un impulso ajeno a ella para tomar la cuchara, el cuchillo,
partir los riñones—sientes en la boca, otra vez, esa dieta de riñones, por lo
visto la preferida de la casa—y llevárselos a la boca. Miras rápidamente de la
tía a la sobrina y de la sobrina a la tía, pero la señora Consuelo, en ese instante,
detiene todo movimiento y, al mismo tiempo, Aura deja el cuchillo sobre el

455 plato y permanece inmóvil y tú recuerdas que, una fracción de segundo antes,
la señora Consuelo hizo lo mismo.

Permanecen varios minutos en silencio: tú terminando de comer, ellas
inmóviles como estatuas, mirándote comer. Al cabo la señora dice:

—Me he fatigado. No debería comer en la mesa. Ven, Aura, acompáñame

460 a la recámara.

La señora tratará de retener tu atención: te mirará de frente para que tú
la mires, aunque sus palabras vayan dirigidas a la sobrina. Tú debes hacer un
esfuerzo para desprenderte de esa mirada—otra vez abierta, clara, amarilla, des-
pojada de los velos y arrugas que normalmente la cubren—y fijar la tuya en Aura,

465 que a su vez mira fijamente hacia un punto perdido y mueve en silencio los
labios, se levanta con actitudes similares a las que tú asocias con el sueño, toma
de los brazos a la anciana **jorobada** y la conduce lentamente fuera del comedor.

**jorobada** encorvada

Solo, te sirves el café que también ha estado allí desde el principio del
almuerzo, el café frío que bebes a sorbos mientras frunces el ceño y te preguntas

470 si la señora no poseerá una fuerza secreta sobre la muchacha, si la muchacha,
tu hermosa Aura vestida de verde, no estará encerrada contra su voluntad en
esta casa vieja, sombría. Le sería, sin embargo, tan fácil escapar mientras la

anciana dormita en su cuarto oscuro. Y no pasas por alto el camino que se abre en tu imaginación: quizás Aura espera que tú la salves de las cadenas que, por alguna razón oculta, le ha impuesto esta vieja caprichosa y desequili-
475    brada. Recuerdas a Aura minutos antes, inanimada, **embrutecida** por el terror: incapaz de hablar enfrente de la tirana, moviendo los labios en silencio, como si en silencio te implorara su libertad, prisionera al grado de imitar todos los movimientos de la señora Consuelo, como si sólo lo que hiciera la vieja le fuese permitido a la joven.

**embrutecida** atontada, insensibilizada

480    La imagen de esta **enajenación** total te rebela: caminas, esta vez, hacia la otra puerta, la que da sobre el vestíbulo al pie de la escalera, la que está al lado de la recámara de la anciana: allí debe vivir Aura; no hay otra pieza en la casa. Empujas la puerta y entras a esa recámara, también oscura, de paredes **enjalbe-gadas**, donde el único adorno es un Cristo negro. A la izquierda, ves esa puerta
485    que debe conducir a la recámara de la viuda. Caminando de puntas, te acercas a ella, colocas la mano sobre la madera, desistes de tu **empeño**: debes hablar con Aura a solas.

**enajenación** locura, privación del juicio

**enjalbegada** blanqueada

**empeño** esfuerzo, intento

Y si Aura quiere que la ayudes, ella vendrá a tu cuarto. Permaneces allí, olvidado de los papeles amarillos, de tus propias cuartillas anotadas, pensando
490    sólo en la belleza **inasible** de tu Aura—mientras más pienses en ella, más tuya la harás, no sólo porque piensas en su belleza y la deseas, sino porque ahora la deseas para liberarla: habrás encontrado una razón moral para tu deseo; te sentirás inocente y satisfecho—, y cuando vuelves a escuchar la precaución de la campana, no bajas a cenar porque no soportarías otra escena como la del
495    mediodía. Quizás Aura se dará cuenta y, después de la cena, subirá a buscarte.

**inasible** que no se puede asir, coger o tomar

Realizas un esfuerzo para seguir revisando los papeles. Cansado, te des-vistes lentamente, caes en el lecho, te duermes pronto y por primera vez en muchos años sueñas, sueñas una sola cosa, sueñas esa mano descarnada que avanza hacia ti con la campana en la mano, gritando que te alejes, que se alejen
500    todos, y cuando el rostro de ojos vaciados se acerca al tuyo, despiertas con un grito mudo, sudando, y sientes esas manos que acarician tu rostro y tu pelo, esos labios que murmuran con la voz más baja, te consuelan, te piden calma y cariño. Alargas tus propias manos para encontrar el otro cuerpo, desnudo, que entonces agitará levemente el llavín que tú reconoces, y con él a la mujer que se
505    recuesta encima de ti, te besa, te recorre el cuerpo entero con besos. No puedes verla en la oscuridad de la noche sin estrellas, pero hueles en su pelo el perfume de las plantas del patio, sientes en sus brazos la piel más suave y ansiosa, tocas en sus senos la flor entrelazada de las venas sensibles, vuelves a besarla y no le pides palabras.

510    Al separarte, agotado, de su abrazo, escuchas su primer murmullo: "Eres mi esposo". Tú asientes: ella te dirá que amanece; se despedirá diciendo que te espera esa noche en su recámara. Tú vuelves a asentir, antes de caer dormido,

aliviado, ligero, vaciado de placer, reteniendo en las yemas de los dedos el cuerpo de Aura, su temblor, su entrega: la niña Aura.

515 Te cuesta trabajo despertar. Los nudillos tocan varias veces y te levantas de la cama pesadamente, gruñendo: Aura, del otro lado de la puerta, te dirá que no abras: la señora Consuelo quiere hablar contigo; te espera en su recámara.

Entras diez minutos después al santuario de la viuda. **Arropada**, **parapetada** contra los almohadones de encaje: te acercas a la figura inmóvil, a sus ojos 520 cerrados de los párpados colgantes, arrugados, blanquecinos: ves esas arrugas abolsadas de los **pómulos**, ese cansancio total de la piel.

Sin abrir los ojos, te dirá:

—¿Trae usted la llave?

—Sí . . . Creo que sí. Sí, aquí está.

525 —Puede leer el segundo folio. En el mismo lugar, con la cinta azul.

Caminas, esta vez con asco, hacia ese **arcón** alrededor del cual **pululan** las ratas, asoman sus ojillos brillantes entre las tablas podridas del piso, corretean hacia los hoyos abiertos en el muro escarapelado. Abres el arcón y retiras la segunda colección de papeles. Regresas al pie de la cama; la señora Consuelo 530 acaricia a su conejo blanco.

De la garganta abotonada de la anciana surgirá ese **cacareo** sordo:

—¿No le gustan los animales?

—No. No particularmente. Quizás porque nunca he tenido uno.

—Son buenos amigos, buenos compañeros. Sobre todo cuando llegan la 535 vejez y la soledad.

—Sí. Así debe ser.

—Son seres naturales, señor Montero. Seres sin tentaciones.

—¿Cómo dijo que se llamaba?

—¿La coneja? Saga. Sabia. Sigue sus instintos. Es natural y libre.

540 —Creí que era conejo.

—Ah, usted no sabe distinguir todavía.

—Bueno, lo importante es que no se sienta usted sola.

—Quieren que estemos solas, señor Montero, porque dicen que la soledad es necesaria para alcanzar la santidad. Se han olvidado de que en la soledad la 545 tentación es más grande.

—No la entiendo, señora.

—Ah, mejor, mejor. Puede usted seguir trabajando.

Le das la espalda. Caminas hacia la puerta. Sales de la recámara. En el vestíbulo, aprietas los dientes. ¿Por qué no tienes el valor de decirle que amas a 550 la joven? ¿Por qué no entras y le dices, de una vez, que piensas llevarte a Aura contigo cuando termines el trabajo? Avanzas de nuevo hacia la puerta; la empujas, dudando aún, y por el **resquicio** ves a la señora Consuelo de pie, **erguida**, transformada, con esa **túnica** entre los brazos: esa túnica azul con botones de

**arropada** cubierta, tapada
**parapetada** apoyada

**pómulo** hueso y prominencia de las mejillas

**arcón** cofre, baúl
**pulular** agitarse, moverse

**cacareo** cloqueo, sonido de gallo o gallina

**resquicio** abertura
**erguida** derecha, de pie
**túnica** vestidura (militar)

oro, charreteras rojas, brillantes insignias de águila coronada, esa túnica que la
555 anciana **mordisquea** ferozmente, besa con ternura, se coloca sobre los hombros
para girar en un paso de danza **tambaleante**. Cierras la puerta.

Sí: *tenía quince años cuando la conocí*—lees en el segundo folio de las memorias—: *elle avait quinze ans lorsque je l'ai connue et, si j'ose le dire, ce sont ses yeux
verts qui ont fait ma perdition*:[10] los ojos verdes de Consuelo, que tenía quince
560 años en 1867, cuando el general Llorente casó con ella y la llevó a vivir a París,
al exilio. *Ma jeune poupée*, escribió el general en sus momentos de inspiración,
*ma jeune poupée aux yeux verts; je t'ai comblée d'amour*:[11] describió la casa en la
que vivieron, los paseos, los bailes, los carruajes, el mundo del Segundo Imperio:[12] sin gran relieve, ciertamente. *J'ai même supporté ta haine des chats, moi
565 qu'aimais tellement les jolies bêtes . . .* [13] Un día la encontró, abierta de piernas,
con la crinolina levantada por delante, **martirizando** a un gato y no supo lla-
marle la atención porque le pareció que *tu faisais ça d'une façon si innocent, par
pur enfantillage*[14] e incluso lo excitó el hecho, de manera que esa noche la amó,
si le das crédito a tu lectura, con una pasión hiperbólica, *parce que tu m'avais
570 dit que torturer les chats était ta manière a toi de rendre notre amour favorable, par
un sacrifice symbolique . . .* [15] habrás calculado: la señora Consuelo tendrá hoy
ciento nueve años . . . cierras el folio. Cuarenta y nueve al morir su esposo.
*Tu sais si bien t'habiller, ma douce Consuelo, toujours drappé dans des velours verts,
verts comme tes yeux. Je pense que tu seras toujours belle, même dans cent ans . . .* [16]
575 Siempre vestida de verde. Siempre hermosa, incluso dentro de cien años. *Tu es
si fière de ta beauté; que ne ferais-tu pas pour rester toujours jeune?*[17]

### 4

Sabes, al cerrar de nuevo el folio, que por eso vive Aura en esta casa: para perpetuar la ilusión de juventud y belleza de la pobre anciana **enloquecida**. Aura,
580 encerrada como un espejo, como un icono más de ese muro religioso, cuajado
de milagros, corazones preservados, demonios y santos imaginados.

Arrojas los papeles a un lado y desciendes, sospechando el único lugar
donde Aura podrá estar en las mañanas: el lugar que le habrá asignado esta
vieja **avara**.

La encuentras en la cocina, sí, en el momento en que **degüella** un macho
585 cabrío: el vapor que surge del cuello abierto, el olor de sangre **derramada**, los
ojos duros y abiertos del animal te dan náuseas: detrás de esa imagen, se pierde
la de una Aura mal vestida, con el pelo revuelto, manchada de sangre, que te
mira sin reconocerte, que continúa su labor de carnicero.

Le das la espalda: esta vez, hablarás con la anciana, le echarás en cara su
590 **codicia**, su tiranía abominable. Abres de un empujón la puerta y la ves, detrás
del velo de luces, de pie, cumpliendo su oficio de aire: la ves con las manos en

**mordisquear** morder sin fuerza

**tambaleante** de equilibrio
inestable

**martirizar** torturar

**enloquecida** demente, loca

**avara** codiciosa, tacaña

**degollar** cortar la garganta o el
cuello de una persona o animal

**derramada** vertida o esparcida

**codicia** deseo o apetito ansioso
y excesivo por una cosa, como
bienes o riquezas

movimiento, extendidas en el aire: una mano extendida y apretada, como si realizara un esfuerzo para detener algo, la otra apretada en torno a un objeto de aire, clavada una y otra vez en el mismo lugar. En seguida, la vieja **se restregará** las manos contra el pecho, suspirará, volverá a cortar en el aire, como si— sí, lo verás claramente: como si **despellejara** una bestia . . .

Corres al vestíbulo, la sala, el comedor, la cocina donde Aura despelleja al chivo lentamente, absorta en su trabajo, sin escuchar tu entrada ni tus palabras, mirándote como si fueras de aire.

Subes lentamente a tu recámara, entras, **te arrojas** contra la puerta como si temieras que alguien te siguiera: **jadeante**, sudoroso, presa de la impotencia de tu **espina helada**, de tu certeza: si algo o alguien entrara, no podrías resistir, te alejarías de la puerta, lo dejarías hacer. Tomas febrilmente la butaca, la colocas contra esa puerta sin cerradura, empujas la cama hacia la puerta, hasta atrancarla, y te arrojas exhausto sobre ella, exhausto y **abúlico**, con los ojos cerrados y los brazos apretados alrededor de tu almohada: tu almohada que no es tuya; nada es tuyo . . .

Caes en ese **sopor**, caes hasta el fondo de ese sueño que es tu única salida, tu única negativa a la locura. "Está loca, está loca", te repites para adormecerte, repitiendo con las palabras la imagen de la anciana que en el aire despellejaba al cabrío de aire con su cuchillo de aire: ". . . está loca . . .",

en el fondo del abismo oscuro, en tu sueño silencioso, de bocas abiertas, en silencio, la verás avanzar hacia ti, desde el fondo negro del abismo, la verás avanzar **a gatas**.

En silencio,

moviendo su mano descarnada, avanzando hacia ti hasta que su rostro se pegue al tuyo y veas esas encías sangrantes de la vieja, esas encías sin dientes y grites y ella vuelva a alejarse, moviendo su mano, sembrando a lo largo del abismo los dientes amarillos que va sacando del delantal manchado de sangre:

tu grito es el eco del grito de Aura, delante de ti en el sueño, Aura que grita porque unas manos han rasgado por la mitad su falda de tafeta verde, y

esa cabeza **tonsurada**,

con los pliegues rotos de la falda entre las manos, se voltea hacia ti y ríe en silencio, con los dientes de la vieja superpuestos a los suyos, mientras las piernas de Aura, sus piernas desnudas, caen rotas y vuelan hacia el abismo . . .

Escuchas el golpe sobre la puerta, la campana detrás del golpe, la campana de la cena. El dolor de cabeza te impide leer los números, la posición de las manecillas del reloj; sabes que es tarde: frente a tu cabeza recostada, pasan las nubes de la noche detrás del tragaluz. Te incorporas **penosamente, aturdido,** hambriento. Colocas el garrafón de vidrio bajo el grifo de la tina, esperas a que el agua corra, llene el garrafón que tú retiras y vacías en el aguamanil donde te lavas la cara, los dientes con tu brocha vieja embarrada de pasta verdosa,

---

595

600

605

610

615

620

625

630

---

**restregarse** rozarse, frotarse,

**despellejar** quitar el pellejo o la piel

**arrojarse** tirarse

**jadeante** con respiración dificultosa

**espina helada** inmovilización causada por el miedo

**abúlico** sin fuerza de voluntad, desganado

**sopor** somnolencia, adormecimiento

**a gatas** modo de desplazarse apoyando pies y manos en el suelo

**tonsurada** con el pelo cortado o la coronilla afeitada

**penosamente** con dificultad
**aturdido** confundido

te rocías el pelo—sin advertir que debías haber hecho todo esto a la inversa—, te peinas cuidadosamente frente al espejo ovalado del armario de nogal, anudas
635  la corbata, te pones el saco y desciendes a un comedor vacío, donde sólo ha sido colocado un cubierto: el tuyo.

Y al lado de tu plato, debajo de la servilleta, ese objeto que rozas con los dedos, esa muñequita endeble, de trapo, rellena de una harina que se escapa por el hombro mal cosido: el rostro pintado con tinta china, el cuerpo desnudo,
640  detallado con escasos pincelazos. Comes tu cena fría—riñones, tomates, vino— con la mano derecha: detienes la muñeca entre los dedos de la izquierda.

Comes mecánicamente, con la muñeca en la mano izquierda y el tenedor en la otra, sin darte cuenta, al principio, de tu propia actitud hipnótica, entre-viendo, después, una razón en tu siesta opresiva, en tu pesadilla, identificando,
645  al fin, tus movimientos de **sonámbulo** con los de Aura, con los de la anciana: mirando con asco esa muñequita horrorosa que tus dedos acarician, en la que empiezas a sospechar una enfermedad secreta, un contagio. La dejas caer al suelo. Te limpias los labios con la servilleta. Consultas tu reloj y recuerdas que Aura te ha citado en su recámara.

650  Te acercas cautelosamente a la puerta de doña Consuelo y no escuchas un solo ruido. Consultas de nuevo tu reloj: apenas son las nueve. Decides bajar, a tientas, a ese patio techado, sin luz, que no has vuelto a visitar desde que lo cruzaste, sin verlo, el día de tu llegada a esta casa.

Tocas las paredes húmedas, **lamosas**; aspiras el aire perfumado y quieres
655  descomponer los elementos de tu olfato, reconocer los aromas pesados, sun-tuosos, que te rodean. El fósforo encendido ilumina, parpadeando, ese patio estrecho y húmedo, **embaldosado**, en el cual crecen, de cada lado, las plantas sembradas sobre los márgenes de tierra rojiza y suelta. Distingues las formas altas, ramosas, que proyectan sus sombras a la luz del cerillo que se consume,
660  te quema los dedos, te obliga a encender uno nuevo para terminar de reco-nocer las flores, los frutos, los tallos que recuerdas mencionados en crónicas viejas: las hierbas olvidadas que crecen olorosas, adormiladas: las hojas anchas, largas, **hendidas**, **vellosas** del **beleño**: el tallo **sarmentado** de flores amarillas por fuera, rojas por dentro; las hojas acorazonadas y agudas de la **dulcamara**;
665  la **pelusa** ceniciente del **gordolobo**, sus flores **espigadas**; el arbusto ramoso del **evónimo** y las flores **blanquecinas**; la **belladona**. Cobran vida a la luz de tu fós-foro, **se mecen** con sus sombras mientras tú recreas los usos de este herbario que dilata las pupilas, adormece el dolor, alivia los partos, consuela, fatiga la voluntad, consuela con una calma voluptuosa.

670  Te quedas solo con los perfumes cuando el tercer fósforo se apaga. Subes con pasos lentos al vestíbulo, vuelves a pegar el oído a la puerta de la señora Consuelo, sigues, sobre las puntas de los pies, a la de Aura: la empujas, sin dar

**sonámbulo** persona que se levanta, anda, o habla mientras está dormido

**lamosa** musgosa

**embaldosado** cubierto con bal-dosas o losetas

**hendida** rajada, abierta
**vellosa** que tiene vello o pelusilla
**beleño** planta venenosa
**sarmentado** que tiene semejanza con sarmientos, ramas de la vid
**dulcamara** planta aromática de uso medicinal
**pelusa** pelo o vello fino
**gordolobo** planta medicinal
**espigada** alargada, en forma de espiga
**evónimo** especie de arbusto
**blanquecina** de color parecido al blanco
**belladona** planta muy venenosa que se utiliza como tranquilizante
**mecerse** alternar posición

aviso, y entras a esa recámara desnuda, donde un círculo de luz ilumina la cama, el gran crucifijo mexicano, la mujer que avanzará hacia ti cuando la puerta se cierre.

Aura vestida de verde, con esa bata de tafeta por donde asoman, al avanzar hacia ti la mujer, los muslos color de luna: la mujer, repetirás al tenerla cerca, la mujer, no la muchacha de ayer: la muchacha de ayer—cuando toques sus dedos, su **talle**—no podía tener más de veinte años; la mujer de hoy—y acaricies su pelo negro, suelto, su mejilla pálida—parece de cuarenta: algo se ha endurecido, entre ayer y hoy, alrededor de los ojos verdes; el rojo de los labios se ha oscurecido fuera de su forma antigua, como si quisiera fijarse en una mueca alegre, en una sonrisa turbia: como si alternara, a semejanza de esa planta del patio, el sabor de la miel y el de la amargura. No tienes tiempo de pensar más:

—Siéntate en la cama, Felipe.

—Sí.

—Vamos a jugar. Tú no hagas nada. Déjame hacerlo todo a mí.

Sentado en la cama, tratas de distinguir el origen de esa luz difusa, opalina, que apenas te permite separar los objetos, la presencia de Aura, de la atmósfera dorada que los envuelve. Ella te habrá visto mirando hacia arriba, buscando ese origen. Por la voz, sabes que está arrodillada frente a ti:

—El cielo no es alto ni bajo. Está encima y debajo de nosotros al mismo tiempo.

Te quitarás los zapatos, los calcetines, y acariciará tus pies desnudos.

Tú sientes el agua tibia que baña tus plantas, las alivia, mientras ella te lava con una tela gruesa, dirige miradas furtivas al Cristo de madera negra, se aparta por fin de tus pies, te toma de la mano, se prende unos **capullos** de violeta al pelo suelto, te toma entre los brazos y **canturrea** esa melodía, ese vals que tú bailas con ella, prendido al susurro de su voz, girando al ritmo lentísimo, solemne, que ella te impone, ajeno a los movimientos ligeros de sus manos, que te desabotonan la camisa, te acarician el pecho, buscan tu espalda, se clavan en ella. También tú murmuras esa canción sin letra, esa melodía que surge naturalmente de tu garganta: giran los dos, cada vez más cerca del lecho; tú sofocas la canción murmurada con tus besos hambrientos sobre la boca de Aura, arrestas la danza con tus besos apresurados sobre los hombros, los pechos de Aura.

Tienes la bata vacía entre las manos. Aura, **de cuclillas** sobre la cama, coloca ese objeto contra los muslos cerrados, lo acaricia, te llama con la mano. Acaricia ese trozo de harina delgada, lo quiebra sobre sus muslos, indiferentes a las migajas que ruedan por sus caderas: te ofrece la mitad de la **oblea** que tú tomas, llevas a la boca al mismo tiempo que ella, **deglutes** con dificultad: caes sobre el cuerpo desnudo de Aura, sobre sus brazos abiertos, extendidos de un extremo al otro de la cama, igual que el Cristo negro que cuelga del muro con

**talle** cintura

**capullo** botón de flor
**canturrear** cantar por lo bajo

**de cuclillas** sentada con el cuerpo doblado sobre los talones, agachada

**oblea** hostia
**deglutir** tragar, ingerir

su faldón de seda escarlata, sus rodillas abiertas, su costado herido, su corona de **brezos** montada sobre la peluca negra, enmarañada, **entreverada** con **lentejuela**
715  de plata. Aura se abrirá como un altar.

**brezo** arbusto leñoso
**entreverada** intercalada, entremezclada
**lentejuela** adorno brillante

Murmuras el nombre de Aura al oído de Aura. Sientes los brazos llenos de la mujer contra tu espalda. Escuchas su voz tibia en tu oreja:

—¿Me querrás siempre?

—Siempre, Aura, te amaré para siempre.

720  —¿Siempre? ¿Me lo juras?

—Te lo juro.

—¿Aunque envejezca? ¿Aunque pierda mi belleza? ¿Aunque tenga el pelo blanco?

—Siempre, mi amor, siempre.

725  —¿Aunque muera, Felipe? ¿Me amarás siempre, aunque muera?

—Siempre, siempre. Te lo juro. Nadie puede separarme de ti.

—Ven, Felipe, ven . . .

Buscas, al despertar, la espalda de Aura y sólo tocas esa almohada, caliente aún, y las sábanas blancas que te envuelven.

730  Murmuras de nuevo su nombre.

Abres los ojos: la ves sonriendo, de pie, al pie de la cama, pero sin mirarte a ti. La ves caminar lentamente hacia ese rincón de la recámara, sentarse en el suelo, colocar los brazos sobre las rodillas negras que emergen de la oscuridad que tú tratas de penetrar, acariciar la mano arrugada que se adelanta del fondo
735  de la oscuridad cada vez más clara: a los pies de la anciana señora Consuelo, que está sentada en ese sillón que tú notas por primera vez: la señora Consuelo que te sonríe, cabeceando, que te sonríe junto con Aura que mueve la cabeza al mismo tiempo que la vieja: las dos te sonríen, te agradecen. Recostado, sin voluntad, piensas que la vieja ha estado todo el tiempo en la recámara;
740  recuerdas sus movimientos, su voz, su danza,

por más que te digas que no ha estado allí.

Las dos se levantarán a un tiempo, Consuelo de la silla, Aura del piso. Las dos te darán la espalda, caminarán pausadamente hacia la puerta que comunica con la recámara de la anciana, pasarán juntas al cuarto donde tiemblan las luces
745  colocadas frente a las imágenes, cerrarán la puerta detrás de ellas, te dejarán dormir en la cama de Aura.

5

Duermes cansado, insatisfecho. Ya en el sueño sentiste esa vaga melancolía, esa opresión en el diafragma, esa tristeza que no se deja apresar por tu imagi-
750  nación. Dueño de la recámara de Aura, duermes en la soledad, lejos del cuerpo que creerás haber poseído.

Al despertar, buscas otra presencia en el cuarto y sabes que no es la de Aura la que te inquieta, sino la doble presencia de algo que fue **engendrado** la noche pasada. Te llevas las manos a las sienes, tratando de calmar tus sentidos en desarreglo: esa tristeza vencida te insinúa, en voz baja, en el recuerdo inasible de la premonición, que buscas tu otra mitad, que la concepción estéril de la noche pasada engendró tu propio doble.

**engendrado** procreado, propagado

Y ya no piensas, porque existen cosas más fuertes que la imaginación: la costumbre que te obliga a levantarte, buscar un baño anexo a esa recámara, no encontrarlo, salir restregándote los párpados, subir al segundo piso saboreando la acidez pastosa de la lengua, entrar a tu recámara acariciándote las mejillas de **cerdas** revueltas, dejar correr las llaves de la tina e introducirte en el agua tibia, dejarte ir, no pensar más.

**cerda** pelo grueso y corto

Y cuando te estés secando, recordarás a la vieja y a la joven que te sonrieron, abrazadas, antes de salir juntas, abrazadas: te repites que siempre, cuando están juntas, hacen exactamente lo mismo: se abrazan, sonríen, comen, hablan, entran, salen, al mismo tiempo, como si una imitara a la otra, como si de la voluntad de una dependiese la existencia de la otra. Te cortas ligeramente la mejilla, pensando estas cosas mientras te afeitas; haces un esfuerzo para dominarte. Terminas tu aseo contando los objetos del botiquín, los frascos y tubos que trajo de la casa de **huéspedes** el criado al que nunca has visto: murmuras los nombres de esos objetos, los tocas, lees las indicaciones de uso y contenido, pronuncias la marca de fábrica, prendido a esos objetos para olvidar lo otro, lo otro sin nombre, sin marca, sin consistencia racional. ¿Qué espera de ti Aura?, acabas por preguntarte, cerrando de un golpe el botiquín. ¿Qué quiere?

**huésped** persona alojada en una casa u hotel

Te contesta el ritmo sordo de esa campana que se pasea a lo largo del corredor, advirtiéndote que el desayuno está listo. Caminas, con el pecho desnudo, a la puerta: al abrirla, encuentras a Aura: será Aura, porque viste la tafeta verde de siempre, aunque un velo verdoso oculte sus **facciones**. Tomas con la mano la muñeca de la mujer, esa muñeca delgada, que tiembla . . .

**facciones** los rasgos del rostro humano

—El desayuno está listo . . . —te dirá con la voz más baja que has escuchado . . .

—Aura. Basta ya de engaños.

—¿Engaños?

—Dime si la señora Consuelo te impide salir, hacer tu vida; ¿por qué ha de estar presente cuando tú y yo . . . ?; dime que te irás conmigo en cuanto . . .

—¿Irnos? ¿A dónde?

—Afuera, al mundo. A vivir juntos. No puedes sentirte encadenada para siempre a tu tía . . . ¿Por qué esa devoción? ¿Tanto la quieres?

—Quererla . . .

—Sí; ¿por qué te has de sacrificar así?

—¿Quererla? Ella me quiere a mí. Ella se sacrifica por mí.

—Pero es una mujer vieja, casi un cadáver; tú no puedes . . .

—Ella tiene más vida que yo. Sí, es vieja, es repulsiva . . . Felipe, no quiero
795 volver . . . no quiero ser como ella . . . otra . . .

—Trata de enterrarte en vida. Tienes que renacer, Aura . . .

—Hay que morir antes de renacer . . . No. No entiendes. Olvida, Felipe,
tenme confianza.

—Si me explicaras . . .

800 —Tenme confianza. Ella va a salir hoy todo el día . . .

—¿Ella?

—Sí, la otra.

—¿Va a salir? Pero si nunca . . .

—Sí, a veces sale. Hace un gran esfuerzo y sale. Hoy va a salir. Todo el
805 día . . . Tu y yo podemos . . .

—¿Irnos?

—Si quieres . . .

—No, quizás todavía no. Estoy contratado para un trabajo . . . Cuando termine el trabajo, entonces sí . . .

810 —Ah, sí. Ella va a salir todo el día. Podemos hacer algo . . .

—¿Qué?

—Te espero esta noche en la recámara de mi tía. Te espero como siempre.

Te dará la espalda, se irá tocando esa campana, como los leprosos que
con ella **pregonan** su cercanía, advierten a los **incautos**: "Aléjate, aléjate". Tú te
815 pones la camisa y el saco, sigues el ruido espaciado de la campana que se dirige,
enfrente de ti, hacia el comedor; dejas de escucharlo al entrar a la sala: viene
hacia ti, jorobada, sostenida por un **báculo** nudoso, la viuda de Llorente, que
sale del comedor, pequeña, arrugada, vestida con ese traje blanco, ese velo de
gasa teñida, rasgada, pasa a tu lado sin mirarte, sonándose con un pañuelo,
820 sonándose y escupiendo continuamente, murmurando:

—Hoy no estaré en la casa, señor Montero. Confío en su trabajo. Adelante
usted. Las memorias de mi esposo deben ser publicadas.

Se alejará, pisando los tapetes con sus pequeños pies de muñeca antigua,
apoyada en ese bastón, escupiendo, estornudando como si quisiera expulsar
825 algo de sus vías respiratorias, de sus pulmones congestionados. Tú tienes la
voluntad de no seguirla con la mirada; dominas la curiosidad que sientes ante
ese traje de novia amarillento, extraído del fondo del viejo baúl que está en la
recámara . . .

Apenas pruebas el café negro y frío que te espera en el comedor. Perma-
830 neces una hora sentado en la vieja y alta silla ojival, fumando, esperando los
ruidos que nunca llegan, hasta tener la seguridad de que la anciana ha salido
de la casa y no podrá sorprenderte. Porque en el puño, apretada, tienes desde
hace una hora la llave del arcón y ahora te diriges, sin hacer ruido, a la sala,

**pregonar** anunciar en voz alta
**incauto** ingenuo, que no toma el cuidado debido

**báculo** bastón

al vestíbulo donde esperas quince minutos más—tu reloj te lo dirá—con el oído

835 pegado a la puerta de doña Consuelo, la puerta que en seguida empujas levemente, hasta distinguir, detrás de la red de araña de esas luces devotas, la cama
vacía, revuelta, sobre la que la coneja **roe** sus zanahorias crudas: la cama siempre rociada de migajas que ahora tocas, como si creyeras que la pequeñísima
anciana pudiese estar escondida entre los pliegues de las sábanas.

840     Caminas hasta el baúl colocado en el rincón; pisas la cola de una de esas
ratas que chilla, se escapa de la opresión de tu suela, corre a dar aviso a las
demás ratas cuando tu mano acerca la llave de cobre a la chapa pesada, **enmohecida**, que rechina cuando introduces la llave, apartas el candado, levantas la tapa
y escuchas el ruido de los **goznes** enmohecidos. Sustraes el tercer folio—cinta

845 roja—de las memorias y al levantarlo encuentras esas fotografías viejas, duras,
comidas por los bordes, que también tomas, sin verlas, apretando todo el tesoro
contra tu pecho, huyendo sigilosamente, sin cerrar siquiera el baúl, olvidando
el hambre de las ratas, para traspasar el umbral, cerrar la puerta, recargarte
contra la pared del vestíbulo, respirar normalmente, subir a tu cuarto.

850     Allí leerás los nuevos papeles, la continuación, las fechas de un siglo en
agonía. El general Llorente habla con su lenguaje más florido de la personalidad
de Eugenia de Montijo,[18] vierte todo su respeto hacia la figura de Napoleón el
Pequeño,[19] exhuma su retórica más marcial para anunciar la guerra franco-
prusiana,[20] llena páginas de dolor ante la derrota, **arenga** a los hombres de honor

855 contra el monstruo republicano, ve en el general Boulanger[21] un rayo de esperanza, suspira por México, siente que en el caso Dreyfus[22] el honor—siempre el
honor—del ejército ha vuelto a imponerse . . . Las hojas amarillas se quiebran
bajo tu tacto; ya no las respetas, ya sólo buscas la nueva aparición de la mujer
de ojos verdes: "Sé por qué lloras a veces, Consuelo. No te he podido dar hijos,

860 a ti, que irradias la vida . . ." Y después: "Consuelo, no tientes a Dios. Debemos
conformarnos. ¿No te basta mi cariño? Yo sé que me amas; lo siento. No te
pido conformidad, porque ello sería ofenderte. Te pido, tan sólo, que veas en
ese gran amor que dices tenerme algo suficiente, algo que pueda llenarnos a los
dos sin necesidad de recurrir a la imaginación enfermiza . . ." Y en otra página:

865 "Le advertí a Consuelo que esos **brebajes** no sirven para nada. Ella insiste en
cultivar sus propias plantas en el jardín. Dice que no se engaña. Las hierbas
no la fertilizarán en el cuerpo, pero sí en el alma . . ." Más tarde: "La encontré
**delirante**, abrazada a la almohada. Gritaba: 'Sí, sí, sí, he podido: la he encarnado;
puedo convocarla, puedo darle vida con mi vida'. Tuve que llamar al médico.

870 Me dijo que no podría calmarla, precisamente porque ella estaba bajo el efecto
de narcóticos, no de excitantes . . ." Y al fin: "Hoy la descubrí, en la madrugada,
caminando sola y descalza a lo largo de los pasillos. Quise detenerla. Pasó sin
mirarme, pero sus palabras iban dirigidas a mí. 'No me detengas—dijo—;
voy hacia mi juventud, mi juventud viene hacia mí. Entra ya, está en el jardín,

**roer** mordisquear

**enmohecida** oxidada, mohosa

**gozne** bisagra metálica

**arengar** decir un discurso solemne y de tono elevado ante una multitud para enardecer los ánimos

**brebaje** bebida de mal aspecto y de ingredientes desagradables

**delirante** fuera de sí, diciendo cosas que no tienen sentido

875    ya llega' . . . Consuelo, pobre Consuelo . . . Consuelo, también el demonio fue
un ángel, antes . . ."

No habrá más. Allí terminan las memorias del general Llorente: *Consuelo,
le démon aussi était un ange, avant . . .* [23]

Y detrás de la última hoja, los **retratos**. El retrato de ese caballero anciano,    **retrato** fotografía
880    vestido de militar: la vieja fotografía con las letras en una esquina: *Moulin,
Photographe, 35 Boulevard Haussmann* y la fecha 1894. Y la fotografía de Aura:
de Aura con sus ojos verdes, su pelo negro recogido en **bucles**, reclinada sobre    **bucle** rizo en espiral
esa columna dórica, con el paisaje pintado al fondo: el paisaje de Lorelei en el
Rin,[24] el traje abotonado hasta el cuello, el pañuelo en una mano, el polisón:
885    Aura y la fecha 1876, escrita con tinta blanca, y detrás, sobre el cartón doblado
del daguerrotipo, esa letra de araña: *Fait pour notre dixième anniversaire de
mariage,*[25] y la firma, con la misma letra, *Consuelo Llorente.* Verás, en la tercera
foto, a Aura en compañía del viejo, ahora vestido de paisano, sentados ambos
en una banca, en un jardín. La foto se ha borrado un poco: Aura no se verá tan
890    joven como en la primera fotografía, pero es ella, es él, es . . . eres tú.

Pegas esas fotografías a tus ojos, las levantas hacia el tragaluz: tapas con
una mano la barba blanca del general Llorente, lo imaginas con el pelo negro
y siempre te encuentras, borrado, perdido, olvidado, pero tú, tú, tú.

La cabeza te da vueltas inundada por el ritmo de ese vals lejano que suple
895    la vista, el tacto, el olor de plantas húmedas y perfumadas: caes agotado sobre
la cama, te tocas los pómulos, los ojos, la nariz, como si temieras que una
mano invisible te hubiese **arrancado** la máscara que has llevado durante vein-    **arrancar** quitar, sacar
tisiete años: esas facciones de goma y cartón que durante un cuarto de siglo    violentamente
han cubierto tu verdadera **faz**, tu rostro antiguo, el que tuviste antes y habías    **faz** rostro, cara
900    olvidado. Escondes la cara en la almohada, tratando de impedir que el aire te
arranque las facciones que son tuyas, que quieres para ti. Permaneces con
la cara hundida en la almohada, con los ojos abiertos detrás de la almohada,
esperando lo que ha de venir, lo que no podrás impedir. No volverás a mirar
tu reloj, ese objeto inservible que mide falsamente un tiempo acordado a la
905    vanidad humana, esas manecillas que marcan tediosamente las largas horas
inventadas para engañar el verdadero tiempo, el tiempo que corre con la velocidad insultante, mortal, que ningún reloj puede medir. Una vida, un siglo,
cincuenta años: ya no te será posible imaginar esas medidas mentirosas, ya no
te será posible tomar entre las manos ese polvo sin cuerpo.

910    Cuando te separes de la almohada, encontrarás una oscuridad mayor alrededor de ti. Habrá caído la noche.

Habrá caído la noche. Correrán, detrás de los vidrios altos, las nubes negras,
veloces, que rasgan la luz opaca que se empeña en evaporarlas y asomar su
redondez pálida y sonriente. Se asomará la luna, antes de que el vapor oscuro
915    vuelva a empañarla.

Tú ya no esperarás. Ya no consultarás tu reloj. Descenderás rápidamente los peldaños que te alejan de esa celda donde habrán quedado regados los viejos papeles, los daguerrotipos desteñidos; descenderás al pasillo, te detendrás frente a la puerta de la señora Consuelo, escucharás tu propia voz, sorda, transformada después de tantas horas de silencio:

—Aura . . .

Repetirás:—Aura . . .

Entrarás a la recámara. Las luces de las veladoras se habrán extinguido. Recordarás que la vieja ha estado ausente todo el día y que la cera se habrá consumido, sin la atención de esa mujer devota. Avanzarás en la oscuridad, hacia la cama. Repetirás:

—Aura . . .

Y escucharás el leve crujido de la tafeta sobre los edredones, la segunda respiración que acompaña la tuya: alargarás la mano para tocar la bata verde de Aura; escucharás la voz de Aura:

—No . . . no me toques . . . Acuéstate a mi lado . . .

Tocarás el filo de la cama, levantarás las piernas y permanecerás inmóvil, recostado. No podrás evitar un temblor.

—Ella puede regresar en cualquier momento . . .

—Ella ya no regresará.

—¿Nunca?

—Estoy **agotada**. Ella ya se agotó. Nunca he podido mantenerla a mi lado más de tres días.

**agotada** exhausta, cansada

—Aura . . .

Querrás acercar tu mano a los senos de Aura. Ella te dará la espalda: lo sabrás por la nueva distancia de su voz.

—No . . . No me toques . . .

—Aura . . . te amo.

—Sí, me amas. Me amarás siempre, dijiste ayer . . .

—Te amaré siempre. No puedo vivir sin tus besos, sin tu cuerpo . . .

—Bésame el rostro; sólo el rostro.

Acercarás tus labios a la cabeza reclinada junto a la tuya, acariciarás otra vez el pelo largo de Aura: tomarás violentamente a la mujer **endeble** por los hombros, sin escuchar su queja aguda; le arrancarás la bata de tafeta, la abrazarás, la sentirás desnuda, pequeña y perdida en tu abrazo, sin fuerzas, no harás caso de su resistencia **gemida**, de su llanto impotente, besarás la piel del rostro sin pensar, sin distinguir: tocarás esos senos fláccidos cuando la luz penetre suavemente y te sorprenda, te obligue a apartar la cara, buscar la **rendija** del muro por donde comienza a entrar la luz de la luna, ese resquicio abierto por los ratones, ese ojo de la pared que deja filtrar la luz plateada que cae sobre el pelo blanco de Aura, sobre el rostro **desgajado**, compuesto de capas de cebolla,

**endeble** débil, flaca

**gemida** lamentada con un gruñido

**rendija** abertura estrecha

**desgajado** despedazado, roto, arruinado

pálido, seco y arrugado como una **ciruela** cocida: apartarás tus labios de los labios sin carne que has estado besando, de las encías sin dientes que se abren ante ti: verás bajo la luz de la luna el cuerpo desnudo de la vieja, de la señora Consuelo, flojo, rasgado, pequeño y antiguo, temblando ligeramente porque tú lo tocas, tú lo amas, tú has regresado también . . .

960

Hundirás tu cabeza, tus ojos abiertos, en el pelo plateado de Consuelo, la mujer que volverá a abrazarte cuando la luna pase, **tea** tapada por las nubes, los oculte a ambos, se lleve en el aire, por algún tiempo, la memoria de la juventud, la memoria encarnada.

965

—Volverá, Felipe, la traeremos juntos. Deja que recupere fuerzas y la haré regresar . . .

**ciruela** fruta comestible de color oscuro

**tea** antorcha

### DE RELEVANCIA PARA EL TEXTO

Fuentes escribió y publicó *Aura* en 1962, durante una estancia en París, lugar que considera "una ciudad doble" ya que:

> cuanto ocurre en ella posee un espejismo que parece reproducir el espacio de la actualidad; pero esto, pronto lo descubriremos, es un engaño. Los espejos abundantes de los interiores de París hacen algo más que reproducir un espacio. [. . .] El verdadero misterio [. . .] es que en esos espejos se refleja siempre otro tiempo, el que pasó, el que vendrá, y que a veces, con suerte, una persona que es otra persona pasa también flotando sobre esos lagos de azogue (Fuentes, "On Reading" 531, traducción mía).

En el mismo artículo, Fuentes menciona numerosas influencias en la composición de *Aura*, entre ellas Quevedo, Buñuel, Ueda Akinari, James, Dickens, Pushkin, Michelet, la figura de Circe, Dumas y Maria Callas. Explica también que tuvo una observación muy importante justo un día antes de empezar a escribir *Aura*:

> La muchacha que pasó de su sala a la recámara donde yo la esperaba aquella tarde caliente de agosto hace más de veinte años era otra porque habían pasado seis años desde que la conocí, adolescente, en México. Pero también era otra porque la luz de la tarde, como si la esperara a ella, venció una barrera empecinada de nubes. Esa luz, lo recuerdo, primero se abrió, pasó tímidamente, como colándose entre la amenaza de una tormenta estival, luego se hizo una luminosa perla envuelta en

una capa de nubes; y al cabo se desparramó por breves segundos con una plenitud que también era una agonía.

En esa sucesión casi instantánea de momentos, la muchacha que yo recordaba de catorce años y que ahora tenía veinte sufrió las mismas transformaciones que la luz convocada a través de los cristales de las ventanas: ese umbral entre la sala y la recámara se convirtió en el umbral entre todas las edades de la muchacha; la luz que luchó contra las nubes también luchó contra su carne, la tomó, la dibujó, le otorgó una sombra de años, le esculpió una muerte en su mirada, le arrancó la sonrisa de los labios, le languideció el cabello con la tristeza flotante de la locura.

Ella era otra, fue otra, no la que será, sino la que, siempre, está siendo.

La luz se adueñó de esa muchacha; la luz la amó antes de que yo pudiera, y yo sólo fui, esa tarde, "en el reino del amor huésped extraño" y supe que los ojos del amor pueden mirarnos también con—otra vez cito de Quevedo—"una Muerte hermosa" (531, traducción mía)

En *Territorios del tiempo*, Fuentes dice que *Aura* es su novela "emblemática del tiempo y del deseo, no sólo de la posibilidad de convocar de vuelta la juventud, sino sobre todo obtener el deseo y descubrir que no hay deseo inocente" (citado en Gertel, "La poética" 181). *Aura* es una obra en la que Fuentes nunca quiso resolver un enigma, porque, según él, lo importante era reconocer que ahí existía tal enigma. No obstante, Fuentes dice que Felipe Montero es "el falso protagonista de *Aura*" y comenta que "Aura y Consuelo son *una*, y son ellas quienes arrancan el secreto de deseo del pecho de Felipe. Ahora, el macho es el engañado" ("On Reading" 536-537, traducción mía).

## TRAMA

1. Haz un gráfico de la trama de *Aura* en forma **linear**.
2. Haz otro gráfico de la trama de *Aura* en forma **circular**.
3. ¿Es la trama de *Aura* más linear, o más circular? Explica tu respuesta a un compañero usando tus dos gráficos. Discute las semejanzas y diferencias entre tus gráficos y los de tu compañero.

## PERSONAJES

1. Mira de nuevo el gráfico que hiciste sobre la interrelación de los personajes después de leer los dos primeros capítulos de *Aura*. Explica cómo

ha cambiado tu comprensión de la interrelación entre los personajes principales después de terminar la novelita.

2. ¿Qué relación hay entre el general Llorente y Felipe, y entre Consuelo y Aura? ¿Puedes explicar estas relaciones? ¿Qué ideas ofrece la novelita sobre el desdoblamiento o la dualidad del ser?

## NARRACIÓN

1. Comenta de nuevo el efecto de la narración en segunda persona y la mezcla de presente y futuro en la novelita. Analiza la relevancia de esta cita de Fuentes sobre la palabra "tú": "TÚ—aquella palabra que es mía mientras se mueve como una fantasma en todas las dimensiones del espacio y del tiempo, incluso más allá de la muerte" ("On Reading" 539, traducción mía)

2. ¿De qué forma contribuye la narración a/al . . .
   - la identificación entre Felipe y el general Llorente?
   - la identificación entre el lector y Felipe?
   - la mezcla de tiempos y espacios?
   - desarrollo del concepto de destino ofrecido por Fuentes?

3. ¿Quién es el narrador? ¿Sabemos su identidad, o no? ¿Es omnisciente, o tiene una perspectiva limitada?

4. Hay once partes en francés. Aunque he incluido traducciones al español en las notas 3, 4, 10, 11, 13, 14, 15, 16, 17, 23 y 25 para facilitar el entendimiento del texto, la verdad es que Fuentes no tradujo estas partes para sus lectores. ¿Por qué crees que Fuentes deja estas partes en francés y cuál sería el efecto de no poder contar con las traducciones?

## INTERPRETACIÓN

1. ¿Cuál es el efecto del uso de metaficción, es decir, de las referencias, dentro de una obra de ficción, al acto de leer y escribir? Considera los siguientes ejemplos.
   - la lectura del epígrafe de Michelet
   - la lectura del anuncio de periódico al principio del texto
   - la lectura de las memorias del general
   - la reescritura de las memorias del general
   - la redacción de la propia obra de Felipe
   - la lectura de la novelita *Aura* por los lectores de Fuentes

2. En *Aura,* ¿qué comentario hace Fuentes sobre la búsqueda de la juventud o de la belleza eterna?

3. ¿Qué definición—o redefinición—de tiempo o de edad ofrece *Aura*? Defiende o explica tu respuesta con citas tomadas del texto.

4. El texto está lleno de reflejos, desdoblamientos y dualidades. Además de las conexiones ya examinadas entre oscuridad y luz, juventud y madurez, aislamiento y compañerismo y entre los personajes general Llorente-Felipe y Consuelo-Aura, hay otros binarismos importantes. Comenta la presencia y el significado de las siguientes dualidades en el texto rellenando la tabla. Añade otro binarismo a la última fila y analízalo también.

| Dualidades | | ¿Dónde vemos esta dualidad? | ¿Qué importancia tiene esta dualidad? |
|---|---|---|---|
| cristianismo santidad | paganismo brujería magia tentación | | |
| condenación esclavitud | salvación liberación | | |
| muerte | nacimiento renacimiento resurrección | | |
| | | | |

5. Felipe tiene tres sueños a lo largo de la novelita. Lee de nuevo las partes que cuentan sus sueños (líneas 498–514, 612–625 y 748–751) y contesta las siguientes preguntas.
   - ¿Cuál es la relación entre cada sueño y los eventos "reales" de la narrativa principal?
   - ¿Cómo es la transición entre el sueño y la vigilia en cada caso?
   - ¿Sirven los sueños para presagiar algo en la narración o para enseñarle algo a Felipe y/o al lector?

6. ¿De qué forma influye en tu comprensión de *Aura* el hecho de que Consuelo y el general Llorente no pudieran tener hijos? ¿Por qué cree Felipe que el acto sexual con Aura "engendró [su] propio doble"?

7. Lee de nuevo el epígrafe y la nota 1 y contesta las siguientes preguntas sobre el epígrafe de Jules Michelet:
   - ¿Qué conexiones hay entre "el hombre", "la mujer" y "los dioses" mencionados por Michelet y los personajes principales de *Aura*?
   - ¿Por qué comienza Fuentes su novelita con esta cita? ¿Qué añade a la lectura?
8. Hay otra definición de la palabra "aura" además de las cinco ya mencionadas en el número 2 de la sección "Interpretación" de la página 203. Según el conocido filósofo y crítico literario Walter Benjamin en "La obra de arte en la época de su reproductibilidad técnica", "aura" es el término dado para capturar el "valor estético" inherente en la "autenticidad" y "singularidad" de una obra de arte original, que se pierde con la reproducción o la copia de tal obra (221, traducción mía). En su ensayo "Pequeña historia de la fotografía" de *Discursos interrumpidos*, Benjamin amplía su definición del término "aura" cuando lo caracteriza como "[u]na trama muy particular de espacio y tiempo: irrepetible aparición de una lejanía, por cerca que ésta pueda estar" (75). ¿Es posible atribuir la definición benjaminiana de "aura" a la novelita *Aura* de Fuentes? ¿Cuánto ayudaría este concepto para entender el comentario de Fuentes sobre . . .
   - el valor estético de algo original?
   - la pérdida de autenticidad o singularidad con la copia o la reproducción?
   - la relación de algo o alguien con su origen en un momento concreto del tiempo y del espacio?
9. Respecto a la última escena, ¿es capaz Felipe de amar a Consuelo también y no solo a Aura? ¿Qué sugiere este desenlace final sobre el poder del amor o del deseo, por un lado, y sobre la importancia de la juventud y la belleza externa, por el otro? Respalda tu respuesta con citas directas de la novelita.
10. ¿Es posible que Fuentes quisiera introducir el tema de la necrofilia o de la relación entre Eros (amor) y Tánatos (muerte) en esta escena final?

## ANÁLISIS TEXTUAL

Comenta la importancia de las siguientes citas de la novelita. Presta atención especial a las partes subrayadas.

1. Revisas todo el día los papeles, pasando en limpio los párrafos que piensas retener, <u>redactando de nuevo</u> los que te parecen débiles, fumando

cigarrillo tras cigarrillo y reflexionando que debes espaciar tu trabajo para que la canonjía se prolongue lo más posible. Si lograras ahorrar por lo menos doce mil pesos, podrías pasar cerca de un año dedicado a <u>tu propia obra</u>, aplazada, casi olvidada. <u>Tu gran obra de conjunto sobre los descubrimientos y conquistas españolas en América</u>. Una obra que resuma todas las crónicas dispersas, las haga inteligibles, <u>encuentre las correspondencias</u> entre todas las empresas y aventuras del siglo de oro, entre los prototipos humanos y el hecho mayor del Renacimiento. <u>En realidad, terminas por abandonar los tediosos papeles del militar del Imperio para empezar la redacción de fichas y resúmenes de tu propia obra. El tiempo corre</u> y sólo al escuchar de nuevo <u>la campana</u> consultas <u>tu reloj</u>, te pones el saco y bajas al comedor.

2. te preguntas si la señora no poseerá <u>una fuerza secreta sobre la muchacha</u>, si la muchacha, tu hermosa Aura vestida de verde, no estará <u>encerrada contra su voluntad</u> en esta casa vieja, sombría. [. . .] <u>quizás Aura espera que tú la salves de las cadenas</u> que, por alguna razón oculta, le ha impuesto esta vieja caprichosa y desequilibrada. Recuerdas a Aura minutos antes, inanimada, <u>embrutecida</u> por el terror: incapaz de hablar enfrente de la tirana, moviendo los labios en silencio, <u>como si en silencio te implorara su libertad</u>, <u>prisionera</u> al grado de imitar todos los movimientos de la señora Consuelo, <u>como si sólo lo que hiciera la vieja le fuese permitido a la joven</u>.

3. Sabes, al cerrar de nuevo el folio, que por eso vive Aura en esta casa: <u>para perpetuar la ilusión de juventud y belleza de la pobre anciana enloquecida</u>. Aura, <u>encerrada como un espejo</u>, como un icono más de ese muro religioso, cuajado de milagros, corazones preservados, demonios y santos imaginados.

4. Aura, de cuclillas sobre la cama, <u>coloca ese objeto contra los muslos cerrados</u>, lo acaricia, te llama con la mano. Acaricia <u>ese trozo de harina delgada</u>, lo quiebra sobre sus muslos, indiferentes a las migajas que ruedan por sus caderas: <u>te ofrece la mitad de la oblea que tú tomas, llevas a la boca al mismo tiempo que ella, deglutes con dificultad</u>: caes sobre el cuerpo desnudo de Aura, sobre <u>sus brazos abiertos, extendidos de un extremo al otro de la cama, igual que el Cristo negro que cuelga del muro con su faldón de seda escarlata, sus rodillas abiertas, su costado herido, su corona de brezos montada sobre la peluca negra, enmarañada, entreverada con lentejuela de plata. Aura se abrirá como un altar</u>.

5. —¿Me querrás siempre?
—Siempre, Aura, te amaré para siempre.
—¿Siempre? ¿Me lo juras?

—Te lo juro.

—¿Aunque envejezca? ¿Aunque pierda mi belleza? ¿Aunque tenga el pelo blanco?

—Siempre, mi amor, siempre.

—¿Aunque muera, Felipe? ¿Me amarás siempre, aunque muera?

—Siempre, siempre. Te lo juro. Nadie puede separarme de ti.

6. Al despertar, buscas otra presencia en el cuarto y sabes que no es la de Aura la que te inquieta, sino la doble presencia de algo que fue engendrado la noche pasada. Te llevas las manos a las sienes, tratando de calmar tus sentidos en desarreglo: esa tristeza vencida te insinúa, en voz baja, en el recuerdo inasible de la premonición, que buscas tu otra mitad, que la concepción estéril de la noche pasada engendró tu propio doble.

7. te tocas los pómulos, los ojos, la nariz, como si temieras que una mano invisible te hubiese arrancado la máscara que has llevado durante veintisiete años: esas facciones de goma y cartón que durante un cuarto de siglo han cubierto tu verdadera faz, tu rostro antiguo, el que tuviste antes y habías olvidado. [. . .] No volverás a mirar tu reloj, ese objeto inservible que mide falsamente un tiempo acordado a la vanidad humana, esas manecillas que marcan tediosamente las largas horas inventadas para engañar el verdadero tiempo, el tiempo que corre con la velocidad insultante, mortal, que ningún reloj puede medir. Una vida, un siglo, cincuenta años: ya no te será posible imaginar esas medidas mentirosas, ya no te será posible tomar entre las manos ese polvo sin cuerpo.

8. Acercarás tus labios a la cabeza reclinada junto a la tuya, acariciarás otra vez el pelo largo de Aura: tomarás violentamente a la mujer endeble por los hombros, sin escuchar su queja aguda; le arrancarás la bata de tafeta, la abrazarás, la sentirás desnuda, pequeña y perdida en tu abrazo, sin fuerzas, no harás caso de su resistencia gemida, de su llanto impotente, besarás la piel del rostro sin pensar, sin distinguir: tocarás esos senos fláccidos cuando la luz penetre suavemente y te sorprenda, te obligue a apartar la cara, buscar la rendija del muro por donde comienza a entrar la luz de la luna, ese resquicio abierto por los ratones, ese ojo de la pared que deja filtrar la luz plateada que cae sobre el pelo blanco de Aura, sobre el rostro desgajado, compuesto de capas de cebolla, pálido, seco y arrugado como una ciruela cocida: apartarás tus labios de los labios sin carne que has estado besando, de las encías sin dientes que se abren ante ti: verás bajo la luz de la luna el cuerpo desnudo de la vieja, de la señora Consuelo, flojo, rasgado, pequeño y antiguo, temblando ligeramente porque tú lo tocas, tú lo amas, tú has regresado también . . .

## TEMAS PRINCIPALES

1. Escribe un ensayo en el que expliques la importancia de uno de los siguientes temas en la novelita *Aura*. Como evidencia, cita partes del texto y da ejemplos específicos.
   a. El presente y el pasado; el tiempo linear y circular; la coexistencia de dos tiempos y/o espacios
   b. La belleza externa y la vanidad personal frente al amor profundo y duradero
   c. El destino inevitable que destruye el libre albedrío
   d. El desdoblamiento del "yo" y la búsqueda del "otro"
2. Discute o debate cuál de los temas anteriores es más importante en la novelita y por qué.

## CRÍTICA LITERARIA

Lee las siguientes interpretaciones de varios críticos literarios sobre la novelita *Aura* de Fuentes. Decide si estás **de acuerdo** o **en desacuerdo** con cada interpretación dada. Cita un ejemplo textual o un pasaje directo de la obra para **apoyar** o **refutar** cada interpretación dada.

### La narración en segunda persona
*Crítico A*
"Mucho se ha hablado ya de *Aura* como narración en segunda persona: un narrador (Felipe Montero) que habla de sí mismo en segunda persona. Este recurso pronominal constituye una simultaneidad de 'personas' que se desdoblan y multiplican en vez de reducirse. [. . .] El uso de una narración en segunda persona [. . .] presenta ese 'desafío' (o desviación) de la 'realidad cotidiana' [. . .] y exige una penetración en otro nivel. [. . .] En el caso de Aura, el HABLANTE y el OYENTE convergen en un mismo personaje, Felipe Montero, que habla en tú de sí mismo. Como Felipe habla a sí mismo sobre sí mismo, se convierte en sujeto de la enunciación a la vez que es sujeto del enunciado. Esta ecuación pronominal es, paradójicamente, un desdoblamiento [. . .]. Tal ecuación tiene sus consecuencias en la proyección espacio-temporal de la obra, ya que produce una simultaneidad al desdoblar la relación hablante-oyente (o relación *yo-tú*). Esto se debe a que el *yo* es el presente de su discurso, el *tú* es el futuro, y el *él* (o *ello*) es el pasado. Un discurso en el que el yo se refiere a sí mismo como tú, desarrolla una liberación no sólo pronominal sino también espacio-temporal, en la que se presentan como simultáneos (y desdoblados a la vez) el *yo* y el *tú*, el presente y el futuro". (Bejel y Beaudin 470)

*Crítico B*

"Existe una relación directa entre la voz narrativa, el lugar desde el cual habla la misma, y el efecto que produce en el lector. En ese 'tú' hay implícito un 'otro' especular, que se está dirigiendo no sólo a Felipe sino también al lector. Esta voz narrativa, a través de la utilización de un tono imperativo, va anulando la voluntad del lector y lo va incorporando hacia una participación activa en el relato. El lector se encontrará sujeto al deseo del 'otro' [. . .]. La voz narrativa, ubicándose en el lugar del 'otro' inconsciente, adquiere autoridad, sobredeterminando la conducta del lector". (Collette 285-286)

*Crítico C*

"Esta compenetración mediante el texto literario, es una visión abismal de lo que sucede al lector de *Aura*, que permanece hechizado por su sincretismo cultural y termina perdiendo la noción de lo real o de lo irreal, adueñándose de la experiencia del protagonista, haciéndola suya, para desdoblarse a su vez de modo especular mediante el discurso en segunda persona que lo involucra directamente". (Habra 193)

*Tu propia interpretación*

Escribe tu propia interpretación de *Aura* respecto al tema de la narración en segunda persona.

**Las dimensiones espacio-temporales**

*Crítico A*

"Consuelo juega un papel de mediadora, de médium, entre los diversos espacios-tiempos de la obra. Ella posee una visión más omnisciente [. . .] que Felipe y que Aura. Por otro lado, la visión de Felipe es más dinámica: progresa desde el parecer al ser al nivel de la historia. Felipe comienza en un estado de ignorancia total de su identidad [. . .], y va descubriéndola paulatinamente a medida que transcurren los tres días en casa de Consuelo, y que constituyen el tiempo de la acción de la obra". (Bejel y Beaudin 468)

*Crítico B*

"[El narrador de *Aura* ofrece una concepción muy peculiar del tiempo, en la que una acción es reemplazada inmediatamente por otra para que el presente siga avanzando incesantemente. Los recursos usados para conseguir esta orientación selectiva hacia el momento presente son los siguientes:]

- enumeraciones simples sin verbos
- una preferencia por verbos activos en vez de verbos de estado
- el uso casi exclusivo del presente del indicativo en vez del presente progresivo

- el uso del futuro como variante del presente para narrar una acción que ocurre segundos después de la anterior y para acentuar la distancia entre una acción y el instante previo
- el uso del futuro para representar tiempo interior y psicológico en vez de tiempo cronológico
- el uso del futuro con valor de imperativo y un tono de inexorabilidad
- el uso del pretérito solamente para presentar los *flashbacks* y la ausencia casi total del imperfecto o de otros tiempos compuestos del pasado". (N. Rojas 859-863, traducción mía)

*Crítico C*
"[L]as dimensiones espacio-temporales se alteran progresivamente en la narración, fusionándose varios tiempos y espacios hasta llegar a un tiempo cíclico, eterno, con la recuperación del gran amor entre Consuelo y su esposo, cuya identidad será asumida al final por Felipe en la cama nupcial. [. . .] Felipe ha entrado en un tiempo místico fuera del tiempo sucesivo". (Habra 183, 191)

*Crítico D*
"Como oposición al progreso, la casa es el espacio de detritus, reescritura de la ciudad muerta, persistencia de un maleficio, de un tiempo detenido que envuelve en sus fantasmas a Felipe. Es, también, espacio psíquico. La irrupción de Felipe en la casa desde afuera implica el retorno desde la muerte y desde la inconsciencia". (Náter)

*Tu propia interpretación*
Escribe tu propia interpretación de *Aura* respecto al tema de las dimensiones espacio-temporales.

## La búsqueda del yo o del otro
*Crítico A*
"En realidad, Felipe está buscándose a sí mismo, cautivado ya de modo narcisista al verse retratado en el anuncio y se deja seducir por las semejanzas que se descubre con Llorente como por su fascinación mutua por la historia mexicana y los ojos verdes. De manera ambigua, Felipe se recrea a sí mismo a raíz de su compenetración en los textos de Llorente pero también por la entrada en el ambiente paraxial de la mansión que nubla sus percepciones". (Habra 192)

*Crítico B*
"Tanto la dualidad Consuelo-Aura como la de Llorente-Felipe, que en el plano de lo imaginario se presentan como sujetos independientes, resultan ser, a través de una aproximación analítica, dos caras de la misma

unidad. [. . .] En una progresión lineal el lector podrá descubrir un mismo elemento unificador en ambas dualidades; este factor común está expresado en la búsqueda respectiva de su otredad". (Collette 285)

*Crítico C*
"La relación del triángulo Consuelo-Aura-Felipe ofrece otra forma de leer al mundo: la presencia del doble, en el viaje en el tiempo, ida y retorno al conocimiento de sí mismo y de los-otros (nos-otros), como etapa inaugural en el proyecto novelístico de Fuentes". (Gertel 180)

*Tu propia interpretación*
Escribe tu propia interpretación de *Aura* respecto al tema de la búsqueda del yo o del otro.

## A NIVEL PERSONAL

Discute los siguientes temas con un compañero de clase. Prepárense para compartir sus ideas con los demás compañeros de clase.

1. ¿Crees que la historia se repite? ¿En qué sí y en qué no? ¿Has tenido una impresión de revivir algo? Explica tu respuesta.
2. ¿Qué serías capaz de hacer por un amor verdadero? ¿Qué serías capaz de hacer ahora o en el futuro para perpetuar tu belleza externa?
3. ¿Cuánto afecta a un matrimonio el hecho de no poder tener hijos? ¿Es importante para ti tener descendencia directa? ¿Qué otras formas de dejar un legado hay?

## NOTAS

1. Jules Michelet (1798–1874), historiador francés, escribió *La historia de Francia* en 1855, libro en el cual usó y definió por primera vez el término "Renacimiento" como un periodo en la historia cultural de Europa representado por una ruptura drástica con la Edad Media y el comienzo de un entendimiento moderno de la humanidad. En "*On Reading and Writing Myself: How I Wrote* Aura", Fuentes explica cómo la bruja medieval de Michelet en su libro *Historia del satanismo y la brujería* (1862) influyó en la construcción del personaje de Aura. En el libro de Michelet un hombre muere sobre el pecho de la hermosa mujer llamada bruja.

2. La Sorbona es la histórica Universidad de París que, junto con las universidades de Oxford, Bolonia y Salamanca, es una de las universidades más antiguas y prestigiosas del mundo. (Tomado de *Wikipedia:* "Sorbona")

3. —¿Ha estudiado algo?
—En París, señora.
—Ah, sí, me hace feliz siempre, siempre escuchar . . . sí . . . usted sabe . . . estábamos tan acostumbrados . . . y después . . .

4. Aquí

5. Carlos Augusto Luis José Flahaurt de La Billarderie (1811–1865), más conocido como el Duque de Morny, fue un aristócrata, político y financiero francés. Era medio hermano de Napoleón III, siendo hijo natural (e ilegítimo) de Hortensia de Beauharnais (mujer de Luis Bonaparte y reina

de Holanda) y de Carlos José de Flahaut. Fue nombrado duque en 1862. Supuestamente aspiró a ser Rey de México, pero Napoleón III mandó a Maximiliano, en parte para malograr los planes ambiciosos de Morny. (Tomado de *Wikipedia:* "Carlos Augusto de Morny" y "Charles de Morny")

6. Carlos Luis Napoleón Bonaparte (1801–1873) fue el único presidente de la Segunda República Francesa, el segundo emperador de los franceses y, bajo el nombre de Napoleón III, el último monarca que reinó en Francia. Era hijo de Luis Bonaparte, rey de Holanda, y de Hortensia de Beauharnais, hija de la emperatriz Josefina. Debido a su parentesco con Napoleón I, se convirtió en el heredero legítimo de los derechos dinásticos tras las muertes sucesivas de su hermano mayor y de Napoleón II. (Tomado de *Wikipedia:* "Napoleón III Bonaparte")

7. Fernando Maximiliano José María de Habsburgo-Lorena (1832–1867), Archiduque de Austria, fue el segundo Emperador de México y único monarca del Segundo Imperio Mexicano. Enviado para proteger los intereses de Francia, hizo de todo menos eso, dado que sus intereses se volvieron hacia México y su gente. (Tomado de *Wikipedia:* "Maximiliano I")

8. En 1867 tuvieron lugar dos batallas entre el ejército republicano y el ejército imperial, en el Cerro de las Campanas, durante el Sitio de Querétaro. Maximiliano de Habsburgo fue capturado, enjuiciado, sentenciado y fusilado el 19 de junio en el Cerro de las Campanas. (Tomado de *Wikipedia:* "Sitio de Querétaro" y "Maximiliano I") En 1868, Juan A. Mateos escribió una novela histórica que se titula *El cerro de las campanas: Memorias de un guerrillero.*

9. Querétaro, uno de los 31 estados que junto con el Distrito Federal conforman las 32 entidades federativas de México, se ubica en el centro del país, en una región conocida como El Bajío. La derrota de Querétaro se refiere al enfrentamiento culminante de la Segunda Intervención Francesa y del Segundo Imperio Mexicano. Entre el 6 de marzo y el 15 de mayo de 1867 el ejército imperial y el ejército republicano se enfrentaron. Con la victoria republicana, el Partido Conservador dejó de ser factor político y se consolidó definitivamente la República. Maximiliano fue juzgado con arreglo a la Ley del 25 de octubre de 1862 por un Consejo de Guerra, el cual lo condenó a muerte el 14 de junio. Fue fusilado junto con los generales Miguel Miramón y Tomás Mejía la mañana del 19 de junio de 1867, en el Cerro de las Campanas. (Tomado de *Wikipedia:* "Sitio de Querétaro")

10. Tenía quince años cuando la conocí, y me atrevería a decir que sus ojos verdes han sido mi perdición.

11. Mi pequeña muñeca de ojos verdes; te he llenado de amor.

12. El Segundo Imperio francés es una etapa histórica comprendida entre 1852 y 1870. El Imperio fue proclamado por el entonces Presidente de Francia Luis Napoleón Bonaparte, el 2 de diciembre de 1852, aunque exactamente un año antes ya había disuelto la Asamblea Nacional, convirtiéndose en dictador. El Imperio dejaría de existir al ser capturado el emperador Napoleón III en 1879. Dos días después, el 3 de diciembre sería proclamada, en París, la Tercera República Francesa. El Segundo Imperio mexicano es el nombre del estado (país) con Maximiliano como Emperador de México. Se formó a partir de la segunda intervención francesa en México, entre 1863 y 1867. (Tomado de *Wikipedia:* "Segundo Imperio Francés" y "Segundo Imperio Mexicano")

13. Incluso aguanté tu odio hacia los gatos, aunque amé tanto a estas bonitas bestias . . .

14. Tú lo hiciste de una manera tan inocente, de pura niñería.

15. Porque me habías dicho que torturar a los gatos era tu manera de hacer nuestro amor favorable, a través de un sacrificio simbólico.

16. Sabes vestirte tan bien, mi dulce Consuelo, siempre envuelta en terciopelo verde, verde como tus ojos. Creo que tú serás siempre bella, incluso dentro de cien años.

17. Estás tan orgullosa de tu belleza; ¿qué no harías para permanecer siempre joven?

18. María Eugenia Palafox Portocarrero y Kirkpatrick (1826–1920), condesa de Teba, más conocida como Eugenia de Montijo, esposa de Napoleón III, fue emperatriz de Francia. La emperatriz "veía en la intervención en México la posibilidad de instaurar un estado católico en Norteamérica, cortando el paso a los Estados Unidos protestantes y facilitando [. . .] la aparición [en Centroamérica y Sudamérica] de otras monarquías conservadoras católicas" regidas por príncipes europeos. (Tomado de *Wikipedia:* "Eugenia de Montijo")

19. Napoleón el Pequeño es el apodo de Luis Napoleón Bonaparte. En 1852, Víctor Hugo publicó un panfleto titulado *Napoleón el Pequeño* (*Napoléon le Petit*).

20. La guerra franco-prusiana fue un conflicto bélico que se libró entre el 19 de julio de 1870 al 10 de mayo de 1871, entre el Segundo Imperio francés (y después de la caída del régimen, la Tercera República francesa) y el Reino de Prusia, con el apoyo de la Confederación de Alemania del Norte y los reinos aliados de Baden, Baviera y Württemberg. Esta guerra fue el conflicto más importante de Europa después de las guerras napoleónicas y antes de la Primera Guerra Mundial y terminó con la total victoria de Prusia y sus aliados. La consecuencia más importante fue la creación del Imperio Alemán, que tuvo un papel muy influyente en las relaciones políticas internacionales de las décadas siguientes. La derrota francesa también trajo el fin del Segundo Imperio de Napoleón III y, con la caída de este, la subordinación temporal del papel de Francia bajo los otros poderes de las familias reales europeas. El fin de la época imperial

de Francia significó el inicio de la Tercera República francesa, que—en tamaño e influencia—se convirtió en el régimen republicano más importante entre los que entonces existían en el continente. (Tomado de *Wikipedia:* "Guerra franco-prusiana")

21. Georges Ernest Jean Marie Boulanger (1837–1891) fue un militar y político francés que tuvo gran influencia durante los primeros años de la Tercera República francesa. (Tomado de *Wikipedia:* "Georges Boulanger")

22. A finales de 1894, el capitán del ejército francés Alfred Dreyfus, un ingeniero politécnico de origen judío-alsaciano, fue acusado erróneamente de haberles entregado documentos secretos a los alemanes. Enjuiciado por un tribunal militar, fue condenado a prisión perpetua y desterrado a la colonia penal de la Isla del Diablo, situada a 11 kilómetros de la costa de la Guayana francesa (Sudamérica), por el delito de alta traición. Aunque hubo varias pruebas de la inocencia de Dreyfus a lo largo de doce años, no fue hasta 1906 que los tribunales civiles anularon el fallo de los militares y dieron el veredicto final de que Alfred Dreyfus no era culpable de traición. (Tomado de *Wikipedia:* "Caso Dreyfus")

23. Consuelo, el diablo también fue un ángel, antes . . .

24. El risco Lorelei se encuentra en Alemania en el Valle Superior del Medio Rin, entre Bingen y Coblenza. Es un peñón con una fuerte pendiente a una altitud de 120 metros sobre el cauce del Rin. Es un lugar peligroso debido a la fuerte corriente en una sección de río cubierta de piedras con salientes y sectores de aguas poco profundas. A través de los siglos, numerosos marineros han perdido la vida ahí. Lorelei también es el nombre dado a una sirena germánica legendaria cuyo canto seductor embruja a los marineros y los lleva a la muerte en un naufragio. Hay un famoso poema de Heinrich Heine sobre este tema que se titula "La Lorelei". (Tomado de *Wikipedia:* "Lorelei")

25. Retratados para nuestro décimo aniversario de boda.

# Capítulo 14

# Comparaciones finales de la Unidad 3: Identidad temporal y espacial

**REPASO DE LOS TEXTOS**

Rellena la tabla con información relevante de los tres textos de la Unidad 3.

| | "El Sur" (Borges) | "La noche boca arriba" (Cortázar) | *Aura* (Fuentes) |
|---|---|---|---|
| Personajes principales | | | |
| Resumen de la trama | | | |
| Narración | | | |
| Temas principales | | | |

**TEMAS COMPARATIVOS**

1. Inserta las letras de "a" a "j" en el diagrama de Venn para indicar la relevancia de cada tema para los tres textos de la Unidad 3. Puedes poner cada letra en los círculos de uno, dos o los tres textos.
   a. Realidad/Irrealidad
   b. Destino y muerte
   c. Pasado/Presente/Futuro
   d. Identidad temporal
   e. Identidad espacial
   f. Percepción y sentidos
   g. Transformación del individuo
   h. Dualidad del individuo
   i. Memoria y nostalgia
   j. Ciudad/Campo

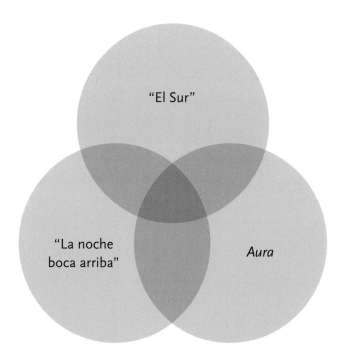

2. Compara tus respuestas con las de un compañero de clase y discutan las discrepancias.

## DISCUSIÓN

1. ¿Qué concepto del tiempo se puede ver en cada obra de la Unidad 3? ¿Qué semejanzas y diferencias hay en el tratamiento de la identidad temporal en los tres textos? ¿Qué comentario ofrece cada autor sobre el elemento temporal de la existencia?

2. ¿Qué concepto del espacio vemos en cada obra de la Unidad 3? ¿Qué semejanzas y diferencias hay en el tratamiento de la identidad espacial en los tres textos? ¿Qué dice cada autor sobre el elemento espacial de la existencia?

## DEBATE

1. La clase se divide en tres grupos y a cada uno se le asigna uno de estos temas:
   - realidad/irrealidad
   - identidad espacio-temporal
   - libre albedrío/destino predeterminado

   Cada grupo tiene que tratar de demostrar que el tema dado es el más importante para las tres obras de la Unidad 3. Rellena la siguiente tabla con argumentos y citas directas que pueda usar tu equipo durante el debate.

| | Argumentos y citas directas |
|---|---|
| "El Sur" | |
| "La noche boca arriba" | |
| *Aura* | |

2. Previamente, los miembros de cada equipo deben coordinar y dividir los argumentos para evitar la repetición de ideas durante el debate y para asegurarse de que todos contribuyan por igual. El debate tiene dos fases. En la primera, cada grupo presenta sus argumentos preparados. En la segunda, cada persona puede expresarse libremente y de forma espontánea para refutar argumentos de los otros grupos o respaldar argumentos del propio grupo.

## BREVES ACTUACIONES

1. En grupos, preparen una actuación en la que los protagonistas de los textos de la Unidad 3 van a una sesión de psicoterapia. Cada grupo debe tener por lo menos cuatro miembros que representen a:
   - un psicólogo
   - Juan Dahlmann
   - el motociclista/moteca de "La noche boca arriba"
   - uno de los personajes de *Aura*.

   Se puede(n) añadir otro(s) personaje(s) de *Aura* o separar al protagonista de Cortázar en dos personas distintas, en caso de tener grupos más grandes. En la sesión de psicoterapia, los protagonistas literarios deben explicar sus problemas y el psicólogo debe intentar ayudarlos. Cada grupo tiene que interpretar la actuación para la clase y contestar preguntas sobre ella. Alternativamente, se puede grabar un video de la actuación y mostrarlo a la clase.

## TEMAS DE ENSAYO LITERARIO

1. Escribe un ensayo comparativo de análisis literario en el cual examines el **concepto de tiempo y/o espacio** en dos de los tres textos de la Unidad 3. Debes considerar las siguientes preguntas al desarrollar el ensayo:
   - ¿Qué cambios de tiempo y/o espacio hay en los dos textos elegidos? ¿Cómo, cuándo y por qué cambian los personajes a través de los diferentes tiempos y/o espacios?
   - ¿Cuál es la relación entre la identidad temporal y la identidad espacial en los dos textos?
   - ¿Qué técnicas literarias usan los autores elegidos para subrayar sus ideas sobre el tiempo y/o el espacio? Debes prestar atención a los diferentes tiempos verbales y a la narración en tercera o segunda persona.
   - ¿Qué tiempos y/o espacios son más reales o palpables y cómo lo sabemos?
   - ¿Qué efectos tienen los cambios espacio-temporales en los textos? ¿Cómo responden los protagonistas a los cambios de identidad temporal y/o espacial?
   - ¿Qué quieren decir los autores elegidos sobre el tema de la identidad temporal y/o espacial a través de las obras comparadas? ¿Qué concepto de tiempo y/o espacio presentan los autores?

2. Escribe un ensayo comparativo de análisis literario en el cual examines el **concepto del destino** en dos de los tres textos de la Unidad 3. Debes considerar las siguientes preguntas al desarrollar el ensayo:
   - ¿Cuál es el destino de cada protagonista examinado? ¿Es voluntario, o involuntario? ¿Es deseable, o indeseable? ¿Es evitable, o inevitable?
   - ¿Cuáles son los factores o las personas que influyen en el destino en cada obra?
   - ¿Tratan los protagonistas de cambiar o influir su destino, o tienen una actitud pasiva?
   - ¿Qué quieren decir los autores elegidos sobre el tema del destino y la distinción entre el libre albedrío y la predeterminación en las obras comparadas?

3. Escribe un ensayo comparativo de análisis literario en el cual examines el **conflicto entre la realidad y la irrealidad** en dos de los tres textos de la Unidad 3. Debes considerar las siguientes preguntas al desarrollar el ensayo:
   - ¿Cuál es la realidad y la irrealidad en cada texto elegido? ¿Es posible distinguir entre el mundo real y el mundo soñado, imaginado o inventado en cada caso? ¿En qué sí y en qué no?
   - ¿Qué mundo prefiere o privilegia cada protagonista y cada autor: el mundo real, o el mundo irreal? ¿Cómo lo sabemos?
   - ¿Cómo establecen los autores elegidos la irrealidad en los textos? ¿Tiene que ver con la imaginación, los sueños, la ficción, la memoria, el deseo, el amor, la magia, la brujería, la enfermedad?
   - ¿Qué quieren decir los autores elegidos sobre el tema del conflicto entre la realidad y la irrealidad en las obras comparadas?

4. Escribe un ensayo comparativo de análisis literario en el cual examines el **uso de la percepción y los sentidos** en dos de los tres textos de la Unidad 3. Debes considerar las siguientes preguntas al desarrollar el ensayo:
   - ¿Cómo están presentados los escenarios en cada texto? ¿Cuáles son las semejanzas y diferencias entre las descripciones del lugar donde se desarrolla cada obra?
   - ¿Por qué enfatizan los autores las descripciones del ambiente?
   - ¿Por qué es importante la desorientación o la confusión de los protagonistas?
   - Comenta la necesidad de fijarse en otros sentidos además de la vista, como el olfato, el oído, el tacto, el sabor, en cada obra.
   - ¿Qué quieren decir estos autores y estos textos sobre la manera de percibir o sentir el mundo? ¿Qué comentarios hacen sobre el

uso—apropiado o equivocado; correcto o incorrecto; objetivo o subjetivo; personal o interpersonal; pasado, presente o futuro—de la percepción y los sentidos?

## TEMAS DE REDACCIÓN CREATIVA

1. Escribe otro desenlace para uno de los textos de la Unidad 3. Distribuye copias del final nuevo y contesta las preguntas de tus compañeros sobre las diferencias incluidas. Discute si el desenlace nuevo es mejor o no es mejor que el de la versión original de Borges, Cortázar o Fuentes.
2. Reescribe una de las obras de la Unidad 3 según los siguientes criterios:
   - "El Sur" como un cuento corto con un narrador en primera persona
   - "La noche boca arriba" como un cuento corto con un narrador en segunda persona
   - *Aura* como un cuento corto narrado en primera, segunda o tercera persona según la perspectiva de la señora Consuelo en vez de la de Felipe Montero
3. Escribe tres poemas sobre la identidad espacio-temporal, en los cuales la voz poética corresponda al protagonista de cada obra de la Unidad 3. Léeles los poemas a tus compañeros de clase y contesta las preguntas que te hagan.

## PROYECTOS CREATIVOS

1. Diseña una portada de libro para cada texto de la Unidad 3. Explícaselas a tus compañeros de clase y contesta las preguntas que te hagan.
2. Crea tres gráficos distintos que intenten representar la estructura temporal y espacial de los tres textos de la Unidad 3. Preséntaselos a tus compañeros de clase y contesta sus preguntas.

# Unidad 4

Identidad política y sexual

## Capítulo 15

# "Kinsey Report" (1972)
# de Rosario Castellanos

**ROSARIO CASTELLANOS**

Rosario Castellanos nació en Ciudad de México en 1925, aunque creció en Comitán, en la región maya del sur de México denominada Altos de Chiapas, de donde procedía su familia. Se quedó huérfana, con medios financieros limitados, en 1948. Tras la muerte de sus padres y de un hermano menor, Castellanos empezó a escribir, convirtiéndose en la primera mujer escritora de Chiapas. Luego emigró a la Ciudad de México y en 1950 se graduó como maestra en filosofía por la Universidad Nacional Autónoma de México (UNAM). También estudió estética y estilística en la Universidad de Madrid de 1950 a 1951. Trabajó como profesora de la Facultad de Filosofía y Letras de la UNAM, en la Universidad Iberoamericana y en varias universidades estadounidenses. Fue promotora del Instituto Chia-paneco de la Cultura y del Instituto Nacional Indigenista, donde luchó por mejores condiciones de vida para los indígenas y las mujeres. Se casó con Ricardo Guerra, profesor de filosofía, en 1958. El nacimiento de su hijo, Gabriel, fue "un momento importante en su vida, ya que ella estaba luchando con la depresión después de abortos involuntarios y la muerte de una hija recién nacida" ("Rosario Castellanos"). Se divorció después de trece años de matrimonio debido a la infidelidad de su esposo. Fue nombrada embajadora de México a Israel en 1971 y trabajó también como catedrática en la Universidad Hebrea de Jerusalén. El 7 de agosto de 1974, en Tel Aviv, Castellanos murió electrocutada a la temprana edad de 49, víctima al parecer de un desafortunado accidente doméstico. Estaba sola cuando sucedió, en una casa donde ya existían antecedentes de descargas eléctricas. Algunas voces hablaron de suicidio, pero según el dictamen oficial se trató de un accidente.

Narradora y poeta, Castellanos publicó varios volúmenes de poesía, como *Trayectoria del polvo* (1948), *Lívida luz* (1960) y *Poesía no eres tú* (1972); algunas colecciones de cuentos, como *Ciudad Real* (1960), *Los convidados de agosto* (1964) y *Álbum de familia* (1971); y novelas, como *Balún Canán* (1957), *Oficio de tinieblas* (1962) y *Rito de iniciación* (1996). Es autora también de obras de teatro y de ensayos críticos. A través de su escritura, Castellanos aborda dos temas principales: la condición femenina en una sociedad patriarcal y la situación mísera de los indígenas en su región de Chiapas. Explora lo que consideró la doble condición de ser mujer y mexicana. Algunos críticos la consideran como una de las primeras feministas mexicanas, o incluso latinoamericanas, mientras que otros dicen que fue la precursora del movimiento de liberación femenina. Lo que sí es cierto es que Castellanos fue una de las escritoras más importantes del siglo XX en México, dados su crítica de la cultura machista, tratamiento de temas indebidos en su época y estilo literario innovador en el que empleó casi siempre la primera persona para dar voz a los marginados, sobre todo a las mujeres, a los indígenas y a los pobres.

## ANTES DE LEER

Discute las siguientes preguntas con un compañero de clase:

1. ¿Cómo han cambiado los papeles o los roles de la mujer y del hombre en un matrimonio a través de los últimos cincuenta años? ¿Cuáles son los cambios más significativos?
2. ¿Hay igualdad en el matrimonio hoy en día? ¿En qué sí y en qué no? ¿Tiene más importancia, o menos importancia el concepto del matrimonio hoy en día con respecto a antes?
3. Describe a tu pareja ideal. ¿Cómo sería y qué rasgos tendría tu Príncipe Azul o tu Dulcinea?

### PARA ORIENTAR AL LECTOR

"Kinsey Report" es un poema divido en seis apartados. En cada uno, Castellanos da voz a un tipo distinto de mujer y explora las experiencias diversas
de la mujer mexicana según su estado civil, posición social y experiencias
y orientaciones sexuales. El título del poema hace referencia al famoso
informe de Alfred Charles Kinsey (1984–1956), uno de los pioneros de la
investigación sexual humana en los Estados Unidos por sus estudios sobre
el comportamiento sexual de hombres y mujeres.

Durante la lectura, debes fijarte en los siguientes temas y conceptos.

- Los problemas del machismo y del marianismo
- Las relaciones de poder entre hombres y mujeres
- Las actitudes sobre el matrimonio y la maternidad
- La perspectiva de la mujer en la sociedad mexicana
- La sexualidad femenina

### "KINSEY REPORT"

### 1

—¿Si soy casada? Sí. Esto quiere decir
que se levantó un **acta** en alguna oficina
y se volvió amarilla con el tiempo
y que hubo ceremonia en una iglesia
con **padrinos** y todo. Y el banquete
y la semana entera en Acapulco.

No, ya no puedo usar mi vestido de boda.
He subido de peso con los hijos,
con las preocupaciones. Ya usted ve, no faltan.

Con frecuencia, que puedo predecir,
mi marido hace uso de sus derechos, o,
como él gusta llamarlo, paga el **débito**
**conyugal**. Y me da la espalda. Y **ronca**.

**acta** certificado oficial

**padrino** persona que presenta o asiste a otra en algunos sacramentos como el matrimonio o el bautismo

**débito** deuda

**conyugal** del matrimonio, de los cónyuges

**roncar** hacer ruido ronco o fuerte con la respiración cuando se duerme

15    Yo **me resisto** siempre. Por **decoro.**
Pero, siempre también, **cedo.** Por obediencia.

No, no me gusta nada.
De cualquier modo no debería de gustarme
porque yo soy decente ¡y él es tan material!

20    Además, me preocupa otro embarazo.
Y esos **jadeos** fuertes y el **chirrido**
de los **resortes** de la cama pueden
despertar a los niños que no duermen después
hasta la **madrugada.**

25                    2

Soltera, sí. Pero no virgen. Tuve
un primo a los trece años.

Él de catorce y no sabíamos nada.
**Me asusté** mucho. Fui con un doctor
30    que me dio algo y no hubo consecuencias.

Ahora soy **mecanógrafa** y algunas veces salgo
a pasear con amigos.
Al cine y a cenar. Y terminamos
la noche en un motel. Mi mamá no **se entera.**

35    Al principio me daba **vergüenza, me humillaba**
que los hombres me vieran de ese modo
*después.* Que me negaran
el derecho a negarme cuando no tenía **ganas**
porque me habían **fichado** como **puta.**

40    Y ni siquiera **cobro.** Y ni siquiera
puedo tener **caprichos** en la cama.
Son todos unos tales. ¿Qué que por qué lo hago?
Porque me siento sola. O **me fastidio.**

Porque ¿no lo ve usted? estoy envejeciendo.
45    Ya perdí la esperanza de casarme
y prefiero una que otra **cicatriz**
a tener la memoria como un **cofre** vacío.

---

**resistirse** oponerse; combatir las pasiones o los deseos
**decoro** pudor, decencia en lo relativo a la moral sexual
**ceder** rendirse; cesar o disminuir la resistencia

**jadeo** respiración dificultosa
**chirrido** sonido agudo y desagradable
**resorte** muelle, mecanismo elástico que después de ser movido puede recobrar su posición
**madrugada** amanecer, alba

**asustarse** sentir susto; preocuparse

**mecanógrafa** secretaria, oficinista

**enterarse** darse cuenta

**vergüenza** sentimiento ocasionado por alguna falta cometida o por alguna acción deshonrosa
**humillarse** avergonzarse; sentirse inferior
**gana** deseo, voluntad
**fichar** registrar, mirar con recelo a alguien de quien se sospecha
**puta** prostituta
**cobrar** recoger dinero
**capricho** antojo; deseo
**fastidiarse** sufrir con resignación; aguantarse

**cicatriz** señal que queda en la piel después de curada una herida
**cofre** baúl, caja de tapa para guardar objetos

## 3

Divorciada. Porque era tan **mula** como todos.
Conozco a muchos más. Por eso es que comparo.

De cuando en cuando **echo una cana al aire**
para no convertirme en una **histérica**.

Pero tengo que dar el buen ejemplo
a mis hijas. No quiero que su suerte
se parezca a la mía.

## 4

Tengo ofrecida a Dios esta **abstinencia**,
¡por **caridad**, no entremos en detalles!

A veces sueño. A veces despierto **derramándome**
y me cuesta un trabajo decirle al confesor
que, otra vez, he caído porque la **carne** es **flaca**.

Ya dejé de ir al cine. La oscuridad ayuda
y la aglomeración en los **elevadores**.

Creyeron que me iba a volver loca
pero me estaba atendiendo un médico. Masajes.

Y me siento mejor.

## 5

A los **indispensables** (como ellos se creen)
los puede usted echar a la basura,
como hicimos nosotras.

Mi amiga y yo nos entendemos bien.
Y la que **manda** es **tierna**, como **compensación**;
así como también la que **obedece**
es **coqueta** y se toma sus **revanchas**.

Vamos a muchas fiestas, viajamos a menudo
y en el hotel pedimos

---

**mula** persona muy bruta

**echar una cana al aire** salir a divertirse
**histérica** mujer muy nerviosa, alterada o descontrolada

**abstinencia** renuncia de algo por motivos religiosos o morales
**caridad** compasión

**derramarse** verterse o esparcir un líquido

**carne** el cuerpo y los placeres relacionados con él
**flaca** floja, débil, sin fuerzas para resistir
**elevador** ascensor

**indispensable** esencial, imprescindible
**mandar** ordenar
**tierna** afectuosa, cariñosa y amable
**compensación** acción y resultado de compensar; indemnización o pago que se abona para reparar un daño o un perjuicio
**obedecer** cumplir lo que se manda; ceder
**coqueta** que trata de agradar a alguien valiéndose de ciertos medios y actitudes estudiados
**revancha** venganza

un solo cuarto y una sola cama.

**Se burlan** de nosotras pero también nosotras
nos burlamos de ellos y **quedamos a mano**.

Cuando nos aburramos de estar solas
80    alguna de las dos irá a **agenciarse** un hijo.

¡No, no de esa manera! En el laboratorio
de la **inseminación artificial**.

6

Señorita. Sí, insisto. Señorita.

85    Soy joven. Dicen que no fea. Carácter
**llevadero**. Y un día
vendrá el **Príncipe Azul**, porque se lo he **rogado**
como un milagro a san Antonio.[1] Entonces
vamos a ser felices. Enamorados siempre.

90    ¿Qué importa la pobreza? Y si es **borracho**
lo quitaré del vicio. Si es un **mujeriego**
yo voy a mantenerme siempre tan atractiva,
tan atenta a sus gustos, tan buena **ama de casa**,
tan **prolífica** madre
95    y tan extraordinaria cocinera,
que se volverá **fiel** como premio a mis méritos,
entre los que el mayor es la paciencia.

Lo mismo que mis padres y los de mi marido
celebraremos nuestras bodas de oro
100   con gran **misa** solemne.

No, no he tenido **novio**. No, ninguno
todavía. Mañana.

---

**burlarse** ridiculizar a personas con acciones o palabras

**quedar a mano** saldar una deuda, quedar parejos

**agenciarse** actuar con habilidad para conseguir algo

**inseminación artificial** procedimiento artificial para hacer llegar el semen al óvulo

**llevadero** soportable, tolerable

**Príncipe Azul** el supuesto hombre ideal

**rogar** rezar o pedir con súplicas

**borracho** bebedor habitual de alcohol

**mujeriego** hombre muy aficionado a las mujeres

**ama de casa** mujer dedicada al hogar

**prolífica** que se reproduce con mucha facilidad

**fiel** leal, devoto

**misa** ceremonia religiosa

**novio** persona que mantiene con otra una relación amorosa; pareja

### DE RELEVANCIA PARA EL TEXTO

Hay dos preocupaciones fundamentales que predominan en la escritura literaria y ensayística de Castellanos: la injusta situación en la que viven los indígenas y el silencio impuesto sobre la experiencia femenina en México. Castellanos escribe sobre esta segunda preocupación en "La mujer mexicana del siglo XIX", cuando nota que:

> [l]a galería de retratos femeninos no es muy abundante, muy variada ni muy profunda si nos atenemos a los textos literarios escritos en México. La mayor parte de las veces se limita a servir como telón de fondo para que resalte la figura principal: el caudillo, el hombre de acción, el que ejecuta las expresas, el que urde las intrigas, el que sueña con un porvenir mejor, el que fracasa, el que padece. Y en un telón de fondo bastan unas cuantas líneas para trazar un esquema, un estereotipo: la madre, con su capacidad inagotable de sacrificio; la esposa, sólida, inamovible, leal; la novia, casta; la prostituta, avergonzada de su condición y dispuesta a las mayores humillaciones con tal de redimirse: la 'otra' que alternativamente se entrega al orgullo y al remordimiento de haber cedido a los meros impulsos del amor sin respetar las exigencias de la sociedad. (123)

En "Kinsey Report", Castellanos da voz a seis mujeres en un intento de recuperar el poder de enunciación y de autodefinición del yo femenino. Excluye la voz del hombre del poema, aunque los efectos del dominio masculino siguen estando omnipresentes.

El título del poema "Kinsey Report" hace referencia al famoso "Informe Kinsey" de Alfred Charles Kinsey (1984–1956), uno de los pioneros de la investigación sexual humana en los Estados Unidos. Kinsey recopiló en sus obras *El comportamiento sexual en el hombre* (1948) y *El comportamiento sexual en la mujer* (1953) miles de entrevistas personales sobre la conducta sexual de ambos sexos. Kinsey creó una base de datos con la información recibida de más de veinte mil entrevistas anónimas y confidenciales con hombres y mujeres estadounidenses sobre su comportamiento sexual. Sus hallazgos pusieron en debate conductas hasta entonces consideradas marginales, o incluso inmorales, como "la masturbación tanto femenina como masculina, la homosexualidad y bisexualidad o la temprana edad de iniciación sexual" ("Informe Kinsey"). Además, Kinsey afirmó que "gran parte de la población era en algún grado bisexual", un hecho que midió a través de "la escala Kinsey", que divide en siete grados "la tendencia sexual", y va "desde la absoluta heterosexualidad hasta la homosexualidad completa, pasando por cinco grados de bisexualidad" ("Informe Kinsey").

El título de la colección en la cual Castellanos publicó "Kinsey Report" es *Poesía no eres tú*. Con este título, Castellanos hace referencia a la rima XXI del célebre poeta español Gustavo Adolfo Bécquer: "¿Qué es poesía?, dices mientras clavas/en mi pupila tu pupila azul./¿Qué es poesía? ¿Y tú me lo preguntas?/Poesía . . . eres tú". Castellanos inserta la palabra "no" en la frase para invertir o negar el sentido original.

## FORMA Y ESTRUCTURA

1. "Kinsey Report" es un poema en "verso libre". Este es el término dado a los versos que pueden tener variaciones en las métricas y que no riman. Este tipo de verso se realiza a discreción del poeta, permitiéndole expresar sus pensamientos sin limitaciones de métrica o de rima. ¿Por qué crees que Castellanos elige escribir este poema en "verso libre"? ¿Cómo la ayuda el verso libre con sus posibles propósitos para hacer este poema?

2. Castellanos estructura su poema en seis apartados numerados. Comenta el orden de las voces femeninas y los efectos de este orden. ¿Cuál es la lógica del orden elegido? ¿Cómo cambia o evoluciona la voz o la perspectiva de la mujer a través del poema, desde la mujer casada hasta la señorita joven?

3. Castellanos no incluye las preguntas de entrevista que nosotros tenemos que intuir por las respuestas de las seis mujeres. ¿Cuál es el efecto de no tener las preguntas del entrevistador? ¿Por qué crees que Castellanos no incluye las preguntas? Intenta escribir en los márgenes del texto las preguntas del supuesto entrevistador. Luego, compara tus preguntas con las de un compañero de clase y discute las semejanzas y diferencias.

## VOZ POÉTICA

1. ¿Cómo describirías las seis voces poéticas de "Kinsey Report"? Rellena la siguiente tabla con la información pedida.

| | Voz poética: | Su actitud hacia el matrimonio | Su actitud hacia la maternidad | Su actitud hacia la sexualidad | Su actitud hacia los hombres | Su tono de voz |
|---|---|---|---|---|---|---|
| 1. | Mujer casada | | | | | |
| 2. | Soltera no virgen | | | | | |
| 3. | Madre divorciada | | | | | |
| 4. | Mujer religiosa | | | | | |
| 5. | Lesbiana | | | | | |
| 6. | Señorita | | | | | |

2. Entre las seis voces poéticas del poema, ¿quién sufre más y por qué? ¿Quién sufre menos y por qué? Apoya tu respuesta con ejemplos concretos del texto.

3. Comenta la importancia de usar la primera persona en este poema y de excluir la voz del hombre del poema.

### INTERPRETACIÓN

1. La clase se divide en seis grupos y se asigna a cada grupo uno de los seis apartados del poema. Cada grupo tiene que (1) escribir tres preguntas de discusión sobre el apartado recibido y facilitar una discusión con la clase y (2) preparar una interpretación de la voz femenina de su apartado y presentar una actuación a la clase. Una persona del grupo debe hacer la actuación, mientras que los demás miembros deben facilitar la discusión de las preguntas preparadas.

2. ¿Cuál es el propósito de dividir el poema según el estado civil y las experiencias sexuales de las diferentes voces poéticas? ¿Cuáles son los elementos comunes entre las seis voces femeninas? ¿Cuáles son las diferencias más significativas?

3. Según Alfonso Moisés en su artículo "Sexualidad en Mesoamérica: machismo y marianismo", "el Machismo, el arquetipo cultural de la masculinidad, y el Marianismo, arquetipo cultural de la feminidad, conforman el comportamiento y la identidad sexual en la cultura

de Mesoamérica" (45). Moisés ofrece estas definiciones de los dos términos:

- "Se define el Machismo como el culto específico a la virilidad, cuya característica más importante es, por un lado, la exagerada agresividad e intransigencia en las relaciones interpersonales entre varones y, por el otro, la arrogancia y agresión sexual en las relaciones varón-hembra". (46)
- "El Marianismo [. . .] [r]epresenta el culto a la superioridad espiritual femenina, el cual prescribe [. . .] que las mujeres son semidivinas, moralmente superiores y espiritualmente más fuertes que los hombres". (46)

¿Cómo explora Castellanos estos dos conceptos en su poema "Kinsey Report"? ¿Cómo se siente la autora y cómo se sienten las seis voces femeninas sobre el Machismo y el Marianismo y sus efectos en la sociedad mexicana?

4. ¿Qué comentario hace Castellanos sobre el matrimonio en las partes 1, 2, 3 y 6 del poema? ¿Cuáles son las ventajas y los inconvenientes de estar casada para las mujeres en estas partes? ¿Cómo debe ser una buena esposa, según la sociedad patriarcal descrita? ¿Qué rasgos suelen tener los esposos descritos en el poema?

5. ¿Qué comentario hace Castellanos sobre la maternidad en los apartados 1, 3, 5 y 6 de "Kinsey Report"? ¿Qué actitudes muestran las voces femeninas sobre el hecho de ser madres y/o de ser hijas? ¿Qué sugiere el hecho de que la voz lesbiana insiste que en algún futuro una de las mujeres cumplirá su papel materno, incluso si es con la "inseminación artificial"? ¿Es importante que el hombre esté ausente del proceso de reproducción, salvo por su esperma, ya que la inseminación artificial sustituye a la procreación heterosexual? ¿Cuál es la consecuencia de concebir la maternidad como antídoto contra el aburrimiento?

6. ¿Qué comentario hace Castellanos en "Kinsey Report" sobre las relaciones de poder entre mujeres y hombres o, en el caso de la parte V, entre las dos mujeres de la relación lésbica? Describe el poder o el dominio de los hombres y de las mujeres. ¿Hay siempre alguien que "manda" y alguien que "obedece"? ¿Hay dominación o subyugación en todas las relaciones descritas? ¿Hay (más) igualdad en la relación homosexual descrita? ¿En qué sí y en qué no?

7. ¿Qué comentario hace Castellanos en "Kinsey Report" sobre la sexualidad de la mujer? ¿Dónde vemos ejemplos de mujeres que niegan o reprimen su sexualidad? ¿Por qué niegan o reprimen sus deseos? ¿Dónde vemos ejemplos de mujeres que exploran su cuerpo y afirman

su sexualidad? ¿Cuáles son las consecuencias de tener una vida sexualmente activa?

8. ¿Qué define más a las mujeres del poema: su estado civil o sus experiencias sexuales? Explica tu respuesta con citas directas del poema.

9. ¿Qué comentario hace Castellanos sobre la religión y los ideales de la Virgen María en las partes 3 y 6 del poema? Según el poema, ¿cuál es el papel del catolicismo en dictar o determinar la conducta apropiada y aceptable para hombres y mujeres?

10. ¿Prefiere Castellanos la posición de una o más de las seis mujeres tratadas en el poema? ¿Son algunas más felices que otras? ¿Sufren algunas más que otras? ¿Qué recomendaciones (explícitas o implícitas) hay en este poema para las mujeres mexicanas de la época, o para la sociedad en general?

11. ¿Cuál es la importancia del título? ¿Por qué crees que Castellanos elige un título en inglés? ¿Por qué no usa la traducción al español, como "El Informe de Kinsey"?

12. ¿Qué actitud demuestra Castellanos frente al "Informe" de Alfred Kinsey? ¿Se burla de su "Report"? ¿Adopta un tono irónico respecto al estudio? ¿Celebra las conclusiones de Kinsey sobre la diversidad de la experiencia sexual? Según Castellanos, ¿se pueden o se deben aplicar las conclusiones de Kinsey a la sociedad mexicana?

13. Aunque "Kinsey Report" claramente explora la "identidad sexual" de las seis mujeres tratadas, ofrece también un comentario sobre la "identidad política" de las mujeres, que se enfrentan a fenómenos sociales que las marginan y oprimen. Las voces femeninas tienen que luchar contra costumbres y patrones establecidos en una sociedad tradicional y patriarcal. ¿Cuál es la mayor crítica política o social de la autora en este poema? Apoya tu respuesta con citas directas. ¿Ofrece Castellanos algunas soluciones a los problemas descritos?

## ANÁLISIS TEXTUAL

Comenta la importancia de las siguientes citas del poema. Presta atención especial a las partes subrayadas.

1. Con frecuencia, que puedo predecir,
   mi marido hace uso de <u>sus derechos</u>, o,
   como él gusta llamarlo, <u>paga el débito
   conyugal</u>. Y <u>me da la espalda</u>. Y ronca.

Yo me resisto siempre. Por decoro.
Pero, siempre también, cedo. Por obediencia.

2. No, no me gusta nada.
De cualquier modo no debería de gustarme
porque yo soy decente ¡y él es tan material!

3. Al principio me daba vergüenza, me humillaba
que los hombres me vieran de ese modo
después. Que me negaran
el derecho a negarme cuando no tenía ganas
porque me habían fichado como puta.

4. De cuando en cuando echo una cana al aire
para no convertirme en una histérica.

5. A veces sueño. A veces despierto derramándome
y me cuesta un trabajo decirle al confesor
que, otra vez, he caído porque la carne es flaca.

6. Mi amiga y yo nos entendemos bien.
Y la que manda es tierna, como compensación;
así como también la que obedece
es coqueta y se toma sus revanchas.

7. Cuando nos aburramos de estar solas
alguna de las dos irá a agenciarse un hijo.

¡No, no de esa manera! En el laboratorio
de la inseminación artificial.

8. Señorita. Sí, insisto. Señorita.
Soy joven. Dicen que no fea. Carácter
llevadero. Y un día
vendrá el Príncipe Azul, porque se lo he rogado
como un milagro a san Antonio. Entonces
vamos a ser felices. Enamorados siempre.

## TEMAS PRINCIPALES

1. Escribe un ensayo en el que expliques la importancia de uno de los siguientes temas en el poema "Kinsey Report". Como evidencia, cita partes del texto y da ejemplos específicos.
   a. Los problemas del machismo y del marianismo; la injusticia inherente en las relaciones desiguales del poder
   b. La exploración de la sexualidad femenina y el rechazo de las restrictivas normas femeninas de la época

   c. La autodefinición de la mujer y la recuperación de la voz femenina
   d. La relación o la conexión entre el poder y el placer, entre la política y la sexualidad
   e. El matrimonio y la maternidad como una especie de cárcel para la mujer

2. Discute o debate cuál de los temas anteriores es más importante en el poema y por qué.

## CRÍTICA LITERARIA

Lee las siguientes interpretaciones de varios críticos literarios sobre el poema "Kinsey Report" de Castellanos. Decide si estás **de acuerdo** o **en desacuerdo** con cada interpretación dada. Cita un ejemplo textual o un pasaje directo de la obra para **apoyar** o **refutar** cada interpretación dada.

### El poder patriarcal
*Crítico A*

"La noción de autorepresentación es un tema recurrente. [. . .] Su foco de atención es la crítica de las configuraciones imaginarias del poder masculino en una sociedad estratificada según la clase, la etnicidad y el género [. . . y] la búsqueda de una subjetividad de acuerdo al género que se construye en contra de la convención moral y los códigos sociales que han promocionado el privilegio masculino y la autoinmolación femenina". (Llanos Mardones 54, traducción mía)

*Crítico B*

"[La representación de la mujer] continúa la enajenación de la que creían huir eliminando al varón y siguen teniendo que responder 'al que dirán' social. Unas recurren a la burla como defensa, pero la mayoría recurre a la hipocresía: el disimulo, aparentar lo que no son ni sienten". (Rojas 73)

*Crítico C*

"[En el quinto apartado del poema 'Kinsey Report', Castellanos] destaca la visión alienable del sujeto lésbico con el mundo masculino y heterosexual con el que la pareja está en pugna. [. . .] El relato de la voz poética apunta a la reproducción de una tradición del espacio heterosexual y la relación de dominador-dominado, pues dentro de esta relación amorosa entre mujeres, se dice que una es la que manda (dominadora) y otra obedece (dominada) [. . .]. Se trata de verbos cuya connotación semántica refieren una relación de dominio y subordinación igualmente enajenada". (Bustamante Bermúdez 86)

*Tu propia interpretación*
Escribe tu propia interpretación de "Kinsey Report" respecto al tema del poder patriarcal.

**La perspectiva femenina y la voz de la mujer**
*Crítico A*
"El intento de Castellanos de construir una voz femenina y de revisar la tradición intelectual de la mujer le permite reflexionar extensivamente sobre la identidad sexual marginal de la mujer y las imágenes y valores relacionados en esta marginalidad. Ella se concentra en el origen de la opresión de mujeres al cambiar el punto de vista y al dar a las mujeres el control de sus experiencias y de sus narraciones". (Llanos Mardones 66-67, traducción mía)

*Crítico B*
"[L]a poesía de Castellanos se convierte en lúcida expresión crítica de la condición de las mujeres [. . . y la] voz poética [. . .] tiene una clara consigna: convertirse en vehículo de expresión de las voces de las mujeres". (Tornero 112, 143)

*Crítico C*
"Rosario Castellanos tuvo un recto proyecto poético-vital: la exploración de la otredad, de la voz de todas aquellas personas, que, por quedar excluidas del sistema patriarcal, han sido sistemáticamente acalladas en las manifestaciones literarias canónicas, sin tener siquiera la oportunidad de autodefinirse como sujetos de su propio discurso, siendo objetos de una instancia narrativa ajena, sin poder disfrutar de su propio espacio discursivo. [. . .] Rosario Castellanos se presenta, pues, como pionera en el manejo del discurso femenino. Desde los presupuestos de una cultura propia, su obra llega a sugerir la existencia de otros discursos enfrentados al del patriarcado, la existencia de otra lectura de la realidad. Con el tratamiento literario que da Castellanos a la mujer, salva al personaje femenino de su ancestral mutilación". (Gil Iriarte 175, 186)

*Tu propia interpretación*
Escribe tu propia interpretación de "Kinsey Report" respecto al tema de la perspectiva femenina y la voz de la mujer.

**La sexualidad y el "Informe" de Alfred Kinsey**
*Crítico A*
"[Castellanos] pone énfasis [. . .] en la sexualidad no como una fuerza de opresión, sino como algo para celebrar" [ya que el poema "Kinsey Report" ofrece] una crítica de la clasificación de la conducta sexual de la mujer. Con una manera irónica la autora se burla directamente e implícitamente de la

hipocresía de la sociedad que ha decidido cómo la mujer es en términos de su sexualidad". (Louie 1, 3)

*Crítico B*
"[Castellanos] se ocupa de las llamadas 'minorías sexuales' y su inserción en diferentes núcleos sociales en donde se construye un género alternativo a la norma heterosexual, tanto en el ámbito social como político. [. . . Me interesa] hacer visible el tema de los amores sáficos, registrados por Castellanos en 'Kinsey Report', poema lúdico que subvierte las categorías sexuales de lo masculino-femenino por la experiencia lésbica como un desafío hacia la cultura machista que es inquisidora, represiva y reguladora de conductas femeninas heterodoxas, sobre todo por el reproche manifiesto o simbólico a la renuncia de la maternidad como obligación biológica". (Bustamante Bermúdez 70-71)

*Crítico C*
"Escribiendo en primera persona, la poeta retrata con sagaz ironía a las mujeres estudiadas en el Kinsey Report. [. . .] Con sarcasmo Castellanos concluye que, a pesar de Kinsey y las distintas normas de comportamiento estudiadas por él, la mujer media, la tradicional, la que sueña con la felicidad, la que vive fiel al dicho alemán de que la mujer debe dedicarse a los hijos, a la cocina y a la iglesia es la que prevalece en el México contemporáneo". (De Beer 111)

*Crítico D*
"En este lugar de confinamiento—lo hace palpable Rosario Castellanos— la mujer ha perdido su dignidad humana. Se rechaza a sí misma; no acepta su cuerpo, las necesidades y las responsabilidades de su cuerpo. [. . .] En todas las condiciones manifiestas en 'Kinsey Report' la mujer autorreprime su deseo. Por decoro, por religiosa, por desprecio al género masculino, por dar el buen ejemplo. El tránsito de la virginidad a la vida sexual en el poema deja un vacío, una desilusión". (Vergara 18-19)

*Tu propia interpretación*
Escribe tu propia interpretación de "Kinsey Report" respecto al tema de la sexualidad y el "Informe" de Alfred Kinsey.

## A NIVEL PERSONAL

Discute los siguientes temas con un compañero de clase. Prepárense para compartir sus ideas con los demás compañeros de clase.

1.  ¿Cómo sería tu relación romántica ideal? ¿Qué aspectos de una relación amorosa son más importantes para ti? ¿Por qué?

2.  ¿Hay libertad sexual en tu sociedad actual? ¿En qué sí y en qué no? ¿Depende la libertad sexual del género, la orientación sexual, la región geográfica, la edad, la religión, la ideología política, etc.? Comenta las actitudes generales en tu país sobre conceptos como la virginidad, la abstinencia, los anticonceptivos, el matrimonio, la monogamia, las relaciones abiertas, la masturbación, la pornografía, etc.

3.  Si tuvieras que escribir un poema en seis apartados—como los de "Kinsey Report"—y describir a seis tipos diferentes de mujeres de tu sociedad actual y contemporánea, ¿cuáles y cómo serían y por qué? ¿Qué semejanzas y qué diferencias habría entre tus voces femeninas y las de Castellanos?

### NOTA

1.  San Antonio es reconocido como el santo del amor, de los matrimonios y de los que buscan novios o parejas. Se le invoca para pedir un buen esposo o esposa o para encontrar los objetos perdidos. San Antonio es también el patrón de los pobres y los oprimidos.

# Capítulo 16

# *El beso de la mujer araña*
# (1976) de Manuel Puig

## MANUEL PUIG

Manuel Puig nació en General Villegas, en la provincia de Buenos Aires, Argentina, en 1932. A los cuatro años de edad, el joven Puig empezó a ver cine con su madre en el "Cine Español" de Villegas. Cuando tenía diez años, comenzó a aprender inglés, sintiéndose atraído por el idioma de sus películas favoritas. En 1946, se trasladó a Buenos Aires para los estudios secundarios. En 1950, entró en la Facultad de Arquitectura de la Universidad de Buenos Aires y al año siguiente tomó clases adicionales de inglés, francés e italiano e inició la carrera de Filosofía y Letras. En 1956, recibió una beca que le permitió estudiar cinematografía en el *Centro Sperimentale di Cinematografia* de Roma. Entre 1956 y 1963, vivió en Roma, París, Londres y Estocolmo, además de Buenos Aires, y se dedicó a escribir guiones de

cine y a trabajar en varios films como ayudante de dirección. Luego, se mudó a Nueva York y empezó a escribir novelas. Su primera novela, *La traición de Rita Hayworth* (1968), se publicó con gran dificultad debido a la censura en Argentina, aunque su segunda novela, *Boquitas pintadas* (1969), salió en Buenos Aires y lanzó a Puig a la fama. En 1973, tras publicar su tercera novela, *The Buenos Aires Affair* (1973), Puig decidió irse de Argentina a causa de la atmósfera política del momento. Se estableció en México, donde inició su cuarta novela, *El beso de la mujer araña*, que se publicó en 1976. Luego se mudó de nuevo a Nueva York y luego a Río de Janeiro, publicando en estas ciudades novelas, obras teatrales y guiones cinematográficos adicionales. Las obras literarias de Puig son conocidas por su estilo experimental, calidad cinematográfica, uso de montaje y combinación de múltiples puntos de vista, falta de un narrador tradicional, rechazo del realismo convencional, e incorporación de elementos de la cultura popular y los géneros populares. Se nota la influencia del cine no solo en los aspectos técnicos de sus novelas, sino también en los marcos temáticos. Hay que añadir que muchas obras de Puig exploran lo que es ser argentino—tanto dentro como fuera del país—y lo que es ser hombre o mujer en una sociedad machista y patriarcal. En 1989, Puig cambió su residencia en Brasil por México, donde se estableció con su madre. Puig murió en 1990 en Cuernavaca, México, de un infarto cardiaco que tuvo el día después de ser operado de urgencia de la vesícula.

## ANTES DE LEER

Discute las siguientes preguntas con un compañero de clase:

1. ¿Qué tipo de películas te gustan y por qué? ¿Cuál es tu película favorita?
2. ¿Eres más escapista, o más comprometido? ¿Te gusta escapar de la realidad? ¿Te gusta involucrarte en causas sociales o en luchas políticas? ¿Te interesa más lo estético, o lo político? ¿Por qué?
3. ¿Hay más libertad sexual, o más libertad política hoy en día? Explica tu respuesta con ejemplos concretos.

## PARA ORIENTAR AL LECTOR

*El beso de la mujer araña* relata las vidas de dos prisioneros que comparten la misma celda de la Penitenciaría de la Ciudad de Buenos Aires. Molina es un homosexual encarcelado por el delito de corrupción de menores, a quien le gusta escapar de la realidad de la cárcel a través de sus memorias de películas, canciones y otros elementos estéticos de la cultura popular. Valentín es un preso político arrestado por sus ideas marxistas y guerrilleras, a quien le importan la actividad política y la revolución social más que los placeres de los sentidos.

Durante la lectura, debes fijarte en los siguientes temas y conceptos:

- La encarcelación y la libertad
- La identidad política y sexual; la orientación política y sexual

- Las construcciones de género; la masculinidad y la feminidad (re)definidas
- El compromiso social y el escapismo estético y artístico; la realidad y la ficción
- La importancia de las películas narradas
- La importancia de las notas de pie incluidas

### *EL BESO DE LA MUJER ARAÑA*—CAPÍTULOS 1 A 5

Todas las citas de *El beso de la mujer araña* que se incluyen en este capítulo son de la edición de la novela publicada por Biblioteca de Bolsillo en 1996. Es posible que los números de página sean diferentes en otras ediciones de la novela.

Lee los primeros cinco capítulos de la novela antes de continuar con los ejercicios.

### TRAMA

1. ¿Cuándo y cómo te has dado cuenta de que los protagonistas están en la cárcel? ¿Cuáles son las pistas dadas sobre la ubicación de la trama en una celda?
2. ¿Cómo avanza la trama central de los dos protagonistas? ¿Cómo evoluciona la relación entre Molina y Valentín en los primeros cinco capítulos?
3. En los primeros cinco capítulos, Molina narra tres películas, dos a Valentín y otra a sí mismo. La primera película sobre la mujer pantera en los Capítulos 1 y 2 se llama *Cat People* y es de Jacques Tournier (1942). La segunda película de propaganda nazi en los Capítulos 3 y 4 se llama *Destino* y es una invención de Puig que fue parcialmente influida por la película *Die große Liebe* de Rolf Hansen (1942). La tercera película sobre las historias de amor en una casita en el bosque en el Capítulo 5 se llama *The Enchanted Cottage* y es de John Crommwell (1946). Resume cada película en un máximo de cinco oraciones.
4. ¿Cuáles son algunos paralelismos entre las tramas de las películas narradas y la trama central de la novela?
5. Los capítulos asignados incluyen tres notas de pie. La primera y la tercera hablan de diferentes teorías sobre el origen de la homosexualidad, mientras que la segunda da más detalles de la película nazi narrada en los Capítulos 3 y 4. ¿Cuál es la función de las notas de pie y qué tienen que ver estas notas con el diálogo principal entre Molina y Valentín?

## PERSONAJES

1. Rellena la siguiente tabla con la información pedida de los dos protagonistas de la novela.

|  | Molina | Valentín |
|---|---|---|
| Edad |  |  |
| Razón por estar encarcelado |  |  |
| Duración de la sentencia |  |  |
| Estudios realizados |  |  |
| Trabajos anteriores |  |  |
| Ideología política |  |  |
| Ideas sobre género, masculinidad y feminidad |  |  |
| Orientación sexual e ideas sobre el sexo |  |  |
| Ideas sobre relaciones personales, matrimonio, etc. |  |  |
| Ideas sobre el arte |  |  |
| Ideas sobre el deber social |  |  |

2. ¿Cuáles son las semejanzas y las diferencias más destacadas entre Molina y Valentín?
3. ¿En qué se parece Molina a los personajes descritos en las tres narraciones fílmicas? ¿En qué se parece Valentín a los personajes descritos en las tres narraciones fílmicas?
4. Valentín describe a su "chica" en el Capítulo 2. Intenta caracterizarla a ella. ¿Cómo es la relación entre ella y Valentín?

5. En el Capítulo 3, Molina describe a Gabriel, el mozo del restaurante del que está enamorado. Intenta caracterizar a Gabriel. ¿Cómo es la relación entre él y Molina?

## NARRACIÓN

1. ¿Cuántos niveles narrativos hay en *El beso de la mujer araña*? ¿Cuál es el efecto de tener múltiples niveles narrativos? Discute la importancia de cada nivel y cómo contribuye al total de la novela.
2. ¿Cuál es el efecto de no incluir los nombres de los dos protagonistas mientras dialogan? ¿Hay confusión sobre quién está hablando en ciertos momentos? ¿Cómo distingues entre los dos interlocutores?
3. La novela comienza con la narración, hecha por Molina, de una película: "A ella se le ve que algo raro tiene, que no es una mujer como todas" (9). ¿Por qué es importante que una ficción empiece dentro de otra ficción? ¿Qué ideas están establecidas en los primeros cinco capítulos sobre la importancia de ficción o de arte?
4. ¿Qué tipo de "narrador" es Molina? ¿Cómo narra las películas?
5. Aunque narra menos, Valentín también cuenta algunas cosas de su vida. ¿Qué tipo de narrador es Valentín? ¿Qué tipo de oyente o interlocutor es Valentín? ¿Cómo participa o colabora en las narraciones fílmicas de Molina?
6. ¿Por qué incluye Puig las tres notas de pie en estos capítulos? ¿Qué añaden a la novela? ¿Para qué sirve la información dada en ellas? ¿Cómo se relacionan las notas con Molina o con Valentín? ¿A quién están dirigidas estas notas de pie? ¿Por qué aparecen en estos momentos concretos del texto?
7. Explica por qué hay partes en cursiva en el Capítulo 5. Comenta el efecto de incluir estas partes en cursiva y lo que se aprende gracias a estas partes.

## INTERPRETACIÓN

1. ¿Qué aprendemos de Molina a causa de su elección de las tres películas y su forma de narrarlas a Valentín o a sí mismo? ¿Qué aprendemos de Valentín a causa de su manera de responder a la narración de las dos primeras películas? ¿Qué conversaciones importantes y significativas ocurren como resultado de la narración y la discusión de las películas?
2. ¿Qué comentario hace la novela sobre el papel o la función del arte? ¿Por qué es importante que hay personajes artísticos—Irena como artista,

Lene como cantante y actriz y el ciego como compositor y pianista—
en las tres películas narradas? ¿Qué saben Molina y Valentín de arte y
de estética? ¿Es importante que Valentín estudiaba arquitectura y que
Molina trabajaba como "vidrierista" o decorador de vidrieras?

3. Aunque los dos protagonistas están encarcelados, tienen maneras de
"librarse" y de "escaparse" mental y emocionalmente. Compara y contrasta las formas de liberación y de escapismo de cada personaje. ¿Qué
opina cada protagonista de los métodos utilizados? ¿Son las ficciones
una buena distracción, o una mala distracción de la realidad? ¿Es el
escapismo un obstáculo al activismo?

4. La segunda película, "la superproducción 'Destino'", presenta la cues-
tión de si se puede separar el valor estético del mensaje político de una
obra de arte. ¿Qué opinan los dos protagonistas de la relación entre lo
estético y lo político, entre el arte y la propaganda?

5. ¿Por qué no le cuenta Molina la tercera película a Valentín? ¿Hay elementos temáticos o estilísticos de esta tercera película que la hacen
insuficientemente interesante como para contársela a Valentín? ¿Crees
que a Valentín le hubiera gustado esta tercera película? ¿Por qué sí o no?

6. La primera y tercera notas de pie nombran seis teorías sobre las causas
de la homosexualidad y las refutan todas. ¿Cuáles son las seis causas
nombradas? ¿Sirve una de las seis teorías para explicar la orientación
sexual de Molina, o son todas las teorías problemáticas o erróneas?

7. Valentín dice que se identifica con el psicoanalista en la primera película
narrada sobre la mujer pantera. De hecho, intenta psicoanalizar este film,
diciendo de la protagonista, Irene: "yo creo que ella es frígida, que tiene
miedo al hombre, o tiene una idea del sexo muy violenta, y por eso inventa
cosas" (21). En otro momento, Valentín dice a Molina: "Yo ya sé todo de
vos, aunque no me hayas contado nada", a lo que responde Molina: "no la
vayas de psicólogo ahora" (23). Además de estas dos referencias a Valentín
como psicólogo o psicoanalista, tenemos la primera y tercera notas de
pie que mencionan las teorías de diferentes psicólogos sobre el origen
de la homosexualidad. La primera nota se incluye justo cuando Valentín
le dice a Molina: "Creo que para comprenderte necesito saber qué es lo
que te pasa [. . .] y yo de gente de tus inclinaciones sé muy poco" (65-66).
Analiza la importancia de las notas de pie y de las diferentes teorías sobre
la homosexualidad que están nombradas y refutadas. ¿En qué se parecen a
Valentín los psicólogos mencionados en las notas? ¿En qué se diferencian?

8. Además de ser homosexual, Molina se autodefine como mujer. "[Y]a que
las mujeres son lo mejor que hay", Molina explica, "yo quiero ser mujer"
(25). A menudo se refiere a sí mismo con pronombres y adjetivos femeninos, sobre todo cuando habla de Gabriel: "no puedo hablar como

hombre, porque no me siento hombre" (69). Molina se identifica siempre con "la heroína" de las películas y dice que su "verdadero nombre es Carmen" (31, 72). ¿Crees que Valentín acepta esta autodefinición de Molina como mujer? ¿En qué sí y en qué no?

9. ¿Qué ideas tiene Valentín sobre masculinidad u hombría, sobre las relaciones entre los sexos y sobre la conexión entre la revolución sexual y la revolución política?

10. Cuando Molina está enfermo, ¿qué hace Valentín para cuidarlo? ¿Es un buen amigo en estos momentos? Justifica tu respuesta con citas y ejemplos de la novela. ¿Cuál podría ser la causa de los dolores de estómago que sufre Molina?

11. La narración en cursiva de los pensamientos de Molina en el Capítulo 5 revela su actitud hacia Valentín. ¿Te sorprendieron las palabras críticas de Molina sobre *este hijo de puta y su puta mierda de revolución* (116)? ¿Por qué sí o no? ¿Cuál es el efecto de solo tener los pensamientos internos de Molina y no de Valentín?

## ANÁLISIS TEXTUAL

Comenta la importancia de las siguientes citas de la novela. Presta atención especial a las partes subrayadas.

1. —No, me gusta la película, pero es que <u>vos te divertís contándola</u> y por ahí también <u>yo quiero intervenir</u> un poco, ¿te das cuenta? <u>No soy un tipo que sepa escuchar demasiado</u>, ¿sabés, no?, y de golpe me tengo que <u>estarte escuchando callado</u> horas. (21)

2. —[. . .] <u>me sentía fenómeno</u>, <u>me había olvidado de esta mugre de celda</u>, de todo, contándote la película.
   —Yo también me había olvidado de todo.
   —¿Y entonces?, <u>¿por qué cortarme la ilusión</u>, a mí, y a vos también? (23)

3. —¿Con quién <u>te identificás</u>?, ¿con Irena o la arquitecta?
   —Con Irena, qué te creés. Es la protagonista, pedazo de pavo. <u>Yo siempre con la heroína</u>.
   —Seguí.
   —¿Y vos Valentín, con quién?, estás perdido porque el muchacho te parece un tarado.
   —Reíte. <u>Con el psicoanalista.</u> (31)

4. —<u>Yo no puedo vivir el momento</u>, porque <u>vivo en función de la lucha política</u>, o bueno, <u>actividad política</u> digamos, ¿entendés? Todo lo que yo puedo aguantar acá, que es bastante, . . . pero que es nada si pensás

en la tortura. [. . .] No, no te lo podés imaginar . . . Bueno, todo me lo aguanto . . . porque hay una planificación. Está lo importante, que es la revolución social, y lo secundario, que son los placeres de los sentidos. Mientras dure la lucha, que durará tal vez toda mi vida. No me conviene cultivar los placeres de los sentidos, ¿te das cuenta?, porque son, de verdad, secundarios para mí. (33)

5. —Que me da lástima porque me encariñé con los personajes. Y ahora se terminó [la narración de la película], y es como si estuvieran muertos. [. . .] Es curioso que uno no puede estar sin encariñarse con algo . . . Es . . . como si la mente segregara sentimiento, sin parar [. . .] lo mismo que el estómago segrega jugo para digerir. (47)

6. —[. . .] lo que yo tengo que hacer antes que nada . . . es cambiar el mundo. (48)

7. —Me ofendés porque te . . . te creés que no . . . no me doy cuenta que es de propaganda na . . . nazi, pero si a mí me gusta es porque está bien hecha, aparte de eso es una obra de arte, vos no sabés po . . . porque no la viste. (63)

8. —Mirá, vos sos hombre como yo, no embromés . . . No establezcas distancias.
   —¿Querés que te me acerque?
   —Ni que te distancies ni que te acerques. (65)

9. —¿Qué es ser hombre, para vos?
   —Es muchas cosas, pero para mí . . . bueno, lo más lindo del hombre es eso, ser lindo, fuerte, pero sin hacer alharaca de fuerza, y que va avanzando seguro. Que camine seguro, como mi mozo, que hable sin miedo, que sepa lo que quiere, adonde va, sin miedo de nada.
   —Es una idealización, un tipo así no existe.
   —Sí existe, él es así. (69)

10. —A ver . . . Decime vos, qué es ser hombre, para vos.
    —Me embromaste.
    —A ver . . . contestame, ¿qué es la hombría para vos?
    —Uhm . . . no dejarme basurear . . . por nadie, ni por el poder . . . Y no, es más todavía. Eso de no dejarme basurear es otra cosa, no es eso lo más importante. Ser hombre es mucho más todavía, es no rebajar a nadie, con una orden, con una propina. Es más, es . . . no permitir que nadie al lado tuyo se sienta menos, que nadie al lado tuyo se sienta mal.
    —Eso es ser santo. (70)

11. —[. . .] Y el arte no es cosa de mujer. (83)

12. —Es que la película era divina, y para mí la película es lo que me importa, porque total mientras estoy acá encerrado no puedo hacer otra cosa que pensar en cosas lindas, para no volverme loco, ¿no? . . . Contestame.

—¿Qué querés que te conteste?

—Que me dejés un poco que me escape de la realidad, ¿para qué me voy a desesperar más todavía?, ¿querés que me vuelva loco? Porque loca ya soy.

—No, en serio, está bien, es cierto que acá te podés llegar a volver loco, pero te podés volver loco no sólo desesperándote . . . sino también alienándote, como hacés vos. Ese modo tuyo de pensar en cosas lindas, como decís, puede ser peligro.

—¿Por qué?, no es cierto.

—Puede ser un vicio escaparse así de la realidad, es como una droga. Porque escuchame, tu realidad, *tu realidad, no es solamente esta celda. Si estás leyendo algo, estudiando algo, ya transcendés la celda, ¿me entendés? Yo por eso leo y estudio todo el día. (85)

13. —[. . .] *pero no le dije ni una palabra a este hijo de puta, [. . .] ¿qué sabe él lo que es sentimientos? [. . .] ¿no me va a esperar [mi mamá] siete años hasta que yo salga?, ¿cumple la promesa el director de la penitenciaría? ¿será cierto lo que me promete? ¿indulto? ¿reducción de pena? [. . .] por suerte no se la conté a este hijo de puta, ni una palabra más le voy a contar de cosas que me gusten [. . .] este hijo de puta y su puta mierda de revolución.* (110, 116)

### *EL BESO DE LA MUJER ARAÑA*—CAPÍTULOS 6 A 10

Lee los siguientes cinco capítulos de la novela antes de continuar con los ejercicios.

### TRAMA

1. ¿Cómo avanza la trama central de los dos protagonistas en los Capítulos 6 a 10? ¿Cómo evoluciona la relación entre Molina y Valentín en la sección leída? ¿Qué nueva información recibimos en el Capítulo 8 y cómo cambia nuestra interpretación de Molina?

2. En los Capítulos 6 a 10, Molina narra dos películas más a Valentín, aunque no terminará de contar la segunda película hasta el Capítulo 11. La cuarta película de la novela, sobre el piloto de coches de carrera en el Capítulo 6, es ficticia e inventada por Puig. La quinta película de la novela, sobre los zombis, se llama *I Walked with a Zombie* y es de Jacques Tournier (1943). Resume cada una de estas dos películas en un máximo de cinco oraciones. Para la película sobre los zombis, haz un resumen solamente de la parte contada en los Capítulos 9 y 10.

3. ¿Cuáles son algunos paralelismos entre las tramas de las películas narradas y la trama central de la novela?

4. Después del Capítulo 8, comienza la "segunda parte" de la novela. ¿Por qué Puig no solamente divide el libro en capítulos, sino también en dos partes con 8 capítulos en cada parte?

## PERSONAJES

1. Mira de nuevo la tabla sobre los dos protagonistas en la sección de los primeros cinco capítulos de la novela. ¿Qué añadirías, cambiarías, o quitarías según lo que sabes de Molina y Valentín ahora, después de leer los Capítulos 6 a 10?

2. Contesta las siguientes preguntas adicionales sobre los dos personajes principales:
   • ¿Ha cambiado la caracterización de Molina en estos capítulos? Si ha cambiado, explica cómo y por qué.
   • ¿Ha cambiado la caracterización de Valentín en estos capítulos? Si ha cambiado, explica cómo y por qué.
   • ¿Ha cambiado la relación entre Molina y Valentín, o por lo menos nuestro entendimiento de esta relación? ¿En qué sí y en qué no? ¿Cuáles son los cambios más significativos?

3. ¿Quién es Marta? ¿Describe la relación entre Valentín y Marta? Compara y contrasta las descripciones de Marta con las de "la compañera" de Valentín. ¿Por qué prefiere a Marta? ¿Por qué es contradictorio o hipócrita de parte de Valentín estar enamorado de "otro tipo de mujer" que es "de familia burguesa" y "tiene . . . clase" (147, 142, 148)?

## NARRACIÓN

1. En comparación con los Capítulos 1 a 5, ¿cómo cambia el uso de cursiva en los Capítulos 6 a 10? ¿Cuándo y por qué se usa cursiva en esta parte?

2. ¿Cómo cambia la narración en el Capítulo 8? ¿Cómo es diferente la presentación del diálogo aquí del diálogo entre Molina y Valentín?

3. En los Capítulos 6 a 10, hay cinco notas de pie. ¿Cómo contribuyen estas notas a la novela en general y a nuestro entendimiento de los personajes en particular? ¿Nos ayudan a entender mejor a Molina, o a Valentín? ¿Tienen también las notas de pie algo que ver con los personajes de las películas?

## INTERPRETACIÓN

1. ¿Qué tienen en común Valentín y el protagonista de la cuarta película sobre el "muchacho sudamericano" que es piloto de coches de carrera? ¿En qué se parecen la madre de Valentín y la madre del protagonista de la película? ¿Qué papel tienen las madres en esta parte de la novela?

2. ¿Qué quiere el Director de parte de Molina y qué le ofrece a cambio? ¿Piensas que Molina tendrá algún conflicto en cumplir con ese acuerdo? ¿Cuáles son los motivos de Molina con respecto a Valentín y al Director? ¿Por qué le cuenta Molina a Valentín de sus "esperanzas", de "las apelaciones" y de la posibilidad de poder salir de la cárcel? ¿Cómo reacciona Valentín a la noticia?

3. ¿Cómo trata Molina a Valentín cuando está enfermo? ¿Cuál es el rol que asume en esa situación? ¿Solo actúa como un amigo preocupado, o pretende ser algo o alguien más?

4. Cuando Molina dicta la lista de comida al Director, incluye dos de varias cosas o pide una porción entera en vez de media. También elige comida fácil de digerir y buena para que Valentín se mejore. ¿Cuál es el motivo de Molina para hacer esto? Se puede decir que la alimentación juega un papel muy importante en esta sección del libro. ¿Cuál es el significado de la comida y de los actos de cocinar, alimentarse, comer, digerir, etc.?

5. ¿Cómo se siente Valentín por todo lo que hace Molina por él? ¿Se siente agradecido, o molesto por las acciones de Molina? ¿Qué causa el "arrebato" de Valentín al final del Capítulo 10 y por qué termina este capítulo con silencio total por parte de Molina (198)?

6. En el Capítulo 6, tenemos la narración en cursiva de un sueño de Valentín en el que piensa en *"una mujer"*, *"un muchacho"*, *"una madre"*, *"un padre"*, *"una muchacha"*, *"un compañero"* y, de nuevo, *"una muchacha"* (128-133). ¿Qué aprendemos de Valentín a través de esta parte de la novela? ¿Son las personas descritas parte de la vida anterior de Valentín, parte de la película contada por Molina, o simplemente parte de un sueño? ¿Cómo se mezclan ficción y "realidad" en este sueño?

7. Al final del Capítulo 7, tenemos más pensamientos de Valentín en letra cursiva. Esta vez los pensamientos se alternan entre descripciones de *"un muchacho"* y *"una madre"* (148-150). ¿Está soñando otra vez Valentín? ¿Quiénes son el muchacho y la madre? ¿Qué importancia tienen estas partes?

8. Durante la narración de la película *La vuelta de la mujer zombi* en los Capítulos 9 y 10, los dos protagonistas parecen distraídos y perdidos en sus propios pensamientos. Las ideas de Valentín se centran en una

*"patrulla policial"*, *"el puño herido"*, *"el cerebro hueco, el cráneo de vidrio"*, *"las estampas"* y *"la orden de guillotinarla"*, mientras las de Molina tienen que ver con *"una anciana enferma"*, *"el enfermo contagioso"*, distintas *"enfermeras"* (164-193). ¿Qué significan las partes en cursiva pertinentes a cada personaje? ¿Por qué están más distraídos ahora que antes o por qué decide Puig, ahora más que antes, darnos los pensamientos internos y no hablados?

9. Además de las películas narradas, estos capítulos incluyen el bolero titulado *Mi carta* que Molina canta, la carta que Valentín recibe de su "compañera" y la carta que Valentín dicta a Molina y dirige a Marta. Analiza la inclusión de estos "textos" o "escrituras" adicionales en la novela. ¿Cuál es la relación entre ficción y realidad con respecto a las diferentes "cartas"? ¿Qué aprendemos de Valentín a causa de la carta que recibe y la que redacta? ¿Por qué destruye la carta dirigida a Marta?

10. Reflexiona sobre la relevancia de los siguientes conceptos—desarrollados en las notas—a los personajes principales de la novela y a los protagonistas de las películas narradas.

### La represión

- "Los seguidores de Freud se han interesado vivamente por las tribulaciones que el individuo ha debido sufrir a lo largo de la historia para aprender a reprimirse y así adecuarse a las exigencias sociales de cada época, puesto que sería imposible acatar las normas sociales sin reprimir muchos de los propios impulsos instintivos" (133).

### La homosexualidad

- Freud "dice que la homosexualidad si bien no es una ventaja tampoco debe considerarse motivo de vergüenza, ya que no es un vicio ni una degradación, ni siquiera una enfermedad" (199).
- "En cuanto a la homosexualidad misma, Marcuse señala que la función social del homosexual es análoga a la del filósofo crítico, ya que su sola presencia resulta un señalador constante de la parte reprimida de la sociedad" (135).

### La bisexualidad, la "perversión polimorfa" y "la mutabilidad esencial de la naturaleza humana"

- "Los freudianos ortodoxos, así como los disidentes sostienen que las primeras manifestaciones de la libido infantil son de carácter bisexual" (134).
- "Freud se preocupa especialmente por la represión sexual, puesto que considera los impulsos naturales del ser humano como mucho

más complejos de lo que la sociedad patriarcal admite: dada la capacidad indiferenciada de los bebés para obtener placer sexual de todas las partes de su cuerpo, Freud los califica de 'perversos polimorfos'. Como parte de este concepto, Freud también cree en la naturaleza esencialmente bisexual de nuestro impulso sexual original" (154).

- "Sobre la liberación sexual, Herbert Marcuse en *Eros y civilización* aclara que la misma implica más que la mera ausencia de opresión, la liberación requiere una nueva moralidad y una revisión de la noción de 'naturaleza humana'. Y después agrega que toda teoría real de liberación sexual debería tomar en cuenta las necesidades esencialmente polimorfas del ser humano. Según Marcuse, en desafío a una sociedad que emplea la sexualidad como un medio para un fin útil, las perversiones sustentan la sexualidad como un fin en sí mismo: por lo tanto se colocan fuera de la órbita del férreo principio de 'performance' [. . .] o sea uno de los principios represores básicos para la organización del capitalismo, y así cuestionan sin proponérselo los fundamentos mismos de este último" (155).
- "concuerdan Marcuse y Brown" en "la mutabilidad esencial de la naturaleza humana" (155).
- Norman O. Brown "propicia un regreso a esa 'perversión polimorfa' de los bebés, descubierta por Freud, lo cual implica la eliminación total de la represión" (168-169).
- "la bisexualidad amenaza tanto a las formas aburguesadas de vida homosexual como a los heterosexuales" (200).

### Identificación con la madre o fijación materna

- "En su *Teoría psicoanalítica de la neurosis*, O. Fenichel afirma que la probabilidad de orientación homosexual es tanto mayor cuanto más se identifique un niño con su madre" (141).
- En *Una introducción al narcisismo*, Freud "elabora una teoría según la cual el varón homosexual empezaría por una efímera fijación materna, para finalmente identificarse él mismo como mujer. Si el objeto de sus dedeos pasa a ser un joven, es porque su madre lo amó a él, que era un joven. O porque él querría que su madre lo hubiese amado así. En fin de cuentas, el objeto de su deseo sexual es su propia imagen" (141).

### La sublimación

- "Como una variante del concepto de represión, Freud introdujo el término 'sublimación', entendiendo por ello la operación mental mediante la cual se canalizan los impulsos libidinosos inconvenientes. Los canales de la sublimación serían cualquier actividad—artística, deportiva, laboral—que permitirán el empleo de esa energía sexual, excesiva según los cánones de nuestra sociedad. Freud hace una diferencia fundamental entre represión y sublimación al considerar que esta última puede ser saludable, ya que resulta indispensable para el mantenimiento de una comunidad civilizada" (168).

### La revolución sexual y política

- "Marcuse considera fundamental el cambio de la sociedad, sobre la base de una evolución que tenga en cuenta los impulsos sexuales originales" (169).
- "la teórica de la liberación femenina Kate Millet dice en su libro *Política sexual* que el propósito de la revolución sexual debería ser una libertad sin hipocresías, no corrompida por las explotadoras bases económicas de las alianzas sexuales tradicionales, o sea el matrimonio" (170).
- "aquellos que en la infancia de algún modo rechazaron—a nivel inconsciente, emotivo o racional—dichas reglas de conducta de los padres, favorecerán las causas radicales, repudiarán las distinciones de clase y comprenderán a quienes tienen inclinaciones poco convencionales, por ejemplo los homosexuales" (199).
- "paralelismo entre las luchas de liberación de clases y las de liberación sexual" (200).

### (Re)definiciones de "masculinidad" y "feminidad"

- "Altman y la escuela marcusiana condenan el estereotipo del hombre fuerte que se les presenta a los varones como modelo más deseable a emular, ya que dicho estereotipo propone tácitamente la afirmación de la masculinidad mediante la violencia, lo cual explica la vigencia contante del síndrome agresivo en el mundo" (200).
- Theodore Roszak "expresa que la mujer más necesitada, y desesperadamente, de liberación, es la 'mujer' que cada hombre lleva encerrada en los calabozos de su propia psiquis. Roszak señala que sería esa y no otra la siguiente forma de represión que es preciso eliminar, y lo mismo en lo que respecta al hombre maniatado que hay dentro de toda mujer. Y Roszak no duda de que todo ello significaría la más cataclismática reinterpretación de la vida sexual en la historia de la humanidad, ya que replantearía todo lo concerniente a los roles sexuales y al concepto de normalidad sexual vigente en la actualidad" (200).

## ANÁLISIS TEXTUAL

Comenta la importancia de las siguientes citas de la novela. Presta atención especial a las partes subrayadas.

1. —Es de esas películas que les gustan a los hombres, por eso te la cuento, que estás enfermo (118).
2. —Gracias, de veras. [. . .] no sabés cuanto te lo agradezco. Y te pido perdón, porque yo a veces soy muy brusco, . . . y hiero a la gente sin ninguna razón (135).
3. —[. . .] yo no quiero saber nada de tus cuestiones políticas, secretas y que sé yo. Por favor.
   —No seas sonso, ¿quién te va a preguntar algo a vos, de mis asuntos?
   —Nunca se sabe con esas cosas, me pueden interrogar.
   —Yo te tengo confianza. Vos me tenés confianza a mí, ¿verdad?
   —Sí . . .
   —Entonces acá tiene que ser todo de igual a igual, no te me achiqués . . . (136)
4. —Quiere decir que me estaba extrañando mucho, y nosotros tenemos el pacto de no encariñarnos demasiado con nadie, porque eso despés te paraliza cuando tenés que actuar (139).
5. —Lo bueno es que ella me hacía frente, teníamos una verdadera relación, ella nunca se sometió, ¿cómo te podría decir?, nunca se dejó manejar, como una hembra cualquiera (143).
6. —Nunca. Qué palabra tan terrible, hasta ahora no me había dado cuenta . . . de lo terrible que es . . . esa . . . pa . . . palabra. . . . Perdoname (147).
7. —[. . .] los zombis [. . .] son los muertos que los brujos hacen revivir antes de que se enfríe el cadáver, porque los han matado ellos mismos, con un veneno que preparan, y el muerto vivo ya no tiene voluntad, y obedece todas las órdenes que le dan, y los brujos los usan para que hagan lo que a ellos les da la gana, y los hacen trabajar, y los pobres muertos vivos, que son los zombis, no tienen más voluntad que la del brujo [. . .] no hablan, no tienen ya voluntad y lo único que pueden hacer es obedecer y sufrir (172-173).
8. —[. . .] me parece que Marta sola me podría revivir, porque me siento muerto, te juro. Tengo la impresión de que nada más que ella me podría revivir (180).
9. —[. . .] adentro mío tengo otro torturador . . . y desde hace días no me da tregua . . . Es que estoy pidiendo justicia, mirá qué absurdo lo que te voy a decir, estoy pidiendo que haya una justicia, que intervenga la

providencia . . . porque yo no me merezco, que <u>siempre actué con gene-
rosidad</u>, que <u>nunca exploté a nadie</u> . . . y que <u>luché, desde que tuve un
poco de discernimiento</u> . . . contra la explotación de mis semejantes . . .
Y yo, que siempre putié contra las <u>religiones</u>, porque <u>confunden a la
gente y no dejan que se luche por la igualdad</u> . . . estoy sediento de que
haya una <u>justicia</u> . . . divina. <u>Estoy pidiendo que haya un Dios</u> . . . con
mayúscula escribilo (182-183).

10. —[. . .] *el verdugo* culto <u>*obedece la orden*</u> que <u>*no sabe de dónde le llega*</u> (193).

11. —<u>No me digas lo que tengo que hacer</u>, por favor . . .
—Pero, che, <u>dejame que te mime un poco</u> . . .
—<u>¡Basta!</u> . . . carajo!!!
—Estás loco . . . ¿<u>qué tiene de malo?</u>
—¡¡¡Callate!!! (197)

### *EL BESO DE LA MUJER ARAÑA*—CAPÍTULOS 11 A 16

Lee los siguientes seis capítulos de la novela antes de continuar con los
ejercicios.

### DE RELEVANCIA PARA EL TEXTO

Debido a su política de izquierda y su homosexualidad, Puig recibió amena-
zas y se vio obligado a exiliarse. No obstante, todas sus novelas, salvo una,
se ubican en Argentina o tratan de argentinos en el exilio. De sus ideas
políticas, Puig comentó lo siguiente en una entrevista hecha por Saúl Sosnowski: "Lo máximo que me animo a decir es que me gusta la izquierda.
Si dijese que soy de izquierda, sin hacer nada por ella, estaría usando un
verbo que no me corresponde" (78). Respecto a su identidad de género,
Puig declaró: "Soy una mujer que sufre mucho. Si pudiera, cambiaría todo
lo que voy a escribir en la vida por la felicidad de esperar a mi hombre en
el zaguán de la casa, con los rulos hechos, bien maquillada y con la comida
lista. Mi sueño es un amor puro, pero ya ves, estoy condenada a los amores
impuros. [. . .] Yo tendría que haber nacido mujer, ¿no te parece? [. . .] Tal
vez yo debería nacer de nuevo, en otra parte" (Martínez). Sobre el sexo,
Puig insistió que "sexo es totalmente banal, libre de cualquier significado
o peso moral. El sexo es solamente juegos y diversión, inocencia misma.
[. . .] Es tan importante como comer o dormir e igualmente desprovisto de
significado moral. [. . .] Una vez que se haya eliminado el sexo como una

forma de superioridad o inferioridad, el sexo pierde su significado" (Wheaton, traducción mía). Finalmente, en la entrevista ya mencionada de Saúl Sosnowski, Puig explica su amor por el cine y su tendencia de invertir la realidad y la ficción: "Nací en un pueblo de la pampa donde la vida era muy dura, muy difícil [. . .]. El machismo no se cuestionaba para nada. La autoridad tenía el mayor prestigio posible. [. . .] La debilidad, la sensibilidad no tenían ningún prestigio. Un mundo que yo rechacé. En ese pueblo había *un* modo de escapar a la realidad: el cine. Una sola sala que daba todos los días una película diferente, yo iba con mamá por lo menos cuatro veces por semana. Poco a poco fui cambiando los términos: lo que era la realidad pasó a ser una película clase Z en la que yo me había metido por equivocación. La realidad eran las películas, las superproducciones que llegaban de Hollywood. Fue una elección así, inconsciente. Esto a partir de los cinco años. Yo iba al cine: así acomodaba mi vida porque la verdad era lo que sucedía en las películas, no lo que sucedía en el pueblo que era un *western* de la 'Republic'" (69).

En "Análisis histórico sobre 'El beso de la mujer araña' de Manuel Puig", María José Goldner y Juan Andrés Ron explican cómo la novela "fue prohibida inmediatamente" en Argentina, debido a que trata del periodo histórico desde 1972 hasta 1976, en el cual "el Estado Argentino se había propuesto sistemáticamente eliminar a todos aquellos sectores opositores a la política del gobierno. La represión se llevó a cabo en los diferentes gobiernos que tuvieron el poder durante esos años, tanto en la dictadura impuesta por la Revolución Argentina, como durante el gobierno peronista y finalmente con una ferocidad desconocida en la última dictadura militar instaurada en 1976. Particularmente, en el tercer gobierno peronista (1973–1976), se creó la Triple A (Alianza Anticomunista Argentina) cuyo objetivo era acabar con los focos guerrilleros" (2). Por estas razones, insisten Goldner y Ron, Valentín y Molina "serían víctimas del poder del Estado represor: el primero por ser guerrillero y el segundo por ser homosexual [. . .] Tanto los guerrilleros, como los homosexuales fueron subversivos a su modo para el Estado" (2).

## TRAMA

1. ¿Cómo avanza la trama central de los dos protagonistas en los Capítulos 11 a 16? ¿Cómo evoluciona la relación entre Molina y Valentín en la sección final? ¿Cuál es el desenlace final de cada protagonista?
2. En los Capítulos 11 a 16, Molina termina de contar la película de los zombis que comenzó en el Capítulo 9 y luego narra una última película

a Valentín (Capítulos 12 a 14). Esta última película está situada en México y sigue la tradición de las películas de cabaré mexicanas, aunque no está basada en ninguna en concreto y es principalmente una invención de Puig. Resume cada película en un máximo de cinco oraciones.

3. ¿Cuáles son algunos paralelismos entre las tramas de las películas narradas y la trama central de la novela? ¿Qué elementos de estas películas encontramos en las acciones finales de Molina o en el sueño final de Valentín?

## PERSONAJES

1. ¿Cómo influye cada protagonista al otro en los Capítulos 11 a 16? ¿Ocurre una "molinización de Valentín" y/o una "valentinización de Molina" al final de la novela? ¿En qué sí y en qué no?

2. En su sueño final, Valentín da voz a Marta y habla con ella de Molina. ¿Qué aprendemos de los sentimientos verdaderos de Valentín hacia Marta y Molina en este diálogo interior?

## NARRACIÓN

1. Hay cuatro estilos narrativos nuevos en los Capítulos 11 a 16: un lado de una llamada telefónica del Director, el informe sobre Molina durante su periodo de "libertad condicional", el diálogo entre Valentín y el enfermero en primeros auxilios y el sueño final de Valentín en el cual dialoga con Marta. ¿Cuál es el efecto de cada estilo narrativo? ¿Cómo contribuye cada formato a la progresión y al desenlace de la novela?

2. ¿En qué se parecen Molina y la protagonista y narradora Scheherezade de *Las mil y una noches*? ¿Consigue Molina suavizar o ablandar a Valentín o ganarse su amor a través de sus narraciones de películas? Nota como, en las citas que siguen, Molina deja de narrar las películas en momentos suspensivos, igual que Scheherezade. ¿Por qué hace esto Molina y cuál es el efecto de hacerlo?

"—Un poquito no más, me gusta sacarte el dulce en lo mejor, así te gusta más la película. Al público hay que hacerle así, si no no está contento" (32).

"—Y otra vez te la sigo.
—No seas perro" (195).

"—Contame un poco antes de dormir.

—Pero no hasta el final, falta mucho" (239).

"—¿Y ahí termina?

—No, sigue todavía, pero el final lo dejamos para otro día" (245).

3. ¿Qué importancia tiene el uso de elipsis para indicar pausas y momentos de silencio en la novela? En un texto compuesto por diálogos, ¿por qué es significativo el acto de no hablar? ¿Es la omisión una forma de resistencia y un ejemplo de protesta silenciosa? ¿En qué sí y en qué no?

4. Lee lo que dijo Manuel Puig en la entrevista "Seis preguntas a Manuel Puig sobre su última novela: *El beso de la mujer araña*", hecha por Marcelo Coddou: "La explicación de su empleo [de las notas de pie] es muy simple. Quería contar esta historia y como sé que efectivamente muy pocos tienen la información necesaria para interpretar los fenómenos en ella presente, como sobre la homosexualidad se sabe muy poco [. . .] quise resolver así el problema de la información. [. . .] Ahora, a esta novela no se puede realmente acceder sin esta información [. . .] de manera que había que darla" (12-13). ¿Qué opinas de esta explicación? ¿Cómo nos ayudan las notas a "acceder" a la novela? En el Capítulo 11, tenemos la última nota de pie. ¿Cómo contribuye esta nota a la novela en general y a nuestro entendimiento de los personajes en particular? ¿Nos ayuda a entender mejor a Molina o a Valentín?

5. En la entrevista a Manuel Puig hecha por Saúl Sosnowski, el autor argentino habla de su estilo narrativo. "No sólo le tenía miedo a la tercera persona", explica Puig, "sino que no la sentía como un instrumento adecuado para el trabajo que yo quería hacer. [. . .] A mí me interesa el espectáculo; la comunicación directa con el público. Trato de escribir de una manera que repita un poco esas condiciones" (72). Puig añade que no viene de "ninguna tradición literaria", sino que viene "del cine; de oír radio, de ver folletines, melodramas de la Metro" (73). ¿Qué ejemplos de "espectáculo", "comunicación directa", "cine", "melodramas", etc. vemos en *El beso de la mujer araña*?

**INTERPRETACIÓN**

1. *El beso de la mujer araña* explora el tema de encarcelamiento y libertad, de reclusión y liberación. ¿En qué sentido están los presos más libres dentro de la cárcel? ¿Cómo escapan de su encarcelamiento sin salir de la celda? ¿Cómo están encarcelados también fuera de la penitenciaría?

¿Cuáles son las mejores y peores maneras de transcender o evadir la reclusión, según la novela de Puig?

2. En un diálogo entre los protagonistas en el Capítulo 7, Valentín habla de "actuar" y Molina le pregunta: "¿Actuar de qué forma?", a lo que Valentín responde: "Actuar. Arriesgar la vida" (139). ¿Es la única forma de "actuar" para Valentín "arriesgar la vida"? ¿Hay momentos en que los protagonistas "actúan" según otras definiciones del verbo "actuar", como "interpretar un papel" u "obrar, comportarse de una determinada manera"? Analiza el comentario que hace Puig con esta obra sobre las formas de actuar o de representar un papel, sobre todo cuando tiene que ver con la construcción de género o con la formación de una identidad sexual o política.

3. Molina le dice al Director: "si él [Valentín] cree que nos van a separar de celda, se va a ablandar más. Porque me parece que está un poco encariñado conmigo, y ahí se va a largar a hablar más"; y continúa diciéndole: "Pero le aseguro que también es mejor que él piense que yo voy a salir en libertad. [. . .] si él piensa que me voy, va tener más necesidad de desahogarse conmigo. Son así los presos, señor. Cuando un compañero se va . . . se sienten más desamparados que nunca" (202-203). ¿Cuál es el motivo de Molina para sugerirle este plan al Director? ¿Quiere conseguir información de Valentín que le sirva a él para el indulto? ¿Quiere que Valentín se encariñe más con él? ¿Cómo reacciona Valentín a estas noticias? ¿Por qué se le cierra el estómago y tiene "un lío en la cabeza"?

4. La única persona inventada en las notas de pie es "la doctora danesa Anneli Taube" (209). ¿Por qué son tan importantes las teorías de Taube que Puig decide inventarlas para incluirlas en la novela? ¿Cómo sirven las ideas de Taube para ayudarnos a entender la relación sexual que ocurre entre Molina y Valentín en los Capítulos 11 a 16? Reflexiona sobre el título de su libro—*Sexualidad y revolución*—y sobre la relación entre estos dos términos. Considera también sus ideas sobre la "característica de inconformismo revolucionario" de la homosexualidad (210).

5. ¿Cómo se relacionan lo político y lo sexual en *El beso de la mujer araña*? ¿Cómo se cambian o se solidifican las identidades políticas y sexuales de los dos protagonistas de Puig?

6. ¿Con cuál(es) de estas explicaciones estás más de acuerdo con respecto a la(s) causa(s) principal(es) de la relación sexual entre Molina y Valentín? ¿Con cuál(es) no estás de acuerdo para nada? Explica tu punto de vista.

   • Los dos protagonistas llegan a quererse mucho y muestran su mutuo afecto a través de las relaciones sexuales.
   • Molina quiere seducir sexualmente a Valentín y por eso tiene la idea de decir a Valentín que lo van a cambiar de celda y que lo van a dejar salir de la cárcel.

- Valentín se siente endeudado con Molina por haberlo cuidado bien y alimentado tanto y por eso decide tener relaciones sexuales con Molina para devolverle el favor, mostrarle su agradecimiento y ser generoso.
- Valentín quiere que Molina lo ayude con su causa política y decide tener relaciones sexuales con Molina y darle el beso pedido para poder ganar su lealtad, ya que Valentín vive "en función de una lucha política" y "los placeres de los sentidos" solamente o siempre "son secundarios" para él (33).
- Valentín no puede reprimirse más e imagina que está con Marta mientras tiene relaciones sexuales con Molina. Es por eso que siempre le pide a Molina que no hable y que esté callado durante el sexo.
- Valentín llega a aceptar a Molina como él mismo se autodefine, como "mujer"; Valentín no cambia su propia orientación sexual, solo cambia el género que le asigna a Molina, ahora "la mujer araña".
- Valentín descubre su bisexualidad o vuelve a un estado de "perversidad polimorfa", creyendo que "el sexo es la inocencia misma".
- Se explica la relación sexual entre Molina y Valentín de acuerdo con la información dada en las últimas notas de pie, ya que hay cierto paralelismo entre las luchas de liberación de clases y las de liberación sexual.
- Se explica la relación sexual entre Molina y Valentín de acuerdo con la trama de una de las películas narradas por Molina: *dos cuerpos hermosos el uno para el otro, porque se quieren y ya no se ven sino el alma*".

7. ¿Quiere Puig que diferenciemos entre la identidad de género y la orientación sexual? ¿Debemos ver a Molina como un transgénero, es decir, alguien que no se identifica con o no se presenta como el género que fue asignado al nacer? ¿Debemos entender a Molina como un hombre homosexual o una mujer heterosexual? ¿Cómo ve él a sí mismo? ¿Cómo lo ve Valentín?

8. ¿Crees que la relación sexual entre los dos protagonistas simboliza un ejemplo de aceptación y liberación por parte de los dos, o muestra un acto de manipulación y traición de parte de uno de los dos? Explica tu respuesta con ejemplos concretos de la novela.

9. Examina la idea de Valentín sobre la celda como una "isla desierta": "En cierto modo estamos perfectamente libres de actuar como queremos el uno respecto al otro, ¿me explico? Es como si estuviéramos en una isla desierta. Una isla en la que tal vez estemos solos años. Porque, sí, fuera de la celda están nuestros opresores, pero adentro no. Aquí nadie oprime a nadie" (206). ¿En qué otros momentos en la novela se

mencionan "islas"? ¿Es una buena metáfora? ¿En qué sí y en qué no? ¿Cómo es diferente el uso del verbo "actuar" por parte de Valentín en esta cita?

10. Comenta las acciones de Molina después de salir a la calle. ¿Por qué se queda siempre Molina "largo rato mirando" "hacia el noroeste" (275, 270)? ¿Por qué retira Molina del Banco "todos sus ahorros" y por qué deja "un sobre lacrado a nombre de su madre" con "el dinero retirado" (278)? ¿Presiente Molina su muerte inminente?

11. ¿Cómo interpretas la muerte de Molina? El Informe dice que "[l]a impresión de Vásquez y de los integrantes de la patrulla, por el desarrollo de los acontecimientos, es que los extremistas prefirieron eliminar a Molina para que no pudiese confesar. Además, la acción previa del procesado concerniente a su cuenta bancaria, indica que él mismo temía que algo le podía suceder. Más aún, si estaba a sabiendas de que era vigilado, su plan, en caso de ser sorprendido en actitud comprometida por las fuerzas del CISL, pudo haber sido uno de los dos siguientes: o pensaba escapar con los extremistas, o estaba dispuesto a que éstos lo eliminaran" (279). Valentín ofrece su explicación: "*que fue culpa mía, y que estoy muy triste, pero que no hay que ponerse triste porque el único que sabe es él, si estaba triste o estaba contento de morirse así, sacrificándose por una causa buena, eso solamente lo habrá sabido él, y ojalá [. . .], de veras lo deseo con toda mi alma, ojalá se haya muerto contento*" (284-285). Marta, aunque solamente una voz imaginaria en la mente de Valentín, ofrece otra interpretación: "*yo creo que se dejó matar porque así se moría como la heroína de una película, y nada de eso de una causa buena*" (285). ¿Qué opinas de cada explicación dada? ¿Puedes añadir otras explicaciones? ¿Quiere morirse Molina? ¿Quiere ser mártir? ¿Interpretas la muerte de Molina como "una actuación", o como "una acción"; es decir, como *performance*, o como política?

12. Sabemos que torturaron a Valentín y que se encuentra en "primeros auxilios" de la Penitenciaría (281). Tiene heridas y "quemaduras de tercer grado" (281); ha estado tres días sin comer; ha recibido "golpes" que "son de no creer" (281). El enfermero se refiere a los torturadores como "animales" y "bestias" (281). ¿Qué comentario político o social hace Puig en esta parte de la novela? ¿Simpatiza Puig con Valentín y su causa? ¿Quiere el autor que los lectores simpaticen con Valentín?

13. Analiza el final de la novela. ¿Cómo intercambia Valentín las figuras de Marta y Molina? ¿Cómo mezcla elementos de ficción y realidad? ¿Por qué termina la novela aquí? ¿Muere Valentín de sus heridas y/o de la dosis de morfina? Recuerda que Valentín tiene la sensación de que el enfermero lo "*está llevando por un túnel larguísimo hasta una salida [. . . y]*

*que al fondo se ve una luz*" (282). ¿Simplemente deja de soñar a mitad de "*este sueño* [. . .] *corto pero* [. . .] *feliz*", aunque sigue vivo y dormido en la cárcel (287)? ¿Cómo y por qué ofrece Puig otro "*final enigmático*" a su novela (285)?

14. ¿Qué importancia tiene el título de la novela y sus dos términos principales: "el beso" y "la mujer araña"? Examina las varias descripciones de Molina como "la mujer araña, que atrapa a los hombres en su tela" (265). ¿Es una buena metáfora para describir a Molina? ¿En qué sí o no? Nota también que cuando Molina está narrando una película a Valentín, le dice: "Esperate que perdí el hilo" (176). ¿Cómo es el acto de narrar semejante al acto de tejer? ¿Captura Molina a Valentín en una telaraña de ficciones? ¿Cuál es la importancia del "beso"? ¿Tiene un sentido fatal o de "conversión", como en la primera película narrada, o tiene connotaciones más positivas?

## ANÁLISIS TEXTUAL

Comenta la importancia de las siguientes citas de la novela. Presta atención especial a las partes subrayadas.

1. —No sé si me entendés . . . pero <u>aquí estamos los dos solos</u>, y <u>nuestra relación</u>, ¿cómo podría decirte?, <u>la podemos moldear como queremos</u>, <u>nuestra relación no está presionada por nadie</u>. [. . .] En cierto modo <u>estamos perfectamente libres de actuar como queremos el uno respecto al otro</u>, ¿me explico? <u>Es como si estuviéramos en una isla desierta</u>. Una isla en la que tal vez estemos solos años. Porque, <u>sí, fuera de la celda están nuestros opresores, pero adentro no. Aquí nadie oprime a nadie</u>. Lo único que hay, de perturbador, para <u>mi mente . . . cansada, o condicionada o deformada . . .</u> es que alguien me quiere tratar bien, sin pedir nada a cambio. (206)

2. <u>El niño</u>, en el momento que <u>decide no adherirse al mundo que le propone ese padre</u>—la práctica con armas, los deportes violentamente competitivos, el desprecio de la sensibilidad como atributo femenino, etc.—, <u>está tomando una determinación libre, y más aún, revolucionaria</u>, puesto que <u>rechaza el rol del más fuerte, del explotador</u>. Ahora bien, ese niño no podrá vislumbrar en cambio que la civilización occidental, aparte del mundo del padre, <u>no le proporcionará otro modelo de conducta</u>, en esos primeros años peligrosamente decisivos—de los 3 a los 5 años sobre todo—<u>que el de su madre</u>. <u>El mundo de la madre</u>— la ternura, la tolerancia, las artes—<u>le resultará mucho más atractivo,</u>

sobre todo, por la ausencia de agresividad; <u>pero el mundo de su madre,
y aquí es donde <u>la intuición del niño fallaría</u>, es también el <u>de la sumi-
sión</u>, puesto que ella forma pareja con un hombre autoritario, <u>el cual
sólo concibe la unión conyugal como una subordinación de la mujer al
hombre</u>. (209-210)

3. —[. . .] Y eso nunca puede ser, <u>porque un hombre . . . lo que quiere es
una mujer</u>.

—¿Y todos los homosexuales son así?

—No, <u>hay otros que se enamoran entre ellos</u>. <u>Yo y mis amigas somos
mu-jer</u>. Esos jueguitos no nos gustan, ésas son cosas de homosexuales.
<u>Nosotras somos mujeres normales que nos acostamos con hombres</u>.
(207)

4. —¿Es acá que te duele?

—Sí . . .

—¿No te puedo acariciar?

—Sí . . .

—¿Acá?

—Sí . . .

—¿Te hace bien?

—<u>Sí . . . me hace bien</u>.

—<u>A mí también me hace bien</u>.

—¿De veras?

—Sí . . . qué descanso . . .

—¿Por qué descanso, Valentín?

—Porque . . . no sé . . .

—¿Por qué?

—<u>Debe ser porque no pienso en mí . . .</u>

—<u>Me hacés mucho bien . . .</u>

—Debe ser porque <u>pienso en que me necesitás, y puedo hacer algo
por vos</u>.

—Valentín . . . <u>a todo le buscás explicación . . .</u> qué loco sos . . .

—<u>Será que no me gusta que las cosas me lleven por delante . . . quiero
saber por qué pasan las cosas</u>.

—Valentín . . . ¿puedo yo tocarte a vos?

—Sí . . .

—Quiero tocarte . . . ese lunar . . . un poco gordito, que tenés arriba de
esta ceja.

—. . .

—¿Y así puedo tocarte?

—. . .

—¿Y así?

—. . .

—¿No te da asco que te acaricie?

—No . . .

—Sos muy bueno . . .

—. . .

—De veras sos muy bueno conmigo . . .

—No, sos vos el bueno. (219-220)

5. —Yo tampoco quiero pensar en nada, y voy a estudiar. Con eso me salvo.

—¿Te salvás de qué? . . . , ¿de arrepentirte de lo que pasó?

—No, yo no me arrepiento de nada. Cada vez me convenzo más de que el sexo es la inocencia misma. (224)

6. —Molina, hay una cosa que me gustaría preguntarte.

—¿Cuál?

—Es complicada. Bueno . . . es esto: vos, físicamente sos tan hombre como yo . . .

—Uhm . . .

—Sí, no tenés ningún tipo de inferioridad. ¿Por qué entonces, no se te ocurre ser . . . actuar como hombre? No te digo con mujeres, si no te atraen. Pero con otro hombre.

—No, no me va . . .

—¿Por qué?

—Porque no.

—Eso es lo que no entiendo bien . . . Todos los homosexuales, no son así.

—Sí, hay de todo. Pero yo no, yo . . . no gozo más que así.

—Mirá, yo no entiendo nada de esto, pero quiero explicarte algo, aunque sea a los tropezones, no sé . . .

—Te escucho.

—Quiero decir que si te gusta ser mujer . . . no te sientas que por eso sos menos.

—. . .

—No sé si me entendés, ¿qué te parece a vos?

—. . .

—Quiero decirte que no tenés que pagar con algo, con favores, pedir perdón, porque te guste eso. No te tenés que . . . someter.

—Pero si un hombre . . . es mi marido, él tiene que mandar, para que se sienta bien. Eso es lo natural, porque él entonces . . . es el hombre de la casa.

—No, el hombre de la casa y la mujer de la casa tienen que estar a la par. Si no, eso es una explotación.

—Entonces no tiene gracia.

—¿Qué?

—Bueno, esto es muy íntimo, pero ya que querés saber . . . <u>La gracia está en que cuando un hombre te abraza . . . le tengas un poco de miedo.</u>

—<u>No, eso está mal.</u> Quién te habrá puesto esa idea en la cabeza, <u>está muy mal eso.</u>

—Pero yo lo siento así.

—<u>Vos no lo sentís así, te hicieron el cuento del tío los que te llenaron la cabeza con esas macanas. Para ser mujer no hay que ser . . . qué sé yo . . . mártir.</u> Mirá . . . si no fuera porque debe doler mucho te pediría que me lo hicieras vos a mí, para demostrarte que eso, <u>ser macho, no da derecho a nada.</u> (246-247)

7. —Mañana me voy.

—¿De la celda?, . . . qué macana.

—No, <u>me dejan salir, en libertad.</u>

—No . . .

—Sí, <u>me dieron la libertad provisional.</u>

—Pero es una maravilla . . .

—No sé . . .

—Pero no es posible . . . ¡<u>es lo más genial que te podía pasar</u>!

—Pero ¿y vos? . . . Te vas a quedar solo.

—No, no es posible, <u>tal golpe de suerte</u>, ¡Molinita!, es genial, genial . . . Decime que es cierto, ¿o me estás cachando?

—No, de veras.

—Es genial.

—<u>Sos muy bueno de alegrarte tanto por mí.</u>

—<u>Sí, me alegro por vos, pero también por otra cosa . . . ¡esto es fabuloso!</u>

—¿Por qué?, qué tiene de tan fabuloso . . .

—Molina, <u>vos vas a servirme para algo fabuloso, y te aseguro que no vas a correr ningún riesgo.</u>

—¿Qué es?

—Mirá . . . en estos últimos días se me ocurrió <u>un plan de acción extraordinario</u>, y me moría de bronca pensando que no se lo podía pasar a mi gente. Me devanaba los sesos buscando una solución, . . . y <u>vos me la servís en bandeja.</u>

—No, Valentín. <u>Yo no sirvo para eso, vos estás loco.</u>

—Escuchame un momentito. Va a ser fácil. Vos te lo memorizás todo, y basta. Con eso ya está.

—No, vos estás loco. A mí me pueden seguir, cualquier cosa, para ver si no estoy en combinación con vos.

[. . .]

—Valentín, te lo ruego. <u>No quiero saber una palabra de nada</u>. Ni dónde están, ni quiénes son, nada.

[. . .]

—<u>Yo no voy a pasar el mensaje</u>. (254-259)

8. —<u>Qué final más enigmático</u>, ¿verdad?

—No, <u>está bien, es lo mejor de la película</u>.

—¿Y por qué?

—Quiere decir que <u>aunque ella se haya quedado sin nada, está contenta de haber tenido por lo menos una relación verdadera en la vida, aunque ya se haya terminado</u>.

—Pero ¿<u>no se sufre más, después de haber sido feliz y quedarse sin nada</u>?

—Molina, hay una cosa que tener muy en cuenta. <u>En la vida del hombre, que puede ser corta y puede ser larga, todo es provisorio. Nada es para siempre</u>. (263)

9. *yo en la celda <u>no puedo dormir</u> porque <u>él me acostumbró a contarme todas las noches películas, como un arrorró, y si alguna vez salgo en libertad no lo voy a poder llamar e invitarlo a una cena, él que me invitó tantas veces</u>* (285)

10. *está atrapada, en una tela de araña, o no, la telaraña le crece del cuerpo de ella misma, de la cintura y las caderas le salen los hilos, es parte del cuerpo de ella, <u>unos hilos peludos como sogas que me dan mucho asco, aunque tal vez acariciándolos sean tan suaves como quien sabe qué</u>, pero me da impresión tocarlos, «¿no habla?», no, está llorando, o no, está sonriendo pero <u>le resbala una lágrima por la máscara</u>, «¿una lágrima que brilla como un diamante?», sí, <u>y yo le pregunto por qué es que llora</u> y en un primer plano que ocupa toda la pantalla al final de la película <u>ella me contesta que es eso lo que no se sabe, porque es un final enigmático, y yo le contesto que está bien así, que es lo mejor de la película porque significa que . . . y ahí ella no me dejó seguir, me dijo que yo quería encontrarle explicación a todo</u>* (285-286)

### TEMAS PRINCIPALES

1. Escribe un ensayo en el que expliques la importancia de uno de los siguientes temas en la novela *El beso de la mujer araña*. Como evidencia, cita partes del texto y da ejemplos específicos.

   a. El encarcelamiento frente a la libertad y/o la liberación

   b. La intersección de libertad sexual y libertad política; la relación entre la identidad sexual y política; la relación entre el placer y el poder

   c. La realidad y la ficción, la acción y la actuación

    d. La lealtad y la traición
    e. La relación entre el yo y el otro; la "molinización" de Valentín y la "valentinización" de Molina
2. Discute o debate cuál de los temas anteriores es más importante en la novela y por qué.

## CRÍTICA LITERARIA

Lee las siguientes interpretaciones de varios críticos literarios sobre la novela *El beso de la mujer araña* de Puig. Decide si estás **de acuerdo** o **en desacuerdo** con cada interpretación dada. Cita un ejemplo textual o un pasaje directo de la obra para **apoyar** o **refutar** cada interpretación dada.

### La destrucción de los binarismos y el encuentro con el "otro"
*Crítico A*
"Atrapado en la cárcel del lenguaje, el diálogo entre los dos prisioneros se produce como la búsqueda del 'Otro'. Y el encuentro de ese otro se da, irónicamente, en la interioridad del mismo personaje que busca. Es decir, que el encuentro del Otro, es un simple rebotar sobre sí mismo [. . .] El otro, la antítesis, lo que constituye la diferencia [. . .] está dentro de uno mismo". (Cuervo Hewitt 53)

*Crítico B*
"Molina experimenta cierta politización en las acciones, aunque lo haga, asimismo, por amor igual que las heroínas de las películas que narra a Valentín; y Valentín, a su vez, logra alcanzar un espacio discursivo menos sometido al poder y, aún mejor, más adherido al espacio imaginario del fantaseo (que Molina lo enseñó a buscar), donde a lo mejor puede protegerse de la violencia simbólica o física que lo amenaza, y puede ayudarlo a soportar los dolores de la prisión y de la tortura en la cárcel". (Alves)

*Crítico C*
"Puig ataca las ideologías binarias prevalentes en la sociedad occidental, y específicamente en la sociedad argentina. Según Puig, estas oposiciones binarias favorecen inevitablemente a una mitad de la dicotomía y perjudican a la otra mitad. Por eso, su novela no invierte la dicotomía, sino que aboga por un sistema de multiplicidad infinita, en el cual la relación opresor/oprimido queda inválida. [. . .] Una vez que la unión física entre Valentín y Molina ocurre, la unión de las otras jerarquías también sucede: opresor/oprimido,

conservador/revolucionario, heterosexual/homosexual, realidad/fantasía, etc. El próximo paso es la divulgación de cada jerarquía como una construcción totalmente indefinible y desplazada". (Drozdo 30, 33-34, traducción mía)

### Crítico D
"En Molina no hay rebelión, hay resignación y culpa, Valentín acaba dando un paso más allá, entendiendo la homosexualidad no como perversión sino como una opción sexual más, que no debe estar sometida a marginación o condena". (Sánchez Garrido)

### Tu propia interpretación
Escribe tu propia interpretación de *El beso de la mujer araña* respecto al tema de la destrucción de los binarismos y el encuentro con el "otro".

## La función de las notas de pie
### Crítico A
"Poco a poco, el propósito de las notas de pie se aclara, dado que diagnosticar las causas de la homosexualidad nos lleva a otro conjunto de problemas: el entender la represión como la base de la sociedad y la exigencia de conformarse en todos los niveles con la ideología de la sociedad". (Boling 80, traducción mía)

### Crítico B
"Las ideas de Taube/Altman sobre la revolución sexual y la perversidad polimorfa permiten el enredo entre Molina y Arregui y el cambio de papeles a través de la novela: la lectura de lo de 'abajo' de la página altera lo de 'arriba'. En este juego de 'arriba' y 'abajo' hay una inversión interesante de roles: si la figura activa (hombre, arriba, 'lector cómplice') normalmente somete a la figura pasiva (mujer, abajo, 'lector hembra'), Puig usa las notas e inventa la autoridad de la doctora Taube para desestabilizar este patrón". (Balderston 223-224, traducción mía)

### Crítico C
"Las notas de pie deben afectar también como los lectores reaccionan a las fuerzas políticas que determinan la encarcelación y la tortura de Valentín y la marginación social de Molina. [. . .] Por eso, la polifonía discursiva funciona dentro de la acción de la novela—dentro de las notas de pie y entre las notas y el texto principal—para sugerir que la represión política y la represión sexual son dos aspectos de las mismas condiciones sociales". (Dunne 128-129, traducción mía)

*Tu propia interpretación*
Escribe tu propia interpretación de *El beso de la mujer araña* respecto al tema de la función de las notas de pie.

## Molina como "hombre homosexual" o "mujer heterosexual"
*Crítico A*
"El problema, en mi opinión, es que Molina es tan homosexual como heterosexual. Por un lado, Molina (como homosexual) se distingue de la 'masculinidad correcta' asignada a los hombres, pero también cumple con la 'feminidad correcta' de forma coherente a través de la novela. [. . .] Términos como 'heterosexual' y 'homosexual' resultan no tener la profundidad o complejidad necesaria para considerar a una figura como Molina. [. . .] Es importante reconocer que *El beso de la mujer araña* incomoda e inquieta la fijeza de género. [. . .] De hecho, en la novela de Puig podemos contemplar la feminidad del hombre". (Allan 75-76, 84, traducción mía)

*Crítico B*
"Prefiero el uso de transgénero [para describir a Molina], porque es un término más preciso para discutir personajes que realmente se identifican como mujeres interesadas en tener relaciones con hombres, en vez de identificarse como hombres atraídos a otros hombres". (Burke 291, traducción mía).

*Crítico C*
"[*El beso de la mujer araña*] denuncia la dominación patriarcal-heterosexista que controla los cuerpos en el terreno de lo público (masculino) mediante el aparato político coercitivo, y la dominación moral-sexual, que controla el cuerpo y la conciencia de él en el terreno de lo íntimo (femenino), a través de las normas de hecho escritas en la cultura y en las representaciones mentales de las personas. Los cuerpos en su dimensión pública, sujetos por las estructuras políticas, no son liberados (Molina muere, Valentín es torturado), pero las conciencias y los cuerpos en su dimensión sexual, sí: Molina es amado como una mujer, Valentín lleva su conciencia sexual (también conciencia política) al nivel de la práctica sexual". (Escobar Vera 29-30).

*Tu propia interpretación*
Escribe tu propia interpretación de *El beso de la mujer araña* respecto al tema de Molina como "hombre homosexual" o "mujer heterosexual".

**A NIVEL PERSONAL**

Discute los siguientes temas con un compañero de clase. Prepárense para compartir sus ideas con los demás compañeros de clase.

1. Si tuvieras que compartir una celda con alguien, ¿a quién elegirías y por qué? ¿Escogerías la misma persona para acompañarte en una "isla desierta"? ¿Por qué sí o no? Si solamente pudieras elegir entre Molina o Valentín, ¿a quién elegirías para cada lugar (celda, isla) y por qué?

2. De las películas narradas en la novela, ¿cuál te gustaría ver más y por qué?

3. ¿Cómo ha cambiado el tratamiento de los homosexuales y los transgéneros en las últimas décadas? ¿Cómo ha cambiado el tratamiento de los marxistas en las últimas décadas? ¿Cómo serían tratados los dos protagonistas hoy en día? ¿Estarían encarcelados? ¿Serían aceptados por la sociedad?

# Capítulo 17

# *Fresa y chocolate* (1993) de Tomás Gutiérrez Alea y Juan Carlos Tabío

## TOMÁS GUTIÉRREZ ALEA

Tomás Gutiérrez Alea, conocido como "Titón", nació en La Habana, Cuba, en 1928. Hijo de una familia acomodada, Gutiérrez Alea se licenció en Derecho en la Universidad de La Habana en 1951 y luego estudió cine en el *Centro Sperimentale de Cinematographia*, en Roma, hasta graduarse en 1953. Titón colaboró con otros cineastas cubanos fundando el Instituto Cubano de Arte e Industria Cinematográficos (ICAIC) tras el triunfo, en 1959, de la Revolución cubana liderada por Fidel Castro. El ICAIC se formó como colectivo de cineastas que usaron sus obras para difundir el pensamiento revolucionario a las masas. El influyente cineasta cubano escribió y dirigió más de 20 largometrajes, documentales y cortos, los más famosos siendo  *Muerte de un burócrata* (1966), *Memorias del subdesarrollo* (1968), *La última cena* (1976), *Fresa y chocolate* (1993) y *Guantanamera* (1995). Gutiérrez Alea codirigió estas últimas dos películas con Juan Carlos Tabío, debido al deterioro de la salud de Gutiérrez Alea por cáncer del pulmón. Gutiérrez Alea mantuvo a lo largo de su carrera un doble interés en apoyar la Revolución y en criticar los elementos negativos en Cuba. El director cubano explicó en una entrevista que "la crítica es necesaria porque es la única manera de desarrollarnos. [. . .] No autocriticarnos es el mejor regalo que podemos hacer al enemigo, y yo no estoy dispuesto a darlo" (Campa). En este sentido, Gutiérrez Alea se considera a sí mismo como alguien que hace crítica dentro de la revolución. El conocido director murió de cáncer a la edad de 67 años, en 1996.

### JUAN CARLOS TABÍO

Juan Carlos Tabío nació en La Habana en 1943. Guionista, escritor, director y profesor de cine, Tabío insiste que entró por casualidad en el mundo del cine ("Juan Carlos Tabío"). Inicialmente estudió política y tenía prevista una carrera diplomática, cuando en 1961 una amiga de la familia le ofreció un trabajo como ayudante de producción en el ICAIC. Le gustó y más adelante llegó a trabajar como asistente de dirección y eventualmente como director o codirector de más de 30 documentales y películas, incluyendo *Fresa y chocolate* (1993) y *Guantanamera* (1995)—ambas de las cuales codirigió con Gutiérrez Alea—y *Lista de espera* (2000) y *7 Días en La Habana* (2012), que dirigió en solitario. A Tabío le gusta explicar que se hizo director de cine "por un golpe de suerte" ( citado en "Juan Carlos Tabío: Director de Cine"). Además, Tabío enseñó cursos en cine en la Escuela Internacional de Cine y Televisión, en San Antonio de los Baños, Cuba, entre 1989 y 1990. En general, las obras de Tabío mezclan humor y comentario social.

La película *Fresa y chocolate* ganó el Premio Goya a la "mejor película extranjera de habla hispana" en 1995 y fue nominada a un Premio Óscar para la "mejor película de habla no inglesa" en 1994. Ganó el Premio de Oso de Plata en el Festival de Berlín en 1994. En el Festival Internacional del Nuevo Cine Latinoamericano de La Habana, *Fresa y chocolate* recibió varios premios, entre ellos mejor actor (Jorge Perugorría, quien interpretó el papel de Diego), mejor actriz (Mirtha Ibarra, quien interpretó el papel de Nancy), mejor director (Tomás Gutiérrez Alea y Juan Carlos Tabío) y mejor guión (Tomás Gutiérrez Alea y Senel Paz).

### ANTES DE VER LA PELÍCULA

Discute las siguientes preguntas con un compañero de clase:

1. ¿Has tenido alguna vez una fuerte amistad con alguien que considerabas muy diferente a ti? Comenta las diferencias y cómo afectaron a la amistad. ¿Qué aprendiste de tu amigo/a y qué aprendió tu amigo/a de ti?

2. ¿Qué estudias? ¿Por qué? ¿Es más importante estudiar algo que sea útil a la sociedad, o algo que te interese? Explica tu respuesta.

3. ¿Has sentido discriminación alguna vez por tu religión, tu ideología política, tu orientación sexual, tus gustos artísticos, tus estudios o tu trabajo? ¿Has discriminado a otro por ser diferente? ¿Te consideras una persona tolerante?

### PARA ORIENTAR AL ESPECTADOR

*Fresa y chocolate* (1993) se sitúa en La Habana, Cuba, en el año 1979. La película narra el desarrollo de una fuerte amistad entre dos hombres aparentemente opuestos: David, heterosexual y ateo, y Diego, homosexual y religioso. Los dos protagonistas insisten en que aman su nación natal, aunque han tenido experiencias muy diferentes con el comunismo cubano. David, a pesar de ser de una familia campesina, ha podido mudarse a la capital y estudiar en la universidad gracias a la Revolución, pero Diego ha tenido "problemas con el Sistema" debido a su orientación sexual y sus ideas artísticas y religiosas.

Mientras ves la película, debes fijarte en los siguientes temas y conceptos:

- la (in)tolerancia de lo diferente o del otro
- la necesidad de libertad sexual, artística, cultural, religiosa, de expresión, etc.
- lo positivo y lo negativo del comunismo cubano; el futuro imaginado o deseado para Cuba
- el insilio (exilio interno) y el exilio

### FRESA Y CHOCOLATE

Ve la película *Fresa y chocolate* antes de continuar con los ejercicios.

### DE RELEVANCIA PARA LA PELÍCULA

La película *Fresa y chocolate* es una adaptación fílmica de dos cuentos y un guión de cine escritos por Senel Paz. La fuente principal es "El lobo, el bosque y el hombre nuevo" (1990), un cuento que también narra la creciente amistad entre David y Diego. Hay también en el film elementos del cuento corto "No le digas que la quieras", en el cual Paz introduce los personajes de Vivian y David. La figura de Nancy surgió del guión que escribió Paz para la película *Adorables mentiras* (1992) del director Gerardo Chijona. Gutiérrez Alea colaboró con Paz en convertir estos textos escritos en el guión de *Fresa y chocolate*, película que codirigió con Juan Carlos Tabío.

Después de la Revolución, aumentó la homofobia en Cuba. (Los datos de este párrafo están tomados de *Wikipedia:* "Homosexualidad en Cuba".) Los comunistas llegaron a considerar a los homosexuales como "una amenaza para el orden militar" y "una desviación incompatible con la Revolución". En una entrevista de 1965, Fidel Castro declaró: "No podemos llegar a creer que un homosexual pudiera reunir las condiciones y los requisitos de conducta que nos permitirían considerarlo un verdadero revolucionario, un verdadero militante comunista. Una desviación de esta naturaleza está en contradicción con el concepto que tenemos sobre lo que debe ser un militante comunista" (citado en Noragueda). Dado que en la Cuba posrevolucionaria se celebraba el machismo y el concepto viril y militante del "hombre nuevo" de Ernesto "Che" Guevara, se llegó a marginar a los homosexuales por no seguir estos ideales de masculinidad. Así se institucionalizó la homofobia en la isla. Muchas personas homosexuales "fueron detenidas, especialmente hombres afeminados, sin cargos ni procesos". Estas personas fueron enviadas a campos de trabajo forzado conocidos como Unidades Militares de Ayuda a la Producción (UMAP) entre 1965 y 1968. Estos campos de trabajo eran una alternativa al servicio militar para "marginados" o "antisociales": los llamados "contrarrevolucionarios" que incluyeron objetores de conciencia, religiosos y homosexuales. Las UMAP tuvieron la intención de "rehabilitar" y "reeducar" a los participantes. En los años 1970, se adoptaron medidas discriminatorias en contra de la comunidad LGBT y se echaron a los homosexuales del Partido Comunista. A pesar de las promesas socialistas de una sociedad igualitaria, no hubo libertad sexual ni justicia social para la comunidad LGBT durante las dos primeras décadas del socialismo en Cuba. En 1975, sin embargo, el Tribunal Supremo Popular "anuló las leyes que ordenaban excluir a los homosexuales de los empleos vinculados con la educación y la cultura". En 1979, año en el que se sitúa la película *Fresa y chocolate*, se despenalizaron las relaciones entre personas del mismo sexo. No obstante, muchos homosexuales cubanos "fueron expulsados o se les dio la oportunidad de dejar el país durante el éxodo del Mariel de 1980 [como] una manera de depurar la sociedad socialista cubana. A algunos homosexuales se les dio el ultimátum de salir del país o ser encarcelados". Después del éxodo del Mariel, hubo una liberalización gradual en el tratamiento de los homosexuales durante las tres próximas décadas. En los 2010, Cuba hizo grandes avances en el reconocimiento de la comunidad LGBT. La activista Mariela Castro, sobrina de Fidel e hija de Raúl Castro, trabajó como directora del *Centro Nacional de Educación Sexual de Cuba (CENESEX)* y de la revista *Sexología y Sociedad*, en La Habana, y abogó por los derechos de los homosexuales y las personas LGTB en Cuba. En 2013, el Partido Comunista de Cuba estableció que "es un deber de sus militantes oponerse a cualquier conducta que sea discriminatoria por motivo de orientación sexual". Fidel Castro mismo cambió drásticamente sus ideas sobre los homosexuales. En una entrevista realizada por la periodista Carmen Lira Saade en 2010, Fidel dijo que la persecución a los homosexuales durante las décadas anteriores había sido "una gran injusticia" y admitió: "si alguien es responsable, soy yo" (Saade).

Además de la discriminación hacia los homosexuales en las primeras décadas del castrismo, es importante notar también el tratamiento perjudicial de los religiosos en Cuba. Después de la Revolución, Cuba restringió la práctica religiosa al imponer varias restricciones a la libertad religiosa y al declarar el Gobierno y el Estado oficialmente ateos, fiel a su carácter marxista-leninista ("Religión en Cuba"). Castro empezó su ataque contra la religión con la nacionalización de las escuelas privadas, ya que gran parte de ellas eran propiedad de las iglesias. Luego inició la suspensión total de los programas religiosos de radio y televisión. Prohibió las procesiones y manifestaciones públicas de religiosidad. Como consecuencia, hubo un éxodo voluntario de muchos líderes religiosos y un gran destierro de la mayoría del prelado. Además, la encarcelación de algunos líderes religiosos y la puesta en marcha de las UMAP para los religiosos contribuyeron a la decisión de muchos creyentes a ocultar su fe como resultado de la persecución. Ser religioso podía impedir a alguien formar parte del Partido Comunista, entrar en las mejores escuelas o estudiar ciertas carreras universitarias. No obstante, la Constitución estableció en 1976 la separación entre Iglesia y Estado y aseguró el carácter laico del país. A partir de 1991, tras el derrumbe de la Unión Soviética, el Partido Comunista permitió la entrada de religiosos en sus filas. En 1992, la Constitución fue enmendada para quitar la definición de Cuba como un Estado basado en el marxismo-leninismo, y se añadió el Artículo 42, el cual prohíbe la discriminación sobre la base de las creencias religiosas ("Religión en Cuba").

La película aborda no solo los problemas con el tratamiento de homosexuales y religiosos, sino también el tema de la censura y las limitaciones artísticas y de expresión en Cuba. En su discurso dirigido a los intelectuales cubanos en junio de 1961, Fidel Castro dijo que "dentro de la Revolución, todo; contra la Revolución, nada" ("Discurso"). En el mismo discurso hizo la pregunta retórica: "¿Cuáles son los derechos de los escritores y de los artistas, revolucionarios o no revolucionarios?", y respondió de forma parecida: "Dentro de la Revolución, todo; contra la Revolución, ningún derecho", así limitando la libertad y creatividad de los artistas e intelectuales en la isla.

*Fresa y chocolate* propone hacer una crítica desde el interior, aunque juega con las fronteras entre lo que está dentro o en contra de la Revolución y entre lo que está sancionado o prohibido por la Revolución.

## TRAMA

1. ¿Cómo evoluciona la amistad entre David y Diego a través de la película? Intenta nombrar o caracterizar las fases de su relación.
2. La mayoría de las escenas transcurren en espacios interiores, sobre todo en "la guarida", el apartamento de Diego, aunque también en los hogares de Nancy, David y Miguel o en el aula de un centro docente de la universidad. Hay pocas escenas en espacios exteriores. Comenta la contraposición de estos espacios cerrados y abiertos en la película y cómo *Fresa y chocolate* yuxtapone lo público y lo privado en el desarrollo de su trama.
3. ¿Cuál es el propósito y el efecto de comenzar la película con una escena entre David y Vivian en el hotel, seguida por otra escena de la boda de Vivian? ¿Cómo ayudan estas escenas iniciales con la caracterización de David o el establecimiento de temas centrales de la obra? Nota que el cuento corto "El lobo, el bosque y el hombre nuevo" de Senel Paz, en el que se basa la película, no incluye estas escenas iniciales.

## PERSONAJES

1. Haz una comparación de David y Diego, rellenando la tabla con por lo menos seis rasgos importantes de cada personaje.

| David | Diego |
|---|---|
|  |  |

2. Compara tu lista con la de otro compañero de clase. Discute las semejanzas y diferencias entre los dos protagonistas, sobre todo con respecto a sus edades, orígenes socioeconómicos, fondos educativos, conocimientos culturales, ideologías políticas, creencias religiosas, vocaciones, orientaciones sexuales, experiencias amorosas, experiencias personales con la Revolución, opiniones personales del comunismo en Cuba, etc.

3. Comenta la importancia de cada uno de estos personajes secundarios: Vivian, Nancy y Miguel. ¿Cómo ayudan a avanzar la trama? ¿Qué contribuyen a la película y al desarrollo de los dos personajes principales?

4. ¿Es posible analizar la ciudad de La Habana como una especie de "personaje" en la obra? ¿En qué sí y en qué no?

### NARRACIÓN FÍLMICA Y TÉCNICAS CINEMATOGRÁFICAS

1. *Fresa y chocolate* es una adaptación cinematográfica del cuento corto "El lobo, el bosque y el hombre nuevo" de Senel Paz. En el cuento de Paz, David ofrece una narración en primera persona. ¿Está narrada la película *Fresa y chocolate* desde la perspectiva de David? ¿En qué sí o no? ¿Es David el narrador de la película, o es David el objeto de la narración? ¿Es el narrador de la película homodiegético o heterodiegético? ¿Es omnisciente o limitado? ¿Es objetivo o subjetivo?

2. Hay varias escenas en la película que incluyen la técnica de "voz en *off*" o "voz de fondo", es decir, que incluyen los pensamientos de David sin que él esté hablando directamente. ¿Cuál es el efecto de esta técnica y cómo contribuye a establecer los pensamientos internos de David? ¿Cuáles son los temas centrales de estas narraciones en "voz en *off*"?

3. El cuento de Senel Paz "El lobo, el bosque y el hombre nuevo" presenta una narración retrospectiva, ya que David cuenta retrospectivamente la historia de su amistad con Diego y narra desde un momento posterior al exilio de Diego. ¿Cómo es distinta la versión cinematográfica? ¿Hay un elemento retrospectivo en la película? ¿Hay momentos de nostalgia hacia un pasado (perdido)?

### INTERPRETACIÓN

1. ¿Por qué tiene Diego tanto interés en David inicialmente? ¿Qué es lo que quiere Diego de David al principio? ¿Cómo cambian los intereses y las motivaciones de Diego hacia David a través de la película?

2. ¿Cómo se siente David después de su primer encuentro con Diego en la heladería y en el apartamento de Diego? ¿Por qué pasa David tanto tiempo con Diego? ¿Qué es lo que David quiere de Diego al principio? Considera su rol como "súper agente secreto" (29:34–29:36). ¿Cómo cambian los intereses y las motivaciones de David hacia Diego a través de la película?

3. Cuando David visita a Diego por primera vez, Diego le dice al entrar en su apartamento: "Bienvenido a la guarida. Este es un lugar donde no se

recibe a todo el mundo. Pasa. No te asustes" (14:29–14:34). La palabra "guarida" tiene dos significados: (1) cueva o lugar donde se recogen y guarecen los animales; (2) refugio, lugar oculto al que se acude para huir de peligro. ¿Cómo funciona el apartamento de acuerdo con estas dos definiciones? ¿Cuál es la importancia de "la guarida"? ¿Qué representa o simboliza?

4. ¿Por qué se ven Diego y David casi únicamente en "la guarida"? Recuerda que David le dice a Diego: "Me puedo venir aquí, pero . . .", y Diego le contesta: "Comprendo. Si te veo en la calle, no te conozco" (41:28–41:35). ¿Por qué no se saludan en público? ¿Cuándo se ven juntos fuera de la guarida?

5. La película *Fresa y chocolate* hace referencia repetitiva a las acciones contrarias de (1) ver, ser visto, mirar, vigilar, exhibir, mostrar, estar de guardia, etc. y (2) esconder, guardar, hacer desaparecer, ocultar, hacer callar, etc. Analiza la importancia de estos conceptos y comenta su significado en la obra. ¿Qué comentario hace la película sobre lo visto y lo no visto, lo exhibido y lo guardado, lo público y lo privado?

6. Antes de tener que expatriarse, ¿es posible decir que Diego ya vivía en el "insilio"? Insilio es un término definido como un "exilio interior" que experimentan aquellos que, aunque no han sufrido la cárcel o el destierro, padecen el terror de regímenes represivos y viven en una especie de aislamiento e incomunicación. ¿En qué sentido es la vida de Diego una especie de insilio? ¿En qué sentido no lo es?

7. ¿Qué comentario hace la película sobre el acceso a los bienes materiales, a la educación y a los trabajos? Según *Fresa y chocolate*, ¿cuáles son los beneficios e inconvenientes del castrismo?

8. ¿Qué comentario hace la película sobre la libertad de expresión o la libertad artística en Cuba? Según Diego, ¿cuál debe ser la función del arte? ¿Cómo se diferencian las ideas de Diego de las del Partido Comunista Cubano con respecto a la función del arte?

9. La película incluye muchas conversaciones y reflexiones sobre la sexualidad, tanto la homosexualidad como la heterosexualidad. ¿Cómo cambian las ideas de David sobre el sexo en general? ¿Cómo cambian las ideas de David sobre la homosexualidad y los homosexuales en concreto? ¿Cuál es la relación entre la identidad sexual y la identidad política o entre orientación sexual y orientación política en el film? Piensa en las ideas distintas de Diego, David, Miguel, Vivian y Nancy. ¿Qué dice la película sobre la relación entre orientación sexual y la habilidad o no de "ser revolucionario"?

10. Senel Paz insiste en que su cuento "El lobo, el bosque y el hombre nuevo" es sobre la intolerancia y no específicamente sobre la homosexualidad. ¿Qué diferentes tipos de tolerancia necesita la sociedad cubana según la versión cinematográfica? ¿Hay tolerancia ("respeto hacia las

opiniones o prácticas de los demás") entre David y Diego? ¿En qué sí y en qué no? ¿Cómo cambian los dos a través del film? ¿Quién cambia más? ¿En qué se basa la amistad entre los dos protagonistas? ¿Qué simboliza o representa su amistad?

11. Con el tiempo, David acepta a Diego como su "tutor" (1:11:56). ¿Qué le enseña Diego a David? ¿Aprende Diego también de David?

12. ¿Qué importancia tiene el almuerzo lezamiano que Diego prepara para David y Nancy? Comenta la importancia del escritor José Lezama Lima y de su libro *Paradiso* en esta obra.

13. Un tema central de la obra es quedarse o marcharse. Examina estas dos posibilidades y sus consecuencias para los dos protagonistas y para la visión de la nación cubana propuesta por la película.

14. ¿Qué causa o provoca el exilio de Diego? ¿Por qué se va de Cuba? ¿Cómo reacciona David a la noticia de Diego de que se va? ¿Es Diego un traidor? ¿Por qué no puede Diego seguir viviendo en Cuba? ¿Qué reacción solicita la película de sus espectadores con respecto al exilio de Diego?

15. Analiza el papel de la música en la película, sobre todo las referencias a dos canciones del pianista cubano Ignacio Cervantes: "Adiós a Cuba" y "Las ilusiones perdidas" (58:56–59:35).

16. ¿Consigue Diego en "convertir" a David sexualmente, políticamente, éticamente, culturalmente? ¿Es *Fresa y chocolate* una película de "conversión"? Explica tu respuesta con ejemplos concretos o citas directas.

17. Cuando Senel Paz convirtió su cuento en guión de cine, añadió el personaje de Nancy, papel interpretado por la actriz Mirtha Ibarra, esposa de Gutiérrez Alea. Según Paz, Nancy hace la relación entre los dos hombres más compleja. ¿Estás de acuerdo? ¿Qué cambia con la adición de Nancy? ¿Es posible que ella sirva solo para mostrar al espectador que David **no** tiene tendencias homosexuales? ¿Es importante que la "primera vez" de David, es decir, su iniciación sexual, ocurre con Nancy en "la guarida", específicamente en la cama de Diego, después del almuerzo lezamiano (1:44:19)?

18. Cuando convirtió su cuento en guión de cine, Senel Paz cambió el título de la obra. En vez de "El lobo, el bosque y el hombre nuevo", empleó el título *Fresa y chocolate*. Comenta el significado del título nuevo. ¿Qué representa o simboliza "fresa" o el sabor de fresa? ¿Qué representa o simboliza "chocolate" o el sabor de chocolate? Comenta los cambios entre las dos escenas en la heladería y el significado de la metáfora titular. ¿Por qué es importante usar la conjunción "y" en vez de "o" en el título?

19. ¿Cómo se imagina a la nación ideal en *Fresa y chocolate*? ¿Qué o quiénes deben formar "parte" de la nación? ¿Cuáles son los "pedazo[s]" necesarios para la imagen ideal del país (1:02:50)? ¿Qué o a quiénes hay que excluir para tener la nación imaginada y deseada?

## ANÁLISIS TEXTUAL

Comenta la importancia de las siguientes citas de la película. Presta atención especial a las partes subrayadas.

1. Diego: ¡Dios mío! ¡Qué voz! ¿Por qué esta isla no da una voz así?, ¿eh? ¡Con la falta que nos hace otra voz! (18:42–18:51)
2. David (en voz en *off*): El sexo, todo el mundo se pasa la vida pensando en el sexo, como si fuera lo único importante. El sexo, Vivian igual, se hacía la muy romántica, la muy espiritual, pero en el fondo, lo único que quería era sexo. No voy a pensar más en ella. ¡Ya! ¡Se acabó! Si vuelvo a buscarla, no soy un hombre. Escupo en la cara de él. (30:12–30:48)
3. Miguel: Tienes que averiguar más. [. . .] Esto es muy importante, David. Esto es una misión. ¿Tú crees que se puede confiar en un tipo que no le es fiel ni a su propio sexo? (34:08–34:29)
4. Diego: La revolución necesita más militantes como tú. (40:59–41:01)
5. Diego: Uno tiene que quedarse callado [. . .] uno no puede discutir como ellos mandan [. . .] Pero no pienses que me quedé callado. [. . . Dije] lo que me dio la gana. Que en socialismo no hay libertad, que los burócratas lo controlan todo. [. . .] El arte no es para transmitir, es para sentir y pensar. [. . .] ¿Cuándo van a entender que una cosa es el arte y otra la propaganda? Para no pensar ya tienen bastante, la televisión, los periódicos, la radio y todo lo demás. (49:40–50:57)
6. Diego: A ti te gustan las mujeres, a mí me gustan los hombres. Eso es perfectamente normal. [. . .] Y no impide que yo sea una persona decente, ni que sea tan patriota como tú.
   David: Sí, pero tú no eres revolucionario.
   Diego: ¿Quién te dijo a ti que yo no soy revolucionario. Yo también tuve ilusiones, David. [. . .] ¿y qué pasó?, que esta es una cabeza pensante, y ustedes al que no dice sí a todo o tiene ideas diferentes, enseguida lo miran mal y lo quieren apartar. [. . .] ¿Y qué defiendes tú, chico?
   David: Yo defiendo este país.
   Diego: Yo también. Que la gente sepa qué es lo que tiene de bueno. Yo no quiero que vengan los americanos ni nadie, a decirnos aquí lo que tenemos que hacer. (1:00:45–1:01:46)
7. Diego: Yo pienso en machos cuando hay que pensar en machos. Como tú en mujeres. (1:01:57–1:02:02)
8. Diego: Formo parte de este país, aunque no les guste, y tengo derecho a hacer cosas por él. De aquí no me voy a ir aunque me den candela por el culo. Sin mí, coño, les faltaría un pedazo, para que te enteres, comemierda. (1:02:39–1:02:51)

9. Diego: <u>Vivimos en una de las ciudades más maravillosas del mundo</u>.
Todavía estás a tiempo de ver algunas cosas antes de que se derrumbe
y se la trague la mierda. [. . .] <u>¡La están dejando caer!</u> [. . .]
David: Somos un país pequeño, <u>con todo en contra</u>.
Diego: Sí, pero es como si no les importara. ¿No sufren cuando la ven?
David: <u>A algunos nos importa. A ti y a mí nos importa</u> (1:12:13–1:12:37)

10. David: <u>¿No forman</u> [una banderita del Movimiento 26 de Julio, una foto
de Che Guevara y una foto de Fidel Castro] <u>parte de Cuba?</u> Mira, Diego,
tú no puedes juzgar la Revolución nada más por tu experiencia personal.
[. . .] Es lamentable, pero comprensible, que se cometan errores. [. . .]
<u>Los errores no son la Revolución</u> [. . .]. <u>Yo estoy convencido de que algún
día va a haber más comprensión para todo el mundo, si no esto no sería
una Revolución</u>.
Diego: <u>¿Quieres decir que en el comunismo es donde los maricones
vamos a ser felices?</u>
David: <u>Sí, los homosexuales y los que no lo son</u>.
Diego: ¿Quieres decir que algún día yo podré montar la exposición que
yo quiera? Y si te veo en una librería, ¿podría saludarte? Una vez tuve
esa esperanza.
David: <u>Eso no va a caer del cielo. Tendremos que luchar mucho, pero
sobre todo con nosotros mismos</u>. (1:14:29–1:16:31)

11. David: <u>¿Por qué no puede ser revolucionario?</u>
Miguel: <u>Porque la Revolución no entra por el culo</u>. (1:19:00–1:19:03)

12. Diego: <u>¡Me voy del país!</u> [. . .] <u>No me voy, me botan</u>. [. . .] David, <u>¿tú piensas que me voy porque yo quiero?</u> ¿No te das cuento que <u>no me queda
otra cosa que hacer</u>, que no puedo hacer otra cosa? <u>Esta es mi única vida,
David. Yo quiero hacer cosas, tener planes como cualquiera. Ser como
soy, coño. ¿Por qué no voy a tener derecho?</u> Déjame intentarlo por lo
menos. (1:41:45–1:42:42)

### TEMAS PRINCIPALES

1. Escribe un ensayo en el que expliques la importancia de uno de los
siguientes temas en la película *Fresa y chocolate*. Como evidencia, cita
partes del film y da ejemplos específicos.
   a. La tolerancia del otro; el respeto a la diferencia
   b. La aceptación de la homosexualidad y el rechazo de la homofobia
      institucionalizada de la Revolución
   c. La seducción sexual y/o política

   d. La crítica de la limitación de la libertad individual y la necesidad de "voces" nuevas
   e. La (re)definición o (re)construcción de la identidad nacional y política en Cuba
   f. Las causas y los efectos de insilio (exilio interior) y exilio
2. Discute o debate cuál de los temas anteriores es más importante en la película y por qué.


## CRÍTICA LITERARIA

Lee las siguientes interpretaciones de varios críticos literarios sobre la película *Fresa y chocolate* de Gutiérrez Alea y Tabío. Decide si estás **de acuerdo** o **en desacuerdo** con cada interpretación dada. Cita un ejemplo textual o un pasaje directo de la obra para **apoyar** o **refutar** cada interpretación dada.

### La importancia y el significado de "la guarida"
*Crítico A*
"La universidad se contrapone a La Guarida, el apartamento y espacio 'interior' de Diego, que asume ahora el rol de nueva escuela para David y que se presenta como un microcosmos abierto culturalmente al resto del mundo; un mundo que excluye de nuevo a la Unión Soviética. Desde La Guarida se mira no sólo hacia Latinoamérica y a Occidente, sino hacia dentro, a la propia cultura nacional, e incluso al exilio. [. . .] La guarida se convierte en una zona de resistencia cultural protegida del 'exterior' agresivo y represor, donde la presencia de la Unión Soviética se limita a una botella de vodka que servirá para brindar antes de la salida de Diego". (Redruello 125-126)

*Crítico B*
"La 'guarida', como llama Diego a su casa, es también un espacio simbólico. Guarida significa 'cueva' y evoca la idea de 'lobo', pero también sugiere la noción de protección y refugio. Es así tanto el hogar como el espacio de exilio. Excluido, marginado y mal interpretado en su propio país, Diego ha construido su propio espacio dentro de la nación misma". (A'ness 89-90, traducción mía)

*Crítico C*
"'*La guarida*' será el lugar que establezca las fronteras entre 'el bosque' y Diego. Este espacio se convierte en habitación simbólica—desde su propia carnavalización y denominación—y es el 'interior' desde el cual se elabora e inventa La Habana, según el imaginario de Diego. Es, sin embargo, una

zona de debate, pues actúa como el escenario en el cual se confrontarán Diego y David. El 'interior'—*la guarida*—es una zona construida como protección del 'exterior' agresivo, tal y como es concebida la ciudad/sociedad, pero a la vez es una copia o representación de parte de ella. [. . .] Diego se parapeta en una zona de resistencia periférica que es su zona privada—'la guarida'—y en un 'interior' dentro de ese 'interior': la cultura". (Durán 74-75)

*Crítico D*
"En realidad, el exilio de Diego empieza dentro de la ciudad. Su exclusión de la participación activa y abierta en espacios públicos sociales, artísticos y económicos en Cuba obligan a Diego al exilio interno, un encierro en la *guarida*. [. . .] David y Diego están encerrados [*"closeted"*] y no tienen permitido el encuentro casual en público". (Gabara 127-128, traducción mía)

*Crítico E*
"[C]on el personaje de Diego, el homosexual emerge de la 'guarida', se hace visible, es reintegrado a la nación". (Cruz-Malavé 59)

*Tu propia interpretación*
Escribe tu propia interpretación de *Fresa y chocolate* respecto al tema de la importancia y el significado de "la guarida".

## La seducción sexual y política y comparaciones entre
### *Fresa y chocolate* y *El beso de la mujer araña*
*Crítico A*
"Toda posibilidad de una seducción literal, sexual, se difiere y se vuelve metáfora, una 'seducción' ideológica o estética. La historia que en su inicio parece adherirse a las convenciones narrativas de *"boy meets boy"*, pronto se transforma en una amistad en la que la 'seducción' de David por Diego conduce no a la cama, sino a un mayor aprecio por parte del joven militante, de la cultura cubana no revolucionaria, pre-revolucionaria y criolla". (Buckwalter-Arias 707)

*Crítico B*
"La transformación de Molina, igual que la de Valentín, tiene más profundidad y complejidad que la de Diego y David, dado que David nunca tuvo sexo con Diego y Diego no llega a ser revolucionario hasta el extremo de Molina. Es más importante la praxis política en la novela de Puig, porque el lector observa las ideas revolucionarias y no convencionales puestas en acción y hay un grado más alto de compartir, interacción y dialéctica". (Williams, traducción mía)

*Crítico C*

"Un aspecto reprimido de la película que paradójicamente se destaca es la naturaleza de la amistad entre David y Diego. Mientras no es necesario sexualizar todas las relaciones de este tipo, la amistad homosocial, como alegoría nacional de las luchas ideológicas y políticas que surgen del subtexto histórico, no se atreve a ser más radical, que es lo que pasaría si los personajes tuvieran una relación sexual (como ocurre en *El beso de la mujer araña* de Manuel Puig, por ejemplo). La aventura romántica entre David y Nancy al final de *Fresa y chocolate*, sin embargo, va al otro extremo: un final feliz y convencional para los amantes heterosexuales en el que el joven varón conoce a la mujer que siempre ha necesitado y buscado. Mientras tanto, al homosexual lo dejan en desgracia y soledad. La alegría extrema de David mientras le dice a Diego (quien está a punto de expatriarse) lo bonito que es hacer el amor con una mujer parece disonante con el tono y objetivo de la película en otros momentos. El final feliz para David y Nancy es, en mi opinión, una estrategia doble de contención que facilita un cierre ideológico y que oculta otras resoluciones posibles, como la de una relación sexual entre David y Diego. [. . .] La pregunta hecha por la obra de Puig [en *El beso*] es mucho más compleja. Su texto es una meditación, o investigación, de lo porosas que son las definiciones y actitudes sexuales, un cuestionamiento radical de las barreras artificiales (en el sentido de construcciones sociales) que restringen la conducta sexual". (Bejel, "*Strawberry and Chocolate*" 69-70, traducción mía)

*Tu propia interpretación*

Escribe tu propia interpretación de *Fresa y chocolate* respecto al tema de la seducción sexual y política y comparaciones entre *Fresa y chocolate* y *El beso de la mujer araña*.

## A NIVEL PERSONAL

Discute los siguientes temas con un compañero de clase. Prepárense para compartir sus ideas con los demás compañeros de clase.

1. La película *Fresa y chocolate* explora los prejuicios y la discriminación hacia homosexuales, religiosos, prostitutas, artistas e intelectuales en Cuba. También critica la censura y la vigilancia del Estado. Si hicieras una película sobre los prejuicios y la discriminación en tu país de origen, ¿qué temas y problemas escogerías y por qué? ¿Cuáles son las mayores injusticias en tu nación?

2. ¿Conoces a alguien que viva en el exilio o que decidió irse de su país por motivos políticos? ¿Cuáles son los desafíos que enfrentan las personas exiliadas? ¿Qué sería lo más difícil para ti si tuvieras que expatriarte de tu país natural?

3. Si pudieras crear tu "guarida" ideal, ¿dónde estaría y cómo sería? Describe los elementos centrales de tu "guarida" o de tu "paraíso" personal. ¿A quiénes invitarías a acompañarte allí y por qué?

# Capítulo 18

# Comparaciones finales de la Unidad 4:
# Identidad política y sexual

1. Rellena la tabla con información relevante de las tres obras de la Unidad 4.

| | "Kinsey Report" (Castellanos) | El beso de la mujer araña (Puig) | Fresa y chocolate (Gutiérrez Alea y Tabío) |
|---|---|---|---|
| Diferentes orientaciones y actitudes sexuales | | | |
| Diferentes ideologías y actitudes políticas | | | |
| Comentario sobre las relaciones de poder y sobre la relación entre "el poder" y "el placer" | | | |

### TEMAS COMPARATIVOS

1. Inserta las letras de "a" a "l" en el diagrama de Venn para indicar la relevancia de cada tema para los dos textos y la película de la Unidad 4. Puedes poner cada letra en los círculos de una, dos o las tres selecciones.

   a. El rechazo de los conceptos de machismo y marianismo
   b. La (re)definición de la identidad de género
   c. La (re)definición de la sexualidad y de los deseos y las prácticas sexuales
   d. El marxismo como ideología política
   e. Las relaciones de poder en la sociedad
   f. La opresión, dominación, marginación o subyugación del "otro"
   g. El exilio y el insilio
   h. El encarcelamiento y la aislación
   i. La (re)definición de la nación
   j. La realidad y la ficción
   k. La acción y la actuación
   l. La (in)tolerancia de lo diferente

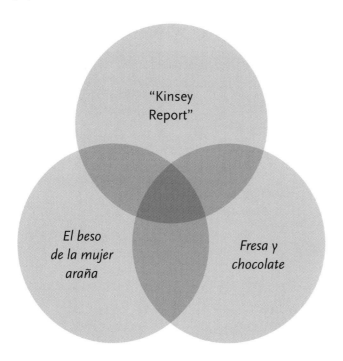

2. Compara tus respuestas con las de un compañero de clase y discutan las discrepancias.

## DISCUSIÓN

1. ¿Qué ideologías o actitudes políticas se encuentran en las obras de la Unidad 4? ¿Qué semejanzas y diferencias hay en el tratamiento de la identidad política en los dos textos y la película? ¿Qué comentario ofrece cada autor o director sobre la orientación política o el poder político?

2. ¿Qué ideas o actitudes sexuales se encuentran en las obras de la Unidad 4? ¿Qué semejanzas y diferencias hay en el tratamiento de la identidad sexual en las tres selecciones? ¿Qué dice cada autor o director sobre la orientación sexual o las relaciones sexuales? ¿Cuál es la relación entre género y sexualidad en cada obra?

## DEBATE

1. La clase se divide en cuatro grupos y a cada uno se le asigna uno de estos temas:
   - el rechazo de las relaciones desiguales de poder
   - la relación entre lo político y lo sexual
   - el encarcelamiento y la liberación
   - el dar voz a los marginados para empoderarlos

   Cada grupo tiene que tratar de demostrar que el tema dado es el más importante para las tres obras de la Unidad 4. Rellena la siguiente tabla con argumentos y citas directas que pueda usar tu equipo durante el debate.

| | Argumentos y citas directas |
|---|---|
| "Kinsey Report" | |
| *El beso de la mujer arña* | |
| *Fresa y chocolate* | |

2. Previamente, los miembros de cada equipo deben coordinar y dividir los argumentos para evitar la repetición de ideas durante el debate y para asegurarse de que todos contribuyan por igual. El debate tiene dos fases. En la primera, cada grupo presenta sus argumentos preparados. En la segunda, cada persona puede expresarse libremente y de forma espontánea para refutar argumentos de los otros grupos o respaldar argumentos del propio grupo.

## BREVES ACTUACIONES

1. En grupos, interpreten las seis partes del poema "Kinsey Report". En cada grupo se debe interpretar el papel de cada mujer y actuar según el entendimiento de ella por parte del estudiante que la interpreta. Pueden decidir incluir al entrevistador y hacer diálogos o seguir el estilo de Castellanos y hacer monólogos. Cada grupo tiene que presentar las actuaciones a la clase y contestar preguntas sobre ellas.
2. En grupos, preparen una actuación en la cual uno de los psicólogos o psicoanalistas de las notas de pie de Puig—o el mismo Alfred Kinsey— hable con un personaje o voz poética de cada obra de la Unidad 4. Las conversaciones deben tratar temas como la identidad sexual, la orientación sexual, la identidad de género, la relación entre poder y placer, la relación entre sexualidad y política, etc. Cada grupo tiene que interpretar la actuación para la clase y contestar preguntas sobre ella.

## TEMAS DE ENSAYO LITERARIO

1. Escribe un ensayo comparativo de análisis literario en el cual examines **la relación entre poder y placer, política y sexualidad** en dos de las tres obras de la Unidad 4. Debes considerar las siguientes preguntas al desarrollar el ensayo:
   - ¿Qué relaciones de poder determinan o limitan el placer de los protagonistas o las voces poéticas en las obras elegidas?
   - ¿Es posible eliminar las relaciones de poder en la búsqueda de placer?
   - ¿Es deseable para ciertos protagonistas o voces poéticas mantener una dinámica de "poder" para tener "placer"?
   - ¿Cuál es la relación entre lo político y lo sexual en las obras elegidas?
   - Según los autores o directores seleccionados, ¿es necesario tener una revolución política para poder tener una revolución sexual? ¿Hay que invertir o eliminar las estructuras o las relaciones de poder para poder liberar las relaciones (sexuales) de placer?
2. Escribe un ensayo comparativo de análisis literario en el cual examines **la relación entre el encarcelamiento/encierro/insilio y la libertad/ liberación/liberalización** en dos de las tres obras de la Unidad 4. Debes considerar las siguientes preguntas al desarrollar el ensayo:
   - ¿Cómo y por qué razones están encarcelados, encerrados o "insiliados" los protagonistas o las voces poéticas de las obras seleccionadas? ¿Es el encarcelamiento más físico, o más mental? Puedes pensar

en el espacio doméstico de la mujer en "Kinsey Report", la celda en *El beso de la mujer araña*, la guarida en *Fresa y chocolate*, etc.

- ¿Es el encarcelamiento/encierro/insilio el resultado de una decisión propia o es el resultado de ciertas normas o políticas sociales? ¿Es voluntario, o involuntario?
- ¿Cómo afecta personal e interpersonalmente a los personajes el hecho de estar encarcelados, encerrados o "insiliados"?
- ¿Cuáles son las ventajas y desventajas del encarcelamiento/encierro/ insilio?
- ¿Cómo intentan los protagonistas o las voces poéticas librarse y liberarse? ¿Tienen éxito, o no?
- ¿Cómo se relaciona el tema de encarcelamiento y libertad con la identidad política y/o sexual de los personajes o voces poéticas?
- ¿Cuál es el mensaje de los autores o directores seleccionados con respecto a la necesidad de buscar libertad/liberación/liberalización?

3. Escribe un ensayo comparativo de análisis literario en el cual examines **la marginación según el género, la orientación sexual y/o la orientación política** en dos de las tres obras de la Unidad 4. Debes considerar las siguientes preguntas al desarrollar el ensayo:
   - ¿Cómo están marginados los protagonistas o las voces poéticas elegidos?
   - ¿Cómo exploran las obras la relación entre el yo y el otro en su tratamiento del tema de marginación?
   - ¿Con qué tiene que ver más la marginación en cada caso: el género, la sexualidad, la homosexualidad o la orientación política?
   - ¿Cuáles son algunos métodos sugeridos en las obras para enfrentar o superar la marginación? ¿Funcionan estos métodos? ¿En qué sí y en qué no?
   - ¿Qué dicen los autores o directores sobre el papel de la amistad o el amor en combatir la marginación?
   - ¿Son los personajes o las voces poéticas—o sus sociedades respectivas—capaces de superar la marginación y llegar a la inclusión y la tolerancia?

4. Escribe un ensayo comparativo de análisis literario en el cual examines **los elementos revolucionarios y reaccionarios** en dos de las tres obras de la Unidad 4. Debes considerar las siguientes preguntas al desarrollar el ensayo:
   - ¿Cómo se ajustan los protagonistas o las voces poéticas a las expectativas o normas de la sociedad?
   - ¿Cómo cuestionan y rechazan los protagonistas o las voces poéticas a las expectativas o normas de la sociedad?

- ¿Quiénes son los "reaccionarios" en las obras elegidas, es decir, los que se oponen a la revolución (política, social, sexual, etc.) o son "contrarrevolucionarios"?
- ¿Quiénes son los "revolucionarios" que proponen un cambio o una transformación radical en algún ámbito de la sociedad, como el social, político, sexual, de género, de clase, etc.?
- ¿Qué nuevas ideas proponen los "revolucionarios" en las obras seleccionadas? ¿Tienen éxito en sus luchas dentro de las obras? ¿En qué sí y no?
- ¿Cuál es la actitud o el mensaje de cada autor o director sobre la necesidad y la manera de tener o hacer una revolución sexual y/o política?

## TEMAS DE REDACCIÓN CREATIVA

1. Escribe un diálogo, siguiendo el estilo de Puig, entre dos protagonistas de las obras de la Unidad 4, imaginando que están encarcelados juntos. Para variar, no debes elegir a ambos Molina y Valentín, aunque sí podrías incluir a uno de ellos. Debes intentar capturar la voz y el estilo narrativo de los personajes elegidos y explorar cómo interactuarían si estuvieran juntos.

2. Castellanos escribió un poema en seis apartados para poder dar voz a seis mujeres distintas. Escribe un poema titulado "Kinsey Report" que capture cuatro diferentes tipos de hombres de las obras tratadas en la Unidad 4. Debes elegir a cuatro de los personajes varones y escribir un poema desde la perspectiva de cada uno de ellos. Puedes elegir entre los siguientes personajes: el marido en el primer apartado, o el futuro "Príncipe Azul" en el sexto apartado de "Kinsey Report"; Molina, Valentín, Gabriel o algún protagonista varón de las películas narradas en *El beso de la mujer araña*; David, Diego, Germán o Miguel de *Fresa y chocolate*. Igual que en la obra de Castellanos, los personajes deben responder a preguntas imaginadas pero no incluidas, en una entrevista semejante a las que hizo Alfred Kinsey en su investigación.

## PROYECTOS CREATIVOS

1. Construye en una obra de arte "la guarida", "el paraíso" o "la cárcel" de un personaje o una voz poética de cada obra de la Unidad 4. En cada creación artística, debes intentar capturar los sentimientos y los

pensamientos del personaje con respecto al espacio elegido. Muestra y explica tus proyectos a tus compañeros de clase y contesta las preguntas que te hagan.

2. Diseña portadas de libro para "Kinsey Report" y *El beso de la mujer araña*, y un cartel de película para *Fresa y chocolate*. Intenta capturar en las imágenes creadas cómo estas obras exploran la identidad sexual y política. Muestra y explica las portadas a tus compañeros de clase y contesta las preguntas que te hagan.

# OBRAS CITADAS

Abeyta, Michael. "Ironía, retórica y el lector en 'Las ruinas circulares'". *Explicación de textos literarios*, vol. 29, no. 1, 2000, pp. 76-81.

Agosín, Marjorie. "Entrevista con Sergio Vodanovic". *Latin American Theatre Review*, vol. 17, no. 2, 1984, pp. 65-71.

"Ajolote". *Diccionario de la Real Academia Española*, http://dle.rae.es/srv/search?m=30&w=ajolote. Consulta: 27 septiembre 2017.

Alazraki, J. *En busca del unicornio: Los cuentos de J. Cortázar*. Gredos, 1983, p. 240.

Allan, Jonathan A. "Femininity and Effeminophobia in Manuel Puig's *Kiss of the Spider Woman*". *Mosaic: A Journal for the Interdisciplinary Study of Literature*, vol. 47, no. 3, 2014, pp. 71-87.

Allende, Isabel. *Cuentos de Eva Luna*. Editorial Sudamericana, 2008.

———. "Dos palabras". *Cuentos de Eva Luna*. Editorial Sudamericana, 2008, pp. 15-24.

Almeida, Iván. "La circularidad de las ruinas: Variaciones de Borges sobre un tema cartesiano". *Journal of the Jorge Luis Borges Center for Studies and Documentation*, vol. 7, 1999, pp. 66-87.

Alves, Wanderlan da Silva. "Narrar para resistir: Diálogo y seducción como estrategias de resistencia en *El beso de la mujer araña*, de Manuel Puig". *Espéculo: Revista de estudios literarios*, vol. 4, 2011, http://pendientedemigracion.ucm.es/info/especulo/numero47/manpuig.html. Consulta: 22 septiembre 2017.

Amarilis Cotto, Ruth. "Judith Ortiz Cofer: La escala racial y multicultural en 'The Story of My Body'". *Garoza: Sociedad española de estudios literarios de cultura popular*, vol. 4, 2004, pp. 27-41.

A'ness, Francine. "A Lesson in Synthesis: Nation Building and Images of a 'New Cuba' in *Fresa y chocolate*". *Lucero: A Journal of Iberian and Latin American Studies*, vol. 7, 1996, pp. 86-98.

Antolín, Francisco. "'La noche boca arriba' de Cortázar: Oposición de paradigmas". *Explicación de textos literarios*, vol. 9, no. 2, 1981, pp. 147-151.

Arango, Guillermo. "La función del sueño en 'Las ruinas circulares' de Jorge Luis Borges". *Hispania: A Journal Devoted to the Teaching of Spanish and Portuguese*, vol. 56, 1973, pp. 249-254.

"Autoimagen". *Wikipedia, La enciclopedia libre*, https://es.wikipedia.org/wiki/Autoimagen. Consulta: 21 diciembre 2017.

"Avenida Rivadavia". *Wikipedia, La enciclopedia libre*, https://es.wikipedia.org/wiki/Avenida_Rivadavia. Consulta: 27 septiembre 2017.

"Avesta". *Wikipedia, La enciclopedia libre*, https://es.wikipedia.org/wiki/Avesta. Consulta: 27 septiembre 2017.

"Axolote mejicano". *National Geographic*, http://www.nationalgeographic.es/animales/axolote-mexicano. Consulta: 20 octubre 2017.

Ayala, Ana. "Nietzsche contra la historia". *Wiki estudiantes*, http://www.wikiestudiantes.org/nietzsche-contra-la-historia/. Consulta: 8 junio 2017.

Balderston, Daniel. "Sexuality and Revolution: On the Footnotes to *El beso de la mujer araña*." *Changing Men and Masculinities in Latin America*, editado por Matthew Gutmann, Duke UP, 2003, pp. 216-232.

Bécquer, Gustavo Adolfo. *Rimas*. Cátedra, 1995.

Bejel, Emilio. "*Strawberry and Chocolate*: Coming Out of the Cuban Closet"? *South Atlantic Quarterly*, vol. 96, no. 1, 1997, pp. 65-82.

Bejel, Emilio y Elizabethan Beaudin. "Aura de Fuentes: La liberación de los espacios simultáneos". *Hispanic Review*, vol. 46, no. 4, 1978, pp. 465-473.

Bell-Villada, Gene H. *García Márquez: The Man and His Work*. U of North Carolina P, 2010.

Benítez, Rubén. "Schopenhauer en 'Lo fatal' de Rubén Darío". *Revista Iberoamericana*, vol. 38, no. 80, 1972, 507-512.

Benjamin, Walter. *Discursos interrumpidos*. Traducción de Jesús Aguirre, Verlag, 1972.

———. "The Work of Art in the Age of Material Reproduction". *Illuminations*. Traducción de Harry Zohn. Schocken, 1968, pp. 217-251.

Bennett, Maurice J. "A Dialogue of Gazes: Metamorphosis and Epiphany in Julio Cortázar's 'Axolotl'". *Studies in Short Fiction*, vol. 23, no. 1, 1986, pp. 57-62.

"Biografía de Rubén Darío". *Quién.NET: Miles de biografías*, https://www.quien.net/ruben-dario.php. Consulta: 1 octubre 2017.

"Biografía de Sergio Vodanovic". *Roles sociales*, 9 septiembre 2008, http://roles-sociales.blogspot.com/2008/09/como-se-puede-observar-en-la-imagen-en.html. Consulta: 1 octubre 2017.

Boling, Becky. "From *Beso* to *Beso*: Puig's Experiments with Genre". *Symposium: A Quarterly Journal in Modern Literatures*, vol. 44, no. 2, 1990, pp. 75-87.

Borges, Jorge Luis. "El Sur". *Ficciones*. Emecé, 1956, pp. 187-195

———. "Las ruinas circulares". *Ficciones*. Emecé, 1956, pp. 59-66.

———. "Magias parciales del Quijote". *Otras Inquisiciones*. Alianza, 1976, pp. 74-79.

———. "Ni siquiera soy polvo". *Obra poética*. Emecé, 1981, p. 522.

———. "El jardín de senderos que se bifurcan". *Ficciones; El Aleph; El Informe de Brodie*. Biblioteca Ayacucho, 1993, p. 5.

———. *Obras completas: 1923–1972*. Emecé, 1974, p. 483.

Borgeson, Paul W. Jr. "Los pobres ángeles de Gabriel García Márquez y Joaquín Pasos". *Crítica hispánica*, vol. 3, no. 2, 1981, pp. 111-123.

Botero Camacho, Manuel José. "Sueño luego existo." *Anales de literatura hispanoamericana*, vol. 34, 2005, pp. 179-195.

Broad, Peter G. "Rubén Darío entre dos textos: Una relectura ambidireccional de 'Lo fatal'". *Texto crítico*, vol. 14, no. 38, 1988, pp. 59-66.

Buckwalter-Arias, James. "Sobrevivir el 'Periodo Especial': La suerte del 'hombre nuevo' y un cuento de Senel Paz". *Revista iberoamericana*, vol. 69, no. 204, 2003, pp. 701-714.

Burgin, Richard. *Conversaciones con Jorge Luis Borges*. Taurus, 1974.

Burke, Jessica. "Fantasizing the Feminine: Sex and Gender in Donoso's *El lugar sin límites* and Puig's *El beso de la mujer araña*." *Romance Notes*, vol. 47, no. 3, 2007, pp. 291-300.

Bustamante Bermúdez, Gerardo. "Personajes homosexuales en la obra de Rosario Castellanos". *Signos literarios*, vol. 14, 2011, pp. 69-92.

Cabrera Peña, Miguel. "Harriet Beecher Stowe in José Martí's 'The Black Doll'". *Islas*, vol. 4, 2009, pp. 50-58.

Campa, Homero. "Expectación en Cuba por ver ya el film de Gutiérrez Alea coproducido con México: Homosexualismo, intolerancia, crítica social". *Proceso*, http://www.proceso.com.mx/161770/expectacion-en-cuba-por-ver-ya-el-film-de-gutierrez-alea-coproducido-con-mexico-homosexualismo-intolerancia-critica-social. Consulta: 22 mayo 2017.

Camus, Albert. "Frase de Albert Camus." *Akifrases*, http://akifrases.com/frase/178823. Consulta: 8 junio 2017.

———. *Wikiquote*, https://es.wikiquote.org/wiki/Albert_Camus. Consulta: 8 junio 2017.

"Carlos Augusto de Morny". *Wikipedia, La enciclopedia libre*, https://es.wikipedia.org/wiki/Carlos_Augusto_de_Morny. Consulta: 27 septiembre 2017.

Carmosino, Roger. "Forma y funciones del doble en tres cuentos de Cortázar: 'La noche boca arriba', 'Las armas secretas' y 'El otro cielo'". *Texto crítico*, vol. 2, no. 2, 1996, pp. 83-92.

Carranza Crespo, Raquel. "Un análisis de 'Lo fatal' de Rubén Darío". *Nueva revista de filología hispánica*, vol. 28, 1979, pp. 136-151.

Caro Valverde, María Teresa. "El otro en el texto: La escena de 'Las ruinas circulares'". *Actas del IV simposio internacional de la Asociación Española de Semiótica: Describir, inventar, transcribir el mundo, I & II*, editado por José Romera Castillo, Visor, 1992, pp. 329-335.

Carroll, Lewis. *A través del espejo*. Auriga, 1985.

"Caso Dreyfus". *Wikipedia, La enciclopedia libre*, https://es.wikipedia.org/wiki/Caso_Dreyfus. Consulta: 27 septiembre 2017.

Castedo-Ellerman, Elena. *El teatro chileno de mediados del siglo XX*. Andrés Bello, 1982.

Castellanos, Rosario. "Kinsey Report." *Poesía no eres tú: Obra poética (1948–1971)*. Fondo de Cultura Económica, 1972, pp. 329-333.

———. "La mujer mexicana del siglo XIX". *Mujer que sabe latín*. Fondo de Cultura Económica, 2003, pp. 123-127.

Castro, Fidel. "Discurso pronunciado por el comandante Fidel Castro Ruz, Primer Ministro del Gobierno Revolucionario y Secretario del PURSC, como conclusión de las reuniones con los intelectuales cubanos, efectuadas en la Biblioteca Nacional el 16, 23 y 30 de junio de 1961". Departamento de versiones taquigráficas del gobierno revolucionario, http://www.cuba.cu/gobierno/discursos/1961/esp/f300661e.html. Consulta: 24 mayo 2017.

"Charles de Morny, Duke of Morny". *Wikipedia, The Free Encyclopedia*, https://en.wikipedia.org/wiki/Charles_de_Morny,_Duke_of_Morny. Consulta: 27 septiembre 2017.

Chavarro, Jorge. "Género, erotismo, magia y estilo literario en 'Dos palabras', cuento de Isabel Allende". *OtroLunes: Revista hispanoamericana de cultura*, vol. 32, 2014, http://otrolunes.com/32/este-lunes/genero-erotismo-magia-y-estilo-literario-en-dos-palabras-cuento-de-isabel-allende/. Consulta: 11 mayo 2017.

"Chile conmemora 44 años del derrocamiento de Salvador Allende". *El nuevo día*, 10 septiembre 2017. https://www.elnuevodia.com/noticias/mundo/nota/chileconmemora44anosdelderrocamientodesalvadorallende-2356520/. Consulta: 4 octubre 2017.

Clark, John R. "Angel in Excrement: García Márquez's Innocent Tale ('A Very Old Man with Enormous Wings')". *Notes on Contemporary Literature*, vol. 18. no. 3, 1988, pp. 2-3.

Coddou, Marcelo. "Seis preguntas a Manuel Puig sobre su última novela: *El beso de la mujer araña.*" *American Hispanist*, vol. 2, no. 18, 1977, pp. 12-13.

Collette, Marianella. "La fase del espejo, lo simbólico y lo imaginario en la novela *Aura*, de Carlos Fuentes". *Revista canadiense de estudios hispánicos*, vol. 19, no. 2, 1995, pp. 281-298.

"Comentario literario del poema 'Lo fatal' de Rubén Darío". *Vamos a estudiar literatura*. 2 septiembre 2008, http://literaturaliceo38.blogspot.com/2008 /09/lo-fatal-rubn-daro-comentario.html. Consulta: 3 junio 2017.

Comfort, Kelly. "The Clash of the Foreign and the Local in Martí and Carpentier: From 'Misplaced Ideas' to 'Trasculturation'". *Hipertexto*, vol. 11, 2010, pp. 51-62.

"Compadrito". *WikiVisually*, https://wikivisually.com/lang -es/wiki/Compadrito. Consulta: 27 septiembre 2017.

Conde, Susana. "Un personaje en busca de su identidad: El yo, la nación y la narración en 'El Sur'". *Borges*, editado por Alberto C. Revah, Biblioteca del Congreso de la Nación, 1997, pp. 43-58.

"Constitución (Buenos Aires)". *Wikipedia, La enciclopedia libre*, https://es.wikipedia.org/wiki/Constituci%C3 %B3n_(Buenos_Aires). Consulta: 27 septiembre 2017.

Cortázar, Julio. "Axolotl". *Final del juego*. Sudamericana, 1966, pp. 159-166.

———. "La noche boca arriba". *Final del juego*. Sudamericana, 1966, pp. 167-177.

Cruz-Malavé, Arnaldo. "Lecciones de cubanía: Identidad nacional y errancia sexual en Senel Paz, Martí y Lezama". *Revista de crítica cultural*, vol. 17, 1998, pp. 58-67.

Cuervo Hewitt, Julia. "El texto ausente: Silencios y reticencias de una época en *El beso de la mujer araña* de Manuel Puig". *Discurso: Revista de estudios iberoamericanos*, vol. 10, no. 2, 1993, pp. 63-72.

Darío, Rubén. "Historia de mis libros". *La vida de Rubén Darío escrita por él mismo*, Biblioteca Ayacucho, 1991, pp. 135-157.

———. "Lo fatal". *Azul . . . Cantos de vida y esperanza*. Cátedra, 2000, p. 466.

De Beer, Gabriella. "Feminismo en la obra poética de Rosario Castellanos". *Revista de crítica literaria latinoamericana*, vol. 7, no. 13, 1981, pp. 105-112.

Dostoyevski, Fiódor. *Wikiquote*, https://es.wikiquote.org /wiki/Fi%C3%B3dor_Dostoyevski. Consulta: 8 junio 2017.

Doyle, Jacqueline. "The Coming Together of Many 'I's': Individual and Collective Autobiography in Judith Ortiz Cofer's *The Latin Deli*". *Rituals of Movement in the Writing of Judith Ortiz Cofer*, editado por Lorraine López y Molly Crumpton Winter, *Caribbean Studies*, 2012, pp. 151-182.

———. "The Stories Her Body Tells: Judith Ortiz Cofer's 'The Story of My Body.'" *A/B: Auto/Biography Studies*, vol. 22, no. 1, 2007, pp. 46-65.

Drozdo, Steffany. "The Deconstruction of Binary Ideological Structures in Manuel Puig's *Kiss of the Spider Woman.*" *International Fiction Review*, vol. 26, no. 1-2, 1999, pp. 28-35.

Dunne, Michael. "Dialogism in Manuel Puig's *Kiss of the Spider Woman.*" *South Atlantic Review*, vol. 60, no. 2, 1995, pp. 121-136.

Durán (Rostock), Diony. "¿Contar La Habana? Discurso, contradiscurso, transgresiones". *Transgresiones cubanas: Cultura, literatura y lengua dentro y fuera de la isla*, editado por Gabriele Knauer, Elina Miranda Cancela y Janett Reinstädler, Verveut, 2006, pp. 69-87.

"El Gaucho Martín Fierro". *Wikipedia, La enciclopedia libre*, https://es.wikipedia.org/wiki/El_Gaucho_Mart%C3 %ADn_Fierro. Consulta: 27 septiembre 2017.

Elmore, Peter. "'Las ruinas circulares': Borges y el mito de autoría". *Jorge Luis Borges: Políticas de la literatura*, editado por Juan Pablo Davove, Instituto Internacional de Literatura Iberoamericana, 2008, pp. 305-329.

Escobar Vera, Hernando. "La isla-mujer: Lo femenino como liberación en *El beso de la mujer araña* de Manuel Puig". *Acta literaria*, vol. 36, 2008, pp. 27-45.

"Eugenia de Montijo". *Wikipedia, La enciclopedia libre*, https://es.wikipedia.org/wiki/Eugenia_de_Montijo. Consulta: 27 septiembre 2017.

Fernández March, Sara Beatriz. "La estructura circular en dos cuentos de Jorge Luis Borges". *Letras*, vol. 38-39, 1998, pp. 81-89.

Fleming, Leonor. "Un dios múltiple: Una lectura de 'Las ruinas circulares'". *Cuadernos hispanoamericanos: Revista mensual de cultura hispánica*, vol. 505-507, 1992, pp. 467-472.

Fraser, Howard M. "*La Edad de Oro* and José Martí's Modernist Ideology for Children". *Revista Interamericana de Bibliografía/Inter-American Review of Bibliography*, vol. 42, no. 2, 1992, pp. 223-232.

"Friedrich Wilhelm Nietzsche". *Wikiquote*, https://es .wikiquote.org/wiki/Friedrich_Wilhelm_Nietzsche. Consulta: 8 junio 2017.

Fuentes, Carlos. *Aura*. Alacena, 1962.

———. "On Reading and Writing Myself: How I Wrote *Aura.*" *World Literature Today: A Literary Quarterly of the University of Oklahoma*, vol. 57, no. 4, 1983, pp. 531-539.

Gabara, Esther. "*La ciudad loca*: An Epistemological Plan". *Journal of Latin American Cultural Studies*, vol. 9, no. 2, 2000, pp. 119-135.

"Gabriel García Márquez". *Biografías y Vidas: La enciclopedia biográfica en línea*, https://www.biografiasyvidas.com/reportaje/garcia_marquez/. Consulta: 1 octubre 2017.

García Márquez, Gabriel. "Cuentos de niños". *Proceso*, vol. 366, 1983, p. 38.

———. "Un señor muy viejo con unas alas enormes". *La increíble y triste historia de la cándida Eréndira y su abuela desalmada*. Bruguera, 1986, pp. 9-18.

"Gaucho". *Wikipedia, La enciclopedia libre*, https://es.wikipedia.org/wiki/Gaucho. Consulta: 27 septiembre 2017.

"Georges Boulanger". *Wikipedia, La enciclopedia libre*, https://es.wikipedia.org/wiki/Georges_Boulanger. Consulta: 27 septiembre 2017.

Gertel, Zunilda. "'El Sur', de Borges: Búsqueda de identidad en el laberinto". *Nueva narrativa hispanoamericana*, vol. 1, no. 2, 1971, pp. 35-55.

———. "La poética de *Aura* en las geografías de Carlos Fuentes". *Revista de literatura hispánica*, vol. 65-66, 2007, pp. 179-186.

Gil Iriarte, María Luisa. "Invasión del silencio: La voz de la mujer en la poesía de Rosario Castellanos". *Revista de estudios hispánicos*, vol. 23, 1996, pp. 175-189.

"Gnosticismo". *Wikipedia, La enciclopedia libre*, https://es.wikipedia.org/wiki/Gnosticismo. Consulta: 27 septiembre 2017.

Gobello, José. *Breve historia crítica del tango*. Corregidor, 1999.

Goldner, María José y Juan Andrés Ron. "Análisis histórico sobre 'El beso de la mujer araña' de Manuel Puig". *VII Jornadas de sociología*, 2007, pp. 1-9.

Gómez de Silva, Guido. "Ajolote". *Diccionario breve de mexicanismos*, Fondo de Cultura Económica, 2001, https://tajit.memberclicks.net/assets/documents/diccionario%20breve%20de%20mexicanismos%20segun%20guido%20gomez%20de%20silva.pdf. Consulta: 27 septiembre 2017.

González Arenas, María Isabel y José Eduardo Morales Moreno. "Análisis narratológico del relato 'La noche boca arriba', de Julio Cortázar". *Espéculo: Revista de estudios literarios*, vol. 47, 2011, https://pendientedemigracion.ucm.es/info/especulo/numero47/nocheboc.html. Consulta: 24 septiembre 2017.

González Bermejo, Ernesto. *Conversaciones con Cortázar*, Edhasa, 1978.

González González, Marlén. "'El axolotl' de Julio Cortázar: El otro y uno mismo". *Espéculo: Revista de estudios literarios*, vol. 40, 2008, http://www.ucm.es/info/especulo/numero40/axolotl.html. Consulta: 21 septiembre 2017.

González Hernández, Carlos. "Aproximación interpretativa a la obra de teatro *El delantal blanco* de Sergio Vodanovic". *Ministerio de Educación Pública*. pp. 1-36, http://webcache.googleusercontent.com/search?q=cache:http://www.mep.go.cr/sites/default/files/el_delantal_blanco.pdf. Consulta: 11 mayo 2017.

Graf, E. C. "'Axolotl' de Julio Cortázar: Dialéctica entre las mitologías azteca y dantesca". *Bulletin of Spanish Studies: Hispanic Studies and Researches on Spain, Portugal, and Latin America*, vol. 79, no. 5, 2002, pp. 615-636.

"Guerra franco-prusiana". *Wikipedia, La enciclopedia libre*, https://es.wikipedia.org/wiki/Guerra_franco-prusiana. Consulta: 27 septiembre 2017.

Guerrero Marthineitz, Hugo. "La vuelta a Julio Cortázar en 80 preguntas". Revista *Siete Días*, vol. 311, 1973, http://www.elhistoriador.com.ar/entrevistas/c/cortazar_entrevista_guerrero_marthineitz.php. Consulta: 20 octubre 2017.

Gullón, Ricard. "Pitagorismo y modernismo". *Estudios críticos sobre el modernismo*. Gredos, 1968, pp. 358-383.

Gutiérrez Alea, Tomás y Juan Carlos Tabío, directores. *Fresa y chocolate*. ZatMeni, 1993.

Habra, Hedy. "Modalidades especulares de desdoblamiento en *Aura* de Carlos Fuentes". *Revista hispánica de cultura y literatura*, vol. 21, no. 1, 2005, pp. 182-194.

"Homosexualidad en Cuba". *Wikipedia, La enciclopedia libre*, https://es.wikipedia.org/wiki/Homosexualidad_en_Cuba#Aumento_de_la_homofobia_durante_los_a.C3.B1os_1960. Consulta: 2 octubre 2017.

"Imperio azteca". *Wikipedia, La enciclopedia libre*, https://es.wikipedia.org/wiki/Imperio_azteca. Consulta: 27 septiembre 2017.

Iftekharuddin, Farhat. "Body Politics: Female Dynamics in Isabel Allende's *The Stories of Eva Luna*." *Short-Story Theories: A Twenty-First Century Perspective*, editado por Viorica Patea, Rodopi, 2012, pp. 225-247.

"Informe Kinsey". *Wikipedia, La enciclopedia libre*, https://es.wikipedia.org/wiki/Informe_Kinsey. Consulta: 4 octubre 2017.

"Isabel Allende". *Biografías y Vidas: La enciclopedia biográfica en línea*, https://www.biografiasyvidas.com/biografia/a/allende_isabel.htm. Consulta: 1 octubre 2017.

"Jean-Paul Sartre". *Wikiquote*, https://es.wikiquote.org/wiki/Jean-Paul_Sartre. Consulta: 8 junio 2017.

"José Martí". *Biografías y Vidas: La enciclopedia biográfica en línea,* https://www.biografiasyvidas.com/biografia/m/marti.htm. Consulta: 1 octubre 2017.

"Juan Carlos Tabío". *Wikipedia, La enciclopedia libre,* https://en.wikipedia.org/wiki/Juan_Carlos_Tab%C3%ADo. Consulta: 2 octubre 2017.

"Juan Carlos Tabío: Director de cine". *Havana Cultura,* https://havana-club.com/es-ww/havana-cultura/juan-carlos-tab%C3%ADo. Consulta: 22 septiembre 2017.

"Julio Cortázar". *Wikipedia, La enciclopedia libre,* https://es.wikipedia.org/wiki/Julio_Cort%C3%A1zar. Consulta: 1 octubre 2017.

"Julio Cortázar. Biografía". *Cervantes.es Bibliotecas y Documentación,* http://www.cervantes.es/bibliotecas_documentacion_espanol/creadores/cortazar_julio.htm. Consulta: 1 octubre 2017.

Kierkegaard, Søren. *Wikiquote,* https://es.wikiquote.org/wiki/S%C3%B8ren_Kierkegaard. Consulta: 8 junio 2017.

Labinger, Andrea G. "The Cruciform Farce in Latin America: Two Plays". *Farce,* editado por James Redmond, Cambridge UP, 1998, pp. 219-226.

"Las mil y unas noches". *Wikipedia, La enciclopedia libre,* https://es.wikipedia.org/wiki/Las_mil_y_una_noches. Consulta: 27 septiembre 2017.

Leenhardt, Jacques. "La Americanidad de Julio Cortázar: El otro y su mirada". *Revista de literatura hispánica,* vol. 22-23, 1985, pp. 307-315.

Llanos Mardones, Bernardita. "Self-Portrait and Female Images in Rosario Castellanos". *Torres de Papel,* vol. 9, no. 3, 1999, pp. 54-70.

Lolo, Eduardo. "Personas y personajes infantiles en la obra de José Martí". *Círculo: Revista de cultura,* vol. 39, 2010, pp. 7-18.

Lonigan, Paul. "An Explication of Rubén Darío's 'Lo fatal'". *Círculo: Revista de cultura,* vol. 2, 1970, pp. 5-8.

"Lorelei". *Wikipedia, La enciclopedia libre,* https://es.wikipedia.org/wiki/Loreleihttps://es.wikipedia.org/wiki/Caso_Dreyfus. Consulta: 27 septiembre 2017.

Louie, Kimberly. "Mujeres, Dido, un válium y el informe Kinsey: La evolución del feminismo en la poesía de Rosario Castellanos". *Revista de estudios literarios,* vol. 34, 2006, https://pendientedemigracion.ucm.es/info/especulo/numero34/castella.html. Consulta: 24 septiembre 2017.

Luis, William. "Incongruous Gender Spaces in Judith Ortiz Cofer's *Silent Dancing, The Latin Deli,* and *The Year of Our Revolution*". *Rituals of Movement in the Writing of Judith Ortiz Cofer,* editado por Lorraine López y Molly Crumpton Winter, *Caribbean Studies,* 2012, pp. 211-241.

Marcone, Jorge. "Lo 'Real Maravilloso' como categoría literaria". *Revista de lingüística y literatura,* vol. 12, no. 1, 1988, pp. 1-41.

"Marqués de La Fayette". *Wikipedia, La enciclopedia libre,* https://es.wikipedia.org/wiki/Marqu%C3%A9s_de_La_Fayette. Consulta: 27 septiembre 2017.

Martí, José. "A los niños que lean 'La Edad de Oro'". *La edad de oro,* Bruguera, 1960, pp. 7-9.

———. "La muñeca negra". *La edad de oro,* Bruguera, 1960, pp. 219-228.

———. "Mi raza". *Patria,* 16 abril 1893.

———. "Nuestra América". *José Martí: Nuestra América,* Losada, 1980, pp. 9-18.

Martínez, Tomás Eloy. "La muerte no es un adiós". *La Nación,* 17 mayo 1997, http://www.lanacion.com.ar/214065-la-muerte-no-es-un-adios. Consulta: 22 mayo 2017.

"Maximiliano I de México". *Wikipedia, La enciclopedia libre,* https://es.wikipedia.org/wiki/Maximiliano_I_de_M%C3%A9xico. Consulta: 27 septiembre 2017.

McMurray, George R. *Gabriel García Márquez.* Ungar, 1977.

Mesa Gancedo, Daniel. "La vertiginosa materia del sueño: El hombre insustancial y la creación artificial en Borges y Cortázar". *Journal of the Jorge Luis Borges Center for Studies and Documentation,* vol. 18, 2004, pp. 5-33.

"Miguel de Unamuno". *Wikiquote,* https://es.wikiquote.org/wiki/Miguel_de_Unamuno. Consulta: 8 junio 2017.

Moisés, Alfonso. "Sexualidad en Mesoamérica: Machismo y marianismo". *Científica,* vol. 1, no. 1, pp. 45-53.

Montoto, Claudio César. "Jorge Luis Borges: La literatura como sueño dirigido". *Revista de literatura hispánica,* vol. 49-50, 1999, pp. 39-45.

"Moteca". *Classical Nahuatl-español diccionario en línea,* https://es.glosbe.com/nci/es/moteca. Consulta: 27 septiembre 2017.

"Mujer Maravilla". *Wikipedia, La enciclopedia libre,* https://es.wikipedia.org/wiki/Mujer_Maravilla. Consulta: 27 septiembre 2017.

"Napoleón III Bonaparte". *Wikipedia, La enciclopedia libre,* https://es.wikipedia.org/wiki/Napole%C3%B3n_III_Bonaparte. Consulta: 27 septiembre 2017.

Náter, Miguel Ángel. "La imaginación enfermiza: La ciudad muerta y el gótico en *Aura* de Carlos Fuentes". *Revista chilena de literatura,* vol. 64, 2004, http://www.scielo.cl/scielo.php?script=sci_arttext&pid=S0718-22952004000100004&lng=en&nrm=iso&tlng=es. Consulta: 1 octubre 2017.

Noragueda, César. "Un juicio sereno de la trayectoria y el legado de Fidel Castro". *Hipertextual,* https://hipertextual.com/2016/12/analisis-cuba-fidel-castro. Consulta: 22 mayo 2017.

Ocasio, Rafael. "Puerto Rican Literature in Georgia? An Interview with Judith Ortiz Cofer". *Kenyon Review*, vol. 14, no. 4, 1992, pp. 43-51.

Ortega, Bertín. "Cortázar: 'Axolotl' y la cinta de Moebius". *Nuevo texto crítico*, vol. 2, no. 3, 1989, pp. 135-140.

Ortiz Cofer, Judith. "La historia de mi cuerpo". *El deli latino: Prosa y poesía*. Traducción de Elena Olazagasti-Segovia. U of Georgia P, 2006, pp. 146-159.

Ossers, Manuel A. "Sobre el poema 'Lo fatal' de Rubén Darío". *Revista de ateneo puertorriqueño*, vol. 5, no. 13-15, 1995, pp. 69-75.

"Pablo y Virginia". *Wikipedia, La enciclopedia libre*, https://es.wikipedia.org/wiki/Pablo_y_Virginia. Consulta: 27 septiembre 2017.

Palomino, Esther. "Dos teorías del signo en *El delantal blanco*". *RLA: Romance Languages Annual*, vol. 6, 1994, pp. 565-569.

Pellicer, Rosa. "Borges y el viaje al Sur". *Reescrituras*, editado por Luz Rodríguez-Carranza y Marilene Nagle, Rodopi, 2004, pp. 207-227.

Piña, Juan Andrés. "Ética y moral social en la obra dramática de Sergio Vodanovic". *Revista iberoamericana*, vol. 60, no. 168-169, 1994, pp. 1091-1096.

Poza Campos, Esther. "La composición de tres cuentos de *La Edad de Oro*". *Universidad de La Habana*, vol. 235, 1989, pp. 119-130.

Puig. Manuel. *El beso de la mujer araña*. Biblioteca de bolsillo, 1996.

Quezada, Álvaro y Cristián Quezada. "Entrevista a Betty Johnson de Vodanovic". *Teatrae*, vol. 4, 2001, pp. 96-103.

Rabell, Carmen R. "'Las ruinas circulares': Una reflexión sobre la literatura". *Revista chilena de literatura*, vol. 31, 1988, pp. 95-104.

Redruello, Laura. "'El lobo, el bosque y el hombre nuevo': Un final para tres décadas de dogmatismo soviético". *Chasqui: Revista de literatura latinoamericana*, vol. 39, no. 1, 2010, pp. 120-129.

"Religión en Cuba". *Wikipedia, La enciclopedia libre*, https://es.wikipedia.org/wiki/Religi%C3%B3n_en_Cuba. Consulta: 2 octubre 2017.

"Reyes Magos". *Wikipedia, La enciclopedia libre*, https://es.wikipedia.org/wiki/Reyes_Magos. Consulta: 27 septiembre 2017.

Rincón, Carlos. "Imagen y palabra en 'Un señor muy viejo con unas alas enormes', de Gabriel García Márquez". *Estudios de literatura colombiana*, vol. 10, 2002, pp. 11-40.

———. "Las imágenes en el texto: Entre García Márquez y Roberto Bolaño". *Revista de crítica literaria latinoamericana*, vol. 28, no. 56, 2002, p. 19-37.

Rodero, Jesús. *La edad de la incertidumbre: Un estudio del cuento fantástico del siglo XX en Latinoamérica*. Peter Lang, 2006.

Rojas, Lourdes. "La indagación desmitificadora en la poesía de Rosario Castellanos". *Revista/Review Interamericana*, vol. 12, no. 1, 1982, pp. 65-76.

Rojas, Nelson. "Time and Tense in Carlos Fuentes' 'Aura.'" *Hispania: A Journal Devoted to the Teaching of Spanish and Portuguese*, vol. 61, no. 4, 1978, pp. 859-864.

Romero, Oswaldo. "Dios en la obra de Jorge L. Borges: Su teología y su teodicea". *Revista iberoamericana*, vol. 43, 1977, pp. 465-501.

"Rosario Castellanos". *Wikipedia, La enciclopedia libre*, https://es.wikipedia.org/wiki/Rosario_Castellanos. Consulta: 4 octubre 2017.

Rosser, Harry L. "The Voice of the Salamander: Cortázar's 'Axolotl' and the Transformation of the Self". *Romance Quarterly*, vol. 30, no. 4, 1983, pp. 419-427.

Rubín Martín, Alberto. "Las 50 mejores frases existencialistas". *Lifeder*, https://www.lifeder.com/frases-existencialistas/. Consulta: 8 junio 2017.

Saade, Carmen Lira. "Soy el responsable de la persecución a homosexuales que hubo en Cuba: Fidel Castro". *La jornada*. 31 agosto 2010, http://www.jornada.unam.mx/2010/08/31/mundo/026e1mun. Consulta: 22 mayo 2017.

Sánchez Garrido, Roberto. "Apuntes sobre construcciones de género en *El beso de la mujer araña* de Manuel Puig". *Espéculo: Revista de estudios literarios*, vol. 28, 2004, http://pendientedemigracion.ucm.es/info/especulo/numero28/besomuj.html. Consulta: 22 septiembre 2017.

Sartre, Jean-Paul. "El existencialismo es un humanismo". *Universidad complutense de Madrid*, http://pendientedemigracion.ucm.es/info/bas/utopia/html/sartre.htm. Consulta: 4 junio 2017.

Scari, Robert M. "Aspectos realista-tradicionales del arte narrativo de Borges." *Hispania: A Journal Devoted to the Teaching of Spanish and Portuguese*, vol. 57, no. 4, 1974, pp. 899-907.

"Segundo Imperio Francés". *Wikipedia, La enciclopedia libre*, https://es.wikipedia.org/wiki/Segundo_Imperio_franc%C3%A9s. Consulta: 27 septiembre 2017.

"Segundo Imperio Mexicano". *Wikipedia, La enciclopedia libre*, https://es.wikipedia.org/wiki/Segundo_Imperio_Mexicano. Consulta: 27 septiembre 2017.

"Sergio Vodanovic". http://web.mit.edu/21f.712/www/group2/vodanovic.html. Consulta: 1 octubre 2017.

"Sitio de Querétaro". *Wikipedia, La enciclopedia libre*, https://es.wikipedia.org/wiki/Sitio_de_Quer%C3%A9taro. Consulta: 27 septiembre 2017.

Serna Arnaiz, Mercedes. "Estética e ideología en *La Edad de Oro* de José Martí: 'La muñeca negra'". *Notas y estudios filológicos*, vol. 9, 1994, pp. 193-213.

Serra, Edelweis. "El arte del cuento: 'La noche boca arriba'". *Estudios sobre los cuentos de Julio Cortázar*, editado por David Lagmanovich, Hispam, 1975, pp. 163-177.

Serra Salvat, Rosa. "El significado mítico de 'La noche boca arriba' de Julio Cortázar". *Huellas del mito prehispánico en la literatura latinoamericana*, editado por Magdalena Chocano, William Rowe y Helena Usandizaga, Iberoamericana Vervuert, 2011, pp. 299-311.

Sheppeard, Sallye. "Some Thoughts on Gabriel García Márquez's 'A Very Old Man with Enormous Wings'". *Conference of College Teachers of English Studies*, vol. 67, 2002, pp. 23-31.

"Sorbona". *Wikipedia, La enciclopedia libre*, https://es.wikipedia.org/wiki/Sorbona. Consulta: 27 septiembre 2017.

Sosnowski, Saúl. "Entrevista: Manuel Puig". *Hispamérica*, vol. 3, 1973, pp. 69-80.

Swier, Patricia L. "The Maternal Bonds of Patriotism: Modernismo and the Nationalist 'Discourse of Desire' in José Martí's 'La muñeca negra'". *Confluencia: Revista hispánica de cultura y literatura*, vol. 24, 2009, pp. 49-60.

"Tántalo (mitología)". *Wikipedia, La enciclopedia libre*, https://es.wikipedia.org/wiki/T%C3%A1ntalo_(mitolog%C3%ADa). Consulta: 27 septiembre 2017.

"Teocalli". *Wikipedia, La enciclopedia libre*, https://es.wikipedia.org/wiki/Teocalli. Consulta: 27 septiembre 2017.

Tornero, Angélica. "Expresiones de la subjetividad en la poesía de Rosario Castellanos". *Rosario Castellanos: Perspectivas críticas; Ensayos inéditos*, editado por Pol Popovic Karic y Fidel Chávez Pérez, Porrúa, 2010, pp. 111-146.

Umpierre, Luz María. "Unscrambling Allende's 'Dos palabras': The Self, the Immigrant/Writer, and Social Justice". *The Journal of the Society for the Study of the Multi-Ethnic Literature of the United States*, vol. 27, no. 4, 2002, pp. 129-136.

Vallejo, Catharina de. "'La noche boca arriba' de Julio Cortázar: La estética como síntesis entre dos cosmovisiones". *Kañina: Revista de artes y letras de la Universidad de Costa Rica*, vol. 16, no. 2, 1992, pp. 115-120.

Vallejos Ramírez, Mayela. "La mujer hispana en el extranjero: Traspasando fronteras en un mundo patriarcal y globalizado en 'La historia de mi cuerpo' y 'The Myth of the Latin Woman: I Just Met a Girl Named María' de Judith Ortiz Cofer". *Con-Textos: Revista semiótica literaria*, vol. 45, 2010, pp. 47-54.

Vergara, Gloria. "Mujer de palabras: Las contradicciones identitarias en la visión poética de Rosario Castellanos". *Clepsydra: Revista de estudios de género y teoría feminista*, vol. 6, 2007, p. 11-24.

"Victor Hernández Cruz". *Prometeo: Revista Latinoamericana de Poesía*, vol. 77-78, 2007, https://www.festivaldepoesiademedellin.org/es/Revista/ultimas_ediciones/77_78/hernandez.html. Consulta: 27 septiembre 2017.

Vidal, Hernán. "'Axolotl' y el deseo de morir". *Cuadernos hispanoamericanos: Revista mensual de cultura hispánica*, vol. 346-366, 1980, pp. 398-406.

Vodanovic, Sergio. *El delantal blanco. En un acto. Nueve piezas hispanoamericanas*, Van Nostrand, 1974, pp. 63-74.

Wheaton, Kathleen. "Manuel Puig: The Art of Fiction No. 114". *Paris Review*, vol. 113, 1989.

Wielgosz, Malgorzata. "Aproximación a la obra de Rubén Darío a través de su poema autobiográfico 'Yo soy aquél (fragmento)': Análisis literario de 'Lo fatal'". *EsPa'Ti: La revista on-line de la facultad de filología hispánica de Poznán*, 2010, http://www.espati.republika.pl/lofatal.html. Consulta: 11 mayo 2017.

Williams, Jeff. "Homosexuality and Political Activism in Latin American Culture: An Arena for Popular Culture and Comix". *Other Voices: A Journal of Critical Thought*, vol. 1, no. 2, 1998, http://www.othervoices.org/1.2/jwilliams/comix.php. Consulta: 22 septiembre 2017.

"Xochiyáoyotl". *Wikipedia, La enciclopedia libre*, https://es.wikipedia.org/wiki/Xochiy%C3%A1oyotl. Consulta: 27 septiembre 2017.

Yviricu, Jorge. "Transposición y subversión en 'Un señor muy viejo con unas alas enormes' de Gabriel García Márquez". *From Dante to García Márquez: Studies in Romance Literatures and Linguistics*, editado por Gene H. Bell-Villada, Antonio Giménez y George Pistorius, Williams College, 1987, pp. 384-390.

# CRÉDITOS